# Revista Espírita

Jornal de Estudos Psicológicos

# Revista Espírita
## Jornal de Estudos Psicológicos

Contém:

O relato das manifestações materiais ou inteligentes dos Espíritos, aparições, evocações etc., bem como todas as notícias relativas ao Espiritismo. – O ensino dos Espíritos sobre as coisas do mundo visível e do invisível; sobre as ciências, a moral, a imortalidade da alma, a natureza do homem e o seu futuro. – A história do Espiritismo na Antiguidade; suas relações com o magnetismo e com o sonambulismo; a explicação das lendas e das crenças populares, da mitologia de todos os povos etc.

Publicada sob a direção
de
ALLAN KARDEC

*Todo efeito tem uma causa. Todo efeito inteligente tem uma causa inteligente. O poder da causa inteligente está na razão da grandeza do efeito.*

ANO QUARTO – 1861

Tradução Evandro Noleto Bezerra

*Copyright* © 2004 by
FEDERAÇÃO ESPÍRITA BRASILEIRA – FEB

4ª edição – Impressão pequenas tiragens – 6/2025

ISBN 978-85-69452-37-9

Título do original francês:
*REVUE SPIRITE: JOURNAL D'ÉTUDES PSYCHOLOGIQUES*
(Paris, 1861)

Todos os direitos reservados. Nenhuma parte desta publicação pode ser reproduzida, armazenada ou transmitida, total ou parcialmente, por quaisquer métodos ou processos, sem autorização do detentor do *copyright*.

FEDERAÇÃO ESPÍRITA BRASILEIRA – FEB
SGAN 603 – Conjunto F – Avenida L2 Norte
70830-106 – Brasília (DF) – Brasil
www.febeditora.com.br
editorial@febnet.org.br
+55 61 2101 6161

Pedidos de livros à FEB
Comercial
Tel.: (61) 2101 6161 – comercial@febnet.org.br

Adquirindo esta obra, você está colaborando com as ações de assistência e promoção social da FEB e com o Movimento Espírita na divulgação do Evangelho de Jesus à luz do Espiritismo.

Dados Internacionais de Catalogação na Publicação (CIP)
(Federação Espírita Brasileira – Biblioteca de Obras Raras)

K18r    Kardec, Allan, 1804–1869

         Revista Espírita: jornal de estudos psicológicos: Ano quarto – 1861/ publicada sob a direção de Allan Kardec; tradução de Evandro Noleto Bezerra; [poesias traduzidas por Inaldo Lacerda Lima]. – 4.ed. – Impressão pequenas tiragens – Brasília: FEB, 2025.

         558 p.; 21 cm

         Tradução de: Revue spirite: journal d'études psychologiques

         Conteúdo: Vol. 4 (1861)

         ISBN 978-85-69452-37-9

         1. Espiritismo. I. Bezerra, Evandro Noleto, 1949–. II. Federação Espírita Brasileira. III. Título: Jornal de estudos psicológicos.

CDD 133.9
CDU 133.7
CDE 00.06.01

# Sumário

QUARTO VOLUME – ANO DE 1861

## JANEIRO

| | |
|---|---|
| Boletim da Sociedade Parisiense de Estudos Espíritas | 15 |
| O livro dos médiuns | 23 |
| A *Bibliographie catholique* contra o Espiritismo | 25 |
| **Carta sobre a incredulidade (Primeira parte)** | 37 |
| **O Espírito batedor do Aube** | 47 |
| Ensino espontâneo dos Espíritos | 55 |
| Os três tipos | 55 |
| Cazotte | 56 |
| A voz do anjo da guarda | 59 |
| Garridice | 59 |

## FEVEREIRO

| | |
|---|---|
| Boletim da Sociedade Parisiense de Estudos Espíritas | 61 |
| Resumo das Atas | 61 |

| | |
|---|---|
| O Sr. Squire | 66 |
| *Escassez de médiuns* | 73 |
| *Carta sobre a incredulidade (Conclusão)* | 79 |
| Conversas familiares de Além-Túmulo | 87 |
| *O suicídio de um ateu* | 87 |
| Questões e problemas diversos | 94 |
| *Ensino dos Espíritos* | 96 |
| Ano de 1860 | 96 |
| Ano de 1861 | 97 |
| Comentário sobre o ditado publicado sob o título de O despertar do Espírito | 98 |
| *Os três tipos* – continuação | 100 |
| *A harmonia* | 103 |

# MARÇO

| | |
|---|---|
| O homenzinho ainda vive – A propósito do artigo do Sr. Deschanel, publicado no *Journal des Débats* | 105 |
| *A cabeça de Garibaldi* | 118 |
| *Assassinato do Sr. Poinsot* | 122 |
| *Conversas familiares de Além-Túmulo* | 125 |
| Sra. Bertrand | 125 |
| Srta. Pauline M... | 131 |

| | |
|---|---|
| Henri Murger | *134* |
| O Espírito e as rosas | *137* |
| Ensinos e dissertações espíritas | *139* |
| A lei de Moisés e a lei do Cristo | *139* |
| Lições familiares de moral | *142* |
| Os missionários | *145* |
| A França | *146* |
| A ingratidão | *148* |

# ABRIL

| | |
|---|---|
| Mais uma palavra sobre o Sr. Deschanel | *149* |
| **O Sr. Louis Jourdan e *O livro dos espíritos*** | *152* |
| *Apreciação da história do maravilhoso* | *163* |
| O mar – pelo Sr. Michelet | *175* |
| **Conversas familiares de Além-Túmulo** | *177* |
| Alfred Leroy, suicida | *177* |
| Jules Michel | *182* |
| Correspondência | *184* |
| **Ensinos e dissertações espíritas** | *187* |
| Vai nascer a verdade | *187* |
| Progresso de um Espírito perverso | *188* |
| Sobre a inveja nos médiuns | *190* |

# MAIO

Sociedade Parisiense de Estudos Espíritas
– Discurso do Sr. Allan Kardec — *193*

*O anjo da cólera* — *202*

*Fenômenos de transporte* — *206*

*Conversas familiares de Além-Túmulo* — *216*

*O Dr. Glas* — *216*

Questões e problemas diversos — *222*

*Ensinamentos e dissertações espíritas* — *230*

*Sra. de Girardin* — *230*

*A pintura e a música* — *232*

*Festa dos Espíritos bons* — *233*

*Vinde a nós* — *234*

*Progresso intelectual e moral* — *235*

*A inundação* — *236*

# JUNHO

Channing – *Discurso sobre a vida futura* — *237*

*Correspondência – Carta do Sr. Roustaing, de Bordeaux* — *244*

**A prece** — *251*

*Conversas familiares de Além-Túmulo* — *253*

*O marquês de Saint-Paul* — *254*

| | |
|---|---|
| Henri Mondeux | 256 |
| Sra. Anaïs Gourdon | 261 |
| Efeitos do desespero | 265 |
| ***Dissertações e ensinos espíritas*** | 269 |
| Muitos os chamados, poucos os escolhidos | 269 |
| Ocupação dos Espíritos | 272 |
| O deboche | 273 |
| Sobre o perispírito | 275 |
| O anjo Gabriel | 276 |
| Despertai | 277 |
| O gênio e a miséria | 278 |
| Transformação | 279 |
| A separação do Espírito | 279 |

# JULHO

| | |
|---|---|
| Ensaio sobre a teoria da alucinação | 281 |
| *Uma aparição providencial* | 288 |
| *Conversas familiares de Além-Túmulo* | 291 |
| *Os amigos não nos esquecem no outro mundo* | 291 |
| Correspondência – *Carta do presidente da Sociedade Espírita do México* | 295 |

| | |
|---|---|
| *Desenhos misteriosos* | 299 |
| *Novo gênero de mediunidade* | 299 |
| Exploração do Espiritismo | 303 |
| *Variedades* | 307 |
| As visões do Sr. O. | 307 |
| Os Espíritos e a gramática | 310 |
| Dissertações e ensinos espíritas | 312 |
| O papel dos médiuns nas comunicações | 312 |
| Hospital público | 316 |
| A prece | 320 |

# AGOSTO

| | |
|---|---|
| Fenômenos psicofisiológicos das pessoas que falam de si mesmas na terceira pessoa | 323 |
| *Manifestações americanas* | 329 |
| *Conversas familiares de Além-Túmulo* | 332 |
| Dom Peyra, prior de Amilly | 332 |
| Correspondência – Carta do Sr. Mathieu sobre os médiuns trapaceiros | 342 |
| *Dissertações e ensinos espíritas* | 345 |
| Da influência moral dos médiuns nas comunicações | 345 |
| Dos transportes e outros fenômenos tangíveis | 348 |

| | |
|---|---|
| Os animais médiuns | 352 |
| Povos, silêncio! | 358 |
| Jean-Jacques Rousseau | 360 |
| A controvérsia | 361 |
| O pauperismo | 362 |
| A concórdia | 364 |
| A aurora dos novos dias | 365 |

# SETEMBRO

| | |
|---|---|
| O estilo é o homem | 367 |
| Polêmica entre vários Espíritos | 367 |
| Dissertação de Lamennais | 368 |
| Réplica de Buffon | 369 |
| Defesa de Lamennais pelo visconde de Launay | 373 |
| Resposta de Buffon ao visconde de Launay | 376 |
| Resposta de Bernardin de Saint-Pierre | 378 |
| Lamennais a Buffon | 379 |
| Fantasia – por Gérard de Nerval | 379 |
| Conversas familiares de Além-Túmulo | 384 |
| A pena de talião | 384 |
| Correspondência | 388 |

| | |
|---|---|
| Carta do Sr. Mathieu sobre a mediunidade das aves | *388* |
| Carta do Sr. Jobard sobre os espíritas de Metz | *392* |
| Dissertações e ensinos espíritas | *397* |
| Um Espírito israelita a seus correligionários | *397* |
| Variedades – *Notícia falsa* | *407* |

# OUTUBRO

| | |
|---|---|
| O Espiritismo em Lyon | *409* |
| Banquete oferecido ao Sr. Allan Kardec | *414* |
| Discurso do Sr. Allan Kardec | *418* |
| *Epístola de Erasto aos espíritas lioneses* | *426* |
| *Conversas familiares de Além-Túmulo* | *433* |
| *Eugène Scribe* | *433* |
| Ensinamentos e dissertações espíritas | *437* |
| *Os cretinos* | *437* |
| *Se fosse um homem de bem, teria morrido* | *440* |
| *Os pobres e os ricos* | *441* |
| *Diferentes maneiras de fazer a caridade* | *442* |
| *Roma* | *444* |
| *O Coliseu* | *444* |
| *A Terra Prometida* | *446* |
| *Egoísmo e orgulho* | *447* |
| Sociedade Espírita de Metz | *448* |

# NOVEMBRO

| | |
|---|---|
| Resquícios da Idade Média – Auto de fé das obras espíritas em Barcelona | *449* |
| **Opinião de um jornalista sobre** O livro dos espíritos | *454* |
| O Espiritismo em Bordeaux | *457* |
| **Reunião geral dos espíritas bordeleses** | *461* |
| Discurso do Sr. Sabò | *461* |
| Algumas considerações sobre o Espiritismo | *463* |
| Discurso do Sr. Allan Kardec | *473* |
| Primeira epístola aos espíritas de Bordeaux | *483* |
| Banquete oferecido a Allan Kardec pelos espíritas bordeleses | *488* |
| Discurso e brinde do Sr. Lacoste, negociante | *488* |
| Brinde do Sr. Sabò | *489* |
| Discurso do Sr. Desqueyroux, mecânico | *491* |
| Discurso e brinde do Sr. Allan Kardec | *492* |
| Poesias do momento | *496* |
| Os camponeses e o carvalho | *496* |
| O ouriço, o coelho e a pega | *497* |
| Bibliografia | *499* |
| O livro dos médiuns | *499* |
| O Espiritismo ou Espiritualismo em Metz | *500* |

| | |
|---|---|
| O fluido universal | 501 |
| Efeitos da prece | 502 |
| O Espiritismo na América | 503 |

## DEZEMBRO

| | |
|---|---|
| Novas obras do Sr. Allan Kardec a serem publicadas brevemente | 510 |
| Organização do Espiritismo | 510 |
| Necrologia – Morte do Sr. Jobard, de Bruxelas | 528 |
| Auto de fé de Barcelona | 531 |
| A toutinegra, o pombo e o peixinho | 535 |
| O sobrenatural | 537 |
| Meditações filosóficas e religiosas | 542 |
| Nota Explicativa | 547 |

# Revista Espírita
### Jornal de Estudos Psicológicos
ANO IV     JANEIRO DE 1861     N° 1

## Boletim da Sociedade Parisiense de Estudos Espíritas

(Resumo das Atas)

Sexta-feira, 16 de novembro de 1860. (Sessão particular.)

Admissão de dois novos membros.

*Comunicações diversas*:

1ª) Leitura de várias dissertações recebidas fora das sessões.

2ª) Carta do Sr. de Porry, de Marselha, presenteando a Sociedade com a segunda edição de seu poema intitulado *Uranie [Urânia]*. A Sociedade agradece ao autor por lhe haver permitido apreciar o seu talento e sente-se feliz por vê-lo aplicar-se às ideias espíritas. Revestindo a forma graciosa da poesia, essas ideias têm um charme que as tornam mais facilmente aceitáveis por aqueles a quem poderia melindrar a severidade da forma dogmática.

3ª) Carta do Sr. L..., fornecendo novos detalhes sobre o Espírito batedor e obsessor, do qual a Sociedade já se ocupou. (Ver o relato mais adiante.)

4ª) Carta das senhoras G..., do Departamento do Indre, sobre as brincadeiras de mau gosto e as depredações de que são vítimas há vários anos, e que atribuem a um Espírito malévolo. Trata-se de seis irmãs; malgrado todas as precauções que tomam, suas roupas são tiradas das gavetas dos móveis, mesmo fechadas a chave, e muitas vezes são cortadas em pedaços.

5ª) O Sr. Th... relata um caso de obsessão violenta, exercida sobre o médium por um Espírito mau, ao qual aquele conseguiu dominar e expulsar. Dirigindo-se ao Sr. Th..., esse Espírito escreveu: *Odeio-te, pois que me dominas.* Desde então, não mais apareceu e o médium deixou de ser importunado no exercício de sua faculdade.

6ª) O Sr. Allan Kardec cita um caso pessoal de indicação dada pelos Espíritos, notável por sua precisão. Numa conversa que ele teve na véspera com o seu Espírito familiar, disse-lhe este: "Encontrarás no *Siècle* de hoje um longo artigo sobre este assunto e que responde à tua pergunta; fomos nós que inspiramos o autor e o trabalho que ele expõe, o qual está relacionado com as grandes reformas humanitárias que se preparam." Esse artigo, de que nem o Sr. Kardec nem o médium tinham conhecimento, realmente se encontra no jornal indicado, sob o título designado, provando que os Espíritos podem estar a par das publicações do mundo material.

*Trabalho da sessão* (Ensino espontâneo):

Comunicação assinada por Cazotte,[1] recebida pelo Sr. A. Didier. – Outra, contendo as lamúrias de um Espírito sofredor e egoísta, recebida pela Sra. Costel.

---

[1] N.E.: Jacques Cazotte (1719–1792), escritor francês. Por sua estreita relação com as artes ocultas, foi considerado um dos pioneiros da literatura fantástica na França. Adversário da Revolução Francesa, foi condenado à morte pelo tribunal revolucionário.

*Evocações*:

Segunda conversa com o Espírito gastrônomo, que tomou o nome de Baltazar, e que alguém julgou reconhecer como o do Sr. G... de la R..., o que foi confirmado pelo Espírito.

*Perguntas diversas*:

Perguntas dirigidas a São Luís sobre o Espírito batedor, ao qual se refere a carta do Sr. L..., assim como sobre o Espírito depredador das senhoras G... A propósito deste último, ele diz que será mais fácil vencer a sua resistência, considerando-se que é mais brincalhão do que mau.

Sexta-feira, 23 de novembro de 1860. (Sessão geral.)

*Comunicações diversas*:

Leitura de várias dissertações obtidas fora da sessão: Entrada de um culpado no mundo dos Espíritos, assinada por Novel e recebida pela Sra. Costel. – O castigo do egoísta, pela mesma senhora. Esta comunicação dá sequência a outra do mesmo Espírito, obtida na sessão anterior. – Outra sobre o livre-arbítrio, assinada por Marcillac. – Reflexões do Espírito de Verdade sobre as comunicações relativas ao castigo do egoísta, recebidas pelo Sr. C...

*Trabalhos da sessão* (Ensino espontâneo):

1º) O duende familiar, assinado por Charles Nodier e recebido pela Sra. Costel.

2º) Parábola de Lázaro, assinada por Lamennais[2] e recebida pelo Sr. A. Didier.

---

[2] N.E.: Hughes-Félicité Robert de Lamennais (1782–1854), filósofo e escritor francês.

3º) O Espírito Alfred de Musset apresenta-se pela Srta. Eugénie; coloca-se à disposição para tratar de um assunto à escolha da assembleia; deixada a escolha ao seu critério, faz notável dissertação sobre as consolações do Espiritismo. Quanto à oferta feita para responder a perguntas, trata dos seguintes temas: Qual a influência da poesia sobre o Espiritismo? — Haverá uma arte espírita, como houve uma arte pagã e uma arte cristã? — Qual a influência da mulher no século XIX?

*Evocações*:

Evocação de Cazotte, que se manifestara espontaneamente na última sessão. Foram-lhe feitas várias perguntas sobre o dom de previsão que em vida parecia possuir.

*Questões e problemas diversos*:

Sobre a ubiquidade dos Espíritos nas manifestações visuais. — Sobre os Espíritos das trevas, a propósito das manifestações do *Sr. Squire*, que só se produzem na obscuridade.

NOTA – Trataremos dessa questão em artigo especial, falando do *Sr. Squire*.

O Sr. Jobard lê três encantadoras poesias de sua lavra: *Le bonheur des Martyrs* [A felicidade dos mártires], *l'Oiseau de Paradis* [A ave do paraíso] e *l'Annexion* [A anexação], esta última uma fábula.

Sexta-feira, 30 de novembro de 1860. (Sessão particular.)

*Assuntos administrativos*:

Carta coletiva assinada por vários membros, a respeito da proposta do Sr. L... As conclusões admitidas pela comissão foram aceitas pela Sociedade.

Carta do Sr. Sol..., rogando à Sociedade aceitar a sua demissão de membro da comissão, por motivo das viagens que o afastam de Paris durante a maior parte do ano. – A Sociedade exprime seu pesar pela decisão do Sr. Sol... e espera poder mantê-lo no número de seus sócios. O Sr. presidente fica encarregado de responder nesse sentido. Será providenciada a sua substituição na comissão.

*Comunicações diversas:*

1ª) Ditado espontâneo, contendo novas explicações sobre a ubiquidade, assinado por São Luís. Discussão a respeito dessa comunicação.

2ª) Outra assinada por Charles Nodier, recebida por um médium estranho à Sociedade e transmitida pelo Sr. Didier, pai, a propósito do artigo do *Journal des Débats* contra o Espiritismo.

3ª) O Sr. D..., do Departamento de Vienne, roga insistentemente seja evocado o Sr. Jean-Baptiste D..., seu sogro. A Sociedade jamais se presta a esses tipos de solicitações, quando encerram apenas um interesse privado, sobretudo na ausência das pessoas interessadas e quando estas não são conhecidas diretamente. Entretanto, tendo em vista o caráter honrado e a posição oficial do correspondente, as circunstâncias particulares apresentadas pelo defunto e o ateísmo que este último professou durante toda a vida, pensa a Sociedade que tal evocação pode oferecer um proveitoso assunto de estudos. Em consequência, o põe na ordem do dia.

4ª) Vários membros relatam um interessante fenômeno de manifestação física de que foram testemunhas. Consiste no levantamento de uma pessoa pela influência mediúnica de duas jovens de 15 e 16 anos que, colocando dois dedos nas travessas da cadeira, a elevam 1 metro, aproximadamente, seja qual for o seu peso, do mesmo modo que o fariam com o mais leve dos corpos. Esse fenômeno foi repetido várias vezes, sempre com a mesma facilidade. (Dar-lhe-emos a explicação em artigo especial.)

5ª) O Sr. Jobard lê um artigo de sua autoria, intitulado *A conversão de um campônio*.

*Trabalhos da sessão* (Ensino espontâneo):

Dissertação sobre a ubiquidade, assinado por Channing e recebido pela Srta. Huet. – Outra sobre o artigo do *Journal des Débats*, assinada por André Chénier[3] e recebida pelo Sr. A. Didier. – Outra assinada por Rachel e recebida pela Sra. Costel.

Um fato digno de nota, lembrado a propósito das duas primeiras comunicações, é que, quando um assunto de certa importância se encontra na ordem do dia, é muito comum vê-lo tratado por vários Espíritos, por intermédio de médiuns e lugares diferentes. Parece que, interessando-se pela questão, cada um deseja contribuir para o ensino que resultará de tais comunicações.

*Evocações:*

1ª) Jean-Baptiste D..., referida acima, e de seu irmão, ambos materialistas e ateus. A situação do primeiro, que se suicidou, é deveras lamentável.

2ª) Evocação do Sr. C... de B..., de Bruxelas, a pedido do Sr. Jobard, que o conhecera pessoalmente.

Sexta-feira, 7 de dezembro de 1860. (Sessão particular.)

Admissão do Sr. C..., professor em Paris, como sócio livre.

---

[3] N.E.: André Marie Chénier (1762–1794), poeta francês. Criticou os excessos cometidos pelos jacobinos, por esse motivo foi condenado à morte na guilhotina como inimigo do povo. Três dias depois de sua morte, o próprio Robespierre, líder dos jacobinos, foi executado, terminando assim o chamado período de Terror da Revolução Francesa.

*Comunicações diversas*:

Leitura de uma dissertação assinada pelo Espírito de Verdade, recebida em sessão particular, em casa do Sr. Allan Kardec, a propósito da definição de Arte, bem como da distinção entre a arte pagã, a arte cristã e a arte espírita.

O Sr. Theub... completa essa definição dizendo que se pode considerar a arte pagã como a expressão do sentimento material; a arte cristã, expressão da expiação; e a arte espírita, expressão do triunfo.

*Trabalhos da sessão* (Ensino espírita espontâneo):

Dissertação assinada por Lamennais, recebida pelo Sr. A. Didier. – Outra assinada por Charles Nodier, recebida pela Srta. Huet. Continua o assunto iniciado a 24 de agosto de 1860, embora ninguém lhe tivesse guardado a lembrança e o pudesse recordar. – Outra, assinada por Georges e recebida pela Sra. Costel.

*Evocação*:

Do Dr. Kane, viajante americano e explorador do polo Norte, o qual descobriu um mar livre além do círculo dos gelos polares. Apreciação muito justa da parte do Espírito sobre os resultados dessa descoberta.

*Questões diversas*:

Perguntas dirigidas a Charles Nodier sobre as causas que podem influir na natureza das comunicações em certas sessões, notadamente nesse dia, em que os Espíritos não tiveram a sua eloquência habitual. Discussão a respeito desse ponto.

Sexta-feira, 14 de dezembro de 1860. (Sessão geral.)

O Sr. Indermuhle, de Berna, presenteia a Sociedade com uma brochura alemã publicada em Glaris, em 1855, intitulada: *A eternidade já não é segredo* ou *As mais evidentes revelações sobre o mundo dos Espíritos*.

*Comunicações diversas:*

1ª) Leitura de uma evocação muito interessante e de várias dissertações espíritas obtidas fora das sessões.

2ª) Fato de manifestação visual relatado pelo Sr. Indermuhle na carta que dirigiu à Sociedade.

3ª) Fato pessoal ocorrido com o Sr. Allan Kardec, e que pode ser considerado como uma prova de identidade do Espírito de antigo personagem. A Srta. J... recebeu várias comunicações de João Evangelista, sempre com uma escrita muito característica e completamente diferente da sua caligrafia habitual. Tendo o Sr. Allan Kardec, a pedido seu, evocado aquele Espírito por intermédio da Sra. Costel, constatou-se que a escrita tinha exatamente o mesmo caráter da da Srta. J..., embora a nova médium desconhecesse o fato; além disso, o movimento da mão tinha uma delicadeza fora do comum, o que constituía, ainda, uma similitude; enfim, as respostas concordavam em todos os pontos com as que tinham sido dadas por meio da Srta. J..., e nada havia na linguagem que não estivesse à altura do Espírito evocado.

4ª) Notícia remetida pelo Sr. D... sobre um caso notável de visão e de revelação, ocorrido com um agricultor poucos dias antes de sua morte.

*Trabalhos da sessão* (Comunicações espíritas espontâneas):

Os três tipos: Hamlet,[4] Tartufe[5] e Don Juan,[6] assinada por Gérard de Nerval[7] e recebida pelo Sr. A. Didier. – Fantasia, assinada por Alfred de Musset e recebida pela Sra. Costel. – O julgamento, assinada por Leão X e recebida pela Srta. Eugénie.

*Evocação*:

Do agricultor, do qual falamos pouco acima. Ele dá algumas explicações sobre suas visões. Notável particularidade é a ausência absoluta de ortografia e uma linguagem completamente semelhante à da gente do campo.

*Questões diversas* dirigidas a São Luís sobre os fatos relacionados com a evocação tratada acima.

## O livro dos médiuns

Anunciada há muito tempo, mas com a publicação retardada em virtude de sua própria importância, esta obra aparecerá entre os dias 5 e 10 de janeiro, na livraria do Sr. Didier, nosso editor, localizada no Quai des Augustins, 35.[8] Representa o complemento de *O livro dos espíritos* e encerra a parte experimental do Espiritismo, assim como este último contém a parte filosófica.

---

[4] N.E.: Personagem principal de um drama de Shakespeare. Simboliza a dúvida intelectual perante a ação.
[5] N.E.: Personagem da comédia de Molière. Falso devoto, homem hipócrita.
[6] N.E.: Personagem literário de origem espanhola. Sedutor ímpio e cruel.
[7] N.E.: Gérard Labrunie Nerval (1808–1855), foi um dos maiores poetas e intelectuais do seu século. Esquizofrênico, passa muito tempo internado num sanatório e fica reduzido a mais completa miséria. Enforcou-se em um beco parisiense.
[8] Nota de Allan Kardec: Ela é igualmente encontrada nos escritórios da *Revista Espírita*, rua Sainte-Anne, 59, passagem Sainte-Anne. Um grande volume in-18, de 500 páginas; Paris, 3 fr. 50; pelo Correio, 4 fr.

Fruto de longa experiência e de laboriosos estudos, nesse trabalho procuramos esclarecer todas as questões que se ligam à prática das manifestações. De acordo com os Espíritos, contém a explicação teórica dos diversos fenômenos, bem como das condições em que os mesmos se podem reproduzir. Não obstante, sobretudo a matéria relativa ao desenvolvimento e ao exercício da mediunidade mereceu de nossa parte uma atenção toda especial.

O Espiritismo experimental é cercado de muito mais dificuldades do que geralmente se pensa, e os escolhos aí encontrados são numerosos. É isso que ocasiona tantas decepções aos que dele se ocupam, sem a experiência e os conhecimentos necessários. Nosso objetivo foi o de prevenir contra esses escolhos, que nem sempre deixam de apresentar inconvenientes para quem se aventure sem prudência por esse terreno novo. Não podíamos negligenciar um ponto tão capital, e o tratamos com o cuidado que a sua importância reclama.

Os inconvenientes quase sempre se originam da leviandade com que é tratado problema tão sério. Sejam quais forem, os Espíritos são as almas dos que viveram, no meio das quais estaremos infalivelmente, de um momento para outro. Todas as manifestações espíritas, inteligentes ou não, têm, pois, por objeto, pôr-nos em contato com essas mesmas almas; se respeitamos os seus restos mortais, com mais forte razão devemos respeitar o ser inteligente que sobrevive e que constitui a sua verdadeira individualidade. Fazer das manifestações uma brincadeira é faltar com o respeito que talvez amanhã reclamaremos para nós mesmos, e que jamais é violado impunemente.

O primeiro momento de curiosidade causado por esses estranhos fenômenos já passou. Hoje, que se lhes conhece a fonte, guardemo-nos de profaná-la com brincadeiras descabidas e nos esforcemos por nela haurir o ensinamento apropriado que nos assegurará a felicidade futura. O campo é muito vasto e o objetivo por demais importante para cativar toda a nossa atenção. Até hoje, todos os nossos esforços tenderam para fazer o Espiritismo entrar neste caminho sério. Se esta nova obra, tornando-o ainda mais bem conhecido, puder contribuir para impedir que o desviem de sua destinação providencial, estaremos amplamente recompensados de nossos cuidados e de nossas vigílias.

Não negamos que esse trabalho suscitará mais de uma crítica da parte daqueles a quem incomoda a severidade dos princípios, bem como dos que, vendo as coisas de outro ponto de vista, já nos acusam de querer fazer escola no Espiritismo. Se fazer escola é procurar nesta ciência um fim útil e proveitoso para a humanidade, teríamos o direito de nos sentir envaidecidos com essa acusação. Mas tal escola não necessita de outro chefe que não seja o bom senso das massas e a sabedoria dos Espíritos bons, que a teriam criado sem a nossa participação. Eis por que declinamos da honra de a ter fundado, felizes de nos colocarmos sob a sua bandeira, não aspirando senão o modesto título de propagador. Se for necessário um nome, inscreveremos em seu frontispício: *Escola de Espiritismo Moral e Filosófico*, e para ela convidaremos todos quantos têm necessidade de esperanças e de consolações.

ALLAN KARDEC

# A *Bibliographie catholique*[9] contra o Espiritismo

Até este momento o Espiritismo não havia sido atacado seriamente. Quando certos escritores da imprensa periódica, em seus momentos de lazer, se dignaram ocupar-se dele, foi apenas para ridicularizá-lo. Trata-se de encher um rodapé, de fornecer um artigo a tanto por linha, não importa sobre que assunto, desde que a contagem dê certo. "De que matéria tratar? Tratarei de tal coisa?" — pergunta a si mesmo o redator encarregado da parte recreativa

---
[9] N.E.: Periódico publicado de 1842 a 1889. Revista crítica das obras sobre Religião, Filosofia, História, Literatura, Educação etc.

do jornal. "Não; é muito séria. E daquela outra? É assunto por demais repetido. Inventarei uma autêntica aventura da alta sociedade, ou da gente do povo? Nada me vem à mente neste quarto de hora e a crônica escandalosa da semana ainda está por fazer. Ah! tive uma ideia! Achei o meu assunto! Vi em algum lugar *o título* de um livro que fala de Espíritos; e há em toda parte gente bastante tola para levar isto a sério. Que são os Espíritos? Nada sei sobre o assunto, mas pouco me importa! Deve ser divertido. Para falar a verdade, *eu* não acredito absolutamente em Espíritos, porque jamais os vi e mesmo que visse também não acreditaria, porque isso é impossível. Assim, nenhum homem de bom senso pode crer neles. Ou isto é lógico, ou não me conheço. Falemos, pois, dos Espíritos, uma vez que estão na ordem do dia. Tanto esse assunto, como qualquer outro, divertirá nossos caros leitores. O tema é muito simples: 'Não há Espíritos; não pode nem deve havê-los. Assim, todos que neles creem são loucos. Mãos à obra e fantasiemos a coisa. *Ó meu bom gênio! eu te agradeço por esta inspiração!* Tu me tiras de um grande embaraço, pois nada há a dizer e preciso de meu artigo para amanhã, e dele não fazia a menor ideia.'"

Mas eis um homem sério que diz: "É um erro brincar com essas coisas; isto é mais sério do que se pensa; não acrediteis que se trate de moda passageira: essa crença é inerente à fraqueza da humanidade, que em todas as épocas acreditou no maravilhoso, no sobrenatural, no fantástico." Quem imaginaria que em pleno século XIX, num século de luzes e de progresso, depois que Voltaire[10] demonstrou tão bem que só o nada nos espera, depois de tantos sábios que procuraram a alma e não a encontraram, ainda se possa acreditar em Espíritos, em mesas girantes, em feiticeiros, em magos, no poder de Merlin, o Encantador,[11] na varinha mágica, na Srta. Lenormand?[12] Ó humanidade! humanidade! aonde irás se eu não

---

[10] N.E.: François Marie Arouet (1694–1778), escritor e filósofo francês, mais conhecido como Voltaire.
[11] N.E.: Personagem das lendas célticas e do ciclo do rei Arthur.
[12] N.E.: Marie-Anne-Adelaïde LeNormand (1758-1843), famosa cartomante francesa que também exercia, além de outras artes, a quiromancia. Seu renome permanece até nossos dias.

vier em teu auxílio para tirar-te do lamaçal da superstição? Quiseram matar os Espíritos pelo ridículo, e não o conseguiram; longe disso, o mal contagioso faz incessantes progressos; a zombaria parece fazer-lhe recrudescer e, se não for posto um freio, em breve a humanidade inteira estará infestada. Considerando-se que esse meio, habitualmente tão eficaz, tornou-se impotente, é tempo que os sábios interfiram, a fim de acabar com isso de uma vez por todas. As zombarias não são argumentos; falemos em nome da Ciência; demonstremos que em todas as épocas os homens foram imbecis por acreditarem que houvesse um poder superior ao deles; que não tivessem em si mesmos todo o poder sobre a natureza. Provemos-lhes que tudo quanto atribuem às forças sobrenaturais se explica por simples leis da Fisiologia; que a sobrevivência da alma e o seu poder de comunicar-se com os vivos é uma quimera, e que é loucura acreditar no futuro. Se, depois de ter digerido quatro volumes de boas razões, eles não se convenceram, não nos restará senão lamentar a sorte da humanidade que, em vez de progredir, retrograda a largos passos para a barbárie da Idade Média e corre para a sua perda.

Que o Sr. Figuier[13] possa revelar suas verdadeiras intenções, porquanto seu livro, tão pomposamente anunciado, tão elogiado pelos campeões do materialismo, produziu um resultado diametralmente oposto ao que esperava.

Mas eis que surge um novo campeão, que pretende esmagar o Espiritismo por outro meio: trata-se do Sr. *Georges Gandy*, redator da *Bibliographie Catholique*, atirando-se num corpo a corpo em nome da religião ameaçada. E vejam só! a religião ameaçada por aquilo a que chamais de utopia! Tendes, pois, bem pouca fé em sua força; acreditais, assim, na sua vulnerabilidade, desde que temeis que as ideias de alguns sonhadores possam abalar os seus fundamentos; assim, considerais esse inimigo deveras temível, para atacá-lo com tanta raiva e furor. Obtereis resultado melhor que os outros? Duvidamo-lo, já que a cólera é má conselheira. Se conseguirdes amedrontar

---

[13] N.E.: Guillaume Louis Figuier (1819–1894), cientista e escritor francês.

algumas almas timoratas, não receais acender a curiosidade num maior número de outras? Julgai-o pelo fato seguinte. Numa cidade que conta com certo número de espíritas e com alguns grupos íntimos que se ocupam das manifestações, um pregador fez certo dia um sermão virulento contra o que chamava a obra do demônio, pretendendo que só este vinha falar nessas reuniões satânicas, cujos membros estavam todos notoriamente votados à danação eterna. Que aconteceu? Desde o dia seguinte bom número de ouvintes se pôs em busca das reuniões espíritas, pedindo para ouvir os diabos falarem, curiosos de saber o que lhes diriam; porque tanto se tem falado que a gente se familiarizou com um nome que já não incute medo. Ora, nessas reuniões eles viram pessoas sérias, honradas, instruídas, orando a Deus, coisa que não faziam desde a primeira comunhão; pessoas que acreditavam em sua alma, em sua imortalidade, nas penas e recompensas futuras, trabalhando para se tornarem melhores, esforçando-se por praticar a moral do Cristo, não falando mal de ninguém, nem mesmo dos que lhes lançavam anátemas. Então aquelas criaturas compreenderam que se o diabo ensinava tais coisas é que se havia convertido. Quando os viram tratar respeitosa e piamente com os seus parentes e amigos mortos, que lhes prodigalizava consolação e sábios conselhos, não puderam admitir que tais reuniões fossem sucursais do *sabbat*, considerando-se que não viam caldeiras, nem vassouras, nem corujas, nem gatos pretos, nem crocodilos, nem livros de magia, nem trípode, nem varinhas mágicas ou quaisquer outras acessórios de feitiçaria, nem mesmo a velha de queixo e nariz aduncos. Também quiseram conversar, um com sua mãe, outro com o filho querido, parecendo-lhes difícil, ao reconhecê-los, que essa mãe e esse filho fossem demônios. Felizes por terem a prova de sua existência e a certeza de se reencontrarem num mundo melhor, perguntaram-se com que objetivo haviam querido amedrontá-los, suscitando-lhes reflexões que jamais tinham imaginado. O resultado é que gostaram mais de ir ali onde encontravam consolações, do que aos locais em que eram amedrontados.

Como vimos, esse pregador enveredou por caminho errado, sendo o caso de se dizer: Mais vale um inimigo que um amigo incompetente. O Sr. Georges Gandy espera ser mais feliz? Nós o citamos textualmente, para edificação dos nossos leitores:

> Em todas as épocas das grandes provas da Igreja e de seus próximos triunfos houve contra ela conspirações infernais, nas quais a ação dos demônios era visível e tangível. Jamais a teurgia e a magia tiveram mais voga no seio do paganismo e da Filosofia, do que no momento em que o Cristianismo se espalhava no mundo, para o subjugar. No século XVI, Lutero teve colóquios com Satã, e um redobramento de feitiçarias, de comunicações diabólicas se fez notar na Europa, enquanto na Igreja se operava a grande reforma católica que iria triplicar suas forças, quando um novo mundo lhe abria destinos gloriosos sobre um espaço imenso. No século XVIII, na véspera do dia em que o machado dos carrascos deveria retemperar a Igreja no sangue de novos mártires, a demonolatria florescia no cemitério de Saint-Médard, ao redor das tinas de Mesmer e dos espelhos de Cagliostro.[14] Hoje, na grande luta do catolicismo contra todas as potências do inferno, a conspiração de Satã veio visivelmente em auxílio do filosofismo; o inferno quis dar, em nome do naturalismo, uma consagração à obra de violência e de astúcia que continua promovendo já há quatro séculos e que se apresta para coroar com uma suprema impostura. Aí reside todo o segredo da pretensa doutrina *espírita*, amontoado de absurdos, de contradições, de hipocrisia e de blasfêmias, como veremos a seguir, e que tenta, como a última das perfídias, glorificar o Cristianismo para o avoltar, espalhá-lo para o suprimir, afetando respeito pelo divino Salvador, a fim de arrancar na Terra tudo que Ele fecundou com seu sangue e substituir o seu reino imortal pelo despotismo dos ímpios devaneios.

Abordando o exame dessas estranhas pretensões, que julgamos ainda não suficientemente desvendadas e condenadas, pedimos aos nossos leitores a gentileza de acompanharem nossa caminhada, um

---

[14] N.E.: Alexandre Cagliostro (1743–1795), conde italiano. Nome como é conhecido o conde de Cagliostro e aventureiro Giuseppe Balsano. Era maçom e percorreu a Europa praticando a Alquimia, o Espiritismo e o hipnotismo.

tanto longa, nessa encruzilhada diabólica, de onde a seita espera sair vitoriosa depois de haver abolido para sempre o nome divino, ante o qual a vemos dobrar os joelhos. A despeito de seus ridículos, de suas profanações revoltantes, de suas contradições sem fim, o Espiritismo constitui para nós precioso ensinamento. Jamais as loucuras do inferno haviam rendido à nossa santa religião mais deslumbrante homenagem. Jamais o havia Deus condenado com mais soberano poder, a confirmar-se pelo testemunho destas palavras do divino Mestre: *Vos ex patre diabolo estis*.[15]

Este começo permite julgar a amenidade do resto. Os nossos leitores que quiserem edificar-se nessa fonte de caridade evangélica poderão permitir-se o prazer de ler a *Bibliographie Catholique*, nº 3, de setembro de 1860, rua de Sèvres, nº 31. Ainda uma vez, por que tanta cólera, tanto fel contra uma doutrina que, como dizem, se é obra de Satã, não poderá prevalecer contra a obra de Deus, a menos que se suponha seja Deus menos poderoso que Satã, o que seria um tanto ímpio? Duvidamos muito que essa irrupção de injúrias, essa febre, essa profusão de epítetos de que o Cristo jamais se serviu contra os seus maiores inimigos, sobre os quais clamava a misericórdia de Deus, e não a sua vingança, ao dizer: "Perdoai-lhes, Senhor, pois não sabem o que fazem";[16] duvidamos — insistimos — que uma tal linguagem seja persuasiva. A verdade é calma e não necessita de exaltação; e, com tal raiva, faríeis crer na vossa própria fraqueza. Confessamos não compreender bem esta singular política de Satã, que *glorifica o Cristianismo para o aviltar, que o espalha para o suprimir*. Em nossa opinião isto revelaria muita falta de habilidade e se assemelharia a um hortelão que, não querendo batatas, as semeasse em profusão em seu horto, a fim de lhes destruir a espécie. Quando acusamos os outros de pecar por falta de raciocínio, devemos, para ser lógicos, começar por nós mesmos.

Não sabemos muito bem por que o Sr. Georges Gandy acusa mortalmente o Espiritismo por se apoiar no Evangelho e no

---

[15] N.E.: Ver João, 8:44.
[16] N.E.: Lucas, 23:34.

Cristianismo. Que diria então se se apoiasse em Maomé?[17] Certamente muito menos, porquanto é fato digno de nota que o Islamismo, o Judaísmo, o próprio Budismo são objeto de ataques menos virulentos que as seitas dissidentes do Cristianismo. Com certa gente, é preciso ser tudo ou nada. Há, sobretudo, um ponto que o Sr. Gandy não perdoa ao Espiritismo: é o de não haver proclamado esta máxima absoluta: "Fora da Igreja não há salvação", e admitir que aquele que faz o bem possa ser salvo das chamas eternas, seja qual for a sua crença. Evidentemente, tal doutrina só poderia sair do inferno. Mas ele se trai principalmente nesta passagem:

> Que quer o Espiritismo? É uma importação americana, inicialmente protestante, e que já havia triunfado — permitam-nos dizê-lo — sobre todas as plagas da idolatria e da heresia; tais são os seus títulos em relação ao mundo. Seria, pois, das terras clássicas da superstição e das loucuras religiosas que nos viriam a verdade e a sabedoria!

Eis aqui, por certo, uma grande ofensa. Se ele houvesse nascido em Roma seria a voz de Deus; como, porém, nasceu num país protestante, é a voz do diabo. Mas o que direis quando tivermos provado, o que faremos um dia, que ele estava na Roma cristã muito antes de estar na América protestante? Que respondereis ao fato, hoje constatado, de que há mais espíritas católicos do que espíritas protestantes?

O número das pessoas que em nada creem, que de tudo duvidam, do próprio Deus, é considerável e cresce numa proporção assustadora. Será por vossas violências, vossos anátemas, vossas ameaças do inferno, vossas declamações furibundas que as reconduzireis? Não, porque são as vossas próprias violências que as afastam. Serão culpados por haverem levado a sério a caridade, a mansuetude do Cristo e a bondade infinita de Deus? Ora, quando elas ouvem os que pretendem falar em seu nome, proferindo ameaças e injúrias, põem-se a duvidar do Cristo, de Deus, de tudo, enfim. O Espiritismo as faz compreender palavras de paz e de esperança e, como lhes pesa a

---

[17] N.E.: Fundador do Islã, chefe político e religioso.

dúvida e sentem necessidade de consolações, atiram-se aos braços do Espiritismo, porque preferem aquilo que sorri às coisas que apavoram. Então creem em Deus, na missão do Cristo e na sua divina moral. Numa palavra, de incrédulos e indiferentes, tornam-se crentes. Foi isto que ultimamente levou um padre respeitável a responder a uma de suas penitentes que o consultava sobre o Espiritismo: "Nada acontece sem a permissão de Deus; ora, Deus permite essas coisas para reavivar a fé que se extingue." Se houvera empregado outra linguagem, talvez a tivesse afastado para sempre. Quereis a todo custo que o Espiritismo seja uma seita, quando ele não aspira senão ao título de ciência moral e filosófica, respeitando todas as crenças sinceras. Por que, então, dar uma ideia de separação àqueles que não pensam nisso? Se repelirdes os que ele reconduz à crença em Deus, se só lhes derdes o inferno como perspectiva, sereis responsáveis por uma cisão que vós mesmos tereis provocado.

São Luís nos dizia um dia: "Zombaram das mesas girantes; jamais zombarão da filosofia, da sabedoria e da caridade que brilham nas comunicações sérias." Enganou-se, porque não contou com o Sr. Georges Gandy. Muitas vezes os escritores se divertiram à custa dos Espíritos e de suas manifestações, sem pensar que um dia eles mesmos poderiam ser alvo das piadas de seus sucessores; porém, sempre respeitaram a parte moral da ciência. No entanto, foi reservado a um escritor católico, o que lamentamos sinceramente, expor ao ridículo as máximas admitidas pelo mais elementar bom senso. Cita grande número de passagens de *O livro dos espíritos*; não aludiremos senão a algumas delas, que darão uma ideia perfeita de sua apreciação. — "Deus prefere os que o adoram do fundo do coração aos que o adoram exteriormente." O texto de *O livro dos espíritos* diz: "Deus prefere os que o adoram do fundo do coração, com sinceridade, fazendo o bem e evitando o mal, aos que julgam honrá-lo com cerimônias que não os tornam melhores para com os seus semelhantes."[18] O Sr. Gandy admite o inverso, mas, como homem de boa-fé, deveria ter citado a passagem textualmente, em vez de truncá-la de maneira a lhe desnaturar o sentido.

---

[18] N.T.: *O livro dos espíritos*, q. 654.

— "Toda destruição [de animais] que excede os limites da necessidade é uma violação da Lei de Deus";[19] o que quer dizer que o princípio moral que rege os prazeres se aplica igualmente ao exercício da caça e da matança.

Precisamente, mas parece que o Sr. Gandy é caçador e pensa que Deus fez a caça, não para alimento do homem, mas para lhe proporcionar o prazer de, sem necessidade, promover a matança de animais inofensivos.

— "Os prazeres têm limites traçados pela natureza: o limite do necessário; pelos excessos, chegamos à saciedade." É a moral do virtuoso Horácio,[20] um dos pais do Espiritismo.

Visto que o autor critica esta máxima, parece não admitir limites aos prazeres, o que não é muito religioso.

— "Para ser legítima, a propriedade deve ser adquirida sem prejuízo da lei de *amor* e de justiça; assim, aquele que possuir, sem preencher os deveres de *caridade* que ordena a *consciência* ou a *razão individual*, é um usurpador do bem alheio; espiritualmente estamos em pleno socialismo."

O texto diz assim: "Só é legítima a propriedade adquirida sem prejuízo de outrem."[21] "A lei de amor e de justiça proíbe que se faça aos outros o que não desejaríamos que nos fizessem, condenando, por isso mesmo, a aquisição de bens por quaisquer meios que lhe sejam contrários."[22] Lá não se encontra: *que ordena a razão individual*; é uma pérfida adição. Não julgamos que se possa, em sã consciência, possuir à custa de justiça; o Sr. Gandy deveria dizer-nos

---

[19] N.T.: *O livro dos espíritos*, q. 735.
[20] N.E.: Quintus Horatius Flaccus (65 a.C.–8 a.C.), poeta lírico e satírico romano, além de filósofo. É conhecido por ser um dos maiores poetas da Roma Antiga.
[21] N.E.: *O livro dos espíritos*, q. 884.
[22] N.E.: Idem, comentário à q. 884.

em que casos a *espoliação* é legítima. Felizmente, os tribunais não são de sua opinião.

> A indulgência aguarda, fora desta vida, o suicida que se vê a braços com a necessidade, que quis impedir caísse a vergonha sobre os seus filhos, ou sobre a sua família. Aliás, São Luís, de cujas funções espíritas falaremos em breve, se digna revelar-nos que há escusas para os suicídios por amor. Quanto às penas do suicida, elas não são *determinadas*; o que é certo é que ele não escapa ao desapontamento; em outras palavras, é *pego na armadilha*, como se diz vulgarmente neste mundo.

Esta passagem está inteiramente desnaturada pelas exigências da crítica do Sr. Gandy; seria preciso mencionar sete páginas para restabelecer o seu texto. Com tal sistema seria fácil tornar ridículas as mais belas páginas dos nossos melhores escritores. Parece que o Sr. Gandy não admite gradação nem nas faltas, nem nas penalidades de Além-Túmulo. Acreditamos num Deus mais justo e desejamos que o Sr. Gandy jamais tenha que reclamar em seu favor o benefício das circunstâncias atenuantes.

— "A pena de morte e a escravidão foram, são e serão contrárias à Lei da natureza. O homem e a mulher, sendo iguais perante Deus, devem ser iguais perante os homens." Terá sido a alma errante de algum *saint-simonista*[23] apavorado, à procura da mulher livre, que presenteou essa maliciosa revelação ao Espiritismo?

Assim a pena de morte, a escravidão e a submissão da mulher, que a civilização tende a abolir, são instituições que o Espiritismo não tem direito de condenar. Ó tempos felizes da Idade Média, por que passastes sem retorno? Onde estais, fogueiras, que nos teríeis livrado dos Espíritos?

Citemos uma última passagem, das mais benignas:

---

[23] N.T.: Grifos nossos.

O Espiritismo não pode negar uma tal salada de contradições, de absurdos e de loucuras, que não pertencem a nenhuma filosofia, nem a nenhuma língua. Se Deus permite essas manifestações ímpias, é que deixa aos demônios, conforme ensina a Igreja, o poder de enganar os que os chamam, violando a sua lei.

Então o demônio é bonzinho, porque, sem o querer, nos faz amar a Deus.

Quanto à verdade, a Igreja no-la dá a conhecer; ela nos diz, com os Livros Sagrados, que o anjo das trevas se transforma em anjo da luz, e que seria necessário recusar até mesmo o testemunho de um arcanjo, caso fosse contrário à doutrina do Cristo, de cuja infalível autoridade é depositária; aliás, ela tem meios seguros e evidentes para distinguir as seduções diabólicas das manifestações divinas.

De fato é uma grande verdade que se deveria recusar até mesmo o testemunho de um arcanjo, caso fosse contrário à doutrina do Cristo. Ora, que diz essa doutrina, que o Cristo pregou pela palavra e pelo exemplo?

"Bem-aventurados os que são misericordiosos, porque alcançarão misericórdia."[24]

"Bem-aventurados os pacíficos, porque serão chamados filhos de Deus."[25]

"Aquele que se encolerizar contra seu irmão será réu de juízo; quem disser a seu irmão: *Raca*, será condenado pelo conselho; e qualquer que lhe disser: Louco, será condenado ao fogo do inferno."[26]

"Amai os vossos inimigos, fazei o bem aos que vos odeiam, e orai pelos que vos perseguem e caluniam, a fim de que

---

[24] N.E.: MATEUS, 5:7.
[25] N.E.: MATEUS, 5:9.
[26] N.E.: MATEUS, 5:22.

sejais filhos do vosso Pai que está nos Céus, que faz se levante o Sol sobre bons e maus, e chover sobre justos e injustos; porquanto, se não amardes senão os que vos amam, que recompensa tereis? Não fazem os publicanos o mesmo?"[27]

"Sede, pois, perfeitos, como perfeito é o vosso Pai que está nos Céus."[28]

"Não façais aos outros o que não gostaríeis que eles vos fizessem."

Sendo, pois, a caridade o princípio fundamental da doutrina do Cristo, concluímos que toda palavra e toda ação contrárias à caridade não podem ser, como dizeis com muita propriedade, senão inspiradas por Satã, ainda mesmo que este se revestisse da forma de um arcanjo. É por essa razão que diz o Espiritismo: *Fora da caridade não há salvação.*

Sobre o mesmo assunto, remetemos o leitor às nossas respostas ao jornal *Univers*, números de maio e julho de 1859, bem como à *Gazette de Lyon*, de outubro de 1860. Recomendamos igualmente aos nossos leitores, como refutação ao Sr. Gandy, a *Lettre d'un catholique sur le Spiritisme*, pelo Dr. Grand. Se o autor dessa brochura[29] está condenado ao inferno, haverá muitos outros e ali veríamos — coisa estranha — os que pregam a caridade para todos, enquanto o Céu seria reservado àqueles que lançam anátemas e maldição. Estaríamos singularmente equivocados quanto ao sentido das palavras do Cristo.

A falta de espaço obriga-nos a deixar para o próximo número algumas palavras em resposta ao Sr. Deschanel, do *Journal des Débats*.

---

[27] N.E.: Mateus, 5:44 a 46.
[28] N.E.: Mateus, 5:48.
[29] Nota de Allan Kardec: Grand in-18, preço 1 fr.; pelo Correio: 1 fr. e 15 centavos. – No escritório da *Revista Espírita* e na Livraria Ledoyen, no Palais Royal.

# Carta sobre a incredulidade

(Primeira parte)

Um dos nossos colegas, o Sr. Canu, outrora muito imbuído dos princípios materialistas, e que o Espiritismo levou a uma apreciação mais sadia das coisas, acusava-se de ter-se feito propagandista de doutrinas que hoje considera subversivas da ordem social. No intuito de reparar o que considera, com justa razão, uma falta, e esclarecer aqueles a quem havia transviado, escreveu a um de seus amigos uma carta, sobre a qual julgou por bem pedir a nossa opinião. Pareceu-nos que ela correspondia tão bem ao objetivo que ele se propunha, que lhe pedimos permissão para publicá-la, o que certamente agradará aos nossos leitores. Em vez de abordar francamente a questão do Espiritismo, que teria sido repelido pelas pessoas que não admitem ser a alma a sua base; sobretudo se em lugar de lhes expor sob os olhos os estranhos fenômenos que teriam negado, ou atribuído a causas ordinárias, ele remonta à sua origem. Procura, com razão, torná-las espiritualistas, antes de torná-las espíritas. Por um encadeamento de ideias perfeitamente lógico, chega à ideia espírita como consequência. Esta marcha, evidentemente, é a mais racional.

A extensão desta carta obriga-nos a dividir a sua publicação.

"Paris, 10 de novembro de 1860.

Meu caro amigo,

Desejas uma longa carta sobre o *Espiritismo*. Esforçar-me-ei por te satisfazer como melhor puder, enquanto espero a remessa de uma importante obra sobre a matéria, a qual deve aparecer no fim do ano.

Serei obrigado a começar por algumas considerações gerais, para o que será necessário remontar à origem do homem.

Isto alongará um pouco a minha carta, mas é indispensável para a compreensão do assunto.

'Tudo passa!', diz-se geralmente.

Sim; tudo passa. Mas em geral também se dá a esta expressão uma significação muito afastada da que lhe é própria.

*Tudo passa*, mas nada acaba, a não ser a forma.

Tudo passa, no sentido de que tudo marcha e segue o seu curso, mas não um curso cego e sem objetivo, embora jamais deva acabar.

O movimento é a grande lei do universo, assim na ordem moral como na ordem física, e o fim do movimento é a progressão para o melhor. É um trabalho ativo, incessante e universal; é o que chamamos *o progresso*.

Tudo está submetido a esta lei, exceto Deus. Deus é o seu autor; a criatura lhe é instrumento e objeto.

A Criação compõe-se de duas naturezas distintas: a natureza material e a natureza intelectual. Esta é o instrumento ativo; aquela é o instrumento passivo.

Esses dois instrumentos são complementos um do outro, isto é, um sem o outro seria de emprego inteiramente nulo.

Sem a natureza intelectual, ou o espírito inteligente e ativo, a natureza material, isto é, a matéria ininteligente e inerte, seria perfeitamente inútil, nada podendo por si mesma. Sem a matéria inerte dar-se-ia o mesmo com o espírito inteligente.

Mesmo o instrumento mais perfeito seria como se não existisse, caso não houvesse alguém para dele se servir.

O mais hábil operário e o sábio da mais elevada ordem seriam tão impotentes quanto o mais completo idiota, se não tivessem instrumentos para desenvolver a sua ciência e fazê-la manifestar-se.

Eis aqui o momento e o lugar de fazer notar que o instrumento material não consiste somente na plaina do marceneiro, no cinzel do escultor, na paleta do pintor, no escalpelo do cirurgião, no compasso ou na luneta do astrônomo; consiste também na mão, na língua, nos olhos, no cérebro, numa palavra, na reunião de todos os órgãos materiais necessários à manifestação do pensamento, o que naturalmente implica a denominação de *instrumento passivo* à própria matéria sobre a qual a inteligência opera, por meio do instrumento propriamente dito. É assim que uma mesa, uma casa e um quadro, considerados nos elementos que os compõem, não são menos instrumentos que a serra, a plaina, o esquadro, a colher de pedreiro e o pincel que os produziram, que a mão e os olhos que os dirigiram; enfim, que o cérebro que presidiu a essa direção. Ora, tudo isto, inclusive o cérebro, foi o instrumento complexo de que se serviu a inteligência para manifestar o seu pensamento, sua vontade, que era produzir uma forma, e essa forma ou era uma mesa, ou uma casa, ou um quadro etc.

Inerte por natureza, disforme por essência, a matéria não adquire propriedades úteis senão pela forma que se lhe imprime, o que levou um célebre fisiologista a dizer que a forma era mais necessária que a matéria, proposição talvez um tanto paradoxal, mas que prova a superioridade do papel desempenhado pela forma nas modificações da matéria. É conforme essa lei que o próprio Deus, se assim me posso exprimir, dispôs e modificou incessantemente os mundos e as criaturas que os habitam, de acordo com as formas que melhor convêm aos seus propósitos para a harmonização do universo. E é sempre segundo essa mesma lei que as criaturas inteligentes, agindo incessantemente sobre a matéria, como o próprio Deus, mas secundariamente, concorrem para a sua transformação contínua, transformação em que cada grau, cada estágio é um passo no progresso, ao mesmo tempo que manifestação da inteligência que lhe deu origem.

É desse modo que tudo na Criação está em movimento e sempre em progresso; que a missão da criatura inteligente é ativar esse movimento no sentido do progresso, o que realiza muitas vezes mesmo sem o saber; que o papel da criatura material é obedecer a esse movimento e manifestar o progresso da criatura inteligente; que a Criação, enfim, considerada em seu conjunto ou em suas partes, realiza incessantemente os desígnios de Deus.

Quantas criaturas inteligentes (sem sair do nosso planeta) desempenham uma missão da qual estão longe de suspeitar! E confesso que, de minha parte, ainda há bem pouco tempo eu era desse número. Nem por isso me sentiria constrangido em deixar aqui algumas palavras sobre a minha própria história. Haverás de perdoar-me essa pequena digressão, que pode ter seu lado útil.

Educado na escola do dogma católico, não tendo desenvolvido a reflexão e o exame senão muito tarde, por muito tempo fui um crente fervoroso e cego; por certo não o esqueceste.

Mas sabes, também, que mais tarde caí no excesso contrário: da negação de certos princípios que minha razão não podia admitir, concluí pela negação absoluta. Sobretudo me revoltava o dogma da eternidade das penas. Eu não podia conciliar a ideia de um Deus, que me diziam infinitamente misericordioso, com a de um castigo perpétuo por uma falta passageira. O quadro do inferno, suas fornalhas, suas torturas materiais me parecia ridículo e uma paródia do Tártaro dos pagãos. Recapitulei minhas impressões de infância e lembrei-me de que, por ocasião da minha primeira comunhão, diziam-nos que não havia necessidade de orar pelos danados, porque isso de nada lhes serviria; aquele que não tivesse fé era votado às chamas, bastando uma dúvida sobre a infalibilidade da Igreja para se ser condenado às penas eternas; que o próprio bem que fizéssemos aqui não nos poderia salvar, considerando-se que Deus colocava a fé acima das melhores ações humanas. Essa doutrina me tornara impiedoso, endurecendo-me o coração. Olhava os homens com desconfiança e, à mais leve falta, eu cria ver ao meu lado um condenado de quem devia fugir como da peste, e ao qual, em minha indignação, eu teria recusado um copo de água, dizendo-me a mim mesmo que Deus lhe recusaria ainda mais. Se ainda houvesse fogueiras, eu teria empurrado para elas todos os que não tivessem a fé ortodoxa, fosse ainda o meu próprio pai. Nesse estado de espírito eu não podia amar a Deus: tinha medo dele.

Mais tarde uma porção de circunstâncias demasiado longas para enumerar, vieram abrir-me os olhos e eu rejeitei os dogmas que não se conciliavam com a minha razão, porque ninguém me havia ensinado a pôr a moral acima da forma. Do fanatismo religioso caí no fanatismo da incredulidade, a exemplo de tantos companheiros de infância.

Não entrarei em detalhes, que nos levariam muito longe. Apenas acrescentarei que, depois de haver perdido durante quinze anos a doce ilusão da existência de um Deus infinitamente bom, poderoso e sábio, da existência e da imortalidade da alma, enfim hoje encontro de novo, não uma ilusão, mas uma certeza tão completa quanto à de minha existência atual, quanto a de te escrever neste momento.

Eis, meu amigo, o grande acontecimento de nossa época, o grande acontecimento que nos é dado ver realizar-se em nossos dias: a prova material da existência e da imortalidade da alma.

Voltemos ao fato, mas para te fazer melhor compreender o Espiritismo, vamos remontar à origem do homem, não nos detendo nesse assunto por muito tempo.

É evidente que os globos que povoam a imensidão não foram feitos unicamente tendo em vista a sua ornamentação. Têm também uma finalidade útil, ao lado da agradável: a de produzir e alimentar os seres vivos materiais, que são instrumentos apropriados e dóceis a essa multidão infinita de criaturas inteligentes que povoam o espaço e que são, definitivamente, a obra-prima, ou melhor, o objetivo da Criação, pois que só elas têm a faculdade de conhecer, admirar e adorar o seu autor.

Cada um dos globos espalhados no espaço teve o seu começo, em relação à sua forma, num tempo mais ou menos recuado. Quanto à idade da matéria que o compõe, é um segredo que não nos importa aqui conhecer, uma vez que a forma é tudo para o objeto que nos ocupa. Com efeito, pouco nos importa que a matéria seja eterna, ou apenas de criação anterior à formação do astro, ou, finalmente, contemporânea a essa formação. O que é preciso saber é que o astro foi formado para ser habitado. Talvez não seja um despropósito acrescentar que essas formações não são feitas em um dia, como dizem as escrituras; que um globo não sai repentinamente do nada já coberto de florestas, de prados e de habitantes, como Minerva[30] saiu armada, dos pés à cabeça, da cabeça de Júpiter.[31] Não; Deus procede, certamente, com mais lentidão; tudo segue uma lei lenta e progressiva, não porque Ele hesite ou tenha necessidade de lentidão, mas porque essas leis são assim e são imutáveis. Aliás, aquilo a que nós, seres efêmeros, chamamos *lentidão*, não o é para Deus, para quem o tempo nada representa.

Eis, pois, um globo em formação ou, se quiseres, já formado. Devem transcorrer ainda muitos séculos ou milhares de séculos antes que ele seja habitável, mas enfim chega o momento. Depois de modificações numerosas e sucessivas em sua superfície, pouco a pouco começa a se cobrir de vegetação (falo da Terra, não pretendendo fazer, a não ser por analogia, a história dos outros globos, cujo fim, evidentemente, é o mesmo, mas cujas modificações físicas podem variar). Ao lado da vegetação aparece a vida animal, uma e outra na sua maior simplicidade, pois sendo esses dois ramos do reino orgânico necessários um ao outro, fecundam-se mutuamente, alimentam-se reciprocamente, elaborando de comum acordo a matéria inorgânica, para torná-la cada vez mais apropriada à formação

---

[30] N.E.: Deusa romana da guerra, da inteligência e da Arte. Corresponde à deusa grega Atenas.
[31] N.E.: Rei dos deuses, soberano do Monte Olimpo e deus do céu e do trovão. Corresponde a Zeus na Mitologia grega.

de seres sempre mais perfeitos, até que ela tenha atingido o ponto de poder produzir e alimentar o corpo que deve servir de habitação e de instrumento ao *ser* por excelência, isto é, ao ser intelectual que dele deve servir-se; que, por assim dizer, o espera para manifestar-se, pois, sem ele, não poderia fazê-lo.

Eis que chegamos ao homem! Como se formou ele? Ainda aí não é o problema. Formou-se segundo a grande lei da formação dos seres, eis tudo. Pelo fato de não ser conhecida, essa lei não deixa de existir. Como se formaram os primeiros exemplares de cada espécie de plantas? Os primeiros indivíduos de cada espécie de animal? Cada um deles se formou à sua maneira, segundo a mesma lei. O que é certo é que Deus não teve necessidade de se transformar em oleiro, nem de sujar as mãos no barro para formar o homem, nem de lhe arrancar uma costela para formar a mulher. Esta fábula, aparentemente absurda e ridícula, pode muito bem ser uma figura engenhosa, ocultando um sentido penetrável por Espíritos mais perspicazes que o meu; mas como disso nada entendo, vou me deter aqui.

Finalmente, eis o homem material habitando a Terra, ele próprio habitado por um ser imaterial, do qual é apenas o instrumento. Incapaz de algo por si mesmo, como a matéria em geral, não se torna apto para qualquer coisa senão pela inteligência que o anima, mas essa mesma inteligência, criatura imperfeita como tudo quanto é criatura, isto é, como tudo quanto não é Deus, tem necessidade de aperfeiçoar-se, e é precisamente em vista desse aperfeiçoamento que o corpo lhe foi dado, porquanto, sem a matéria, o Espírito não poderia manifestar-se, nem, consequentemente, melhorar-se, esclarecer-se e progredir, enfim.

Considerada coletivamente, a humanidade é comparável ao indivíduo. Ignorante na infância, ela se esclarece à medida que os anos avançam, o que se explica naturalmente pelo mesmo estado de imperfeição em que se achavam os Espíritos, para cujo avanço a humanidade foi feita. Mas quanto ao Espírito, considerado individualmente, não será numa única existência que poderá adquirir a soma de progresso que é chamado a realizar. Eis por que um número mais ou menos grande de existências corpóreas lhe são necessárias, conforme o emprego que tiver feito de cada uma delas. Quanto mais houver trabalhado para o seu adiantamento em cada existência, menos existências terá de suportar; e como cada existência corpórea é uma prova, uma expiação, um verdadeiro purgatório, tem interesse de progredir o mais rapidamente possível, a fim de sofrer menor número de provas, pois o Espírito não retrograda. Para ele cada progresso realizado é uma conquista assegurada, que não lhe poderá ser retirada. De acordo com esse princípio, hoje demonstrado, torna-se evidente que ele alcançará mais cedo o objetivo, quanto mais depressa caminhar.

Resulta do que precede que cada um de nós não se acha, hoje, em nossa primeira existência corporal, por muito que nos encontremos distanciados da última, porque nossas existências primitivas devem ter-se passado em mundos muito inferiores à Terra, à qual só chegamos quando nosso Espírito alcançou um estado de perfeição compatível com esse astro. Do mesmo modo, à medida que progredimos, passamos a mundos superiores, sob todos os aspectos muito mais adiantados que a Terra, e isso de degrau em degrau, avançando sempre para o melhor. Mas antes de deixar um globo, parece que nele passamos várias existências, cujo número, todavia, não é limitado, mas subordinado à soma de progresso que houvermos realizado.

Prevejo uma objeção em teus lábios. Dir-me-ás que tudo isto pode ser verdadeiro, mas como não me lembro de nada, o mesmo ocorrendo com os outros, tudo quanto se tiver passado em nossas precedentes existências é como se não se tivesse passado. E, se acontece o mesmo em cada nova existência, ao meu Espírito pouco importa ser imortal ou morrer com o corpo, se, conservando a sua individualidade, não tem consciência de sua identidade. Com efeito, para nós seria a mesma coisa, mas não é assim. Não perdemos a lembrança do passado senão durante a vida corporal, para readquiri-la com a morte, isto é, quando o Espírito despertar em sua verdadeira existência, a de Espírito livre, em relação à qual as existências corpóreas podem ser comparadas ao que o sono representa para o corpo.

Em que se tornam as almas dos mortos enquanto esperam uma nova reencarnação?

As que não deixam a Terra ficam errantes em sua superfície, vão sem dúvida aonde lhes apraz, ou, pelo menos, aonde podem, conforme o seu grau de adiantamento, mas, em geral, pouco se afastam dos vivos, principalmente daqueles a quem são afeiçoadas, quando têm afeição por alguém, a menos que lhes sejam impostos deveres a cumprir alhures. Estamos, pois, em todos os momentos, cercados por uma multidão de Espíritos conhecidos e desconhecidos, amigos e inimigos, que nos veem, nos observam e nos ouvem; alguns participam de nossas penas, bem como de nossas alegrias; outros sofrem com os nossos prazeres ou gozam com as nossas dores, enquanto outros, finalmente, mostram-se indiferentes a tudo, exatamente como acontece na Terra, entre os mortais, cujas afeições, antipatias, vícios e virtudes são conservados no outro mundo. A diferença é que os bons desfrutam na outra vida de uma felicidade desconhecida na Terra, o que se compreende muito bem; não têm necessidades materiais a satisfazer, nem obstáculos do mesmo gênero a ultrapassar. Se viveram bem, isto é, se nada têm ou pouco têm a se censurar em sua última existência corporal, gozam em paz o testemunho de sua consciência e do bem que fizeram. Se viveram mal, se foram maus, como lá estão a descoberto não podem mais dissimular sob o envoltório material, sofrendo a presença daqueles a quem ofenderam, desprezaram e oprimiram, bem como a impossibilidade, em que se encontram, de subtrair-se aos olhares de todos. Sofrem, finalmente, pelo remorso que os corrói, até que o arrependimento os venha aliviar, o que acontece mais cedo ou mais tarde, ou que uma nova encarnação os afaste, não às vistas de outros Espíritos, mas às próprias vistas, tirando-lhes momentaneamente a consciência de sua identidade. Desse modo, perdendo a lembrança do passado, sentem-se aliviados. Mas também é, para eles, o momento em que começa uma nova prova. Se dela tiverem a sorte de sair melhorados, gozarão o progresso realizado; se não se melhorarem, reencontrarão os mesmos tormentos, até que, finalmente, se arrependam ou aproveitem uma nova existência.

Há outro gênero de sofrimento: o experimentado pelos piores e mais perversos Espíritos. Inacessíveis à vergonha e ao remorso, estes não sentem os seus tormentos, embora seus sofrimentos sejam ainda mais vivos, porquanto, sempre inclinados ao mal, mas impotentes para fazê-lo, sofrem de inveja ao ver os outros mais felizes ou melhores que eles próprios, ao mesmo tempo sofrendo a raiva de não poderem saciar o seu ódio e entregar-se a todas as suas más inclinações. Oh! estes sofrem muito, mas, como te disse, sofrerão apenas enquanto não se melhorarem, ou, em outros termos, até o dia em que melhorarem. Muitas vezes não preveem esse termo; são tão maus, tão enceguecidos pelo mal, que não suspeitam a existência, ou a possibilidade da existência de um melhor estado de coisas, não imaginando, consequentemente, que seu sofrimento deve acabar um dia. É isso que os torna insensíveis ao mal e lhes agrava os tormentos. Como, porém, nem sempre podem fugir à sorte comum que Deus reserva, sem exceção, a todas as criaturas, chega finalmente um momento em que lhes é preciso seguir a rota ordinária; algumas vezes esse dia está mais próximo do que se poderia supor ao observar a sua perversidade. Foram vistos alguns que se converteram subitamente, e de repente seus sofrimentos cessaram; entretanto, ainda lhes restam rudes provas a suportar na Terra, em sua próxima encarnação. É preciso que se depurem, expiando as próprias faltas, e isto, definitivamente, é mais que justo; pelo menos não temem mais a perda do progresso realizado, pois não podem retroceder.

Eis aí, meu amigo, da mais clara e sucinta maneira, a exposição da filosofia do Espiritismo, tal qual me era possível fazê-lo numa carta. Dela encontrarás desenvolvimentos mais completos, até este momento, e os mais satisfatórios, em *O livro dos espíritos*, fonte onde bebi aquilo que me fez o que sou.

Passemos agora à prática."

(*Conclusão no próximo número.*)

JANEIRO DE 1861

# O Espírito batedor do Aube

Um dos nossos assinantes transmite-nos detalhes muito interessantes sobre manifestações que ocorreram, e ainda ocorrem, numa localidade do Departamento do Aube, cujo nome silenciaremos, mesmo considerando que a pessoa em cuja casa se dão esses fenômenos não se preocupa absolutamente em ser assaltada pela visita de numerosos curiosos, e apesar dessas manifestações barulhentas já lhe terem produzido vários dissabores. Aliás, nosso correspondente relata como testemunha ocular e nós o conhecemos bastante para saber que ele é digno de confiança. Extraímos as passagens mais interessantes de seu relato:

> Há quatro anos (em 1856), na cidade onde resido, em casa do Sr. R..., ocorreram manifestações que lembram, até certo ponto, as de Bergzabern; então eu não conhecia aquele senhor, só travando conhecimento com ele mais tarde, de sorte que foi por ter ouvido dizer que fiquei sabendo do que se passava naquela época. Havendo as manifestações cessado há muito tempo, o Sr. R... já se julgava livre delas quando, pouco depois, recomeçaram como antigamente. Pude, então, testemunhá-las durante vários dias seguidos. Contarei, portanto, o que vi com os meus próprios olhos.
>
> A pessoa que é objeto dessas manifestações é o filho do Sr. R..., de 16 anos; tinha, portanto, apenas 12 quando elas se produziram pela primeira vez. É um rapaz de inteligência excessivamente limitada, não sabe ler nem escrever e raramente sai de casa. Quanto às manifestações que ocorreram em minha presença, com exceção do balançar do leito e da suspensão magnética, o Espírito imitou mais ou menos em tudo o de Bergzabern; as pancadas e as arranhaduras foram as mesmas; assoviava, imitava o ruído da lima e da serra e atirou no quarto pedaços de carvão vindos não se sabe de onde, desde que não os havia no aposento em que estávamos. Os fenômenos geralmente se produzem quando o jovem está deitado e começa a dormir. Durante o sono fala ao Espírito com autoridade e assume o tom de comando de um oficial superior a ponto de enganar os

outros, embora jamais tenha assistido a exercícios militares; simula um combate, comanda a manobra, alcança a vitória e se julga nomeado general no campo de batalha. Quando ordena ao Espírito que desfira certo número de golpes, acontece algumas vezes que este dá mais do que lhe é ordenado. Então o garoto pergunta: "Como farás para tirar as pancadas que deste a mais?" Então o Espírito se põe a raspar, como se apagasse algo. Quando o menino comanda, fica numa grande agitação e por vezes grita tão forte que sua voz se extingue numa espécie de estertor. Ao ser comandado, o Espírito bate todas as marchas francesas e estrangeiras, mesmo as dos chineses. Não pude verificar a sua exatidão, pois não as conheço. Mas muitas vezes acontecia ao menino dizer: "Não é assim! Recomece!" E o Espírito obedecia. Devo dizer de passagem que durante o sono o menino é muito grosseiro ao comandar.

Numa noite em que eu assistia a uma dessas cenas, já havia cinco horas que o filho R... se achava em grande agitação. Tentei acalmá-lo por meio de alguns passes magnéticos, mas logo se tornou furioso e revolveu todo o leito. No dia seguinte deitou-se à minha chegada e, como de costume, dormiu ao cabo de alguns minutos; então as pancadas e arranhaduras começaram. De repente disse ao Espírito: "Vem cá; eu vou te adormecer." E, para grande surpresa nossa, magnetizou-o, apesar da resistência do Espírito, que parecia recusar-se; pelo menos é o que pude depreender da conversa que eles tiveram juntos. Depois o despertou, desmagnetizando-o como o teria feito um magnetizador profissional. Percebi, então, que dava a impressão de recolher muito fluido, que me lançou, apostrofando-me e injuriando-me. Ao despertar, não guardava nenhuma recordação do que havia ocorrido.

Longe de se atenuarem, os fatos se agravam cada vez mais de modo aflitivo, para exasperação do Espírito, que por certo teme perder o domínio que exerce sobre o rapaz. Quis perguntar-lhe o nome e os antecedentes, mas só logrei mentiras e blasfêmias. Devo dizer agora que ele fala pela boca de um rapaz, que lhe serve de médium falante. Tentei inutilmente despertar-lhe melhores sentimentos, por meio de boas palavras; respondeu-me que a prece não exerce o menor poder sobre ele; que tentou se elevar até Deus, mas só encontrou gelo e nevoeiro. Então me chama de beato e, quando oro mentalmente, observo que se torna furioso e dá golpes redobrados. Diariamente traz objetos muito volumosos, ferro, cobre etc. Quando lhe pergunto onde os obtém, responde que os toma das pessoas desonestas. Se lhe dou lições de moral, enfurece-se. Uma noite me disse que enquanto eu viesse, ele quebraria tudo, e que não iria embora antes da Páscoa; depois me cuspiu no rosto. Tendo perguntado por que se ligava dessa forma ao jovem R..., respondeu: "Se não fosse ele, seria outro." O próprio pai não está livre dos assaltos desse Espírito malfazejo. Muitas vezes é interrompido em seu trabalho porque é batido, puxado pelas roupas em todas as direções e mesmo beliscado até sangrar.

Fiz o que pude, mas os recursos já chegam ao fim. Acrescento que é tanto mais difícil obter bons resultados quanto é certo que o Sr. e a Sra. R..., apesar do desejo de livrar-se do Espírito, que lhes ocasionou verdadeiros prejuízos, e são obrigados a trabalhar para viver, não me auxiliam, pois sua fé em Deus não tem grande consistência.

Omitimos uma porção de detalhes que só serviriam para corroborar o que relatamos. Todavia, dissemos o bastante para mostrar que se pode dizer desse Espírito, como de certos malfeitores, que é da pior espécie.

Na sessão da Sociedade, de 9 de novembro último, foram dirigidas a São Luís as seguintes perguntas a respeito:

1. Teríeis a bondade de dizer-nos alguma coisa sobre o Espírito que obsidia o jovem R...?

*Resp.* – A inteligência desse rapaz é das mais fracas. Quando o Espírito se apodera dele, fica completamente alucinado, tanto mais quanto mais mergulhado no sono. Não exercendo a razão nenhum domínio sobre o seu cérebro, deixa-se obsidiar por esse Espírito turbulento.

2. Pode um Espírito relativamente superior exercer sobre outro Espírito uma ação magnética e paralisar suas faculdades?

*Resp.* – Um Espírito bom nada pode sobre outro, a não ser do ponto de vista moral; jamais fisicamente. A fim de paralisar pelo fluido magnético terá de agir sobre a matéria, e o Espírito não é matéria semelhante ao corpo humano.

3. Como, então, pretende o jovem R... magnetizar o Espírito e fazê-lo adormecer?

*Resp.* – Ele assim o julga, e o Espírito se presta à ilusão.

4. O pai deseja saber se não haveria um meio de se desembaraçar desse hóspede importuno e se o filho ainda estaria sujeito a essa prova por muito tempo.

*Resp.* – Quando o rapaz estiver acordado será necessário que evoquem, junto com ele, os Espíritos bons, a fim de o pôr em contato com estes e, por esse meio, afastar os maus, que o obsidiam durante o sono.

5. Poderíamos agir assim, evocando, por exemplo, esse Espírito, a fim de moralizá-lo ou, quem sabe, o próprio Espírito do rapaz?

*Resp.* – Talvez não seja possível no momento; ambos são muito materializados. É preciso agir diretamente sobre o corpo do ser vivo, por meio da presença dos Espíritos bons, que virão a ele.

6. Não compreendemos bem a resposta.

*Resp.* – Digo que é preciso chamar o concurso dos Espíritos bons, que poderão tornar o rapaz menos acessível às impressões dos Espíritos maus.

7. Que poderemos fazer por ele?

*Resp.* – O Espírito mau que o obsidia não o deixará com facilidade, já que não é fortemente repelido por ninguém. Vossas preces, vossas evocações são uma arma fraca contra ele. Seria necessário agir direta e materialmente sobre a pessoa a quem ele atormenta. Podeis orar, pois a prece é sempre boa, mas não o conseguireis por vós mesmos, se não fordes secundados por aqueles mais interessados no caso, isto é, o pai e a mãe. Infelizmente, eles não têm essa fé em Deus que centuplica as forças, e Deus só ouve aqueles que a Ele se dirigem com confiança. Não podem, pois, queixar-se de um mal para o qual nada fazem para evitar.

8. Como conciliar a sujeição desse rapaz, dominado por tal Espírito, com a autoridade que sobre este exerce aquele, já que ordena e o Espírito obedece?

*Resp.* – O Espírito desse jovem é pouco adiantado moralmente, mas o é mais do que se pensa, em inteligência. Em outras existências abusou de sua inteligência, não dirigida para um fim moral, mas, ao contrário, para objetivos ambiciosos. Agora se encontra em punição num corpo que não lhe permite dar livre curso à inteligência, e o Espírito mau aproveita a sua fraqueza. Este se deixa levar por questões de somenos importância, porque sabe que o jovem é incapaz de lhe ordenar coisas sérias: ele o diverte. A Terra está repleta de Espíritos assim, em punição em corpos humanos; eis por que nela há tantos males, e dos mais variados tipos.

OBSERVAÇÃO – A observação vem apoiar esta explicação. Durante o sono, o jovem demonstra uma inteligência incontestavelmente superior à de seu estado normal, o que prova um desenvolvimento anterior, porém reduzido a estado latente sob esse envoltório grosseiro. Somente nos momentos de emancipação da alma, nos quais não sofre tanto a influência da matéria, é que sua inteligência se manifesta, ocasião em que exerce também uma espécie de autoridade sobre o ser que o subjuga. Mas, voltando ao estado de vigília, suas faculdades se aniquilam sob o envoltório material que as comprime. Não está aí um ensino moral prático?

Alguém manifesta o desejo de evocar esse Espírito, mas nenhum dos médiuns presentes se interessa em servir-lhe de intérprete. A Srta. Eugénie, que também havia mostrado repugnância, tomou de repente o lápis num movimento involuntário e escreveu:

1. Não queres? Pois sim! Tu escreverás. Certamente pensas que não te dominarei. Eis-me aqui. Mas não te espantes tanto. Farei com que vejas minha força.

Nota – Nesse momento o Espírito faz a médium dar um grande murro na mesa e quebrar vários lápis.

2. Já que estais aqui, dizei por que motivo vos ligastes ao filho do Sr. R...

*Resp.* – Seria preciso, creio, que eu vos fizesse confidências! Antes de tudo, sabei que tenho grande necessidade de atormentar alguém. Um médium sensato me repeliria. Apego-me a um idiota, que não me opõe nenhuma resistência.

3. Nota – Alguém argumenta que, malgrado esse ato de covardia, esse Espírito não deixa de ter inteligência. Ele responde sem que lhe tenham perguntado diretamente:

*Resp.* – Um pouco. Não sou tão tolo quanto pensais.

4. Que éreis quando vivo?

*Resp.* – Não era grande coisa; um homem que fez mais mal do que bem e que é cada vez mais punido.

5. Já que sois punido por ter feito mal, deveríeis compreender a necessidade de fazer o bem. Não desejais melhorar?

*Resp.* – Se quiserdes auxiliar-me, eu perderia menos tempo.

6. Não pedimos mais que isso, mas é necessário que tenhais vontade. Orai conosco, isto vos ajudará.

*Resp.* – (Aqui o Espírito dá uma resposta blasfema.)

7. Basta! Não queremos ouvir mais. Esperávamos despertar em vós alguns sentimentos bons; foi com esse objetivo que vos

chamamos. Mas desde que só respondeis à nossa benevolência com palavras vis, podeis retirar-vos.

*Resp.* – Ah! aqui esbarra a vossa caridade! Porque pude resistir um pouco, vejo que essa caridade logo para; é que não valeis mais do que eu. Sim, poderíeis moralizar-me mais do que pensais, se soubésseis dar provas disso, primeiro no interesse do idiota que sofre, do pai que não se assusta muito e finalmente no meu, se assim vos agrada.

8. Dizei vosso nome, a fim de que possamos chamá-lo.

*Resp.* – Oh! meu nome pouco importa. Chamai-me, se quiserdes, o Espírito do jovem idiota.

9. Se vos quisemos fazer calar é porque dissestes uma palavra sacrílega.

*Resp.* – Ah! Ah! o senhor chocou-se! Para saber o que há na lama é preciso revolvê-la.

10. Alguém diz: Esta imagem é digna do Espírito: é ignóbil.

*Resp.* – Quereis poesia, moço? Ei-la: Para conhecer o perfume da rosa, é preciso cheirá-la.

11. Já que dissestes que vos poderíamos auxiliar a vos tornardes melhor, um dos senhores presentes se oferece para vos instruir. Quereis atendê-lo quando vos evocar?

*Resp.* – Antes de tudo, quero ver se me convém. (Depois de alguns instantes de reflexão acrescenta): Sim; irei.

12. Por que o filho do Sr. R... se enfurecia quando o Sr. L... queria magnetizá-lo?

*Resp.* – Não era ele que se encolerizava; era eu.

13. Por quê?

*Resp.* – Não tenho nenhum poder sobre esse homem, razão por que não posso suportá-lo. Ele quer arrebatar-me aquele que tenho sob o meu domínio, e isso não admito.

14. Deveis perceber à vossa volta Espíritos mais felizes que vós. Sabeis por quê?

*Resp.* – Sei muito bem; eles são melhores do que eu.

15. Compreendeis então que, se em vez de fazer o mal, fizésseis o bem, seríeis feliz como eles?

*Resp.* – Não desejava mais que isso, mas é difícil fazer o bem.

16. Talvez seja difícil para vós, mas não impossível. Sabeis que a prece pode exercer grande influência em vossa melhoria?

*Resp.* – Não digo que não; pensarei nisso. Chamai-me algumas vezes.

Observação – Como se vê, esse Espírito não desmentiu o seu caráter. Entretanto, revelou-se menos recalcitrante no fim, o que prova não ser de todo inacessível ao raciocínio. Ele dispõe da solução, mas, para dominá-lo, é preciso um concurso de vontades que ora não existe. Isto deve ser um ensinamento para as pessoas que poderiam achar-se em casos semelhantes.

Sem dúvida esse Espírito é muito mau e pertence à ralé do mundo espírita. Pode-se dizer que é brutalmente mau, mas que em seres semelhantes há mais recursos que nos hipócritas. Seguramente são muito menos perigosos que os Espíritos fascinadores que, auxiliados por certa dose de inteligência e uma falsa aparência de virtude, sabem inspirar a certas pessoas uma confiança cega em suas palavras, confiança de que cedo ou tarde serão vítimas, porquanto tais Espíritos jamais agem com vistas ao bem: têm sempre uma segunda intenção. Esperamos que *O livro dos médiuns* tenha como resultado pôr-nos em guarda contra suas sugestões, o que, certamente, não lhes agradará. Mas, como é fácil de ver, tão pouco nos inquietamos com a sua má vontade quanto com a dos *Espíritos encarnados*, que eles podem excitar contra nós. Os Espíritos maus, tanto quanto os homens, não veem com bons olhos aqueles que, desmascarando as suas torpezas, lhes tiram os meios de fazer o mal.

## Ensino espontâneo dos Espíritos

Ditados recebidos ou lidos na Sociedade por vários médiuns

### Os três tipos

(Médium: Sr. Alfred Didier)

Há no mundo três tipos que serão eternos. Esses três tipos, grandes homens os pintaram tais quais eram em seu tempo; e adivinharam que existiriam sempre. Esses três tipos são, inicialmente, *Hamlet*, que diz para si mesmo: "*To be or not to be, that is the question*"; depois *Tartufe*, que resmunga preces enquanto medita no mal; por fim *Don Juan*, que a todos diz: "Não creio em nada." Molière[32] achou, sozinho, dois desses tipos; aviltou Tartufe e fulminou Don Juan. Sem a verdade o homem fica na dúvida como Hamlet, sem consciência como Tartufe, sem coração como Don Juan. Hamlet está em dúvida, é verdade, mas procura, é infeliz, a incredulidade o acabrunha, suas mais doces ilusões se afastam cada vez mais, e esse ideal, essa verdade que ele persegue cai no abismo como Ofélia e fica perdida para sempre. Então enlouquece e morre como um desesperado, mas Deus o perdoará, porque teve coração, amou e foi o mundo que lhe roubou aquilo que queria conservar.

Os outros dois tipos são atrozes, porque egoístas e hipócritas, cada um a seu modo. Tartufe toma a máscara da virtude,

---

[32] N.E.: Jean-Baptiste Poquelin (1622–1673), comediógrafo francês, mais conhecido como Molière.

o que o torna odioso; Don Juan em nada crê, nem mesmo em Deus: só acredita em si mesmo. Jamais tivestes a impressão de ver, nesse famoso símbolo que é Don Juan e na estátua do Comendador, o ceticismo diante das mesas girantes? O corrompido Espírito humano frente à sua mais brutal manifestação? Até o presente o mundo não viu neles senão uma figura inteiramente humana. Credes que não se deve neles ver e sentir algo mais? Como o gênio inimitável de Molière não teve, nessa obra, o sentimento do bom senso dos fatos espirituais, como o tinha sempre dos defeitos deste mundo!

Gérard de Nerval

## Cazotte

(Médium: Sr. Alfred Didier)

É curioso ver surgir, no meio do materialismo, uma reunião de homens de boa-fé para propagar o Espiritismo. Sim, é no meio das mais profundas trevas que Deus lança a luz, e no momento em que é mais esquecido é que Ele melhor se mostra, semelhantemente ao ladrão sublime de que fala o Evangelho, e que virá julgar o mundo no momento em que este menos esperar. Mas Deus não vem a vós para vos surpreender; ao contrário, vem prevenir-vos de que essa grande surpresa, que deve apoderar-se dos homens ao morrerem, deve ser para eles funesta ou feliz.

Foi para o meio de uma sociedade corrompida que Deus me enviou. Graças à clarividência, algumas dessas revelações que em meu tempo pareciam tão maravilhosas, hoje se mostram muito naturais. Para mim, todas essas lembranças não passam de sonhos e, louvado seja Deus! o despertar não foi penoso. O Espiritismo nasceu, ou melhor, ressuscitou em vosso tempo; o magnetismo era do meu tempo. Crede que as grandes luzes precedem os grandes clarões.

O autor de *Le Diable amoureux* vos lembra que já teve a honra de conversar convosco e se sentirá feliz em continuar suas relações amistosas.

### Cazotte

Na sessão seguinte foram dirigidas ao Espírito Cazotte as perguntas que se seguem:

Na última vez em que aqui viestes espontaneamente tivestes a gentileza de dizer que voltaríeis de boa vontade. Aproveitamos o oferecimento para vos dirigir algumas perguntas, se assim o quiserdes.

1ª) A história do famoso jantar em que predissestes a sorte que aguardava cada um dos convivas é inteiramente verdadeira?

*Resp.* – É verdadeira no sentido de que a predição não foi feita numa única noite, mas em vários jantares, no fim dos quais eu me divertia em amedrontar os meus amáveis convivas, por meio de sinistras revelações.

2ª) Conhecemos os efeitos da dupla vista e compreenderíamos que, dotado dessa faculdade, tivésseis podido ver coisas distantes, mas que se passavam naquele momento. Como pudestes ver coisas futuras, que ainda não existiam, e vê-las com precisão? Poderíeis dizer-nos, ao mesmo tempo, como vos foi dada essa previsão? Falastes simplesmente como inspirado, sem nada ver, ou o quadro dos acontecimentos que anunciastes se vos apresentou como uma imagem? Tende a bondade de descrever isto tão bem quanto puderdes para a nossa instrução.

*Resp.* – Há na razão do homem um instinto moral que o impele a predizer certos acontecimentos. É verdade que eu era dotado de uma clarividência extraordinária, mas sempre humana, para os acontecimentos que então se passaram. Mas acreditais que o bom senso, ou o sadio julgamento das coisas terrenas possam vos detalhar, com anos de antecedência, tal ou qual circunstância? Não. À minha natural sagacidade aliava-se uma qualidade sobrenatural: a dupla vista. Quando eu revelava às pessoas que me cercavam os terríveis abalos que deveriam ocorrer, evidentemente eu falava como um homem de bom senso e de lógica. Mas quando eu via pequenos detalhes dessas circunstâncias; quando eu via visivelmente tal ou qual vítima, então não falava mais como um simples homem dotado, mas como um homem inspirado.

3ª) Independentemente desse fato, tivestes outros exemplos de previsão durante a vida?

*Resp.* – Sim. Eram todas mais ou menos sobre o mesmo assunto, mas, como passatempo, eu estudava as ciências ocultas e me ocupava muito de magnetismo.

4ª) Essa faculdade de previsão vos acompanhou no mundo dos Espíritos? Isto é, após a morte ainda prevedes certos acontecimentos?

*Resp.* – Sim; esse dom me ficou muito mais puro.

Observação – Poder-se-ia ver aqui uma contradição com o princípio que se opõe à revelação do futuro. Com efeito, o futuro nos é oculto por uma lei muito sábia da Providência, considerando-se que tal conhecimento prejudicaria o nosso livre-arbítrio, levando-nos a negligenciar o presente pelo futuro. Além disso, por nossa oposição, poderíamos entravar certos acontecimentos necessários à ordem geral. Mas quando essa comunicação nos pode impelir a facilitar a realização de uma coisa, Deus pode permitir a sua revelação, nos limites designados por sua sabedoria.

## A VOZ DO ANJO DA GUARDA

(Médium: Srta. Huet)

Todos os homens são médiuns; todos têm um Espírito que os dirige para o bem, quando sabem escutá-lo. Pouco importa que alguns se comuniquem diretamente com ele por uma mediunidade particular, e que outros não o ouçam senão pela voz do coração e da inteligência; nem por isso deixará de ser o seu Espírito familiar que os aconselha. Chamai-o Espírito, razão, inteligência: é sempre uma voz que responde à vossa alma e vos dita boas palavras; só que nem sempre as compreendeis. Nem todos sabem agir segundo os conselhos dessa razão, não da razão que se arrasta, em vez de marchar, dessa razão que se perde em meio aos interesses materiais e grosseiros, mas da razão que eleva o homem acima de si mesmo, que o transporta para regiões desconhecidas; chama sagrada que inspira o artista e o poeta, pensamento divino que eleva o filósofo, impulso que arrasta os indivíduos e os povos, razão que o vulgo não pode compreender, mas que aproxima o homem da divindade mais que qualquer outra criatura; entendimento que sabe conduzi-lo do conhecido ao desconhecido, fazendo com que execute os atos mais sublimes. Ouvi, pois, essa voz interior, esse bom gênio que vos fala sem cessar, e chegareis progressivamente a ouvir o vosso anjo da guarda, que do alto do céu vos estende as mãos.

Channing

## GARRIDICE

(Médium: Sra. Costel)

Hoje nos ocuparemos da garridice feminina, que é a inimiga do amor: ela mata ou o amesquinha, o que é pior. A mulher garrida assemelha-se a um pássaro engaiolado, que, pelo canto, atrai as outras aves para junto de si. Ela atrai os homens, cujos corações se dilaceram contra as grades que a encerram. Lamentamos mais a ela que a eles. Reduzida ao cativeiro pela estreiteza de ideias e pela aridez de seu coração, sapateia na obscuridade de sua consciência, sem jamais poder ver luzir o sol do amor, que só irradia para as almas generosas e dedicadas. É mais difícil sentir o amor do que inspirá-lo; no entanto, todos se inquietam e perscrutam o coração desejado, sem primeiro examinar se o seu possui o tesouro cobiçado.

Não; o amor que é a sensualidade do amor-próprio não é amor, assim como a garridice não é a sedução para uma alma elevada. Temos razão em censurar e cercar de dificuldades essas frágeis ligações, vergonhosa permuta de vaidades, de misérias de toda sorte. O amor fica alheio a essas coisas, do mesmo modo que o raio não fica maculado pelas imundícies que ele ilumina. Insensatas são as mulheres que não compreendem que sua beleza e sua virtude representam o amor em seu abandono, no esquecimento dos interesses pessoais e na transmigração da alma que se entrega inteiramente ao ser amado. Deus abençoa a mulher que carregou o jugo do amor e repele aquela que fez desse precioso sentimento um troféu à sua vaidade, uma distração à sua ociosidade ou uma chama carnal que consome o corpo, deixando vazio o coração.

GEORGES

ALLAN KARDEC

# Revista Espírita
### Jornal de Estudos Psicológicos
ANO IV — FEVEREIRO DE 1861 — Nº 2

## Boletim da Sociedade Parisiense de Estudos Espíritas

### RESUMO DAS ATAS

Sexta-feira, 21 de dezembro de 1860. (Sessão particular)

Admissão de dois novos membros.

*Relatórios diversos*:

1º) Leitura de várias comunicações obtidas fora das sessões.

2º) O Sr. Allan Kardec lê uma carta de Bordeaux, na qual é proposta a evocação da Srta. M. H..., recentemente falecida. Consultada sobre o assunto, a Sociedade julga por bem não se ocupar dessa evocação.

*Trabalhos da sessão*:

1º) Ditado espontâneo assinado por Lázaro, recebido pela Sra. Costel. – Outro assinado por Gérard de Nerval, obtido pelo Sr. A. Didier. O Espírito desenvolve a tese cujas bases apresentara na comunicação *Os três tipos*: Hamlet, Don Juan e Tartufe, em 14 de dezembro. Desenvolve o tipo de Hamlet. Solicitado, dá a sua opinião sobre La Fontaine.[33] – Outro assinado por Torquato Tasso, recebido pela Srta. H... O Espírito faz igualmente uma apreciação sobre La Fontaine.

2º) Evocação de *Lady* Esther Stanhope, que passou a maior parte de sua vida nos altiplanos do Líbano, no meio das populações árabes que lhe haviam dado o título de Rainha de Palmira.

Sexta-feira, 28 de dezembro de 1860. (Sessão geral.)

*Relatórios diversos:*

1º) Leitura de várias comunicações recebidas fora das sessões, entre outras um conto fantástico assinado por Hoffmann, obtido pela Sra. Costel, e a evocação de um negro, feita em Nova Orléans, pela Sra. B... A comunicação é notável pela ingenuidade das ideias e pela reprodução da linguagem usada entre os negros.

2º) Carta da Sra. T. D..., da Cracóvia, constatando os progressos do Espiritismo na Polônia, na Podólia e na Ucrânia. Essa senhora é médium há sete anos. Junta à sua carta quatro comunicações que atestam a bondade e a superioridade do Espírito que as ditou, além de pedir para fazer parte da Sociedade.

3º) O Sr. Allan Kardec dirige aos Espíritos a alocução seguinte, para lhes agradecer o seu concurso durante o ano que ora se finda:

"Não queremos terminar o ano sem dirigir os nossos agradecimentos aos Espíritos bons, que tiveram a bondade de nos instruir. Agradecemos principalmente a São Luís, nosso presidente espiritual, cuja proteção tem sido de tal modo evidente para a

---

[33] N.E.: Jean de La Fontaine (1621-1695), poeta e fabulista francês.

Sociedade que esta o tomou sob seu patrocínio. Assim, esperamos continuar merecendo a sua proteção, rogando-lhe que nos inspire sentimentos que nos possam tornar sempre dignos dela. Agradecemos, igualmente, a todos os que espontaneamente vieram dar-nos os seus conselhos e as suas instruções, quer nas nossas sessões, quer nas comunicações dadas em particular aos nossos médiuns, e que nos foram transmitidas. Neste número não poderíamos esquecer Lamennais, que ditou ao Sr. Didier páginas de tão grande eloquência; Channing; Georges, cujas belas comunicações têm sido admiradas por todos os leitores da *Revista*; Sra. Delphine de Girardin, Charles Nodier, Gérard de Nerval, Lázaro, Tasso, Alfred de Musset, Rousseau[34] e outros. O ano de 1860 foi eminentemente próspero para as ideias espíritas. Esperamos que com o concurso dos Espíritos bons o ano que vai começar não seja menos favorável. Quanto aos Espíritos sofredores que compareceram, seja espontaneamente, seja ao nosso chamado, continuaremos, por nossas preces, a implorar para eles a misericórdia de Deus, rogando-lhe amparar os que se acham no caminho do arrependimento e esclarecer os que ainda se encontram na via tenebrosa do mal."

*Trabalhos da sessão:*

1º) Ditado espontâneo sobre o ano de 1860, assinado por J.-J. Rousseau, recebido pela Sra. Costel. – Outro assinado por Necker,[35] obtido pela Srta. H... – Outro, sobre o ano de 1861, assinado por São Luís.

2º) Evocação de *Lady* Stanhope, de Hoffmann, e do negro de Nova Orléans.

---

[34] N.E.: Jean-Jacques Rousseau (1712–1778), importante filósofo, teórico político e escritor suíço.
[35] N.E.: Jacques Necker (1732–1804), economista e político suíço do século XVIII. Necker foi em três ocasiões encarregado da economia da monarquia francesa pelo rei Luís XVI: em 1776, 1788 e 1789. Pai de Anne-Louise-Germaine Necker, mais conhecida como Madame de Staël.

3º) Questões diversas: Sobre a lembrança de existências anteriores em Júpiter. – Sobre as diversas aparições de que foi alvo a sogra do Sr. Pr..., presente à sessão.

Sexta-feira, 4 de janeiro de 1861. (Sessão particular.)

Admissão do Sr. W..., pintor.

*Relatórios diversos:*

1º) Carta do Sr. Kond..., médico de Vaucluse, lamentando que tudo quanto se menciona nas Atas da Sociedade não seja publicado integralmente na *Revista*. Diz ele que "Os partidários do Espiritismo, que não podem assistir às sessões, sentem-se estranhos às questões que são estudadas e resolvidas nessa assembleia científica. Todos os meses, aguardamos com febril impaciência a chegada da *Revista*. Quando a recebemos, não perdemos um minuto para a ler: lemos e relemos, pois aprendemos uma porção de problemas, dos quais jamais teríamos a solução." Pergunta se não haveria um meio de remediar esse inconveniente.

A Sra. Costel diz ter recebido cartas no mesmo sentido.

"Isto prova uma coisa", diz o Sr. Allan Kardec, "e que nos deve dar grande satisfação: é o valor que se atribui aos trabalhos da Sociedade e o crédito que ela desfruta entre os verdadeiros espíritas. A publicação do resumo das Atas mostra aos estrangeiros que ela só se ocupa de coisas graves e de estudos sérios; a consideração que conquistou no Exterior se deve à sua moderação e à sua marcha prudente por um terreno novo, à ordem e à gravidade que presidem às suas reuniões, assim como ao caráter essencialmente moral e científico de seus trabalhos. É, pois, para ela um encorajamento para não se afastar de um caminho que lhe traz estima, já que do estrangeiro, até da Polônia, escrevem pedindo para dela participarem.

"À reclamação especial e muito lisonjeira para nós, feita pelo Dr. K..., responderei, a princípio, que a publicação integral de tudo quanto se faz e se discute na Sociedade demandaria volumes e mais volumes. Entre as evocações que são feitas muitas há que não correspondem à expectativa ou não oferecem interesse bastante geral para serem publicadas. São conservadas nos arquivos a fim de que se possa consultá-las em caso de necessidade, limitando-se o boletim em mencioná-las. O mesmo se dá com as comunicações espontâneas: só publicamos as mais instrutivas. Quanto às questões diversas e problemas morais, que muitas vezes apresentam grande interesse, o Dr. K... está equivocado se pensa que os espíritos de fora estarão privados delas. O que o leva a pensar dessa maneira é o fato de a abundância das matérias e a necessidade de as coordenar muito raramente permitem a publicação de todas as questões no fascículo da *Revista* em que são mencionadas no boletim; mais cedo ou mais tarde, porém, elas terão o seu lugar. Aliás, constituem um dos elementos essenciais das obras sobre o Espiritismo; foram aproveitadas em *O livro dos espíritos* e em *O livro dos médiuns*, nos quais se acham classificadas conforme o assunto, não tendo sido omitida nenhuma das essenciais. Portanto, que o Sr. K... e outros espíritos se tranquilizem; se não podem, pela leitura da *Revista*, assistir de longe às sessões da Sociedade, nem perder uma única palavra, tudo quanto nela se obtém de importante jamais é posto sob o alqueire. Contudo, a *Revista* se esforçará por responder, na medida do possível, ao desejo expresso pelo honrado correspondente."

2º) Assinala o Sr. Allan Kardec, conforme o relato de um negociante de Nova York, presente à sessão, o progresso feito nos Estados Unidos do Norte pelos princípios formulados em *O livro dos espíritos*. Trechos desse livro foram traduzidos em inglês, contando ali a doutrina da reencarnação com numerosos partidários.

3º) Leitura de uma graciosa e encantadora comunicação no velho estilo da Idade Média, recebida pela Srta. S... – Outra, sobre a imaterialidade dos Espíritos, obtida pela Sra. Costel.

*Trabalhos da sessão:*

1º) Observações críticas sobre o ditado feito na última sessão pelo Espírito Necker. O Espírito Sra. de Staël[36] manifesta-se espontaneamente e justifica as palavras de seu pai, após lhes haver explicado o sentido.

2º) Evocação de Leão X, que se havia manifestado espontaneamente na sessão de 14 de dezembro. Ao responder às diversas perguntas que lhe foram feitas, explica e desenvolve suas ideias sobre o caráter comparado dos americanos, dos franceses e dos ingleses; sobre a maneira de ver desses povos com relação ao Espiritismo; sobre os inevitáveis progressos dessa doutrina etc.

3º) Diálogo espontâneo entre monsenhor Sibour e o seu assassino.

4º) Perguntas dirigidas a São Luís acerca do negro evocado na sessão de 28 de dezembro, sobre o seu caráter e a sua origem.

5º) Evocação da Srta. J. B., feita por sua mãe, presente à sessão. De interesse absolutamente particular, essa comunicação oferece um quadro comovedor da afeição que certos Espíritos conservam por aqueles que amaram na Terra.

## O Sr. Squire

Como de praxe, vários jornais zombaram desse novo médium, compatriota do Sr. Home, sob cuja influência também se produzem fenômenos de uma ordem, por assim dizer, excepcional.

---

[36] N.E.: Anne-Louise-Germaine Necker (1766–1817), baronesa de Staël-Holstein, sendo mais conhecida por Germaine ou Madame de Stäel. Escritora francesa, escreveu várias críticas literárias, romances e ensaios. Seus escritos tiveram forte influência na eclosão do Romantismo na França e também marcaram o início da crítica literária sociológica.

Apresentam como particularidade o fato de ocorrerem somente na mais profunda escuridão, circunstância que os incrédulos não deixam de alegar. Como se sabe, o Sr. Home produzia fenômenos muito variados, entre os quais o mais notável era, incontestavelmente, o das aparições tangíveis. Nós os relatamos detalhadamente na *Revista Espírita* dos meses de fevereiro, março e abril de 1858. O Sr. Squire produz apenas dois ou, melhor dizendo, um só, com certas variantes, embora não menos digno de atenção. Sendo a obscuridade uma condição essencial à obtenção do fenômeno, não é necessário dizer que todas as precauções indispensáveis para garantir a sua realidade são devidamente tomadas. Eis em que consiste:

O Sr. Squire coloca-se em frente a uma mesa de 35 a 40 quilos, semelhante a uma sólida mesa de cozinha; amarram-lhe fortemente as duas pernas, a fim de que delas não se possa servir; nessa posição, sua força muscular estaria consideravelmente paralisada, caso a ela recorresse. Outra pessoa, a primeira que vier, ou a mais incrédula, dá-lhe uma mão, de modo a não lhe deixar livre senão a outra. Então ele a depõe suavemente à borda da mesa. Isto feito, as luzes são apagadas e no mesmo instante a mesa se ergue, passa por cima de sua cabeça e vai cair por detrás dele, de pernas para o ar, sobre um divã ou sobre almofadas previamente dispostas para recebê-la, a fim de não se quebrar na queda. Produzido o efeito, acende-se a luz imediatamente: é questão de alguns segundos. Ele pode repetir a experiência tantas vezes quanto se queira na mesma sessão.

Eis uma variante desse fenômeno: uma pessoa se coloca ao lado do Sr. Squire; levantada e virada a mesa, como acaba de ser descrito, em vez de cair para trás ela pousa horizontalmente e em equilíbrio sobre a cabeça da pessoa, que sente apenas uma ligeira pressão, mas, tão logo é acesa a luz, ela sente seu peso completo e cairia, se duas outras pessoas não estivessem prontas a recebê-la e a sustentá-la pelas duas extremidades.

Tal é em essência e com a maior singeleza, sem ênfases nem reticências, o relato desses fatos singulares que colhemos do jornal *Patrie* de 23 de dezembro de 1860, bem como de grande número de testemunhas, pois confessamos não os haver presenciado. Entretanto, a honorabilidade das pessoas que no-los contaram não nos deixa nenhuma dúvida quanto à sua exatidão. Temos outro motivo, talvez mais poderoso, para lhes dar crédito: é que a teoria nos demonstra a sua possibilidade. Ora, nada melhor para firmar uma convicção do que perceber a veracidade desses fatos; nada provoca mais dúvida do que dizer: vi, mas não compreendo. Tentemos, pois, fazer compreender.

Comecemos levantando algumas objeções prejudiciais. A primeira a surgir muito naturalmente ao pensamento é a de que o Sr. Squire empregue algum meio secreto ou, em outras palavras, que seja um hábil prestidigitador; ou ainda, como dizem duramente as pessoas que não se incomodam em passar por mal-educadas, que ele é um charlatão. Uma só palavra é suficiente para responder a tal suposição: vindo a Paris como simples turista, o Sr. Squire não tira nenhum proveito de sua estranha faculdade. Ora, como não há charlatães desinteressados, isto nos é a melhor garantia de sinceridade. Se o Sr. Squire fizesse sessões a tanto por cabeça; se fosse movido por um interesse qualquer, todas as suspeitas seriam perfeitamente legítimas. Não temos a honra de o conhecer, mas sabemos, por pessoas dignas de confiança, que o conhecem particularmente há vários anos, que é um homem dos mais respeitáveis, de caráter afável e benevolente, um distinto literato, que escreve em vários jornais da América. Raramente a crítica toma em consideração o caráter das pessoas e o móvel que as faz agir. E se equivoca, porque isto constitui seguramente uma base essencial de apreciação. Há casos em que a acusação de fraude não somente é uma ofensa, mas uma falta de lógica.

Isto posto, e afastada toda presunção de meios fraudulentos, resta saber se o fenômeno poderia produzir-se com o auxílio da força muscular. A experiência foi realizada por homens dotados de uma força excepcional, e todos reconheceram a absoluta impossibilidade de levantar a mesa com uma mão e, ainda menos, de fazê-la dar piruetas no ar. Acrescentamos que a compleição física do Sr.

Squire não combina com uma força hercúlea. Desde que o emprego da força física é impossível, e que um exame escrupuloso afastou o emprego de qualquer meio mecânico, torna-se necessário admitir a ação de uma força sobre-humana. Todo efeito tem uma causa; se a causa não estiver na humanidade, é preciso, necessariamente, que esteja fora dela; em outras palavras, na intervenção de seres invisíveis que nos rodeiam, ou seja, dos Espíritos.

       Para os espíritas o fenômeno produzido pelo Sr. Squire nada tem de novo, a não ser a forma pela qual se produz; quanto ao fundo, entra na categoria de todos os outros fenômenos conhecidos de levantamento e de deslocamento de objetos, com ou sem contato, de suspensão de corpos pesados no espaço. Tem seu princípio no fenômeno elementar das mesas girantes, cuja teoria completa se encontra em nossa nova obra: *O livro dos médiuns*. Quem quer que tenha bem meditado nessa teoria poderá facilmente ter a explicação do efeito produzido pelo Sr. Squire; porque, certamente, o fato de uma mesa se destacar do solo sem o auxílio de nenhuma pessoa, e manter-se no ar sem ponto de apoio, é ainda mais extraordinário. Se lhe percebermos a causa, tanto mais facilmente poderemos explicar o outro fenômeno.

       Perguntar-se-á, em tudo isso, onde está a prova da intervenção dos Espíritos. Se os efeitos fossem puramente mecânicos, nada, é verdade, provaria tal intervenção, bastando recorrer à hipótese de um fluido elétrico ou outro; mas desde que um efeito é inteligente, deve ter uma causa inteligente. Ora, foi pelos sinais de inteligência desses efeitos que se pôde reconhecer que sua causa não era exclusivamente material. Falamos dos efeitos espíritas em geral, porquanto outros há cujo caráter inteligente é quase nulo, e este é o caso do Sr. Squire. Poder-se-ia, então, supô-lo dotado, a exemplo de tantas pessoas, de um potencial elétrico natural, mas não saberíamos jamais que a luz fosse um obstáculo à ação da eletricidade ou do fluido magnético. Por outro lado, o exame atento das circunstâncias do fenômeno exclui tal suposição, enquanto sua analogia com os que não podem ser produzidos senão pela intervenção de inteligências ocultas está manifesta. É, pois, mais racional colocá-lo entre esses últimos. Resta saber como o Espírito, ou o ser invisível, atua sobre a matéria inerte.

Quando uma mesa se move, não é o Espírito que a toma com as mãos e a levanta com a força do braço, pela simples razão de que, embora tenha um corpo semelhante ao nosso, esse corpo é fluídico e não pode exercer uma ação muscular propriamente dita. Ele satura a mesa com seu próprio fluido, combinado com o fluido *animalizado* do médium; por esse meio fica a mesa animada momentaneamente de uma vida artificial; então obedece à vontade, como o faria um ser vivo, exprimindo, por seus movimentos, alegria, cólera e os diversos sentimentos do Espírito que dela se serve. Não é a mesa que pensa; ela nem está alegre, nem encolerizada; não é o Espírito que se incorpora nela, porque ele não se metamorfoseia em mesa. Para o Espírito a mesa não passa de um instrumento dócil, obediente à sua vontade, como um bastão que um homem agita e com o qual exprime ameaças ou faz outros sinais. Neste caso o bastão é sustentado pelos músculos, ao passo que a mesa, não podendo ser posta em movimento pelos músculos do Espírito, é agitada pelo próprio fluido deste, que faz o papel de força muscular. Tal é o princípio fundamental de todos os movimentos em casos semelhantes.

Uma questão, à primeira vista mais difícil, é esta: como pode um corpo pesado destacar-se do solo e se manter no espaço, contrariando a lei da gravidade? Para nos darmos conta disso basta nos reportarmos ao que se passa diariamente aos nossos olhos. Sabe-se que num corpo sólido é necessário distinguir o próprio peso e a força da gravidade. O peso é sempre o mesmo e depende da soma das moléculas; a força da gravidade varia em razão da densidade do meio. Eis por que um corpo pesa menos na água do que no ar e ainda menos no mercúrio. Suponhamos que um cômodo, em cujo solo repousa uma mesa bastante pesada, de repente se encha de água; a mesa levantar-se-á por si mesma ou, pelo menos um homem, ou uma criança, a levantarão sem esforço. Outra comparação: Faça-se o vácuo sob a campânula pneumática e no mesmo instante o ar do seu interior, não mais se equilibrando com a coluna atmosférica, faz com que a campânula adquira tal peso que o mais forte dos homens não poderá levantá-la. Entretanto, embora nem a mesa nem a campânula tenham ganhado ou perdido um átomo de sua substância, seu peso relativo aumentou ou diminuiu em razão do meio, quer seja este um líquido ou um fluido.

Conhecemos todos os fluidos da natureza ou mesmo todas as propriedades daqueles que conhecemos? Seria muita presunção pensar assim. Os exemplos que acabamos de citar são comparações: não dizemos similitudes; é unicamente para mostrar que os fenômenos espíritas, que nos parecem tão estranhos, não o são mais que os mencionados, e que podem ser explicados, se não pelas mesmas causas, ao menos por causas análogas. Com efeito, eis uma mesa que, evidentemente, perde o peso aparente num dado momento e que, em outras circunstâncias, adquire um aumento de peso, não podendo tal fato ser explicado pelas leis conhecidas. No entanto, como se repete, isto prova que está submetido a uma lei que, pelo simples fato de ser desconhecida, não deixa de existir. Que lei é esta? Dão-na os Espíritos. Todavia, em falta da explicação deles, podemos deduzi-la por analogia, sem recorrermos a causas miraculosas ou sobrenaturais.

O fluido universal, como o chamam os Espíritos, é o veículo e o agente de todos os fenômenos espíritas. Sabe-se que os Espíritos podem modificar as suas propriedades conforme as circunstâncias; que ele é o elemento constitutivo do perispírito ou envoltório semimaterial do Espírito; que, neste último estado, pode adquirir a visibilidade e mesmo a tangibilidade. É, pois, irracional admitir que, num dado momento, possa um Espírito envolver um corpo sólido numa atmosfera fluídica, cujas propriedades, consequentemente modificadas, produzem sobre esse corpo o efeito de um meio mais denso ou mais rarefeito? Nesta hipótese, o levantamento tão fácil de uma pesada mesa pelo Sr. Squire se explica muito naturalmente, assim como todos os fenômenos análogos.

A necessidade de escuridão é mais embaraçosa. Por que cessa o efeito ao menor contato da luz? O fluido luminoso exerceria aqui uma ação mecânica qualquer? Isto não é provável, já que fatos do mesmo gênero se produzem perfeitamente em plena luz. Não se pode atribuir esta singularidade senão à natureza toda especial dos Espíritos que se manifestam por esse médium. Mas por que por esse médium, de preferência aos outros? Eis aí um desses mistérios só penetráveis por aqueles que se identificaram com os fenômenos tão numerosos, e muitas vezes tão bizarros, do mundo dos invisíveis. Somente eles podem compreender as simpatias e antipatias existentes entre os mortos e os vivos.

Esses Espíritos pertencem a que ordem? São bons ou maus? Sabemos que temos ferido o amor-próprio de certas criaturas terrenas, depreciando o valor dos Espíritos que produzem manifestações físicas; criticaram-nos fortemente porque os qualificamos como saltimbancos do mundo invisível. À guisa de desculpa, diremos que a expressão não é nossa, mas dos próprios Espíritos. Que nos perdoem, mas jamais poderá entrar em nossa cabeça que Espíritos elevados venham divertir-se em fazer proezas ou outras coisas do gênero, do mesmo modo que não nos convencerão de que palhaços, atletas, dançarinos de corda e repentistas de rua sejam membros do Instituto. Quem quer que conheça a hierarquia dos Espíritos sabe que os há de todos os graus de inteligência e de moralidade, e que neles encontramos tantas variedades de aptidões e de caracteres como entre os homens, o que não é de admirar, pois os Espíritos nada mais são que as almas dos que viveram. Ora, até prova em contrário, permitam-nos duvidar de que Espíritos como Pascal,[37] Bossuet[38] e outros, mesmo menos elevados, submetam-se às nossas ordens para fazer girar as mesas e divertir um grupo de curiosos. Perguntamos aos que pensam de modo contrário se julgam que, após a sua morte, iriam resignar-se facilmente a esse papel decorativo. Mesmo entre os que se acham às ordens do Sr. Squire há um servilismo incompatível com a menor superioridade intelectual, donde concluímos que devem pertencer às

---

[37] N.E.: Blaise Pascal (1623–1662), cientista, filósofo e escritor francês.
[38] N.E.: Jacques-Bénigne Bossuet (1627–1704), escritor e teólogo francês.

classes inferiores, o que não quer dizer que sejam maus. Pode-se muito bem ser honesto e bom sem saber ler nem escrever. Os Espíritos maus geralmente são indóceis, coléricos e se comprazem em fazer o mal. Ora, não nos consta que os do Sr. Squire jamais lhe haja pregado uma brincadeira de mau gosto; obedecem com uma docilidade pacífica, que exclui toda suspeita de malevolência, mas nem por isso estão aptos a fazer dissertações filosóficas. Consideramos o Sr. Squire um homem de muito bom senso para se melindrar com esta apreciação. Essa submissão dos Espíritos que o assistem levou um dos nossos colegas a dizer que certamente aqueles o haviam conhecido em outra vida, na qual o Sr. Squire teria exercido sobre eles uma grande autoridade, razão por que ainda lhe conservam, na presente existência, uma obediência passiva. Aliás, não se deve confundir os Espíritos que se ocupam de efeitos físicos propriamente ditos, e que são designados mais especialmente por Espíritos batedores, com os que se comunicam por meio de batidas. Sendo este meio uma linguagem, pode ser empregado como escrita pelos Espíritos de qualquer ordem.

Como dissemos, vimos muitas pessoas que assistiram às experiências do Sr. Squire, mas entre as que não eram iniciadas na ciência espírita, muitas saíram pouco convencidas, como a mostrar que a simples vista dos mais extraordinários efeitos não é suficiente para levar à convicção. Depois de terem ouvido as explicações que lhes demos, sua maneira de ver modificou-se completamente. Certamente não apresentamos esta teoria como a última palavra, como a solução definitiva. Mas, na impossibilidade de poder explicar esses fatos pelas leis conhecidas, forçoso é convir que o sistema por nós formulado não é destituído de verossimilhança. Vamos admiti-lo, se assim o quiserem, a título de simples hipótese; quando apresentarem uma solução melhor, seremos um dos primeiros a aceitá-la.

## Escassez de médiuns

Embora publicado há pouco tempo, *O livro dos médiuns* já provocou, em várias localidades, o desejo de formar reuniões espíritas íntimas, como aconselhamos. Mas nos escrevem que param ante a escassez de médiuns. Por isso julgamos por bem dar alguns conselhos sobre os meios de remediá-los.

Um médium, sobretudo um bom médium, é incontestavelmente um dos elementos essenciais de toda assembleia que se ocupa do Espiritismo; mas seria erro pensar que, em sua falta, nada mais resta a fazer senão cruzar os braços ou suspender a sessão. Não compartilhamos absolutamente a opinião de uma pessoa que comparava uma sessão espírita sem médiuns a um concerto sem músicos. Em nossa opinião, existe uma comparação muito mais justa: a do Instituto e de todas as sociedades científicas, que sabem utilizar o seu tempo sem ter constantemente sob os olhos os meios de experimentação. Vai-se a um concerto para ouvir música. É, pois, evidente que se os músicos estiverem ausentes, o objetivo falhou. Mas numa reunião espírita vamos, ou pelo menos deveríamos ir, para nos instruirmos. A questão agora é saber se se pode fazê-la sem médium. Seguramente, para os que vão a essas reuniões com o único objetivo de ver efeitos, o médium é tão indispensável quanto o músico no concerto, mas para os que, acima de tudo, buscam instruir-se, que querem aprofundar as diversas partes da ciência, em falta de um instrumento de experimentação terão mais de um meio de o obter. É o que tentaremos explicar.

Inicialmente diremos que se os médiuns são comuns, os bons médiuns, na verdadeira acepção da palavra, são raros. A experiência prova diariamente que não basta possuir a faculdade mediúnica para obter boas comunicações. É preferível privar-se de um instrumento do que o ter defeituoso. Certamente para os que buscam, nas comunicações, mais o fato que a qualidade, que as assistem mais por distração do que para esclarecimento, a escolha do médium é completamente indiferente. Mas falamos dos que têm um objetivo mais sério e veem mais longe. É a eles que nos dirigimos, porque estamos certos de que nos compreendem.

Por outro lado, os melhores médiuns estão sujeitos a intermitências mais ou menos longas, durante as quais há suspensão parcial ou total da faculdade mediúnica, sem falar das numerosas causas acidentais que podem privar-nos momentaneamente de seu concurso. Acrescentemos também que os médiuns inteiramente flexíveis, os que se prestam a todos os gêneros de comunicações, são ainda mais raros. Geralmente possuem aptidões especiais, das quais importa não os desviar. Vê-se, pois, que se não houver provisão de reserva, podemos ficar desprevenidos quando menos o esperamos, e seria desagradável que em tal caso fôssemos obrigados a interromper os trabalhos.

O ensino fundamental que se vem buscar nas reuniões espíritas sérias é, sem dúvida, dado pelos Espíritos. Mas que frutos tiraria um aluno das lições dadas pelo mais hábil professor se, por seu lado, ele também não trabalhasse? Se não meditasse sobre aquilo que ouviu? Que progresso faria a sua inteligência se tivesse constantemente o mestre ao seu lado para lhe mastigar a tarefa e lhe poupar o esforço de pensar? Nas assembleias espíritas os Espíritos preenchem dois papéis; uns são professores que desenvolvem os princípios da ciência, elucidam os pontos duvidosos e, sobretudo, ensinam as leis da verdadeira moral; outros são materiais de observação e de estudo, que servem de aplicação. Dada a lição, sua tarefa está acabada, enquanto a nossa começa: a de trabalhar sobre aquilo que nos foi ensinado, a fim de melhor compreender, de melhor captar o sentido e o alcance. É com vistas a nos deixar tempo livre para cumprirmos o nosso dever — que nos permitam essa expressão clássica — que os Espíritos suspendem algumas vezes as suas comunicações. Bem que eles querem nos instruir, mas com uma condição: a de lhes secundarmos os esforços. Cansam-se de repetir sem cessar e inutilmente a mesma coisa. Advertem; contudo, se não são ouvidos, retiram-se, a fim de que tenhamos tempo para refletir.

Na ausência de médiuns, uma reunião que se propõe algo mais que ver manejar um lápis tem mil e um meios de utilizar o tempo de maneira proveitosa. Limitar-nos-emos a indicar alguns, sumariamente:

1º) Reler e comentar as antigas comunicações, cujo estudo aprofundado fará com que seu valor seja mais bem apreciado.

Se se objetar que seria uma ocupação fastidiosa e monótona, diremos que ninguém se cansa de ouvir um belo trecho de música ou de poesia; que depois de haver escutado um eloquente sermão, gostaríamos de lê-lo com a cabeça fria; que certas obras são lidas vinte vezes, porque cada vez nelas descobrimos algo de novo. Aquele que não é impressionado senão por palavras, se aborrece ao ouvir a mesma coisa duas vezes, ainda que fosse sublime; faltam-lhe sempre coisas novas para o interessar ou, melhor, para o distrair. Aquele que medita tem um sentido adicional: é mais tocado pelas ideias do que pelas palavras, razão por que gosta de ouvir ainda aquilo que lhe vai ao Espírito, sem se limitar ao ouvido.

2º) Contar fatos de que se tem conhecimento, discuti-los, comentá-los, explicá-los pelas leis da ciência espírita; examinar-lhes a possibilidade ou a impossibilidade; ver o que têm de plausível ou de exagero; distinguir a parte da imaginação e da superstição etc.

3º) Ler, comentar e desenvolver cada artigo de *O livro dos espíritos* e de *O livro dos médiuns*, assim como de todas as outras obras sobre o Espiritismo.

Esperamos que nos desculpem por citar aqui as nossas próprias obras, o que é muito natural, já que para isso foram escritas. Aliás, de nossa parte não passa de uma indicação, e não de uma recomendação expressa. Aqueles aos quais elas não convierem estão perfeitamente livres para pô-las de lado. Longe de nós a pretensão de imaginar que outros não as possam fazer tão boas ou melhores. Apenas acreditamos que, até o momento, nelas a ciência é encarada de modo mais completo do que em muitas outras, além de responderem a um maior número de perguntas e de objeções. É a esse título que as recomendamos. Quanto ao seu mérito intrínseco, só o futuro lhes será o grande juiz.

Daremos um dia um catálogo *racional* das obras que, direta ou indiretamente, tratam da ciência espírita, na Antiguidade e nos tempos modernos, na França ou no estrangeiro, entre os autores sacros e os profanos, quando nos tiver sido possível reunir os elementos necessários. Esse trabalho naturalmente é muito longo, e ficaremos muito reconhecidos às pessoas que no-lo quiserem facilitar, abastecendo-nos de documentos e de indicações.

4º) Discutir os diferentes sistemas sobre a interpretação dos fenômenos espíritas.

Sobre o assunto, recomendamos a obra do *Sr. de Mirville* e a do *Sr. Louis Figuier*, que são as mais importantes. A primeira é rica em fatos do mais alto interesse, hauridos em fontes autênticas. Só a conclusão do autor é contestável, porque em toda parte só vê demônios. É verdade que o acaso o serviu ao seu gosto, pondo-lhe sob os olhos aqueles que melhor podiam servi-lo, enquanto lhe ocultava os inumeráveis fatos que a própria religião encara como obra dos anjos e dos santos.

*L'histoire du merveilleux dans les temps modernes [A história do maravilhoso nos tempos modernos]*, pelo Sr. Figuier, é interessante sob outro ponto de vista. Ali se encontram fatos longa e minuciosamente narrados, não se sabe muito bem por que, mas que devem ser conhecidos. Quanto aos fenômenos espíritas propriamente ditos, ocupam a parte menos considerável dos quatro volumes. Enquanto o Sr. de Mirville tudo explica pelo diabo e outros o explicam pelos anjos, o Sr. Figuier, que não crê nos diabos, nem nos anjos, nem nos Espíritos bons e maus, explica tudo, ou pensa tudo explicar, pelo organismo humano. O Sr. Figuier é um cientista; escreve com seriedade e se apoia no testemunho de *alguns* sábios. Pode-se, pois, considerar o seu livro como a última palavra da ciência oficial sobre o Espiritismo. E esta palavra é a *negação de todo princípio inteligente fora da matéria*. Lamentamos que a Ciência seja posta a serviço de tão triste causa, embora não seja responsável por isso, logo ela que nos desvenda incessantemente as maravilhas da Criação, escrevendo o nome de Deus em cada folha, e nas asas de cada inseto; culpados são os que, em seu nome, se esforçam para convencer que, após a morte, não restam mais esperanças.

Por esse livro os espíritas verão a que se reduzem os raios terríveis que deveriam aniquilar suas crenças. Aqueles que poderiam ter sido abalados pelo temor de um choque serão fortificados ao constatarem a pobreza dos argumentos que se lhes opõem, as inumeráveis contradições resultantes da ignorância e da falta de observação dos fatos. Sob esse aspecto a leitura pode ser-lhes útil, fosse ainda para poderem falar com maior conhecimento de causa, o que não faz o autor em relação ao Espiritismo, que nega sem o haver estudado, pela simples razão de negar todo poder extra-humano. O contágio de semelhantes ideias não é de temer, pois elas trazem em si mesmas o antídoto: a instintiva repulsa do homem pelo nada. Proibir um livro é provar que o tememos. Nós aconselhamos a leitura do livro do Sr. Figuier.

Se a pobreza dos argumentos contra o Espiritismo é manifesta nas obras sérias, sua nulidade é absoluta nas diatribes e artigos difamatórios, nos quais a raiva impotente se trai pela grosseria, pela injúria e pela calúnia. Seria dar-lhes demasiada importância lê-las nas reuniões sérias. Ali nada há a refutar, nada a discutir e, consequentemente, nada a aprender; não teremos senão que as desprezar.

Vê-se, pois, que fora das instruções dadas pelos Espíritos, existe ampla matéria para um trabalho útil. Acrescentamos mesmo que colheremos nesse trabalho numerosos elementos de estudo para submeter aos Espíritos, em perguntas às quais inevitavelmente ele suscitará. Mas se for necessário suprir a ausência momentânea de médiuns, não se deve cometer o erro de passar sem eles indefinidamente. É preciso nada negligenciar, a fim de os encontrar. Para uma reunião, o melhor é ir buscá-los no próprio meio; e, se se reportarem ao que dissemos sobre o assunto em nossa última obra,[39] às páginas 306 e 307,[40] ver-se-á que o meio é mais fácil do que se pensa.

---

[39] N.T.: Allan Kardec se refere a *O livro dos médiuns*, publicado no mês anterior.
[40] N.E.: Ver cap. XXV, it. 282.

# Carta sobre a incredulidade

(Conclusão – *Vide* o nº de janeiro de 1861)

"Desde que o homem existe na Terra, existem Espíritos; e também desde então eles se manifestam aos homens. A História e a tradição estão repletas de provas nesse sentido; porém, seja porque uns não compreendessem os fenômenos de tais manifestações; seja porque outros não ousassem divulgá-los, por medo da cadeia ou da fogueira; seja porque os fatos fossem postos à conta de superstição ou de charlatanismo por pessoas preconceituosas, ou interessadas em que a luz não se fizesse; seja, finalmente, porque fossem levados à conta do demônio por outra classe de interessados, o certo é que, até estes últimos tempos, embora bem constatados, esses fenômenos ainda não tinham sido explicados de modo satisfatório ou, pelo menos, a verdadeira teoria ainda não havia caído no domínio público, provavelmente porque a humanidade não se encontrava madura para isto, como para muitas outras coisas maravilhosas que se realizam em nossos dias. Estava reservada para a nossa época a eclosão, no mesmo cinquentenário, do vapor, da eletricidade, do magnetismo animal — pelo menos como ciências aplicadas — e, finalmente, do Espiritismo, de todas a mais maravilhosa, não só na constatação material de nossa existência imaterial e de nossa imortalidade, mas ainda no estabelecimento de relações, por assim dizer, materiais e constantes, entre nós e o mundo invisível.

Quantas consequências incalculáveis não brotarão de um acontecimento tão prodigioso! Mas para não falar senão daquilo que no momento mais impressiona a generalidade dos homens, da morte, por exemplo, não a vemos reduzida ao seu verdadeiro papel de acidente natural e necessário — diria quase feliz — perdendo assim o seu caráter de acontecimento doloroso e terrível? Para os que a sofrem, ela representa o momento do despertar; desde o dia seguinte ao da morte de um ente querido, nós, que aqui ficamos, poderemos continuar nossas relações íntimas como no passado! Apenas mudaram as nossas relações materiais! Não o vemos mais, não o tocamos mais, não mais ouvimos a sua voz, mas continuamos a trocar com ele os nossos pensamentos, como em vida, e muitas vezes até, com mais proveito para nós. Depois disto, o que é que resta de tão doloroso? E se acrescentarmos ao que precede a certeza de que não mais estamos separados dele senão por alguns anos, alguns meses, talvez alguns dias, não será para transformar num simples acontecimento útil aquilo que até hoje, com raras exceções, os mais decididos não podiam encarar sem pavor, e que representa, por certo, o tormento incessante da vida inteira de muitos homens? Mas eu me afasto do assunto.

Antes de te explicar a prática muito simples das comunicações, tentarei dar-te uma ideia da teoria fisiológica que elaborei para mim. Não a dou como certa, porquanto ainda não a vi explicada pela Ciência, mas pelo menos me parece que deve ser alguma coisa que se aproxima disso.

O Espírito age sobre a matéria tanto mais facilmente quanto mais esta se dispuser de maneira apropriada a receber a sua ação; daí por que não age diretamente sobre qualquer espécie de matéria, embora pudesse agir indiretamente se encontrasse entre ele e essa matéria certas substâncias de uma organização graduada, que pusesse em contato os dois extremos, isto é, a matéria mais bruta com o Espírito. É assim que o Espírito de um homem vivo desloca pesados blocos de pedra, os trabalha, os combina com outros, com eles formando um todo que chamamos casa, coluna, igreja, palácio etc. Foi o homem-corpo que fez tudo isso? Quem ousaria dizê-lo?... Sim. Foi ele quem o fez, como é minha pena que escreve esta carta. Mas voltemos ao assunto, porque ainda me sinto à deriva.

Como se põe o Espírito em contato com o pesado bloco que quer deslocar? Por meio da matéria escalonada entre ele e o bloco. A alavanca põe o bloco em relação com a mão; a mão põe a alavanca em relação com os músculos; os músculos põem a mão em relação com os nervos; os nervos põem os músculos em relação com o cérebro, e o cérebro põe os nervos em relação com o Espírito, a menos que haja uma matéria ainda mais delicada, um fluido que ponha o cérebro em relação com o Espírito. Seja como for, um intermediário a mais ou a menos não infirma a teoria. Quer aja o Espírito em primeira ou em segunda mão sobre o cérebro, age sempre de muito perto, de sorte que, retomando os contatos em sentido contrário, ou, antes, na sua ordem natural, eis o Espírito agindo sobre uma matéria extremamente delicada, organizada pela sabedoria do Criador, de maneira apropriada a receber diretamente, ou quase diretamente, a ação de sua vontade. Esta matéria, que é o cérebro, atua por meio de suas ramificações, a que chamamos nervos, sobre outra matéria menos delicada, mas que o é ainda bastante para receber a ação destes: os músculos; os músculos imprimem movimento às partes sólidas que são os ossos do braço e da mão, enquanto as outras partes da estrutura óssea, recebendo a mesma ação, servem de ponto de apoio ou de sustentação. Quando, por si mesma, a parte óssea ainda não é suficientemente forte ou suficientemente longa para agir diretamente, multiplica a sua força utilizando-se da alavanca, e eis o pesado bloco inerte obedecendo docilmente à vontade do Espírito que, sem essa hierarquia intermediária, não teria exercido nenhuma ação sobre ele.

Procedendo do mais para o menos, eis que os menores feitos do Espírito ficam explicados, assim como, em sentido contrário, vê-se como o Espírito pode chegar a transportar montanhas, secar lagos etc. E em tudo isso o corpo quase desaparece em meio à multidão de instrumentos necessários, entre os quais não representa senão o primeiro papel.

Quero escrever uma carta. Que devo fazer? Pôr uma folha de papel em relação com o meu Espírito, como pouco antes punha um bloco de pedra. Substituo a alavanca pela pena e a coisa está feita. Eis a folha de papel a repetir o pensamento do meu Espírito, como há pouco o movimento imprimido ao bloco manifestava a sua vontade.

Se meu Espírito quer transmitir mais diretamente, mais instantaneamente o seu pensamento ao teu, e desde que a isso nada se oponha, como a distância ou a interposição dum corpo sólido, sempre por meio do cérebro e dos nervos, ele põe em movimento o órgão da voz que, ferindo o ar de várias maneiras, produz certos sons variados e combinados, representando o pensamento, os quais vão repercutir sobre o teu órgão auditivo, que os transmite ao teu Espírito por meio de teus nervos e de teu cérebro. E é sempre o pensamento manifestado e transmitido por uma série de agentes materiais graduados e interpostos entre seu princípio e seu objeto.

Se a teoria precedente é verdadeira, nada é mais fácil agora, parece, que explicar o fenômeno das manifestações espíritas e, particularmente, da escrita mediúnica, a única que nos ocupa no momento.

Sendo a substância psíquica idêntica em todos os Espíritos, seu modo de ação sobre a matéria deve ser o mesmo para todos; só o seu poder pode variar em graus. Sendo a matéria dos nervos organizada de modo a poder receber a ação de um Espírito, não há razão para que não possa receber a ação de outro, cuja natureza não difira da do primeiro; e considerando-se que a substância de todos os Espíritos é da mesma natureza, todos os Espíritos devem ser aptos a exercer, não direi a mesma ação, mas o mesmo modo de ação sobre a mesma substância, sempre que se acharem em condições de poder fazê-lo. Ora, é isto que acontece nas evocações.

O que é a evocação?

É um ato pelo qual um Espírito, titular de um corpo, pede a outro Espírito, ou, muito simplesmente, lhe permite servir-se de seu próprio órgão, de seu próprio instrumento, para manifestar o seu pensamento ou a sua vontade.

Nem por isso o Espírito titular abandona o seu corpo, embora possa muito bem neutralizar momentaneamente sua própria ação sobre o órgão da transmissão, deixando-o à disposição do Espírito evocado; este, porém, não pode servir-se dele senão enquanto o outro o permitir, em virtude do axioma de direito natural, de que cada um é senhor em sua casa. Deve-se dizer, contudo, que no Espiritismo, como nas sociedades humanas, acontece que o direito de propriedade nem sempre é escrupulosamente respeitado pelos senhores Espíritos, e que vários médiuns já foram surpreendidos mais de uma vez por terem dado hospedagem a criaturas que não foram convidadas e, menos ainda, desejadas. Mas isto é um dos mil insignificantes dissabores da vida, que devemos saber suportar, tanto mais que, na espécie, eles sempre têm o seu lado útil, ainda que fosse para nos experimentar, sendo, ao mesmo tempo, a prova mais patente da ação de um Espírito estranho sobre o nosso organismo, fazendo-nos escrever coisas que estávamos longe de imaginar, ou que não tínhamos a menor vontade de ouvir. Contudo, isso só acontece aos médiuns incipientes; quando adestrados, já não lhes acontece mais ou, pelo menos, já não se deixam surpreender.

Cada um é apto a ser médium? Naturalmente assim deveria ser, embora em graus diferentes, como sói acontecer com as mais diversas aptidões. É esta a opinião do Sr. Kardec. Há médiuns escreventes; médiuns videntes; médiuns audientes; médiuns intuitivos; isto é, médiuns que escrevem — os mais numerosos e os mais úteis; médiuns que veem os Espíritos; que os ouvem e conversam com eles como com os vivos — estes são raros; outros recebem em seu cérebro o pensamento do Espírito evocado e o transmitem pela palavra. Raramente um médium possui todas essas faculdades ao mesmo tempo. Existem ainda médiuns de outro gênero, cuja simples presença num lugar qualquer permite a manifestação dos Espíritos, quer por meio de golpes vibrados, quer pelo movimento dos corpos, tal como o deslocamento de uma mesinha de três pés,[41] o levantamento de uma cadeira, de uma mesa ou de qualquer outro objeto. Foi por esse meio que os Espíritos começaram a manifestar-se e a revelar a sua existência. Ouviste falar das mesas girantes e da dança das mesas; como eu, também riste delas. E daí? Foram os primeiros meios de que os Espíritos se serviram para chamar a atenção; assim foi reconhecida a sua presença, depois do que, com o auxílio da observação e do estudo, chegou-se a descobrir no homem faculdades até então ignoradas, por intermédio das quais ele pode entrar em comunicação direta com os Espíritos. Não é maravilhoso tudo isto? Entretanto é apenas natural; somente repito que à nossa época estava reservada a descoberta e a aplicação desta ciência, como de muitos outros segredos admiráveis da natureza.

---

[41] N.T.: *Guéridon*, no original francês.

Agora, para nos pormos em relação com os Espíritos, ou, pelo menos, para ver se estamos aptos a fazê-lo pela escrita, toma-se de uma folha de papel e de um lápis em boas condições, posicionando-se para escrever. É sempre bom começar por dirigir uma prece a Deus; em seguida evoca-se um Espírito, isto é, pede-se que tenha a bondade de vir comunicar-se conosco e de nos fazer escrever; por fim espera-se, sempre na mesma posição.

Há pessoas que têm a faculdade mediúnica de tal forma desenvolvida que já começam a escrever logo de início; outras, ao contrário, só veem essa faculdade desenvolver-se com o tempo e a perseverança. Neste último caso, repete-se a sessão todos os dias, para o que basta um quarto de hora; é inútil gastar mais tempo, mas, tanto quanto possível, deve-se repeti-la diariamente, sendo a perseverança uma das primeiras condições de sucesso. Também é necessário fazer sua prece e sua evocação com fervor; mesmo repeti-la durante o exercício; ter vontade firme, um grande desejo de ser bem-sucedido e, sobretudo, nada de distração. Uma vez obtida a escrita, essas últimas precauções tornam-se inúteis.

Quando se está para escrever, sente-se em geral um ligeiro estremecimento na mão, às vezes precedido de uma leve dormência na mão e no braço e, até mesmo, de discreta dor nos músculos do braço e da mão; são sinais precursores e, quase sempre, indicativos de que o momento do sucesso está próximo. Algumas vezes é imediato; outras, porém, se faz esperar ainda um ou vários dias, mas nunca tarda em demasia. Apenas para chegar nesse ponto é preciso mais ou menos tempo, que pode variar de um instante a seis meses, mas, repito, basta um quarto de hora de exercício por dia.

Quanto aos Espíritos que podem ser evocados para tais tipos de exercícios preparatórios, é preferível dirigir-se ao nosso Espírito familiar, que sempre está próximo e jamais nos deixa, ao passo que os outros podem estar ali apenas momentaneamente, ou não se encontrarem no instante em que os evocamos, ou, ainda, estarem impossibilitados, por uma causa qualquer, de atender ao nosso apelo, como por vezes acontece.

O Espírito familiar, que até certo ponto confirma a teoria católica do anjo da guarda, não é, entretanto, exatamente aquilo que nos apresenta o dogma católico. É simplesmente o Espírito de um mortal, que viveu como nós, mas que é muito mais adiantado que nós e, consequentemente, nos é infinitamente superior em bondade e em inteligência; que realiza uma missão meritória para si, proveitosa para nós, desse modo nos acompanhando neste mundo e no outro, até ser chamado a uma nova encarnação, ou até que nós mesmos, chegados a certo grau de superioridade, sejamos chamados a realizar, na outra vida, missão semelhante junto a um mortal menos evoluído do que nós.

Como bem vês, meu caro amigo, tudo isto entra maravilhosamente nas nossas ideias de solidariedade universal. Tudo isto, mostrando-nos essa solidariedade estabelecida em todos os tempos e funcionando constantemente entre nós e o mundo invisível, prova-nos certamente que não é uma utopia de concepção humana, mas uma das leis da natureza; que os primeiros pensadores que a pregavam não a inventaram, mas apenas a descobriram; que, enfim, estando nas leis da natureza, será chamada fatalmente a se desenvolver nas sociedades humanas, apesar das resistências e dos obstáculos que ainda lhe possam contrapor seus cegos adversários.[42]

Não me resta senão falar da maneira de evocar. É a coisa mais simples. Para isso não há nenhuma fórmula cabalística ou obrigatória; tu te diriges ao Espírito nos termos que te convêm: eis tudo.

Todavia, para fazer com que melhor compreendas a simplicidade da coisa, dar-te-ei a fórmula que eu mesmo emprego:

---

[42] Nota de Allan Kardec: Por pouco que os fatos mais naturais, mas ainda não explicados, se prestem ao maravilhoso, cada um sabe com que habilidade a astúcia se apodera deles, e com que audácia os explora. Talvez ainda esteja nisso um dos maiores obstáculos à descoberta e, sobretudo, à vulgarização da verdade.

'Deus, Todo-Poderoso! Permiti a meu bom anjo (ou ao Espírito de fulano, caso se prefira evocar outro Espírito) comunicar-se comigo e fazer-me escrever.' Ou então: 'Em nome de Deus Todo-Poderoso, rogo a meu bom anjo (ou o Espírito de...) que se comunique comigo.'

Agora queres saber o resultado de minha própria experiência. Ei-la:

Depois de mais ou menos seis semanas de exercícios infrutíferos, senti um dia a mão tremer, agitar-se e de repente traçar com o lápis caracteres informes. Nos exercícios seguintes esses caracteres, embora sempre ininteligíveis, tornaram-se mais regulares; eu escrevia linhas e páginas com a velocidade de minha escrita habitual, mas sempre ilegíveis. Outras vezes traçava rubricas de toda sorte, grandes, por vezes em todo o papel. Algumas vezes eram linhas retas, ora de alto a baixo, ora transversais. Outras vezes eram círculos, ora grandes, ora pequenos e tão repetidos uns sobre os outros que a folha de papel ficava completamente enegrecida pelo lápis.

Finalmente, depois de um mês de exercícios os mais variados, mas também os mais insignificantes, comecei a me aborrecer e pedi ao meu Espírito familiar que me fizesse pelo menos traçar letras, caso não pudesse fazer-me escrever palavras. Então obtive todas as letras do alfabeto, mas não consegui mais que isso.

Entrementes, minha mulher, que sempre tivera o pressentimento de não possuir a faculdade mediúnica decidiu-se, mesmo assim, a fazer experiências. Ao cabo de quinze dias de espera, pôs-se a escrever fluentemente e com grande facilidade. Foi mais feliz do que eu, fazendo-o com grande correção e de modo bastante legível.

Um dos nossos amigos conseguiu, desde o segundo exercício, rabiscar como eu, mas foi tudo. Nem por isso desanimamos; convencidos de que era uma prova e que, mais cedo ou mais tarde, escreveríamos. É fácil; só preciso ter paciência.

Em outra carta entreter-te-ei com as comunicações que obtivemos por intermédio de minha mulher e que, por mais singulares pareçam, são muito concludentes quanto à existência dos Espíritos. Mas por hoje já chega; eu devia fazer-te uma exposição que, não obstante primária, pudesse abarcar o conjunto da teoria espírita. Espero que isto baste para excitar a tua curiosidade e, sobretudo, despertar o teu interesse. A leitura das obras especializadas a que te irás entregar fará o resto.

Esperando a obra prática da qual te falei, remeterei brevemente a obra filosófica intitulada: *O livro dos espíritos*.

Estuda, lê, relê, experimenta, trabalha e, sobretudo, não desanimes, porque a coisa vale a pena.

Além disso, não ligues atenção aos que riem; há muitos que não riem mais, embora ainda estejam de posse de todos os órgãos que até há pouco lhes serviam.

A ti e até logo."

Canu

# Conversas familiares de Além-Túmulo

## O suicídio de um ateu[43]

O Sr. J.-B. D... era um homem instruído, mas saturado em extremo de ideias materialistas, não acreditando em Deus nem na existência da alma. Afogou-se voluntariamente há dois anos. Foi evocado a pedido da família.

1. *Evocação.*

*Resp.* – Sofro! Sou um condenado.

---

[43] N.T.: Vide *O céu e o inferno*, Segunda parte, cap. V, *Um ateu*.

2. Fomos levados a vos evocar em nome de um dos vossos parentes, que deseja conhecer a vossa sorte. Podereis dizer-nos se esta evocação vos é penosa ou agradável?

*Resp.* – Penosa.

3. A vossa morte foi voluntária?

*Resp.* – Sim.

OBSERVAÇÃO – O Espírito escreve com extrema dificuldade. A letra é grossa, irregular, convulsa e quase ininteligível. Ao terminar a escrita encoleriza-se, quebra o lápis e rasga o papel.

4. Tende calma, que nós todos pediremos a Deus por vós.

*Resp.* – Sou forçado a crer nesse Deus.

5. Que motivo poderia ter-vos levado ao suicídio?

*Resp.* – O tédio de uma vida *sem esperança*.

OBSERVAÇÃO – Concebe-se o suicídio quando a vida é *sem esperança*; procura-se então fugir-lhe a qualquer preço. Com o Espiritismo, ao contrário, a esperança fortalece-se porque o futuro se nos desdobra. O suicídio deixa de ter objetivo, uma vez reconhecido que, por tal meio, não se escapa do mal senão para cair num outro cem vezes pior. Eis por que o Espiritismo tem sequestrado muita gente a uma morte voluntária. Estarão errados? Serão sonhadores os que nele buscam, antes de tudo, o fim moral e filosófico? Grandemente culpados são os que se esforçam por acreditar, com *sofismas científicos e a pretexto de uma falsa razão*, nessa ideia desesperadora, fonte de tantos crimes e males, de que tudo acaba com a vida. Esses serão responsáveis não só pelos próprios erros, como igualmente por todos os males a que os mesmos deram causa.

6. Quisestes escapar às vicissitudes da vida... Ganhastes alguma coisa? Sois agora mais feliz?

*Resp.* – Por que não existe o nada?

7. Tende a bondade de nos descrever do melhor modo possível a vossa atual situação.

*Resp.* – Sofro pelo constrangimento em que estou de crer em tudo quanto negava. Meu Espírito está como num braseiro, horrivelmente atormentado.

8. Donde provinham as vossas ideias materialistas de outrora?

*Resp.* – Em anterior encarnação eu fora mau e por isso condenei-me na seguinte aos tormentos da incerteza, e assim foi que me suicidei.

OBSERVAÇÃO – Aqui há todo um corolário de ideias. Muitas vezes nos perguntamos como pode haver materialistas quando, tendo eles passado pelo mundo espiritual, deveriam ter do mesmo a intuição; ora, é precisamente essa intuição que é recusada a alguns Espíritos que, conservando o orgulho, não se arrependem das suas faltas. Não se deve esquecer que a Terra é um lugar de expiação. Eis a razão por que encerra tantos Espíritos maus, encarnados.

9. Quando vos afogastes, que ideias tínheis das consequências? Que reflexões fizestes nesse momento?

*Resp.* – Nenhuma, pois tudo era o nada para mim. Depois é que vi que, tendo cumprido toda a sentença, teria de sofrer mais ainda.

10. Agora estais bem convencido da existência de Deus, da alma e da vida futura?

*Resp.* – Ah! Tudo isso muito me atormenta.

11. Tornastes a ver vossa esposa e vosso irmão?

*Resp.* – Oh! não.

12. E por que não?

*Resp.* – Para que confundir os nossos desesperos? Exila-se a gente na desgraça e só na ventura se reúne; eis o que é.

13. Incomodar-vos-ia a presença de vosso irmão, que poderíamos atrair para junto de vós?

*Resp.* – Não o façais, pois não o mereço.

14. Por que vos opondes?

*Resp.* – Porque ele também não é feliz.

15. Receais a sua presença e, no entanto, ela só poderia ser benéfica para vós.

*Resp.* – Não; mais tarde.

16. Vosso parente pergunta se assististes ao vosso enterro, e se ficastes satisfeito com o que ele fez na ocasião.

*Resp.* – Sim.

17. Tendes algum recado para os vossos parentes?

*Resp.* – Que orem por mim.

18. Parece que no círculo das vossas relações há quem partilhe das vossas opiniões. Quereis que lhes digamos algo a respeito?

*Resp.* – Oh! os desgraçados! Assim possam eles crer em outra existência, eis quanto lhes posso desejar. Se pudessem avaliar a minha triste posição, muito refletiriam.

[Evocação de um irmão do precedente, que professava as mesmas teorias, mas que não se suicidou. Posto que também infeliz, este se apresenta mais calmo; a sua escrita é clara e legível.]

19. *Evocação*. – Possa o quadro dos nossos sofrimentos ser útil lição, persuadindo-vos da realidade de outra existência, na qual se expiam as faltas oriundas da incredulidade!

20. Vós, e vosso irmão que acabamos de evocar, vos vedes reciprocamente?

*Resp.* – Não; ele me foge.

21. Estais mais calmo do que vosso irmão. Podereis dar-nos uma descrição mais precisa dos vossos sofrimentos?

*Resp.* – Não sofreis aí na Terra no vosso orgulho, no vosso amor-próprio, quando obrigados a reconhecer os vossos erros? O vosso Espírito não se revolta com a ideia de vos humilhardes a quem vos demonstre o vosso erro? Pois bem! Julgai quanto deve sofrer o Espírito que durante toda a sua vida se persuadiu de que nada existia além dele, e que sobre todos prevalecia sempre a sua razão. Encontrando-se de súbito em face da verdade imponente, esse Espírito sente-se aniquilado, humilhado. A isso vem ainda juntar-se o remorso de haver por tanto tempo esquecido a existência de um Deus tão bom, tão indulgente. A situação é insuportável; não há calma nem repouso; não se encontra um pouco de tranquilidade senão no momento em que a graça divina, isto é, o amor de Deus, nos toca, pois o orgulho de tal modo se apossa de nós, que de todo nos embota, a ponto de ser preciso ainda muito tempo para que nos despojemos completamente dessa roupagem fatal. Só a prece dos nossos irmãos pode ajudar-nos nesses transes.

22. Quereis falar dos irmãos encarnados, ou dos Espíritos?

*Resp.* – De uns e de outros.

23. Quando nos entretínhamos com o vosso irmão, uma das pessoas aqui presentes orou por ele; essa prece lhe foi proveitosa?

*Resp.* – Ela não se perderá. Se ele agora recusa a graça, outro tanto não fará quando estiver em condições de recorrer a essa divina *panaceia*.

Transmitindo a resultante destas duas evocações à pessoa que no-las havia solicitado, tivemos dela a seguinte resposta:

"Não podeis imaginar, meu caro senhor, o grande benefício advindo da evocação de meu sogro e de meu tio. Reconhecemo-los perfeitamente. A letra do primeiro, sobretudo, é de uma analogia notável com a que ele tinha em vida, tanto mais quanto, durante os últimos meses que conosco passou, essa letra era sofreada e indecifrável. Aí se verificam a mesma forma de pernas, da rubrica e de certas letras, principalmente os d, f, o, p, q, t. Quanto ao vocabulário e ao estilo, a semelhança é ainda mais frisante; para nós, a analogia é completa, apenas com maior conhecimento de Deus, da alma e da eternidade que ele tão formalmente negava outrora. Não nos restam dúvidas, portanto, sobre a sua identidade. Deus será glorificado pela maior firmeza das nossas crenças no Espiritismo, e os nossos irmãos encarnados e desencarnados se tornarão melhores. A identidade de seu irmão também não é menos evidente; na mudança de ateu em crente, reconhecemos-lhe o caráter, o estilo, o seu modo de falar. Uma palavra, sobre todas, nos despertou a atenção — *panaceia* — sua expressão predileta, a todo instante repetida.

Mostrei essas duas comunicações a várias pessoas, que não menos se admiraram da sua veracidade, mas os incrédulos, com as mesmas opiniões dos meus parentes, esses desejariam respostas ainda mais categóricas.

Queriam, por exemplo, que o Sr. D... se referisse ao lugar em que foi enterrado, onde se afogou, como foi encontrado etc. A fim de convencê-los, não vos seria possível fazer nova evocação perguntando onde e como se suicidou, quanto tempo esteve submergido, em que lugar acharam o cadáver, onde foi inumado, de que modo, se civil ou religiosamente, foi sepultado? Dignai-vos, caro senhor, insistir pela resposta categórica a essas perguntas, pois são essenciais para os que ainda duvidam. Estou convencido de que darão, nesse caso, imensos resultados.

Dou-me pressa a fim de esta vos ser entregue na sexta-feira de manhã, de modo a poder fazer-se a evocação na sessão da Sociedade desse mesmo dia... etc."

Reproduzimos esta carta pelo fato da confirmação da identidade e aqui lhe anexamos a nossa resposta para ensino das pessoas não familiarizadas com as comunicações de Além-Túmulo.

"As perguntas que nos pedistes dirigir novamente ao Espírito de vosso sogro são, incontestavelmente, ditadas por intenção louvável, qual a de convencer incrédulos, visto como em vós não mais existe qualquer sentimento de dúvida ou curiosidade. Contudo, um conhecimento mais aprofundado da ciência espírita vos faria julgar supérfluas essas perguntas. Em primeiro lugar, solicitando-me conseguir resposta categórica, mostrais ignorar a circunstância de não podermos governar os Espíritos, a nosso talante. Ficai sabendo que eles nos respondem quando e como querem, e também como podem. A liberdade de sua ação é maior ainda do que quando encarnados, possuindo meios mais eficazes de se furtarem ao constrangimento moral que por acaso queiramos exercer sobre eles. As melhores provas de identidade são as que eles fornecem espontaneamente, por si mesmos, ou, então, as oriundas das próprias circunstâncias. Estas, é quase inútil provocá-las. Segundo afirmais, o vosso parente provou sua identidade de modo irrecusável; por conseguinte, é mais que provável a sua recusa em responder a perguntas que podem, e com razão, ser consideradas supérfluas, visando satisfazer à curiosidade de pessoas que lhe são indiferentes. A resposta bem poderia ser a que outros têm dado em casos semelhantes, isto é: 'para que perguntar coisas que já sabeis?'

A isto acrescentarei que a perturbação e os sofrimentos que o assoberbam devem agravar-se com as investigações desse gênero, que correspondem perfeitamente a querer constranger um doente, que mal pode pensar e falar, a historiar as minúcias da sua vida, faltando-se assim às considerações inspiradas pelo seu próprio estado.

Quanto ao objetivo por vós alegado, ficai certo de que tudo seria negativo. As provas de identidade fornecidas são bem mais valiosas, por isso que foram espontâneas, e não de antemão premeditadas. Ora, se estas não puderam contentar os incrédulos, muito menos o fariam interrogativas já preestabelecidas, de cuja conivência poderiam suspeitar.

Há pessoas a quem coisa alguma pode convencer. Essas poderiam ver o vosso sogro, com os próprios olhos, e continuariam supondo-se vítimas de uma alucinação. O que de melhor se lhes pode fazer é deixá-las tranquilas e não perder tempo em discursos supérfluos. Só podemos lamentá-las, pois mais cedo ou mais tarde aprenderão por si mesmas o quanto custa terem repelido a luz que Deus lhes envia. É sobretudo contra estes que Deus patenteia a sua severidade.

Duas palavras ainda, senhor, sobre o vosso pedido de evocação no mesmo dia em que eu devia receber a carta. As evocações não são feitas assim, às pressas; nem sempre os Espíritos respondem ao nosso apelo; para tanto é necessário que o possam ou o queiram; além disso, é preciso um médium que lhes convenha e que este tenha a aptidão especial necessária; que esse médium esteja à disposição em dado momento, que o meio seja simpático ao Espírito etc. São circunstâncias pelas quais não podemos responder jamais e que importa conhecer quando se quer fazer coisa séria."

## Questões e problemas diversos

1. Em um mundo superior, como Júpiter ou outro, tem o Espírito encarnado a lembrança de suas existências passadas, assim como a do seu estado errante?

*Resp.* Não; desde que o Espírito se reveste do envoltório material, perde a lembrança de suas existências anteriores.

— Entretanto, sendo rarefeito em Júpiter o envoltório corporal, ali o Espírito não seria mais livre?

*Resp.* – Sim, mas ainda suficientemente denso para extinguir, no Espírito, a lembrança do passado.

— Então os Espíritos que habitam Júpiter e que se comunicaram conosco encontravam-se mergulhados no sono?

*Resp.* – Certamente. Naquele mundo, sendo o Espírito muito mais elevado, melhor compreende Deus e o universo, mas o seu passado se apaga por enquanto, sem o que se obscureceria a sua inteligência. Ele mesmo não se compreenderia; seria o homem da África, o da Europa ou da América? o da Terra, de Marte ou de Vênus? Não se recordando mais, é ele mesmo, o homem de Júpiter, inteligente, superior, compreendendo a Deus; eis tudo.

OBSERVAÇÃO – Se o esquecimento do passado é necessário num mundo adiantado como Júpiter, com mais forte razão deve sê-lo em nosso mundo material. É evidente que a lembrança de nossas existências precedentes causaria lamentável confusão em nossas ideias, sem falar de todos os outros inconvenientes já assinalados a respeito. Tudo quanto Deus faz leva o selo de sua sabedoria e de sua bondade; não nos cabe criticar, ainda mesmo quando não compreendamos o objetivo.

2. A Srta. Eugénie, um dos médiuns da Sociedade, oferece notável particularidade, de certo modo excepcional, que é a prodigiosa facilidade com que escreve e a incrível prontidão com que os mais diversos Espíritos se comunicam por seu intermédio. Há poucos médiuns com tão grande flexibilidade. A que se deve isto?

*Resp.* – Deve-se antes ao médium que ao Espírito; este escreveria menos veloz por outro médium, pela razão de que a natureza do instrumento já não seria a mesma. Assim, há médiuns desenhistas, outros são mais aptos para a Medicina etc.; o Espírito atua conforme a mediunidade. Deve-se, pois, a uma causa física, antes que a uma causa moral. Os Espíritos se comunicam tanto mais facilmente por um médium, quanto mais rapidamente se dá a combinação entre os fluidos deste último e os do Espírito; mais que os outros ele se presta à rapidez do pensamento, de que se aproveita o Espírito, como vos aproveitais de um carro rápido quando estais com pressa. Esta vivacidade do médium é puramente física; seu próprio Espírito não tem nenhuma participação nesse processo.

— As qualidades morais do médium não terão alguma influência?

*Resp.* – Elas exercem uma grande influência nas simpatias dos Espíritos, porquanto deveis saber que alguns possuem tal antipatia por certos médiuns que não é senão com a maior repugnância que se comunicam por eles.

São Luís

# Ensino dos Espíritos

Ditados espontâneos obtidos ou lidos na Sociedade por diversos médiuns

## ANO DE 1860

(Médium: Sra. Costel)

Falarei da necessidade filosófica em que se acham os Espíritos de fazerem frequentes exames de consciência, de darem, enfim, ao estado de seus cérebros o mesmo cuidado que cada um tem com o próprio corpo. Eis um ano terminado. Que progresso trouxe ele ao mundo intelectual? Muito grandes e muito sérios resultados, sobretudo de ordem científica. Menos feliz, a Literatura não recebeu senão fragmentos e detalhes encantadores, mas, semelhante a uma estátua mutilada, que encontramos enterrada e admiramos, lastimando o perdido conjunto de sua beleza de outrora, a Literatura não oferece nenhuma obra séria. Na França, ordinariamente ela marcha à frente das outras Artes; este ano, foi ultrapassada pela Pintura, que floresce, gloriosa, acima das escolas rivais. Por que essa pausa entre os nossos jovens escritores? A explicação é fácil. Falta-lhes o sopro generoso que inspiram as lutas; a indiferença pesa sobre eles. Folheiam-nos, criticam-nos, mas não os discutem apaixonadamente como no meu tempo, em que a luta literária dominava quase todas as preocupações. Depois, não se improvisa um escritor, e é um pouco disto que cada um faz. Para escrever são necessários longos e profundos estudos; estes faltam absolutamente à vossa geração impaciente de gozo e preocupada, antes de tudo, com o sucesso fácil. Termino admirando a marcha ascensional das Ciências e das Artes, e lamentando a ausência de generosos impulsos nos espíritos e nos corações.

J.-J. Rousseau

Observação – Obtida espontaneamente, prova esta comunicação que os Espíritos que deixaram a Terra ainda se ocupam com o que aqui se passa e que lhes interessa, e seguem a marcha do progresso intelectual e moral. Não seria das infinitas profundezas do espaço que iriam fazê-lo; para tanto é preciso que estejam entre nós, em nosso meio, como testemunhas invisíveis daquilo que aqui se passa. Esta comunicação e a seguinte foram dadas na sessão da Sociedade, em 28 de dezembro, em que se havia tratado do ano que findava e do que ia começar. Consequentemente, veio a propósito.

## Ano de 1861

O ano que termina viu progredir sensivelmente as crenças no Espiritismo. É uma grande felicidade para os homens, porque os afasta um pouco das bordas do abismo que ameaça tragar o Espírito humano. O ano novo será ainda melhor, porque verá importantes mudanças materiais, uma verdadeira revolução nas ideias; e o Espiritismo não será esquecido, crede-o bem. Ao contrário, a ele se agarrarão como a uma tábua de salvação. Rogarei a Deus para abençoar vossa obra e fazê-la progredir.

São Luís

Observação – Numa sessão íntima, outro médium recebeu espontaneamente, sobre o mesmo assunto, a seguinte comunicação:

O ano que se vai iniciar traz em seus recônditos as maiores coisas. A reação vai cair violentamente na armadilha que preparou. Por que pensais que a Terra se cobre de estradas de ferro e o mar se entreabre à eletricidade, senão para espalhar a boa nova? O verdadeiro, o bom, o belo serão, enfim, por todos compreendidos. Não vos canseis, pois, verdadeiros espíritas, porquanto a vossa tarefa está marcada na obra da regeneração. Felizes dos que souberem realizá-la!

Léon J... (Irmão do médium)

Sobre o mesmo assunto (Por outro médium)

A mudança é absolutamente necessária; o progresso é Lei divina; parece que avançou nos últimos anos mais que nos outros. Em relação a 1860, 1861 será magnífico, embora pálido, se considerarmos 1862, porque quereis partir, caros irmãos, e uma vez que o sopro divino põe em marcha a locomotiva, não há descarrilamento possível.

Leão X

## Comentário sobre o ditado publicado sob o título de *O despertar do Espírito*

Numa comunicação que o Espírito Georges ditou à Sra. Costel, publicada na *Revista* de 1860 sob o título de *O despertar do Espírito*, foi dito que *não há relações amistosas entre os Espíritos errantes; que aqueles mesmos que se amaram não trocam sinais de reconhecimento*. Em várias pessoas essa teoria causou uma impressão muito penosa, sobretudo porque os leitores da *Revista* consideram aquele Espírito elevado, havendo admirado a maioria de suas comunicações. Se essa teoria fosse absoluta, estaria em contradição com o que tantas vezes foi dito, que no momento da morte os Espíritos amigos vêm receber o recém-vindo, auxiliando-o a se desembaraçar dos liames terrestres e, de certo modo, iniciando-o em sua nova vida. Por outro lado, se os Espíritos inferiores não se comunicassem com os mais adiantados, não poderiam progredir.

Procuramos refutar essas objeções num artigo da *Revista* de 1860, sob o título de *Relações afetuosas dos Espíritos*, mas eis os comentários que, a pedido nosso, deu o próprio Georges de sua comunicação:

"Quando um homem é surpreendido pela morte nos hábitos materialistas de uma vida que jamais lhe deixou tempo para se ocupar de Deus; quando, palpitando ainda de angústias e de temores terrenos, chega ao mundo dos Espíritos, assemelha-se a um viajante que ignorasse a língua e os costumes do país que visita. Imerso na perturbação, é incapaz de se comunicar, não compreendendo nem mesmo as próprias sensações, nem as dos outros. Erra envolto no silêncio; então sente germinarem, eclodirem e se desenvolverem lentamente pensamentos desconhecidos, e uma nova alma floresce na sua. Chegada a esse ponto, a alma cativa sente caírem os laços e, como uma ave a quem a liberdade é devolvida, lança-se para Deus, soltando um grito de alegria e de amor. Então, se comprimem à sua volta os Espíritos dos parentes, dos amigos purificados que, silenciosamente, o haviam acolhido em sua volta. São em reduzido número os que podem, logo após a libertação do corpo, comunicar-se com os amigos que reencontram. É necessário *ter merecido*, e somente os que cumpriram gloriosamente suas últimas migrações se acham, desde o primeiro momento, bastante desmaterializados para gozar desse favor que Deus concede como recompensa.

Apresentei uma das fases da vida espírita; não quis generalizar. Como se vê, não falei senão do estado dos primeiros instantes que se seguem à morte, que poderá ser mais ou menos duradouro, conforme a natureza do Espírito. Depende de cada um abreviá-lo, desprendendo-se dos laços terrenos desde a vida corpórea, já que somente o apego às coisas materiais o impede de fruir a felicidade da vida espiritual."

GEORGES

OBSERVAÇÃO – Nada é mais moral que essa doutrina, pois nos mostra que nenhum dos gozos prometidos à vida futura é obtido sem mérito; que a própria felicidade de rever os seres que nos são caros e com eles conversar pode ser adiada. Numa palavra, que a situação na vida espírita, como em tudo, será o que fizermos pela nossa conduta na vida corpórea.

## Os três tipos

(Continuação)

Nota – Nos três ditados seguintes, o Espírito desenvolve cada um dos três tipos esboçados no primeiro (*Vide* o número de janeiro de 1861).

### I

Aqui no vosso mundo, o interesse, o egoísmo e o orgulho abafam a generosidade, a caridade e a simplicidade. O interesse e o egoísmo são os dois gênios maus do financista e do novo-rico; o orgulho é o vício do que sabe e, sobretudo, do que pode. Quando um coração verdadeiramente pensador examina esses três vícios horríveis, sofre, porque o homem que pensa sobre o nada e sobre a maldade deste mundo é, em geral — não o duvideis — uma criatura cujos sentimentos e instintos são delicados e caridosos. E, como bem o sabeis os delicados são infelizes, conforme disse La Fontaine, que esqueci de pôr ao lado de Molière. "Só os delicados são infelizes, porque sentem."

Hamlet é a personificação desta parte infeliz da humanidade, que sofre e chora sempre e que se vinga, vingando a Deus e a moral. Hamlet teve de castigar vícios horrorosos em sua família: o orgulho e a luxúria, isto é, o egoísmo. Aspirando à verdade, essa alma terna e melancólica ofuscou-se ao sopro do mundo, como um espelho que não pode refletir o que é bom e o que é justo. E essa alma tão pura derramou o sangue de sua mãe e vingou a sua honra. Hamlet é a inteligência impotente, o pensamento profundo em luta contra o orgulho estúpido e contra a impudicícia materna. O homem que pensa e que vinga um vício da Terra, seja qual for, é culpado aos olhos dos homens, mas, muitas vezes, não o é perante Deus. Não penseis que eu queira idealizar o desespero: já fui bastante castigado, mas há tanta névoa ante os olhos do mundo!

Nota – Instado a dar a sua apreciação sobre La Fontaine, do qual acabara de falar, acrescentou o Espírito:

La Fontaine não é mais conhecido do que Corneille[44] e Racine.[45] Conheceis apenas os vossos literatos, ao passo que os alemães conhecem tanto Shakespeare quanto Goethe.[46] Para voltar ao meu assunto, La Fontaine é o francês por excelência, ocultando sua originalidade e sua sensibilidade sob o nome de Esopo[47] e de pensador alegre. Mas, tende certeza, La Fontaine era um delicado, como vos dizia há pouco; vendo que não era compreendido, afetou essa simplicidade que dizeis falsa. Nos vossos dias teria sido arrolado no regimento dos falsos modestos. A verdadeira inteligência não é falsa, mas muitas vezes temos de uivar com os lobos; e foi isso que perdeu La Fontaine na opinião de muita gente. Não vos falo de seu gênio: este é igual, se não superior, ao de Molière.

## II

Para voltar ao nosso cursinho de literatura muito familiar, Don Juan é, como já tive a honra de vos dizer, o tipo mais perfeitamente pintado de gentil-homem depravado e blasfemo. Molière o elevou até o drama, porque, na verdade, a punição de Don Juan não devia ser humana, mas divina. É pelos golpes inesperados da

---

[44] N.E.: Pierre Corneille (1606–1684), dramaturgo francês. Durante o séc. XVII foi um dos três maiores produtores de dramas na França, ao lado de Molière e Racine.
[45] N.E.: Jean Baptiste Racine (1639–1699), poeta trágico, dramaturgo, matemático e historiador francês. É considerado, juntamente com Pierre Corneille, um dos maiores dramaturgos clássicos da França.
[46] N.E.: Johann Wolfgang von Goethe (1749–1832), escritor alemão e pensador que também fez incursões pelo campo da Ciência.
[47] N.E.: Fabulista grego, nascido na Trácia (região da Ásia Menor), no séc. VI a.C.

vingança celeste que tombam as cabeças orgulhosas. O efeito é tanto mais dramático quanto mais imprevisto.

Eu disse que Don Juan era um tipo, mas, na verdade, é um tipo raro, porque, realmente, veem-se poucos homens dessa têmpera, desde que quase todos são covardes; refiro-me à classe dos indiferentes e dos corruptos.

Muitos blasfemam; poucos, no entanto — eu vos asseguro —, ousam blasfemar sem temor. A consciência é um eco que lhes devolve a blasfêmia e a escutam tremendo de medo, embora sorriam diante do mundo. São o que hoje chamamos de fanfarrões do vício. Esse tipo de libertino é numeroso nos vossos dias, mas estão muito longe de serem filhos de Voltaire.

Para voltar ao nosso assunto, Molière, como o autor mais sábio e o observador mais profundo, não somente castigou os vícios que atacam a humanidade, como os que ousam dirigir-se a Deus.

## III

Até agora vimos dois tipos: um generoso e infeliz; outro feliz, segundo o mundo, mas bem miserável perante Deus. Resta-nos ver o mais feio, o mais ignóbil, o mais repugnante: refiro-me a Tartufo.

Na Antiguidade, a máscara da virtude já era horrenda, porque, sem se haver depurado pela moral cristã, o paganismo também tinha virtudes e sábios. Mas diante do altar do Cristo essa máscara é ainda mais feia, por ser a do egoísmo e da hipocrisia. Talvez o paganismo tenha tido menos Tartufos que a religião cristã. Explorar o coração do homem sábio e bom, lisonjeá-lo em todas as suas ações, enganar as pessoas confiantes por uma aparente piedade, levar a profanação até receber a Eucaristia com o orgulho e a blasfêmia no coração, eis o que faz Tartufo, o que fez e o que fará sempre. Ó homens imperfeitos e mundanos! que condenais um princípio divino e uma moral sobre-humana porque dela quereis abusar, estais cegos quando confundis os homens com esse princípio, isto é, Deus com a humanidade. É porque oculta as suas torpezas sob o manto sagrado que Tartufo é horroroso e repugnante. Maldição sobre ele, porque amaldiçoava quando era perdoado e meditava uma traição quando pregava a caridade.

Gérard de Nerval

## A harmonia

(Médium: Sr. Alfred Didier)

Vistes muitas vezes, em certas regiões, particularmente na Provença, as ruínas de grandes castelos; um torreão que por vezes se eleva em meio a imensa solidão, com seus lúgubres e sombrios destroços, transportam-nos a uma época em que a fé talvez fosse ignorante, mas em que a arte e a poesia se haviam elevado com essa mesma fé tão inocente e tão pura. Vedes que estamos em plena Idade Média. Muitas vezes não pensastes que ao redor desses muros desmantelados o elegante capricho de uma castelã tenha feito vibrar cordas harmoniosas, então chamadas de harpa de Éolo?[48] Ah, que pena! Tão rápidos como o vento que os fazia vibrar, desapareceram torreões, castelãs e harmonias! Aquela harpa de Éolo embalava o pensamento dos trovadores e das damas. Eram ouvidas com recolhimento religioso.

Tudo acaba sobre a vossa Terra. Aí raramente desce a poesia do Céu, para logo alçar voo. Nos outros mundos, ao contrário, a harmonia é eterna, e o que a imaginação humana pode inventar não iguala essa constante poesia, que está não somente no coração dos Espíritos puros, mas também em toda a natureza.

Réné de Provence

Allan Kardec

---

[48] N.E.: Éolo, deus do vento. Harpa eólia, instrumento cujas cordas são tangidas pela ação do vento.

# Revista Espírita
## Jornal de Estudos Psicológicos
ANO IV     MARÇO DE 1861     Nº 3

## O homenzinho ainda vive

A propósito do artigo do Sr. Deschanel, publicado no *Journal des Débats*

O Sr. Émile Deschanel, cujo nome não nos era conhecido, houve por bem consagrar-nos 24 colunas do folhetim do *Journal des Débats*, nos números de 15 e 29 de novembro último. Nós lhe agradecemos o fato, mas não a intenção. Com efeito, depois do artigo da *Bibliographie catholique* e o da *Gazette de Lyon*, que lançavam anátema e injúria à boca cheia, de maneira a fazer crer num retorno ao século XV, nada conhecemos de mais malévolo, de menos científico, sobretudo de mais longo, que o do Sr. Deschanel. Uma tão vigorosa investida deve ter-lhe feito pensar que o Espiritismo, por ele ferido a torto e a direito, deveria estar para sempre bem morto e enterrado. Como não lhe havíamos respondido, não lhe fizemos nenhuma intimação, não iniciamos com ele nenhuma polêmica extrema, pode ter-se equivocado quanto à causa do nosso silêncio. Devemos expor os motivos. O primeiro é que, em nossa opinião, nada havia de urgente e estávamos muito à vontade para esperar, a fim de julgar o efeito desse assalto e regular nossa resposta. Hoje, que estamos completamente informados a respeito, diremos algumas palavras.

O segundo motivo é consequência do precedente. Para refutar o artigo detalhadamente, teria sido preciso reproduzi-lo por inteiro, a fim de pôr à vista o ataque e a defesa, o que já teria absorvido um número da nossa *Revista*; só a refutação absorveria pelo menos dois números; teríamos, assim, três números empregados em refutar o quê? Razões? Não, apenas pilhérias do Sr. Deschanel. Francamente, não valia a pena e nossos leitores preferem outra coisa. Os que desejarem conhecer a sua lógica poderão contentar-se lendo os números citados. E, depois, nossa resposta não teria sido mais que a repetição do que escrevemos, do que já respondemos ao jornal *Univers*, ao *Sr. Oscar Comettant*, à *Gazette de Lyon*, ao *Sr. Louis Figuier* e à *Bibliographie catholique*,[49] porque todos esses ataques não passam de variantes de um mesmo tema. Teria sido preciso, então, repetir a mesma coisa em outros termos para não ser monótono, e não teríamos tempo para isso. O que poderíamos dizer seria inútil para os adeptos e não seria bastante completo para convencer os incrédulos; portanto, trabalho perdido. Preferimos remeter às nossas obras os que queiram realmente esclarecer-se; eles poderão comparar os argumentos a favor e contrários: sua própria razão fará o resto.

Aliás, por que responderíamos ao Sr. Deschanel? Para convencê-lo? Mas isto não nos interessa absolutamente. Dir-se-á que seria um adepto a mais. Mas o que nos importa a pessoa do Sr. Deschanel, a mais ou a menos? Que peso pode ter na balança, quando as adesões chegam aos milhares, desde o alto da escala social? — Mas é um publicista e se, em lugar de fazer uma diatribe tivesse feito um elogio, não teria sido muito melhor para a Doutrina? Esta é uma questão mais grave; vamos examiná-la.

Antes de mais, quem garantiria que o recém-convertido Sr. Deschanel teria publicado 24 colunas em favor do Espiritismo, como as publicou contra? Não o cremos, por duas razões: a primeira, porque teria temido ser levado ao ridículo por seus confrades;

---

[49] Nota de Allan Kardec: *Univers*, maio e julho de 1859; Sr. Oscar Comettant, dezembro de 1859; *Gazette de Lyon*, outubro de 1860; Sr. Louis Figuier, setembro e dezembro de 1860; *Bibliographie catholique*, janeiro de 1861.

a segunda, porque o diretor do jornal provavelmente não as teria aceitado, com medo de intimidar certos leitores menos apavorados com o diabo do que com os Espíritos. Conhecemos bom número de literatos e de publicistas que estão nesse caso e nem por isso são bons e sinceros espíritas. Sabe-se que a Sra. Émile de Girardin, que passa por ter tido alguma inteligência em vida, não só era muito crente, mas ainda muito boa médium e obteve inúmeras comunicações; porém, ela as reservava para o círculo íntimo de seus amigos, que partilhavam suas convicções; aos outros não falava disto. Para nós, pois, um publicista que ousa bem falar contra, mas que não ousaria falar a favor, se estivesse convencido, não passa de simples indivíduo. E quando vemos uma mãe desolada pela perda de um filho querido encontrar inefáveis consolações na Doutrina, sua adesão aos nossos princípios tem para nós cem vezes o preço da conversão de um ilustre qualquer, se esse ilustre nada ousa dizer. Aliás, os homens de boa vontade não faltam; são em grande quantidade e tantos vêm a nós, que apenas podemos lhes responder. Assim, não vemos por que perder o nosso tempo com os indiferentes e correr atrás dos que não nos procuram.

Uma só palavra dará a conhecer se o Sr. Deschanel é um homem sério. Eis o início de seu segundo artigo, publicado em 29 de novembro:

"A Doutrina Espírita refuta-se por si mesma: basta expô-la. Depois de tudo ela não está errada por se chamar simplesmente espírita, porquanto nem é espírita nem espiritualista. Ao contrário, baseia-se no mais grosseiro materialismo e só não é divertida porque é ridícula."

Dizer que o Espiritismo é baseado num materialismo grosseiro, quando combate este sem tréguas, quando nada seria sem a alma, sua imortalidade, as penas e as recompensas futuras, das quais é a demonstração patente, é o cúmulo da ignorância daquilo de que se trata. Se não é ignorância é má-fé e calúnia. Vendo essa acusação e ouvindo-o citar os textos bíblicos, os profetas, a lei de Moisés, que proíbe interrogar os mortos — prova de que podem ser interrogados, pois não se proíbe uma coisa impossível —, poderíamos acreditá-lo de uma ortodoxia furibunda, mas lendo a facciosa passagem de seu artigo, que vamos transcrever, os leitores ficarão muito embaraçados para se pronunciarem a respeito de suas opiniões:

> Como podem os Espíritos tornar-se patentes? Como podem ser vistos, ouvidos e apalpados? E como podem escrever eles próprios e nos deixar autógrafos do outro mundo?
>
> — Oh! mas é que esses Espíritos não são Espíritos, como podeis crer; Espíritos puramente Espíritos. O Espírito — ouvi bem isso — não é um ser abstrato, indefinido, que só o pensamento pode conceber; é um ser real, circunscrito, que, em certo caso, é apreciável pelos sentidos da visão, da audição e do tato.
>
> — Mas, então, esses Espíritos têm corpos?
>
> — Não exatamente.
>
> — Mas então?...
>
> — Há no homem três coisas:
>
> "1º O corpo, ou ser material, análogo aos animais, movido pelo mesmo princípio vital;
>
> "2º A alma, ou ser imaterial, Espírito encarnado no corpo;
>
> "3º O laço que une a alma e o corpo, princípio intermediário entre a matéria e o Espírito."
>
> — Intermediário? Que diabo quereis dizer? Ou se é matéria ou não se é.
>
> — Isto depende.

— Como! isto depende!

— Eis a coisa: o laço ou perispírito, que une o corpo e o Espírito, é uma espécie de envoltório semimaterial...

— Semi! semi!

— A morte é a destruição do envoltório mais grosseiro; o Espírito conserva o segundo, que constitui para ele um corpo etéreo, invisível para nós no estado normal, mas que acidentalmente pode torná-lo visível e mesmo tangível, como acontece no fenômeno das aparições.

— *Etéreo*, tanto faz; um corpo é um corpo. Isto significa dois. E a matéria é a matéria. Sutilizai-a tanto quanto o quiserdes, e lá dentro não há *semi* nenhum. A própria eletricidade não passa de matéria, e não semimatéria. E quanto ao vosso... Como chamais isto?

— O *perispírito*?

— Sim, vosso perispírito... eu acho que ele nada explica e que ele mesmo necessita de uma boa explicação.

— O perispírito serve de primeiro envoltório ao Espírito e une a alma ao corpo. Tais são, num fruto, o germe, o perisperma e a casca... O perispírito é tirado do meio ambiente, do fluido universal; participa, ao mesmo tempo, da eletricidade, do fluido magnético e, até certo ponto, da matéria inerte... Compreendeis?

— Não muito.

— Poder-se-ia dizer que é a quintessência da matéria.

— Por mais quintessenciais, daí não tirareis Espírito, nem semiespírito; vosso perispírito é pura matéria.

— É o princípio da vida orgânica, mas não o da vida intelectual.

— Enfim, é o que quiserdes, mas vosso perispírito é tanta coisa, que não sei bem o que ele seja; poderá muito bem nada ser.

Ao que parece, a palavra *perispírito* vos ofusca. Se tivésseis vivido ao tempo em que foi inventada a palavra *perisperma*, provavelmente também o tivésseis achado ridículo. Por que não criticais os que são inventados diariamente para exprimir ideias novas? "Não é a palavra que critico", direis vós, "é a coisa." Seja, por que jamais o vistes, mas negais a alma, que também nunca vistes? Negais a Deus, que igualmente jamais vistes? E então? se não se pode ver a alma ou o Espírito, que é a mesma coisa, pode-se ver o seu envoltório fluídico ou *perispírito*, quando está livre, como se vê o seu envoltório carnal quando ela está encarnada.

O Sr. Deschanel esforça-se por provar que o perispírito deve ser matéria, mas é o que dizemos com todas as letras. Por acaso seria isto que o faz dizer que o Espiritismo é uma doutrina materialista? Mas a própria citação que ele faz o condena, pois dizemos em termos apropriados, sem as suas facécias espirituosas, que o perispírito não passa de um envoltório independente do Espírito. Onde nos ouviu dizer que é o perispírito que pensa? Vá lá que ele não queira o perispírito, mas que nos diga como explica a ação do Espírito sobre a matéria sem intermediário? Não falaremos das aparições contemporâneas, nas quais por certo não acredita, mas já que é tão aferrado à *Bíblia*, cuja defesa faz com tanto fervor, é que crê na *Bíblia* e no que ela diz. Que, então, nos explique as aparições dos anjos, dos quais ela faz menção a todo instante. Segundo a doutrina teológica, os anjos são Espíritos puros, mas quando se tornam visíveis, dir-se-á que é o Espírito que se mostra? Então seria, desta vez, materializar o próprio Espírito, porquanto só a matéria pode afetar os nossos sentidos. Dizemos que o Espírito é revestido por um envoltório, que ele pode tornar visível e mesmo tangível à vontade. Só o envoltório é material, embora muito etéreo, o que nada tira às qualidades particulares do Espírito. Assim explicamos um fato até então inexplicado e, por certo, somos menos materialistas do que aqueles que pretendem ser o próprio Espírito que se transforma em matéria para se fazer ver e agir. Os que não acreditavam na aparição dos anjos da *Bíblia* podem agora acreditar, se acreditam na existência dos anjos, sem que isso lhes repugne a razão. Por isso mesmo podem compreender a possibilidade das manifestações atuais, visíveis, tangíveis e outras, desde que a alma ou Espírito possui um envoltório fluídico, se é que acreditam na existência da alma.

Aliás, o Sr. Deschanel esqueceu uma coisa: expor a sua teoria da alma ou Espírito. Como homem judicioso deveria ter dito: "Estais equivocado por esta ou aquela razão; as coisas não são tais quais dizeis; *eis o que são*." Só então teríamos algo sobre o que discutir. Mas é de notar que isto ainda não fez nenhum dos contraditores do Espiritismo: apenas negam, zombam ou injuriam. Não lhes conhecemos outra lógica, o que é muito pouco inquietante. Assim, absolutamente não nos preocupamos, porquanto, se nada propõem, é que aparentemente nada têm de melhor a propor. Só os sinceros materialistas têm um sistema definitivo: o nada após a morte. Desejamos que se divirtam muito, se isto os satisfaz. Infelizmente os que admitem a alma estão impossibilitados de resolver as mais vitais questões, apenas conforme sua teoria. É por isso que não têm outro recurso senão recorrer à fé cega, razão pouco concludente para os que gostam das razões, sendo grande o seu número neste século de luzes. Ora, os espiritualistas nada explicam de modo satisfatório para os pensadores, o que leva estes a concluir que nada existe e que os materialistas talvez tenham razão. É isto que conduz tanta gente à incredulidade, ao passo que essas mesmas dificuldades encontram solução muito simples e natural pela teoria espírita. O materialismo diz: "Nada há fora da matéria." O espiritualismo diz: "Existe algo", mas não o prova. O Espiritismo diz: "Existe alguma coisa", e o prova; e, auxiliado por sua alavanca, explica o que até então era inexplicável. É o que faz que o Espiritismo reconduza tantos incrédulos ao espiritualismo. Não pedimos ao Sr. Deschanel senão uma coisa: expor claramente a sua teoria e responder, não menos claramente, às diversas perguntas que dirigimos ao Sr. Figuier.

Em suma, as objeções do Sr. Deschanel são pueris. Se fosse um homem sério; se tivesse criticado com conhecimento de causa e não se houvesse exposto ao pesado equívoco de tachar o Espiritismo de doutrina materialista, por certo teria procurado aprofundar o assunto. Teria vindo nos encontrar, como tantos outros, pedir esclarecimentos que com prazer lhe daríamos, mas preferiu falar conforme suas próprias ideias, que sem dúvida encara como o supremo regulador, como a unidade métrica da razão humana. Ora, como sua opinião pessoal nos é indiferente, não nos preocupamos absolutamente em mudá-la, razão por que não demos um só passo nessa direção, nem o convidamos a nenhuma reunião, como a nenhuma demonstração. Se ele quisesse saber, teria vindo. Como não veio é porque não o queria, e não seríamos nós a querer mais do que ele.

Outro ponto a examinar é este: Uma crítica tão virulenta e tão longa, fundamentada ou não, num jornal tão importante quanto o *Débats*, não poderia prejudicar a propagação das ideias novas? Vejamos.

Antes de mais, é preciso observar que não se cuida de uma doutrina filosófica como de uma mercadoria. Se, apoiado em provas, um jornal afirmasse que tal comerciante vende mercadorias avariadas ou adulteradas, ninguém seria tentado a ir experimentar se aquilo era verdade. Mas toda teoria metafísica é uma opinião que, fosse ela do próprio Deus, encontraria contraditores. Não vimos as melhores coisas, as mais incontestáveis verdades de hoje serem postas ao ridículo quando de seu aparecimento pelos homens mais capazes? Isso as impediu de serem verdadeiras e de se propagarem? Todo mundo o sabe. Eis por que a opinião de um jornalista sobre questões desse gênero é apenas e sempre uma opinião pessoal; e se tantos sábios se enganaram sobre coisas positivas, o Sr. Deschanel pode muito bem equivocar-se sobre uma coisa abstrata. Por pouco que ele tenha uma ideia, mesmo vaga, do Espiritismo; sua acusação de materialismo é a sua própria condenação. Disso resulta que se quer ver e julgar por si mesmo: é tudo o que pedimos. Sob esse aspecto, mesmo sem o querer o Sr. Deschanel prestou um verdadeiro serviço à nossa causa, pelo que lhe agradecemos, pois ele nos poupa despesas de publicidade; afinal, não somos ricos o suficiente para pagar um folhetim de 24 colunas. Por mais espalhado que esteja, o Espiritismo ainda não penetrou em toda parte; há muita gente que dele jamais ouviu falar. Um artigo de tal importância atrai a atenção, faz penetrar até mesmo no campo inimigo, onde causa deserções, porque se diz naturalmente que não se ataca assim uma coisa sem valor. Com efeito, a gente não se diverte apontando baterias formidáveis contra uma praça que se pode tomar a fuzil. Julga-se a resistência pela exibição das forças de ataque, e é o que desperta a atenção sobre coisas que talvez pudessem passar despercebidas.

Isto não passa de raciocínio. Vejamos se os fatos o vêm contradizer. Julga-se do crédito de um jornal, das simpatias que encontra na opinião pública, pelo número de seus leitores. O mesmo deve dar-se com o Espiritismo, representado por algumas obras especiais. Só falaremos das nossas, porque lhes conhecemos o número exato. Pois bem! *O livro dos espíritos*, que passa por conter a mais completa exposição da Doutrina, foi publicado em 1857; a 2ª edição em abril de 1860; a 3ª em agosto de 1860, isto é, quatro meses mais tarde; e em fevereiro de 1861, a 4ª edição estava à venda. Assim, três edições em menos de um ano, provando que nem todo mundo é da opinião do Sr. Deschanel. Nossa nova obra, *O livro dos médiuns*, apareceu a 15 de janeiro de 1861 e já é preciso pensar em preparar uma nova edição. Foi pedido da Rússia, da Alemanha, da Itália, da Inglaterra, da Espanha, dos Estados Unidos, do México, do Brasil etc.

Os artigos do *Journal des Débats* apareceram em novembro último. Se tivessem exercido alguma influência sobre a opinião pública, teria sido precisamente sobre a *Revista Espírita*, que publicamos, que tal influência teria feito sentir-se. Ora, a 1º de janeiro de 1861, data da renovação das assinaturas anuais, havia um terço a mais de assinantes em relação à mesma época do ano precedente, e diariamente recebe novos que — coisa digna de Nota – pedem todas as coleções dos anos anteriores, de modo que foi necessário reimprimi-las. Isto prova, portanto, que ela não parece assim tão ridícula. De todos os lados, em Paris, na província, no estrangeiro, formam-se reuniões espíritas. Conhecemos mais de cem delas nos Departamentos e estamos longe de conhecê-las totalmente, sem contar todas as pessoas que disso se ocupam isoladamente ou no seio da família. Que dirão a isto os Srs. Deschanel, Figuier e gente da espécie? Que o número de loucos aumenta. Sim, aumenta de tal forma que em pouco tempo os loucos serão mais numerosos que as pessoas sensatas. Mas o que tais senhores, tão cheios de solicitude pelo bom senso humano, devem deplorar, é ver que tudo quanto fizeram para deter o movimento produz resultado exatamente contrário. Querem saber a causa? É muito simples. Eles pretendem falar em nome da razão, e nada oferecem de melhor; uns dão como perspectiva o nada; outros, as chamas eternas: duas alternativas que agradam a muito pouca gente. Entre as duas escolhe-se a que é mais tranquilizadora. Depois disso, senhores, ainda vos admirais de ver os homens se lançarem nos braços do Espiritismo? Acreditáveis matá-lo e nós tivemos de lhes provar que o homenzinho ainda vive e viverá por muito tempo.

Tendo demonstrado a experiência que os artigos do Sr. Deschanel, longe de prejudicar a causa do Espiritismo, a serviram, ao excitar nos que dele ainda não haviam ouvido falar o desejo de o conhecer, julgamos supérfluo discutir cada uma de suas asserções. Todas as armas têm sido empregadas contra esta Doutrina: atacaram-na em nome da religião, a que ela serve em vez de prejudicar; em nome da Ciência, em nome do materialismo; prodigalizaram-lhe, sucessivamente, a injúria, a ameaça, a calúnia, e ela a tudo resistiu, mesmo ao ridículo. Sob a nuvem das setas que lhe atiram, ela dá pacificamente a volta ao mundo e se implanta por toda parte, às barbas de seus inimigos mais encarniçados. Não está nisto matéria para séria reflexão e não é prova de que encontra eco no coração do homem, ao mesmo tempo em que se acha sob a salvaguarda de uma força contra a qual vêm aniquilar-se os esforços humanos?

É notável que no momento em que apareceram os artigos do *Journal des Débats*, comunicações espontâneas tenham ocorrido em vários lugares, tanto em Paris quanto nos Departamentos. Todas exprimem o mesmo pensamento. A seguinte foi dada na Sociedade, a 30 de novembro último:

"Não vos inquieteis com o que o mundo pode escrever contra o Espiritismo. Não é a vós que atacam os incrédulos, mas ao próprio Deus; mas Deus é mais poderoso do que eles. É uma era nova, entendei bem, que se abre ante vós; e os que buscam opor-se aos desígnios da Providência logo serão derrubados. Como foi dito perfeitamente, longe de prejudicar o Espiritismo, o ceticismo fere a própria mão e ele mesmo se matará. Já que o mundo quer tornar a morte onipotente pelo nada, deixai-o falar; não lhe oponhais senão a indiferença ao seu amargo pedantismo. Para vós a morte não será mais essa deusa atroz que os poetas sonharam: a morte se vos apresentará como a aurora dos dedos de rosa de Homero."

ANDRÉ CHÉNIER

Sobre o mesmo assunto São Luís havia dito antes:

"Semelhantes artigos só fazem mal aos que os escrevem; nenhum mal fazem ao Espiritismo, concorrendo para o espalhar mesmo entre os seus inimigos."

Outro Espírito respondeu a um médico de Nîmes, que lhe perguntou o que pensava dos artigos:

"Deveis ficar satisfeitos com isto. Se vossos inimigos se ocupam tanto convosco, é porque vos reconhecem algum valor e vos temem. Deixai-os, pois, que digam e façam o que quiserem; quanto mais falarem, mais vos farão conhecer, e não vem longe o tempo em que serão forçados a calar-se. Sua cólera prova a sua fraqueza. Só a verdadeira força sabe dominar-se: tem a calma da confiança. A fraqueza procura perturbar fazendo muito barulho."

Querem agora uma amostra do emprego que certos sábios fazem da ciência em proveito do Espiritismo? Citemos um exemplo.

Um dos nossos colegas da Sociedade Parisiense de Estudos Espíritas, o Sr. Indermuhle, de Berna, escreve-nos o seguinte:

"O Sr. *Schiff*, professor de Anatomia (não sei se é o mesmo que tão engenhosamente descobriu o músculo estalante, do qual o Sr. Jobert de Lamballe tornou-se o editor responsável),[50] deu aqui há algumas semanas um curso público sobre digestão. Certamente o curso era interessante; porém, depois de haver falado muito sobre a cozinha e a Química, a propósito dos alimentos, e provado que nenhuma matéria se aniquila; que pode dividir-se e transformar-se, mas que é encontrada na composição do ar, da água e dos tecidos orgânicos, chegou à seguinte conclusão: 'Assim, pois' — diz ele — 'a *alma*, tal como o vulgo a entende, é justamente no sentido de que aquilo que chamamos alma *se dissolve* após a morte do corpo, assim como o corpo material. Ela se decompõe para que se juntem novamente as matérias nela contidas, seja no ar, seja nos outros corpos. *É somente neste sentido que a palavra imortalidade se justifica: do contrário, não.*'

É assim que, em 1861, encarregados de instruir e de esclarecer os homens, os sábios lhes oferecem pedra em vez de pão. É preciso que se diga, em louvor da humanidade, que a maioria dos ouvintes estava muito pouco edificada e satisfeita com esta conclusão, tirada tão bruscamente; que muitos ficaram escandalizados. Quanto a mim, tive piedade desse homem. Se tivesse atacado o governo, tê-lo-iam interditado e mesmo punido. Como se pode tolerar o ensino público do materialismo, essa subversão da sociedade?"

A essas judiciosas reflexões de nosso colega, acrescentaremos que uma sociedade materialista, tal qual certos homens se esforçam em transformar a sociedade atual, não possuindo nenhum freio moral, é a mais perigosa para qualquer espécie de governo. Talvez o materialismo jamais tenha sido professado com tanto cinismo. Aqueles que são retidos por um pouco de pudor se compensam arrastando na lama o que o pode destruir. Mas, por mais que façam, são as convulsões de sua agonia. E, diga o que disser o Sr. Deschanel, é o Espiritismo que lhe dará o golpe de misericórdia.

Limitamo-nos a enviar a seguinte carta ao Sr. Deschanel:

---

[50] Nota de Allan Kardec: *Vide* a *Revista Espírita*, junho de 1859.

"Senhor,

Publicastes dois artigos no *Journal des Débats* de 15 e 29 de novembro último, nos quais apreciais o Espiritismo, do vosso ponto de vista. O ridículo que lançais sobre esta Doutrina e, consequentemente, sobre mim e sobre todos que a professam, autorizava-me a dirigir uma refutação, que eu pediria fosse inserta naquele jornal. Não o fiz porque, por maior extensão que lhe desse, sempre teria sido insuficiente para as pessoas estranhas a essa ciência e inútil aos que a conhecem. A convicção não é adquirida senão por estudos sérios, feitos sem prevenção, sem ideias preconcebidas e por numerosas observações, feitas com *a paciência e a perseverança de quem quer realmente saber e compreender*. Eu precisaria ter dado aos vossos leitores um verdadeiro curso, que teria ultrapassado os limites de um artigo. Mas como vos creio um homem muito honrado para atacar sem admitir defesa, limitar-me-ei a lhes dizer, nesta simples carta, que vos rogo a gentileza de publicar no mesmo jornal, que eles encontrarão em *O livro dos espíritos* ou em *O livro dos médiuns*, que acabo de publicar pelos Srs. Didier & Cia., uma resposta suficiente, em minha opinião. Deixo ao julgamento deles o cuidado de confrontar os vossos argumentos e os meus. Os que quiserem, previamente, ter uma ideia sucinta e com pouca despesa, poderão ler a pequena brochura intitulada: *O que é o espiritismo* e que custa somente 60 centavos, bem como a *Carta de um católico sobre o espiritismo*, do Sr. Dr. Grand, antigo vice-cônsul de França. Encontrarão ainda algumas reflexões sobre o vosso artigo no número do mês de março da *Revista Espírita*, que publico.

Todavia, há um ponto que eu não poderia passar em silêncio. É o trecho do vosso artigo no qual dizeis que o *Espiritismo se baseia no mais grosseiro materialismo*. Ponho de lado as expressões ofensivas, e pouco parlamentares, às quais tenho por hábito não prestar atenção, limitando-me a dizer que essa passagem contém um erro, não direi grosseiro, pois o termo seria incivil, mas capital, que me importa realçar para a instrução de vossos leitores. Com efeito, o Espiritismo tem por base essencial, e sem a qual não teria nenhuma razão de ser, a existência de *Deus, da alma, sua imortalidade, as penas e as recompensas futuras*. Ora, esses pontos são a mais absoluta negação do materialismo, que não admite nenhum deles. A Doutrina Espírita não se limita a afirmá-los; não os admite *a priori*: é a sua demonstração patente. Eis por que já reconduziu um tão grande número de incrédulos, que já haviam abjurado qualquer sentimento religioso.

Ela pode não ser espiritual, mas com toda certeza é essencialmente espiritualista, isto é, contrária ao materialismo, porquanto não se conceberia uma doutrina da alma imortal, fundada sobre a não existência da alma. O que conduz tanta gente à incredulidade absoluta é a maneira pela qual são apresentados a alma e o seu futuro. Vejo diariamente as pessoas dizerem: "Se desde a infância me tivessem ensinado essas coisas, como o fazeis, eu jamais teria sido incrédulo, porque agora compreendo o que antes não compreendia." Assim, diariamente tenho a prova de que basta expor esta Doutrina para conquistar-lhe numerosos partidários.

Aceitai etc."

## A cabeça de Garibaldi[51]

O *Siècle* de 4 de fevereiro contempla uma carta do Dr. Riboli, que foi a Caprera examinar a cabeça de Garibaldi, do ponto de vista frenológico. Não é nossa intenção apreciar o julgamento do doutor e, menos ainda, a personagem política, mas a leitura da carta nos forneceu algumas reflexões que, naturalmente, aqui têm seu lugar.

O Dr. Riboli acha que a organização cerebral de Garibaldi corresponde perfeitamente a todas as eminentes faculdades intelectuais e morais que o distinguem, e acrescenta:

---

[51] N.E.: Giuseppe Garibaldi (1807–1882), militar e político italiano. Conhecido como "herói de dois mundos" por ter participado de conflitos na Itália e na América do Sul, dedicou sua vida à luta contra a tirania.

Podeis sorrir de meu fanatismo, mas posso assegurar-vos que esse momento que passei examinando essa cabeça notável foi o mais feliz de minha vida. Vi, meu caro amigo, esse grande homem prestar-se como a uma criança a tudo quanto lhe pedia; esta cabeça, que contém um mundo, eu a tive entre as mãos durante mais de vinte minutos, sentindo a cada instante distinguir-se sob os meus dedos as desigualdades e os contrastes de seu gênio...

Garibaldi tem 1 metro e 64 centímetros de altura. Medi todas as proporções, a largura das espáduas, o comprimento dos braços e das pernas, a cintura; é um homem bem proporcionado, forte e de temperamento nervoso, sanguíneo.

O volume da cabeça é notável. A principal fenomenalidade é a altura do crânio, medido da orelha ao topo da cabeça, que é de 20 centímetros. Esta predominância particular de toda a parte superior da cabeça denota, à primeira vista e sem exame prévio, uma organização excepcional; o desenvolvimento do crânio na sua parte superior, sede dos sentimentos, indica a preponderância de todas as faculdades nobres sobre os instintos. Em suma, a craniologia da cabeça de Garibaldi, após exame, apresenta uma fenomenalidade original das mais raras, pode-se dizer, sem precedentes; a harmonia de todos os órgãos é perfeita, e a resultante matemática de seu conjunto apresenta em alto grau: a abnegação antes de tudo e em tudo; a prudência e o sangue-frio; a natural austeridade dos costumes; a meditação quase perpétua; a eloquência grave e exata; a lealdade dominante; a deferência incrível com os amigos a ponto de sofrer por isto; sua perceptibilidade com respeito aos homens que o cercam é, sobretudo, dominante.

Numa palavra, meu caro, sem vos aborrecer com todas as comparações, com todos os contrastes de causalidade, de habitatividade, de construtividade, de destrutividade,[52] é uma cabeça maravilhosa, orgânica, sem desfalecimentos, que a Ciência estudará e tomarás por modelo etc.

---

[52] Nota de Allan Kardec: Eis aí alguns neologismos, que, entretanto, não são mais barbarismos do que *Espiritismo* e *perispírito*.

A carta é escrita inteiramente com um entusiasmo que denota a mais profunda e sincera admiração pelo herói italiano. Entretanto, queremos crer que as observações do autor não tenham sido influenciadas por nenhuma ideia preconcebida, mas não é disto que se trata: aceitamos os seus dados frenológicos como exatos e, se não o fossem, Garibaldi não seria nem mais nem menos do que é. Sabe-se que os discípulos de Gall[53] formam duas escolas: a dos materialistas e a dos espiritualistas. Os primeiros atribuem as faculdades aos órgãos; para eles os órgãos são a causa, as faculdades são o produto, de onde se segue que fora dos órgãos não há faculdades; em outras palavras, quando o homem morre, tudo está morto. Os segundos admitem a independência das faculdades; as faculdades são a causa; o desenvolvimento dos órgãos, o efeito. De onde se segue que a destruição dos órgãos não provoca o aniquilamento das faculdades.

Não sabemos a qual das duas escolas pertence o autor da carta, porquanto sua opinião não se revela por nenhuma palavra. Contudo, supondo que as observações acima tenham sido feitas por um frenologista materialista, perguntamos que impressão deveria ele sentir à ideia de que *essa cabeça, que contém um mundo*, só deve o seu gênio ao acaso ou ao capricho da natureza, que lhe teria dado maior massa cerebral num ponto que em outro. Ora, como o acaso é cego e não tem desígnio premeditado, poderia perfeitamente ter aumentado o volume de outra circunvolução do cérebro e assim dar, sem o querer, todo um outro curso às suas inclinações. Tal raciocínio aplica-se necessariamente a todos os homens transcendentes, seja a que título for. Onde estaria o seu mérito, se não dependesse senão do deslocamento de pequena porção de substância cerebral? Se um simples capricho da natureza pode, em vez de um grande homem, fazer um homem vulgar? Em vez de um homem de bem, um celerado?

Mas isto não é tudo. Considerando hoje essa cabeça poderosa, não haverá algo de terrível ao pensar que talvez amanhã nada

---

[53] N.E.: Franz Joseph Gall (1758–1828), medico alemão. Defendeu a possibilidade de avaliar as faculdades mentais pelo exame da superfície externa do crânio.

mais reste desse gênio, absolutamente nada, senão a matéria inerte, que será pasto dos vermes? Sem falar das funestas consequências de semelhante sistema, caso fosse verossímil, diremos que está repleto de contradições inexplicáveis, que os fatos demonstram a cada passo. Ao contrário, tudo se explica pelo sistema espiritualista: as faculdades não são produto dos órgãos, mas atributos da alma, cujos órgãos não passam de instrumentos a serviço de sua manifestação. Sendo a faculdade independente, sua atividade estimula o desenvolvimento do órgão, como o exercício de um músculo lhe aumenta o volume. O ser pensante é o ser principal, cujo corpo é apenas um acessório destrutível. O talento, então, é um mérito real, porque é fruto do trabalho, e não o resultado de uma matéria mais ou menos abundante. Com o sistema materialista, o trabalho, com o auxílio do qual se adquire o talento, é inteiramente perdido com a morte, que muitas vezes não deixa tempo de o desfrutar. Com a alma, o trabalho tem sua razão de ser, porque tudo que a alma adquire serve ao seu desenvolvimento; trabalha-se para um ser imortal, e não para um corpo que talvez só tenha algumas horas de vida.

Dirão, no entanto, que o gênio não se adquire: é inato. Certamente. Mas, então, por que dois homens, nascidos nas mesmas condições, são tão diferentes do ponto de vista intelectual? Por que teria Deus favorecido a um mais que ao outro? Por que a um teria dado os meios de progredir, recusando-os ao outro? Qual o sistema filosófico que resolveu este problema? Só a doutrina da preexistência da alma o pode explicar: o homem de gênio já viveu, tem aquisição, experiência e, por isso, mais direito ao nosso respeito, do que se devesse a sua superioridade a um favor não justificado da Providência, ou a um capricho da natureza. Preferimos acreditar que o Dr. Riboli tenha visto, na cabeça daquele que, por assim dizer, não tocava senão com um temor respeitoso, algo mais digno de sua veneração que uma simples massa de carne, e que não a tenha rebaixado ao papel de um mecanismo organizado. A gente se lembra daquele trapeiro que, olhando um cão morto num canto abandonado, dizia de si para si: *Eis o que será de nós!* Pois bem! Vós todos que negais a existência futura, vede a que ponto reduzis os maiores gênios!

Para mais detalhes sobre a questão da frenologia e da fisiognomonia, remetemos o leitor ao artigo publicado na *Revista Espírita* do mês de julho de 1860.

## Assassinato do Sr. Poinsot

O mistério que ainda cerca esse deplorável acontecimento fez surgir em muita gente a ideia de que, evocando o Espírito da vítima, poder-se-ia chegar a conhecer a verdade. Numerosas cartas nos foram enviadas a respeito; como a questão repousa num princípio de certa gravidade, julgamos útil dar a conhecer a resposta a todos os nossos leitores.

Jamais fazendo do Espiritismo objeto de curiosidade, não tínhamos pensado em evocar o Sr. Poinsot. Todavia, a pedido reiterado de um de nossos correspondentes, que havia recebido uma suposta comunicação dele, e por nosso intermédio desejava saber se era autêntica, tentamos fazê-lo há poucos dias. Conforme nosso hábito, perguntamos ao nosso guia espiritual se tal evocação era possível e se tinha sido realmente ele que se havia manifestado ao nosso correspondente. Eis as respostas obtidas:

"O Sr. Poinsot não pode responder ao vosso apelo; ainda não se comunicou com ninguém. Deus o proíbe, no momento."

1. Pode-se saber o motivo?

*Resp.* – Sim, porque revelações desse gênero influenciariam a consciência dos juízes, que devem agir com total liberdade.

2. Entretanto, ao esclarecerem os juízes, essas revelações talvez pudessem poupar-lhes erros lamentáveis e até mesmo irreparáveis.

*Resp.* – Não é por esse meio que devem ser esclarecidos. Deus lhes quer deixar a inteira responsabilidade de suas sentenças, como deixa a cada homem a responsabilidade de seus atos; não lhes quer poupar o trabalho das pesquisas, nem o mérito de as haver feito.

3. Mas, na falta de informações suficientes, pode um culpado escapar à justiça?

*Resp.* – Credes que ele escape à Justiça de Deus? Se ele deve ser ferido pela justiça dos homens, Deus saberá fazê-lo cair em suas mãos.

4. Assim entendemos, para o culpado; mas se um inocente fosse condenado, não seria um grande mal?

*Resp.* – Deus julga em última instância, e o inocente condenado injustamente pelos homens terá a sua reabilitação. Aliás, essa condenação pode ser para ele uma prova útil ao seu adiantamento, mas, por vezes, também pode ser a justa punição de um crime, da qual terá escapado em outra existência.

"Lembrai-vos de que os Espíritos têm por missão vos instruir na via do bem, e não facilitar o caminho terreno, deixado à atividade de vossa inteligência. É pelo afastamento do fim providencial do Espiritismo que vos expondes a serdes enganados pela turba de Espíritos mentirosos que se agitam incessantemente em torno de vós."

Depois da primeira resposta, os assistentes discutiam sobre os motivos dessa interdição e, como que para justificar o princípio, um Espírito fez um médium escrever: *Vou trazê-lo... ei-lo*; Pouco depois: "Como sois amável em querer conversar comigo; isto me é tanto mais agradável quanto tenho muitas coisas a vos dizer." Essa linguagem pareceu suspeita da parte de um homem como o Sr. Poinsot, sobretudo em razão da resposta que acabava de dar. Eis por que pediram que afirmasse sua identidade em nome de Deus. Então o Espírito escreveu: "Meu Deus, não posso mentir. Contudo, desejava muito conversar com tão amável sociedade, mas não me quereis; adeus." Foi então que o nosso guia espiritual acrescentou:

"Eu vos disse que esse Espírito não pode responder esta noite; Deus o proíbe de manifestar-se. Se insistirdes, sereis enganados."

OBSERVAÇÃO – É evidente que se os Espíritos pudessem poupar pesquisa aos homens, estes não se dariam ao trabalho para descobrir a verdade, pois que ela lhes chegaria por si mesma. Assim, o mais preguiçoso poderia sabê-la tanto quanto o mais laborioso, o que não seria justo. Isto é um princípio geral. Aplicado ao caso do Sr. Poinsot, não é menos evidente que se o Espírito declarasse um indivíduo inocente ou culpado, e os juízes não achassem provas suficientes de uma ou outra afirmação, sua consciência ficaria perturbada; que a opinião pública poderia enganar-se por prevenções injustas. Não sendo perfeito o homem, devemos concluir que Deus sabe melhor que ele o que lhe deve ser revelado, ou oculto. Se uma revelação deve ser feita por meios extra-humanos, Deus lhe sabe dar um cunho de autenticidade capaz de levantar todas as dúvidas, como testemunha o fato seguinte:

Nas vizinhanças das minas, no México, uma fazenda tinha sido incendiada. Numa reunião onde cuidavam de manifestações espíritas (há diversas naquele país, onde provavelmente ainda não chegaram os artigos do Sr. Deschanel, razão por que lá se acham tão atrasados), um Espírito se comunicava por batidas; disse que o culpado estava entre os assistentes; a princípio, duvidam, crendo numa mistificação. O Espírito insiste e designa um dos indivíduos presentes; espantam-se. Este revela presença de espírito, mas o Espírito parece relutar, e o faz tão bem que prendem o homem que, premido por perguntas, acaba por confessar o crime. Como se vê, os culpados não devem fiar-se muito na discrição dos Espíritos, que, muitas vezes, são os instrumentos de que Deus se serve para os castigar. Como o Sr. Figuier explicaria tal fato? É intuição, hipnotismo, biologia, superexcitação do cérebro, concentração do pensamento, alucinação, que ele admite sem crer na independência do Espírito e da matéria? Resolvei tudo isto, se puderdes; sua própria solução é um problema e ele deveria dar a solução de sua solução. Mas por que um Espírito não revelaria o assassino do Sr. Poinsot, como o fez com aquele incendiário? Pedi, então, contas a Deus de suas ações; perguntai ao Sr. Figuier, que julga saber mais que Ele.

## Conversas familiares de Além-Túmulo

### SRA. BERTRAND (HAUTE-SAÔNE)

Falecida em 7 de fevereiro de 1861. Evocada na Sociedade Espírita de Paris a 15 do mesmo mês

NOTA – A Sra. Bertrand havia feito um estudo sério do Espiritismo, cuja doutrina professava, compreendendo todo o seu alcance filosófico.

1. *Evocação.*
Resp. – Eis-me aqui.

2. Tendo vossa correspondência nos levado a apreciar-vos, e conhecendo vossa simpatia pela Sociedade, pensamos que não vos seria desagradável chamar-vos tão cedo.
Resp. – Vedes que estou aqui.

3. Outro motivo me impele pessoalmente a fazê-lo. Tenciono escrever à senhorita sua filha, a propósito do acontecimento que acaba de atingi-la e estou certo de que se sentirá feliz ao saber do resultado de nossa conversa.
Resp. – Certamente; ela o espera, pois eu lhe havia prometido me revelar tão logo me evocassem.

4. Esclarecida como éreis sobre o Espiritismo, e penetrada dos princípios desta Doutrina, vossas respostas ser-nos-ão duplamente instrutivas. Inicialmente, quereis dizer-nos se demorastes muito a vos reconhecer e se já recobrastes a plenitude de vossas faculdades?

*Resp.* – A plenitude de minhas antigas faculdades, sim; a plenitude de minhas novas faculdades, não.

5. É costume perguntar aos vivos como passam. Mas aos Espíritos perguntamos se são felizes. É com profundo sentimento de simpatia que vos fazemos esta última pergunta.

*Resp.* – Obrigada, meus amigos. Ainda não sou feliz, no sentido espiritualista do termo. Mas sou feliz pela renovação do meu ser, deslumbrado e em êxtase; pela visão das coisas que nos são reveladas, mas que ainda compreendemos imperfeitamente, por melhor médium ou espírita que sejamos.

6. Em vida havíeis feito uma ideia do mundo espírita pelo estudo da Doutrina. Podeis dizer-nos se encontrastes as coisas tais quais as tínheis imaginado?

*Resp.* – Mais ou menos, como vemos os objetos na incerteza da semiescuridão. Mas como são diferentes quando a luz brilhante os revela!

7. Assim, o quadro que nos é feito da vida espírita nada tem de exagerado, nada de ilusório!

*Resp.* – Ele é amesquinhado pelo vosso Espírito, que não pode compreender as coisas divinas senão suavizadas e veladas. Agimos convosco como fazeis com as crianças, às quais apenas mostrais uma parte das coisas predispostas para o seu entendimento.

8. Testemunhastes o instante da morte do vosso corpo?

*Resp.* – Esgotado por longos sofrimentos, meu corpo não teve de passar por uma grande luta; *minha alma desprendeu-se dele como o fruto maduro que cai da árvore.* O aniquilamento completo de meu ser impediu-me de sentir a derradeira angústia da agonia.

9. Poderíeis descrever vossas sensações no momento do despertar?

*Resp.* – Não há despertar, ou, antes, pareceu-me que havia continuidade; como quando voltamos para casa após curta ausência, pareceu-me que apenas alguns minutos me separavam do que eu acabava de deixar. Errante em volta do meu leito, via-me estendida, transfigurada e não podia afastar-me, retida que era, ou pelo menos ao que me parecia, por um último laço àquele invólucro corporal, que tanto me havia feito sofrer.

10. Vistes imediatamente outros Espíritos vos cercar?

*Resp.* – Logo vieram me receber. Então desviei o pensamento do meu *eu* terreno e, transportado, meu *eu* espiritual abismou-se no delicioso prazer das coisas *novas e conhecidas que reencontrava.*

11. Estáveis entre os membros da família durante a cerimônia fúnebre?

*Resp.* – Vi levarem o meu corpo, mas logo me afastei. O Espiritismo desmaterializa por antecipação e torna mais súbita a passagem do mundo terreno ao mundo espiritual. Eu não tinha levado de minha migração na Terra nem vãos pesares nem curiosidade pueril.

12. Tendes algo de particular a dizer à senhorita vossa filha, que partilhava de vossas crenças, e várias vezes me escreveu em vosso nome?

*Resp.* – Eu lhe recomendo dar aos seus estudos um caráter mais sério; transformar a dor estéril em lembrança piedosa e fecunda; que não esqueça que a vida prossegue, sem interrupção, e que os frívolos interesses do mundo empalidecem ante a grande palavra: *Eternidade!* Aliás, minha lembrança pessoal, terna e íntima, em breve lhe será transmitida.

13. Em janeiro eu vos remeti um cartão-retrato. Como jamais me vistes, podeis dizer se me reconheceis?

*Resp.* – Mas eu não vos reconheço; eu vos vejo.

— Não recebestes aquele cartão?

*Resp.* – Não me lembro.

14. Eu teria várias perguntas importantes a vos fazer sobre os fatos extraordinários que se passaram em vossa casa e que nos comunicastes. Penso que poderíeis nos dar, a respeito, interessantes explicações, mas a hora avançada e a fadiga do médium me obrigam a prorrogá-las. Limito-me a algumas perguntas para terminar.

— Embora vossa morte seja recente, já deixastes a Terra? Percorrestes os espaços e visitastes outros mundos?

*Resp.* – O termo visitar não corresponde ao movimento tão rápido como o é a palavra, a qual nos faz, tão rápido quanto o pensamento, descobrir sítios novos. A distância não passa de uma palavra, como o tempo não é para nós senão uma mesma hora.

15. Preparando as perguntas que devemos dirigir a um Espírito, temos geralmente uma evocação antecipada. Podeis dizer se, nesse caso, estáveis prevenida de nossa intenção, e se vos encontráveis perto de mim ontem, enquanto preparava as perguntas?

*Resp.* – Sim; já sabia tudo que me diríeis hoje e responderei com propriedade às perguntas que reservastes.

16. Em vossa vida teríamos sido muito felizes de vos ter entre nós, mas desde que isso não foi possível, somos igualmente felizes em vos ter em Espírito e vos agradecemos a solicitude em responder ao nosso apelo.

*Resp.* – Meus amigos, eu acompanhava os vossos estudos com interesse. Agora, porém, que posso habitar entre vós como Espírito, aconselho a vos ligardes mais ao Espírito do que à letra.

Adeus.

A carta seguinte nos foi dirigida a propósito desta evocação:

"Senhor,

É com um sentimento de profundo reconhecimento que venho agradecer-vos, no meu e em nome de meu pai, por vos terdes antecipado ao nosso desejo de receber, por vosso intermédio, as notícias daquela que choramos.

As numerosas provações morais e físicas que minha querida e boa mãe teve de sofrer durante sua existência, sua paciência em suportá-las, seu devotamento, sua completa abnegação faziam-me esperar que estivesse feliz. Mas a certeza que nos acabais de dar, senhor, é um grande consolo para nós que a amávamos tanto e queremos a sua felicidade antes da nossa.

Minha mãe era a alma da casa, senhor. Não preciso dizer o vazio que sua ausência deixou; sofremos por não mais a ver, mais do que poderia exprimir e, no entanto, experimentamos certa quietude por não vê-la mais nas dores atrozes que padecia. Minha pobre mãe era uma mártir. Deve ter uma bela recompensa pela paciência e doçura com que suportou todas as suas angústias. Sua vida não passou de uma longa tortura de espírito e de corpo. Seus elevados sentimentos, sua fé em outra existência a sustentaram; tinha como que um pressentimento e uma lembrança velada do mundo dos Espíritos. Muitas vezes eu a surpreendia olhando com piedade as coisas do nosso planeta; então me dizia: *Nada aqui em baixo pode bastar-me; tenho a nostalgia de outro mundo.*

Nas respostas que vos deu minha cara e adorada mãe, senhor, reconhecemos perfeitamente a sua maneira de pensar e de se exprimir; ela gostava de se servir de imagens. Somente estou admirada de que não se tivesse lembrado do vosso cartão-retrato, que lhe tinha proporcionado tão grande e vivo prazer. Eu vos deveria ter agradecido de sua parte; porém, minhas numerosas ocupações durante os últimos tempos da moléstia de minha venerada mãe não me permitiram fazê-lo. Creio que mais tarde ela se lembrará melhor. No momento está inebriada nos esplendores de sua nova vida. A existência que acaba de concluir não lhe parece senão como um sonho penoso, já bem longe dela. Esperamos, pois, meu pai e eu, que ela nos venha dizer algumas palavras de afeição, de que temos muita necessidade. Seria indiscrição, senhor, pedir que nos comunicásseis quando minha boa mãe vos falar de nós? Fizestes tanto bem vindo falar dela, vindo dizer de sua parte que não sofre mais! Ah! obrigada ainda, senhor! Rogo a Deus, de alma e coração, que vos recompense. Deixando-me, minha mãe querida me priva da melhor das mães, da mais terna das amigas. Preciso da certeza de sabê-la feliz e de minha crença no Espiritismo para dar-me um pouco de força. Deus ma sustentou; minha coragem foi maior do que eu esperava.

Aceitai etc."

OBSERVAÇÃO – Que os incrédulos riam do Espiritismo o quanto quiserem; que seus adversários mais ou menos interessados o exponham ao ridículo; que mesmo o anatematizem, e não se lhe tirará essa força consoladora que faz a alegria do infeliz, e que o faz triunfar da má vontade dos indiferentes, a despeito de seus esforços para o abater. Os homens têm sede de felicidade; quando não a encontram na Terra, não é um grande alívio ter a certeza de encontrá-la na outra vida, se se fez o que é preciso para merecê-la? Quem, pois, mais lhe suaviza os males da Terra? Será o materialismo, com a horrível expectativa do nada? a perspectiva das chamas eternas, às quais não escapa um só em milhões? Não vos enganeis: esta perspectiva é ainda mais horrível que a do nada; eis por que aqueles, cuja razão se recusa a admiti-la, são levados ao materialismo. Quando se apresentar aos homens o futuro de maneira racional, não haverá mais materialistas. Que não se admirem de ver as ideias espíritas acolhidas com tanta solicitude pelas massas, porque essas ideias aumentam a coragem, ao invés de abatê-la.

O exemplo da felicidade é contagioso. Quando todos os homens virem em torno de si pessoas felizes em razão do Espiritismo, lançar-se-ão nos seus braços como numa tábua de salvação, porque preferirão sempre uma doutrina que sorri e fala à razão àquelas que apavoram. O exemplo que acabamos de citar não é o único do gênero; eles se nos oferecem aos milhares, e a maior alegria que Deus nos reservou aqui na Terra é a de testemunharmos os benefícios e os progressos de uma crença que nossos esforços tendem a espalhar. As pessoas de boa vontade, as que nela vêm beber consolação são tão numerosas que não poderíamos roubar-lhes nosso tempo, ocupando-nos dos indiferentes, que não têm o menor desejo de se convencer. Os que vêm a nós são suficientes para absorvê-lo; por isso não vamos à frente de ninguém. Eis por que também não o perdemos a rebuscar em campo estéril. A vez dos outros virá quando aprouver a Deus levantar o véu que os cega, tempo esse que virá mais cedo do que pensam, para a glória de uns e a humilhação de outros.

### Srta. Pauline M...

(Enviado pelo Sr. Pichon, médium de Sens)

1. *Evocação.*

*Resp.* – Aqui estou, meus bons amigos.

2. Vossos pais nos pediram que vos perguntássemos se sois mais feliz do que na existência terrena. Teríeis a gentileza de no-lo dizer?

*Resp.* – Oh! sim; sou mais feliz do que eles.

3. Algumas vezes assistis vossa mãe?

*Resp.* – Eu quase não a deixo. Mas ela não pode compreender todo o encorajamento que lhe dou; sem isto não estaria tão mal. Ela chora por minha causa e eu sou feliz! Deus me chamou a si: é um favor. Se todas as mães estivessem bem compenetradas das luzes do Espiritismo, quanta consolação para elas! Dizei a minha pobre mãe que se resigne, porquanto, sem isso, afastar-se-á de sua filha querida. Quem não for dócil às provas que lhe envia o seu Criador, falha ao objetivo de suas provas. Que ela compreenda bem isto, senão não me verá tão cedo. Ela me perdeu materialmente, mas me encontrará espiritualmente. Que trate, pois, de se restabelecer para assistir às vossas sessões; poderei, então, consolá-la melhor. Eu mesma serei mais feliz.

4. Poderíeis manifestar-vos a ela de modo mais particular? Poderia ela servir-vos de médium? Assim receberia mais consolação do que por nosso intermédio.

*Resp.* – Que ela tome um lápis, como o fazeis, e tentarei dizer-lhe alguma coisa. Isto nos é muito difícil, quando não encontramos as disposições requeridas para tanto.

5. Poderíeis dizer-nos por que Deus vos retirou tão jovem do seio da família, da qual éreis a alegria e a consolação?

*Resp.* – Relede.

6. Poderíeis dizer-nos o que sentistes no instante da morte?

*Resp.* – Uma perturbação; não acreditava estar morta. Fiquei com tanta pena de deixar minha boa mãe! Eu não me reconhecia. Mas quando o compreendi, não foi a mesma coisa.

7. Agora estais completamente desmaterializada?

*Resp.* – Sim.

8. Poderíeis dizer quanto tempo ficastes no estado de perturbação?

*Resp.* – Fiquei seis de vossas semanas.

9. Em que lugar estáveis quando vos reconhecestes?

*Resp.* – Perto de meu corpo. Vi o cemitério e compreendi.

"Mãe! estou sempre ao teu lado. Vejo-te e compreendo muito melhor do que quando tinha o meu corpo. Deixa, pois, de lado essa tristeza, pois não perdeste senão o pobre corpo que me deras. Tua filha está sempre aí. Não chores mais; ao contrário, rejubila-te: é o único meio de te fazer o bem, e a mim também. Nós nos compreenderemos melhor; dir-te-ei muitas coisas agradáveis; Deus mo permitirá; nós oraremos juntas. Virás entre estes homens que trabalham para o bem da humanidade; tomarás parte em seus trabalhos; eu te ajudarei: isto servirá para o nosso mútuo adiantamento.

Tua filha que te ama,

PAULINE

P. S. Dareis isto a minha mãe. Ser-vos-ei grata."

10. Pensais que a convalescença de vossa mãe seja ainda longa?

*Resp.* – Isso vai depender das consolações que receber e de sua resignação.

11. Lembrai-vos de todas as vossas reencarnações?

*Resp.* – Não; não de todas.

12. A penúltima ocorreu na Terra?

*Resp.* – Sim; eu estava numa grande casa de comércio.

13. Em que época foi?

*Resp.* – No reinado de Luís XIV;[54] no começo.

14. Lembrai-vos de algumas personagens desse tempo?

*Resp.* – Conheci o Sr. duque de Orléans, que comprava em nossa casa. Também conheci Mazarino[55] e uma parte de sua família.

---

[54] N.E.: Luís XIV (1638–1715), rei da França no período de 1643 a 1715, chamado o Rei-Sol.
[55] N.E.: Giulio Raimondo Mazarino (1602–1661), político francês de origem italiana, conhecido na França como Jules Mazarin.

15. Vossa última existência serviu muito ao vosso adiantamento como Espírito?

*Resp.* – Não me pôde servir muito porque não sofri nenhuma prova. Foi para meus pais, antes que para mim, um motivo de prova.

16. E vossa penúltima existência? Foi mais proveitosa?

*Resp.* – Sim, porque nela fui muito provada. Reveses de fortuna; a morte de todas as pessoas que me eram caras; fiquei só. Mas confiante em meu Criador, tudo suportei com resignação. Dizei a minha mãe que faça como fiz. Que aquele que lhe levar minha consolação, por mim aperte a mão de todos os meus parentes. Adeus.

## HENRI MURGER[56]

NOTA – Numa sessão espírita íntima, que ocorria na casa de um colega da Sociedade, em 6 de fevereiro de 1861, o médium escreveu espontaneamente o seguinte:

"Quanto maior o espaço celeste, maior a atmosfera, mais belas as flores, mais doces os frutos e as aspirações são satisfeitas além mesmo da ilusão. Salve, nova pátria! Salve, nova morada! Salve, felicidade, amor! Como é pálida nossa breve estação na Terra, e como aquele que soltou o suspiro de alívio deve sentir-se feliz por haver deixado o Tártaro pelo Céu! Salve a bonança verdadeira! Salve a tranquilidade legítima! Salve, sonhos realizados! adormeci alegre porque sabia que ia despertar feliz. Ah! obrigado aos meus amigos por sua doce lembrança!"

H. MURGER

---

[56] N.E.: Louis-Henri Murger (1822–1861), romancista e poeta francês, autor de *Scènes de la vie bohème*, novela escrita a partir de suas experiências como escritor pobre, vivendo em Paris em meados do séc. XIX.

As perguntas e respostas seguintes foram feitas na Sociedade, a 8 de fevereiro:

1. Quarta-feira passada viestes espontaneamente comunicar-vos em casa de um de nossos colegas e ali ditastes uma página encantadora. Entretanto, lá não havia ninguém que vos conhecesse particularmente. Quereis dizer, por favor, o que nos proporcionou a honra de vossa visita?

*Resp.* – Vim fazer *ato de vida* para ser evocado hoje.

2. Fostes levado às ideias espíritas?

*Resp.* – Entre as duas; eu suspeitava; depois me deixava levar facilmente por minhas inspirações.

3. Parece que a vossa perturbação durou pouco, pois vos exprimis tão prontamente, com tanta facilidade e clareza!

*Resp.* – Morri com perfeito conhecimento de mim mesmo; consequentemente, não tive senão que abrir os olhos do Espírito, tão logo se me fecharam os olhos da carne.

4. Esse ditado pode ser considerado como um relato de vossas primeiras impressões do mundo onde estais agora. Poderíeis descrever com mais precisão o que se passou em vós, desde o instante em que a alma deixou o corpo?

*Resp.* – Inundou-me a alegria; revi rostos queridos, que supunha perdidos para sempre. Apenas desmaterializado, só tive sensações quase terrenas.

5. Poderíeis dar-nos uma apreciação, do vosso ponto de vista atual, de vossa principal obra: *La vie de bohème*?

*Resp.* – Como quereis que, deslumbrado como estou pelos esplendores desconhecidos da ressurreição, eu faça um balanço dessa pobre obra, pálido reflexo de uma juventude sofredora?

6. Um de vossos amigos, o Sr. Théodore Pelloquet, publicou no jornal *Siècle* de 6 deste mês, um artigo bibliográfico sobre vós. Poderíeis dirigir-lhe algumas palavras, bem como a outros amigos e confrades em literatura, entre os quais devem encontrar-se alguns crentes na vida futura?

*Resp.* – Dir-lhes-ei que o sucesso presente é semelhante ao ouro transformado em folhas secas. O que nós cremos, o que esperamos nós outros, perscrutadores insaciáveis da vida parisiense, é o sucesso, sempre o sucesso. Jamais os nossos olhos se erguem para o céu, a fim de pensar naquele que julga as nossas obras em última instância. Minhas palavras os mudarão? Não; arrastados pela vida impetuosa que consome crença e mocidade, ouvirão distraídos e passarão esquecidos.

7. Vedes aqui a Gérard de Nerval, que acaba de falar de vós?

*Resp.* – Eu o vejo, e a Musset, bem como a amável e nobre Delphine. Vejo a todos. Ajudam-me; encorajam-me; ensinam-me a falar.

OBSERVAÇÃO – Esta pergunta foi motivada pela comunicação seguinte, que um médium da Sociedade tinha escrito espontaneamente, no começo da sessão.

"Um irmão chegou entre nós, feliz e disposto. Ele agradece ao Céu, como há pouco acabastes de ouvir, por sua libertação um pouco tardia. Muito longe, agora, a tristeza, as lágrimas e o sorriso amargo; em vosso meio, como percebemos muito bem agora, o riso jamais é franco. O que há de lamentável e realmente penoso na Terra é que é preciso rir; rir forçadamente e de um nada, sobretudo na França, quando se estaria disposto a sonhar solitariamente. O que há de detestável para o coração que esperou muito é a desilusão, esse esqueleto repugnante, cujos contornos em vão querem palpar: trêmula e inquieta, a mão só encontra ossos. Que horror! Para aquele que creu no amor, na religião, na família, na amizade; aqueles que podem impunemente olhar de frente essa máscara horrível que petrifica, ah! esses vivem, embora petrificados, mas os que cantam como boêmios, ah! esses morrem bem depressa: viram a cabeça da medusa. Meu irmão Murger era destes últimos.

Como vedes, amigos, doravante não vivemos mais apenas em nossas obras; e ao vosso chamado logo estaremos ao vosso lado. Longe de nos orgulharmos por esse ar de felicidade que nos envolve, viremos a vós como se ainda estivéssemos na Terra, e Murger cantará ainda."

Gérard de Nerval

## O Espírito e as rosas

(Enviado de Nova Orléans pela Sra. de B...)

Emma D..., linda menina, morta aos 7 anos, após seis meses de sofrimentos, quase não comia mais, nas últimas seis semanas antes de falecer.

1. *Evocação.*

*Resp.* – Estou aqui, senhora. Que quereis?

2. Saber onde estais; se sois feliz e por que Deus infligiu à vossa encantadora mãe e às vossas irmãs tão grande mágoa, qual a de vos perder?

*Resp.* – Estou no meio de Espíritos bons, que me amam e me instruem; sou feliz, muito feliz. Minha passagem entre vós era um resto de provação física. Sofri, mas esse sofrimento nada era; ele depurava minha alma e, ao mesmo tempo, devastava meu pobre corpo. Agora aprendo a vida da alma; estou reencarnada, mas como Espírito conservador. Estou num mundo onde nenhum de nós se demora senão enquanto duram os ensinamentos que nos são dados pelos *Grandes Espíritos*. Fora disto viajo, prevenindo desgraças, afastando tentações. Estou muitas vezes aqui. Há tantos pobres negros!

Sempre os lamentei, mas agora os amo. Sim, eu os amo, pobres almas! Entre eles há muitos bons, melhores que seus senhores; e mesmo os que são preguiçosos devem ser lamentados.

Minha mãe querida, muitas vezes eu vou até ela. E quando ela sente o coração fortalecido, fui eu quem lhe derramou o bálsamo divino. Mas é preciso que ela sofra. Ah! mais tarde tudo será esquecido. E Lúcia, minha bem amada Lúcia estará comigo antes de tudo. Mas os outros virão. Morrer nada é; nada: muda-se de corpo, eis tudo. Eu já não tenho esse mal que me fazia um objeto de horror para cada um. Sou mais feliz e, à noite, inclino-me sobre minha mãe e a beijo; ela nada sente, mas sonha comigo e me vê como eu era antes de minha horrível doença. Compreendei, senhora, que eu sou feliz.

Eu queria rosas do canto do jardim onde outrora ia dormir. Sugeri a Lúcia a ideia de mas oferecer. Eu gostava tanto das rosas! Por isso vou sempre lá. Tenho rosas aí; mas Lúcia dorme diariamente em meu antigo lugar e todos os dias venho para junto dela; amo-a tanto!

3. Minha cara menina, eu não vos poderia ver?

*Resp.* – Não; ainda não. Não podeis ver-me, mas olhai o raio de sol sobre vossa mesa: vou atravessá-lo. Obrigada por me terdes evocado. Sede indulgente para com minhas irmãs. Adeus.

O Espírito desapareceu, por um instante fazendo sombra sobre o raio de sol que continuava. Tendo as rosas sido postas no adorado cantinho, três dias depois a médium, ao escrever uma carta, veio-lhe à pena a palavra *obrigada*, bem como a assinatura da criança, que a fez escrever: "Recomeça tua carta; que pena! mas estou tão feliz por ter um médium! Voltarei. Obrigada pelas rosas. Adeus!"

# Ensinos e dissertações espíritas

## A LEI DE MOISÉS E A LEI DO CRISTO

(Comunicação obtida pelo Sr. R..., de Mulhouse)

Um de nossos assinantes de Mulhouse nos envia a carta e a comunicação seguintes:

"...Aproveito a ocasião que se apresenta de vos escrever, para vos informar sobre uma comunicação que recebi, como médium, de meu Espírito protetor, e que me parece interessante e instrutiva por todos os títulos. Se assim entenderdes, eu vos autorizo a fazer dela o uso que julgardes mais útil. Eis qual foi o princípio. Inicialmente devo dizer-vos que professo o culto israelita e, naturalmente, sou levado às ideias religiosas nas quais fui educado. Eu tinha notado que, em todas as comunicações dadas pelos Espíritos, não se tratava senão da moral cristã, pregada pelo Cristo, e que nunca se falava da lei de Moisés. No entanto, eu dizia a mim mesmo que os mandamentos de Deus, revelados por Moisés, me pareciam ser o fundamento da moral cristã; que o Cristo poderia ter ampliado o quadro e desenvolvido suas consequências, mas que o germe estava na lei ditada no Sinai. Então me perguntei se a menção, tantas vezes repetida, da moral do Cristo, embora a de Moisés não lhe fosse estranha, não provinha do fato de que a maior parte das comunicações recebidas emanavam de Espíritos que tinham pertencido à religião dominante, e se elas não seriam uma lembrança das ideias terrenas. Dominado por tais pensamentos, evoquei meu Espírito protetor, que foi um dos meus parentes próximos e se chamava Mardoché R... Eis as perguntas que lhe dirigi e as respostas dadas por ele etc...[57]

---

[57] N.T.: Parte considerável das respostas obtidas neste questionário foi transcrita por Allan Kardec em *O evangelho segundo o espiritismo*, cap. I, it. 9.

1. Em todas as comunicações feitas à Sociedade Parisiense de Estudos Espíritas, cita-se Jesus como aquele que ensinou a mais bela moral. Que devo pensar disto?

*Resp.* – Sim, o Cristo foi o iniciador da moral mais pura, a mais sublime; a moral evangélica cristã, que deve renovar o mundo, aproximar os homens e os tornar a todos irmãos; a moral que deve fazer jorrar de todos os corações humanos a caridade, o amor do próximo; que deve criar entre todos os homens uma solidariedade comum; enfim, uma moral que deve transformar a Terra e dela fazer uma morada para Espíritos superiores aos que hoje a habitam. É a lei do progresso, à qual está submetida a natureza; e o Espiritismo é uma das forças vivas de que Deus se serve para fazer a humanidade avançar na via do progresso moral. São chegados os tempos em que as ideias morais devem desenvolver-se para realizar o progresso que está nos desígnios de Deus; elas devem seguir a mesma rota percorrida pelas ideias de liberdade, das quais eram precursoras. Mas não se deve crer que esse desenvolvimento se fará sem lutas. Não; para chegar à maturidade, elas necessitam de abalos e discussões, a fim de que possam atrair a atenção das massas, mas, uma vez fixada a atenção, a beleza e a santidade da moral impressionarão os Espíritos e estes se ligarão a uma ciência que lhes dá a chave da vida futura e lhes abre as portas da felicidade eterna.

Deus é único, e Moisés é o Espírito que Ele enviou em missão para torná-lo conhecido não só dos hebreus, como também dos povos pagãos. O povo hebreu foi o instrumento de que Deus se serviu para se revelar por Moisés e pelos profetas, e as vicissitudes por que passou esse povo destinavam-se a impressionar os olhos dos homens e a fazer cair o véu que ocultava a Divindade.

2. Em que, pois, a moral de Moisés é inferior à do Cristo?

*Resp.* – A moral ensinada por Moisés era apropriada ao estado de adiantamento em que se encontravam os povos que ela se propunha regenerar, e esses povos, semisselvagens quanto ao aperfeiçoamento da alma, não teriam compreendido que se pudesse adorar a Deus de outro modo que não por meio de holocaustos nem que se devesse perdoar a um inimigo. A inteligência deles, notável do ponto de vista da matéria e mesmo do das Artes e das Ciências, era muito atrasada em moralidade e não se teria convertido sob o império de uma religião inteiramente espiritual. Era-lhes necessária uma representação semimaterial, tal como então a oferecia a religião hebraica. Os sacrifícios, pois, lhes falavam aos sentidos, enquanto a ideia de Deus lhes falava ao espírito.

Os mandamentos de Deus, dados por intermédio de Moisés, contêm o germe da mais ampla moral cristã. Os comentários da *Bíblia*, porém, restringiam-lhe o sentido, porque, praticada em toda a sua pureza, não a teriam então compreendido. Mas nem por isso os dez mandamentos de Deus deixavam de ser uma espécie de frontispício brilhante, qual farol destinado a iluminar a estrada que a humanidade devia percorrer. Moisés abriu o caminho; Jesus continuou a obra; o Espiritismo a concluirá.

3. O sábado é um dia consagrado?

*Resp.* – Sim. O sábado é um dia consagrado ao repouso, à prece. É o emblema da felicidade eterna, a que aspiram todos os Espíritos e ao qual não chegarão senão depois de se haverem aperfeiçoado pelo trabalho e se despojado, pelas encarnações, de todas as impurezas do coração humano.

4. Como se explica que cada seita tenha consagrado um dia diferente?

*Resp.* – Cada seita, é verdade, consagrou um dia diferente, mas isto não é motivo para nos pormos em desacordo. Deus aceita as preces e as formas de cada religião, desde que os atos correspondam aos ensinamentos. Seja qual for a forma pela qual seja invocado, a prece lhe é agradável, se a intenção é pura.

5. Pode-se esperar o estabelecimento de uma religião universal?

*Resp.* – Não; não no nosso planeta, ou, pelo menos, não antes que tenha feito progressos. Por enquanto, milhares e milhares de gerações ainda não o verão.

Mardoché R...

## Lições familiares de moral

(Enviadas pela condessa F..., médium de Varsóvia. Traduzido do polonês)

### I

Meus caros filhos, vossa maneira de compreender a vontade de Deus está errada, desde que tomais tudo o que acontece como expressão dessa vontade. Certamente conhece Deus tudo o que foi, que é e que será; sendo sempre a sua vontade a expressão do seu amor divino, traz, ao realizar-se, a graça e a bênção, enquanto que, afastando-se dessa via única, o homem atrai a si sofrimentos, que não passam de advertências. Infelizmente, o homem de hoje, enceguecido pelo orgulho de seu espírito, ou afogado no lamaçal das paixões, não as quer compreender. Ora, meus filhos, sabeis que se aproxima o tempo no qual começará o reinado da vontade de Deus na Terra; então, infeliz daquele que ainda ousar opor-se, pois será quebrado como o caniço, ao passo que aqueles que se tiverem emendado verão abrir-se para si os tesouros da misericórdia infinita. Vedes por aí que se a vontade de Deus é a expressão de seu amor e, por isso mesmo, imutável e eterna, todo ato de rebeldia contra essa vontade, embora suportado pela incompreensível sabedoria, é apenas temporária e passageira; antes que a expressão de sua vontade, representa uma prova da paciente misericórdia de Deus.

### II

Vejo com prazer, meus filhos, que vossa fé não se arrefece, malgrado os ataques dos incrédulos. Se todos os homens acolhessem essa manifestação extraordinária da bondade divina, essa nova porta aberta ao vosso adiantamento com o mesmo zelo, a mesma perseverança e, sobretudo, com a mesma pureza de intenção, teria sido uma prova evidente de que o mundo não é assim tão mau, nem tão endurecido quanto parece, e — o que é inadmissível — que a mão de Deus se tenha tornado injustamente pesada sobre a humanidade. Não vos admireis, pois, da oposição que o Espiritismo encontra no mundo. Destinado a combater vitoriosamente o egoísmo e a conduzir a caridade ao triunfo, é, naturalmente, o alvo das perseguições do egoísmo e do fanatismo, deste muitas vezes derivado. Lembrai-vos do que foi dito há muitos séculos: "Muitos serão chamados, mas poucos escolhidos."[58] Entretanto, o bem, que vem de Deus, sempre acabará por triunfar do mal, que procede dos homens.

## III

Deus fez descerem à Terra a fé e a caridade para auxiliar os homens a sacudir a dupla tirania do pecado e da arbitrariedade; e não há dúvida que, com esses dois divinos motores, há muito tempo eles teriam atingido uma felicidade tão perfeita quanto o comporta a natureza humana e o estado físico do vosso globo, caso os homens não tivessem deixado a fé enlanguescer e os corações secarem. Por um momento, mesmo, acreditaram poder dispensá-la e salvar-se apenas pela caridade. Foi então que se viu nascer essa multidão de sistemas sociais, bons na intenção que os ditava, mas defeituosos e impraticáveis na forma. "E por que são impraticáveis?" — perguntareis; não se baseiam no desinteresse de cada um? Sim, sem dúvida, mas para se basear no desinteresse é preciso, primeiro, que exista o desinteresse. Ora, não basta decretá-lo, é preciso inspirá-lo. Sem a fé que dá a certeza das compensações da vida futura, o desinteresse é um logro aos olhos do egoísta. Eis por que são instáveis os sistemas que repousam apenas sobre os interesses materiais, tanto é certo que o homem nada poderia construir de harmonioso e durável sem a fé, que não somente o dota de uma força moral superior a todas as forças físicas, como lhe abre a assistência do mundo espiritual e lhe permite beber na fonte da onipotência divina.

---

[58] N.E.: Mateus, 22:14.

## IV

"Ainda mesmo quando cumprísseis tudo quanto vos foi ordenado, considerai-vos como servos inúteis."[59] Estas palavras do Cristo vos ensinam a humildade como a primeira base da fé e uma das primeiras condições da caridade. Aquele que tem fé não esquece que Deus conhece todas as imperfeições; em consequência, jamais pensa em querer parecer melhor do que é aos olhos do próximo. O que tem humildade sempre acolhe com doçura as censuras que lhe fazem, por mais injustas que sejam, porquanto, sabei-o bem, a injustiça jamais irrita o justo. É pondo o dedo sobre alguma chaga envenenada de vossa alma que se faz subir ao vosso rosto o rubor da vergonha, índice certo de um orgulho mal disfarçado. O orgulho, meus filhos, é o maior obstáculo ao vosso aperfeiçoamento, porque não vos deixa aproveitar as lições que vos dão. É, pois, combatendo-o sem trégua e sem quartel que melhor trabalhareis o vosso adiantamento.

## V

Se lançardes o olhar sobre o mundo que vos cerca, vereis que tudo é harmonia. A harmonia da vida material é o belo. Entretanto, não é senão a parte menos nobre da Criação. A harmonia do mundo espiritual é o amor, emanação divina que enche os espaços e conduz a criatura ao seu Criador. Procurai, meus filhos, com ele encher os vossos corações. Tudo quanto pudésseis fazer de grande fora desta lei não vos seria levado em consideração. Só o amor, quando tiverdes assegurado o seu triunfo na Terra, fará vir a vós o reino de Deus prometido pelos Apóstolos.

---

[59] N.E.: Lucas, 17:10.

## Os missionários

(Enviada pelo Sr. Sabò,[60] de Bordeaux)

Vou dizer-vos algumas palavras para vos dar a compreender o objetivo a que se propõem os Missionários, deixando pátria e família para evangelizar tribos ignorantes ou ferozes, embora irmãos, mas inclinados ao mal e desconhecendo o bem; ou para ir pregar a mortificação, a confiança em Deus, a prece, a fé, a resignação na dor, a caridade, a esperança de uma vida melhor depois do arrependimento. Dizei: isto não é o Espiritismo? Sim, almas de escol, que sempre servistes a Deus e fielmente observais as suas leis; que amais e socorreis o vosso próximo, vós sois espíritas. Mas não conheceis esta palavra de criação recente e nela vedes um perigo. Pois bem! Já que a palavra vos assusta, não mais a pronunciaremos diante de vós, até que vós mesmos venhais pedir esse nome, que resume a existência dos Espíritos e suas manifestações: o Espiritismo.

Irmãos amados, que são os Missionários junto às nações na infância? Espíritos em missão, enviados por Deus, nosso Pai, para esclarecer pobres Espíritos mais ignorantes; para lhes ensinar a esperar nele, a conhecê-lo, amá-lo, a ser bons esposos, bons pais, bons para os semelhantes; enfim para lhes dar, tanto quanto comporta sua natureza inculta, a ideia do bem e do belo. Ora, vós que vos orgulhais de vossa inteligência, sabei que partistes tão de baixo e que ainda tendes muito a fazer para chegar ao mais alto grau. Eu vos pergunto, amigos, em que se tornaria essa pobre gente, abandonada às suas paixões e à sua natureza selvagem? Mas dizeis: Sois vós que, a exemplo desses homens devotados, ides pregar o Evangelho a esses irmãos incultos? Não; não sereis vós: tendes uma família, amigos, uma posição que não podeis abandonar; não; não sereis vós que gostais das doçuras do lar; não; não sereis vós, que tendes fortuna, honras, enfim, todas as felicidades que satisfazem a vossa vaidade e o vosso

---

[60] N.T.: Há três grafias na *Revista*: Sabò, Sabô e Sabo. Ficamos com a primeira, por ser, de todas, a mais frequentemente citada nesta obra.

egoísmo; não, não sereis vós. São necessários homens que deixem o teto paterno e a pátria com alegria; homens que façam pouco caso da vida, porque, muitas vezes, esta é cortada a ferro e fogo; são precisos homens bem convencidos que, se vão trabalhar na vinha do Senhor e regá-la com o próprio sangue, encontrarão no Alto a recompensa de tantos sacrifícios. Dizei se os materialistas seriam capazes de tal devotamento, eles que nada mais esperam desta vida? Crede-me, são Espíritos enviados por Deus. Não riais mais daquilo que chamais a sua tolice, porque eles são instruídos e, expondo a vida para esclarecer seus irmãos ignorantes, têm direito ao vosso respeito e à vossa simpatia. Sim, são Espíritos encarnados que têm a missão perigosa de desbravar essas inteligências incultas, como outros Espíritos mais adiantados têm por missão fazer que vós mesmos progridais.

O que acabamos de fazer, meus amigos, é Espiritismo. Não vos atemorizeis, pois, com esta palavra. Sobretudo, não riais, porque é o símbolo da lei universal que rege os seres vivos da Criação.

Adolfo, bispo de Argel

## A França

(Comunicação enviada pelo Sr. Sabò, de Bordeaux)

Tu também, Terra dos Francos, estavas mergulhada na barbárie e tuas coortes selvagens levavam o terror e a desolação até o seio das nações civilizadas. Oferecias montanhas de sacrifícios a Teutates[61] e tremias à voz dos druidas, que escolhiam suas vítimas. E os dólmens que te serviam de altares jazem em meio às charnecas estéreis! E o pastor que para ali conduz os seus magros rebanhos olha com admiração esses blocos de granito e se pergunta para que serviram essas lembranças de outros tempos!

---

[61] N.E.: Divindade gaulesa de guerra identificada com Marte e Mercúrio. Foi um Deus violento, que recebia sacrifícios humanos e conduzia os espíritos dos guerreiros para o Além.

Entretanto, teus filhos, cheios de bravura, dominavam as nações e retornavam ao solo natal com o rosto triunfante, tendo nas mãos os troféus das vitórias e arrastando os vencidos em vergonhosa escravidão! Mas Deus queria que tomasses o teu lugar entre eles, e te enviou Espíritos bons, apóstolos de uma religião nova, que vinham pregar a teus filhos selvagens o amor, o perdão, a caridade. E, quando à frente de seus exércitos, Clóvis chamava em seu socorro esse Deus poderoso, Ele acorreu à sua voz, deu-lhe a vitória e, como filho reconhecido, o vencedor abraçou o Cristianismo! O apóstolo do Cristo, derramando-lhe a santa unção, inspirado pelo Espírito de Deus, ordenou-lhe que adorasse aquilo que havia queimado, e queimar o que havia adorado.

Então começou para ti uma longa luta entre teus filhos, que não podiam afrontar a cólera de seus deuses e de seus sacerdotes, e não foi senão depois que o sangue dos mártires regou o teu solo, para aí fazer germinar suas exortações, que pouco a pouco sacudistes do coração o culto de teus pais, para seguir o de teus reis. Estes eram bravos e vacilantes; iam, por sua vez, combater as hordas selvagens dos bárbaros do Norte; e, voltando calmos aos seus palácios, aplicavam-se ao progresso e à civilização de seus povos. Durante vários séculos são vistos realizando esse progresso, lentamente é verdade, mas, finalmente, te puseram no primeiro lugar.

Contudo, tantas vezes fostes culpada que o braço de Deus levantou-se e estava prestes a te exterminar. Mas se o solo francês é um foco de incredulidade e de ateísmo, é também o foco dos impulsos generosos, da caridade e dos sublimes devotamentos; ao lado da impiedade florescem as virtudes pregadas pelo Evangelho. Elas desarmaram o seu braço, prestes a ferir-te tantas vezes e, lançando sobre esse povo a quem ama um olhar de clemência, Ele o escolheu para ser o órgão de sua vontade; e é de seu seio que devem sair os germes da Doutrina Espírita, que Deus faz ensinar pelos Espíritos bons, a fim de que seus raios benfazejos pouco a pouco penetrem o coração de todas as nações, e que os povos, consolados pelos preceitos de amor, de caridade, de perdão e de justiça, marchem a passos de gigante para a grande reforma moral, que deve regenerar a humanidade. França! Tens a tua sorte entre as mãos. Se desconhecesses a luz que deves espalhar, Deus te repudiaria, como outrora repudiou o povo hebreu, porquanto Ele só ficará com aquele que cumprir os seus desígnios. Apressa-te, pois, porque é chegado o momento! Que os povos aprendam de ti os caminhos da verdadeira felicidade. Que o teu exemplo lhes mostre os frutos consoladores que devem retirar e eles repetirão com o coro dos Espíritos bons: "Deus protege e abençoa a França."

Carlos Magno[62]

## A ingratidão

(Enviada pelo Sr. Pichon, médium de Sens)

É preciso sempre ajudar os fracos e os que desejam fazer o bem, embora sabendo antecipadamente que não seremos recompensados por aqueles a quem o fazemos, porque aquele que se recusa a vos ser grato pela assistência que lhe destes, nem sempre é tão ingrato quanto o imaginais; muitas vezes, age segundo o ponto de vista determinado por Deus, embora os seus pontos de vista não sejam, e muitas vezes não possam ser apreciados por vós. Que vos baste saber que é necessário fazer o bem por dever e por amor a Deus, pois disse Jesus: "Aquele que não faz o bem senão por interesse, já recebeu a sua recompensa." Sabei que se aquele a quem prestais serviço esquece o benefício, Deus vos levará mais em conta do que se já tivésseis sido recompensado pela gratidão do vosso favorecido.

Sócrates[63]

Allan Kardec

---

[62] N.E.: (742–814), rei dos francos e imperador do Sacro Império Romano (800–814).
[63] N.E.: (470 a.C.–399 a.C.), filósofo grego.

# Revista Espírita
### Jornal de Estudos Psicológicos
ANO IV — ABRIL DE 1861 — N º 4

## Mais uma palavra sobre o Sr. Deschanel

Do *Journal des Débats*

No número anterior da *Revista Espírita* os leitores puderam ver, ao lado de nossas reflexões sobre o artigo do Sr. Deschanel, a carta pessoal que lhe enviamos. Muito curta essa carta, cuja inserção lhe pedíamos, tinha o objetivo de retificar um grave erro que ele havia cometido em sua apreciação. Apresentar a Doutrina Espírita como baseada no mais grosseiro materialismo era desnaturar completamente o seu espírito, pois, ao contrário, ela tende a destruir as ideias materialistas. Havia em seu artigo muitos outros erros que poderíamos ter apontado, mas aquele era por demais importante para ficar sem resposta; tinha uma gravidade real porque tendia a lançar um verdadeiro descrédito sobre numerosos adeptos do Espiritismo. O Sr. Deschanel julgou não dever aquiescer ao nosso pedido e eis a resposta que nos dirigiu:

"Senhor,

Recebi a carta que me fizestes a honra de escrever, em data de 25 de fevereiro. O Sr. Didier, vosso editor, encarregou-se de vos explicar que tinha sido a seu reiterado pedido que eu havia consentido em noticiar, no *Débats*, o vosso *O livro dos espíritos*, desde que o pudesse criticar como bem entendesse; era a nossa combinação. Agradeço por terdes compreendido que, nestas circunstâncias, usar do vosso direito de contestação teria sido estritamente legal, mas, certamente, menos delicado do que a abstenção com que havíeis concordado, conforme o Sr. Didier me informou esta manhã.

Quereis aceitar etc."

E. Deschanel

Esta carta peca pela falta de exatidão em diversos pontos. É verdade que o Sr. Didier enviou ao Sr. Deschanel um exemplar de *O livro dos espíritos*, como é costume de editor para jornalista, mas o que não é exato é que o Sr. Didier tivesse se comprometido a não nos dar explicação sobre suas supostas instâncias reiteradas para que lhe fizesse uma apreciação. Se o Sr. Deschanel julgou dever consagrar-lhe 24 colunas de zombarias, ele nos permitirá supor que não tenha sido por condescendência nem por deferência para com o Sr. Didier. Aliás, já dissemos que não foi por isto que nos lamentamos: a crítica era um direito seu; e, desde que não partilha do nosso modo de ver, estava livre para apreciar a obra segundo o seu ponto de vista, como acontece diariamente. Por alguns, uma coisa é levada às nuvens, por outros, depreciada, mas nem um nem outro desses julgamentos é inapelável. O único juiz em última instância é o público, sobretudo o público futuro, que é alheio às paixões e às intrigas do momento. Os elogios obsequiosos das camarilhas não o impedem de enterrar para sempre o que é realmente mau, e o que é realmente bom sobrevive, a despeito das diatribes da inveja e do ciúme.

*Desta verdade duas fábulas darão*

*testemunho, tanto a coisa sobeja em provas,*

teria dito La Fontaine. Não citaremos duas fábulas, mas dois fatos. Quando de seu aparecimento, *Fedra*, de Racine, teve contra si a corte e a população da cidade, e foi ridicularizada. O autor sofreu tantos desgostos que aos 38 anos renunciou a escrever para o teatro. A *Fedra* de Pradon, ao contrário, foi exaltada além da medida. Qual é hoje a sorte dessas duas obras? Outro livro mais modesto, *Paul et Virginie*,[64] foi declarado natimorto pelo ilustre Buffon, que o achava enfadonho e insípido; entretanto, sabe-se que jamais um livro foi tão popular. Com esses dois exemplos, nosso objetivo é simplesmente provar que a opinião de um crítico, seja qual for o seu mérito, não passa de uma opinião pessoal, nem sempre ratificada pela posteridade. Mas voltemos de Buffon ao Sr. Deschanel, sem comparação, porque Buffon enganou-se redondamente, enquanto o Sr. Deschanel creu, sem dúvida, que dele não diriam a mesma coisa.

Em sua carta o Sr. Deschanel reconhece que o nosso direito de contestação teria sido estritamente legal, mas acha mais delicado de nossa parte não o exercer. Ainda se engana completamente quando diz que *concordamos* com uma abstenção, o que daria a entender que nos rendemos a uma solicitação, e mesmo que o Sr. Didier teria sido encarregado de o informar. Ora, nada é menos exato. Não julgamos dever exigir a inserção de uma exposição contraditória. Ele é livre para achar nossa Doutrina má, detestável, absurda, de o gritar de cima dos telhados, mas esperávamos de sua *lealdade* a publicação de nossa carta para retificar uma alegação falsa, e que podia atingir a nossa reputação, no que tange a nos acusar de professar e propagar as próprias doutrinas que combatemos, como subversivas da ordem social e da moral pública. Não lhe pedíamos uma retratação, à qual seu amor-próprio se teria recusado, mas apenas que inserisse o nosso protesto; por certo não estaríamos abusando do direito de resposta, considerando-se que em troca de 24 colunas, não lhe pedíamos mais que trinta a quarenta linhas. Nossos leitores saberão apreciar sua recusa; se ele quis ver delicadeza em nosso procedimento, não poderíamos julgar o seu da mesma maneira.

---

[64] N.E.: Romance escrito em 1788 por Bernardin de Saint-Pierre, escritor francês.

Quando o Sr. abade Chesnel publicou no jornal *Univers*, em 1858, seu artigo sobre o Espiritismo, deu da *Sociedade Parisiense de Estudos Espíritas* uma ideia igualmente falsa, ao apresentá-la como uma seita religiosa com seu culto e seus sacerdotes. Tal alegação desnaturava completamente seu objetivo e suas tendências e podia confundir a opinião pública. Era tanto mais errônea que o regulamento da Sociedade lhe proíbe ocupar-se de matérias religiosas. Com efeito, não se conceberia uma Sociedade religiosa que não pudesse ocupar-se de religião. Protestamos contra esta asserção, não por algumas linhas, mas por um artigo inteiro e longamente motivado que, a nosso simples pedido, o *Univers* julgou dever publicar. Lamentamos que, em idêntica circunstância, o Sr. Deschanel, do *Journal des Débats*, se creia menos moralmente obrigado de restabelecer a verdade do que os senhores do *Univers*. Se não fosse uma questão de direito, seria sempre uma questão de lealdade. Reservar-se o direito de ataque sem admitir a defesa é um meio fácil de fazer crer aos seus leitores que ele tem razão.

## O Sr. Louis Jourdan e *O livro dos espíritos*[65]

Já que estamos falando dos jornalistas, a propósito do Espiritismo, não paremos no caminho. Esses senhores em geral não nos adulam e, como não fazemos mistério de suas críticas, hão de nos permitir apresentar a contrapartida e opor à opinião do Sr. Deschanel e outros, a de um escritor cujo valor e influência ninguém contesta, sem que nos possam tachar de amor-próprio. Aliás, os elogios não se dirigem à nossa pessoa, ou, pelo menos, não os tomamos para nós, de modo que transferimos a honra aos guias espirituais que bondosamente nos dirigem. Não poderíamos, pois, prevalecer-nos do mérito que se possa encontrar em nossos trabalhos; aceitamos os elogios não como sinal de nosso valor pessoal, mas como uma consagração à obra que

---

[65] N.E.: Ver Nota explicativa, p. 547.

empreendemos, obra que esperamos levar a bom termo com a ajuda de Deus, pois ainda não estamos no fim e o mais difícil ainda não está feito. Sob esse aspecto, a opinião do Sr. Jourdan tem certo peso, porque se sabe que não fala levianamente e por falar, ou para encher colunas com palavras. Certamente ele pode enganar-se, como qualquer outro, mas, em todo caso, sua opinião é sempre conscienciosa.

    Seria prematuro dizer que o Sr. Jourdan é um adepto confesso do Espiritismo. Ele próprio declara nada ter visto e não estar em contato com nenhum médium. Julga a coisa conforme seu sentimento íntimo e, como não toma seu ponto de partida na negação da alma e de qualquer força extra-humana, vê na Doutrina Espírita uma nova fase do mundo moral e um meio de explicar o que até então era inexplicável. Ora, admitindo a base, sua razão não se recusa absolutamente a lhe admitir as consequências, ao passo que o Sr. Figuier não pode admitir tais consequências, desde que repele o princípio fundamental. Não tendo estudado tudo, tudo aprofundado nesta vasta ciência, não é de admirar que suas ideias não se tenham fixado sobre todos os pontos e, por isso mesmo, certas questões devem parecer-lhe ainda hipotéticas. Mas, como homem de senso, não diz: "Não compreendo; logo, não existe"; ao contrário, diz: "Não sei, porque não aprendi, mas não nego." Como homem sério, não zomba com uma questão que toca os mais graves interesses da humanidade e, como homem prudente, cala-se sobre aquilo que ignora, temendo que os fatos não venham, como a tantos outros, desmentir as suas negações, nem lhe oponham este argumento irresistível: "Falais do que não sabeis." Assim, passando sobre as questões de detalhe, sobre as quais confessa a sua incompetência, limita-se à apreciação do princípio; e esse princípio, apenas o raciocínio o leva a admitir a possibilidade, como acontece diariamente.

    O Sr. Jourdan publicou primeiro um artigo sobre *O livro dos espíritos*, no jornal *Le Causeur* (nº 8, abril de 1860). Eis um ano decorrido e ainda não falamos disso nesta *Revista*, provando que não temos muita pressa em nos prevalecer dos elogios, enquanto citamos textualmente, ou indicamos, as mais amargas críticas, revelando, também, que não tememos a sua influência. Esse artigo é reproduzido em sua nova obra *Um Filósofo ao pé do fogo*,[66] da qual forma um capítulo. Dele extraímos as seguintes passagens:

> [...]
>
> Prometi formalmente voltar a um assunto, sobre o qual apenas disse algumas palavras e que merece uma atenção toda especial. Trata-se de *O livro dos espíritos*, contendo os princípios da Doutrina e da filosofia *espíritas*. A palavra pode parecer-vos bárbara, mas que fazer? Às coisas novas é preciso dar nomes novos. As mesas girantes levaram ao Espiritismo, e hoje nós estamos de posse de uma doutrina completa, inteiramente revelada pelos Espíritos, porque esse *O livro dos espíritos* não é feito pela mão do homem; o Sr. Allan Kardec limitou-se a recolher e a ordenar as respostas dadas pelos Espíritos às inumeráveis perguntas que lhes foram feitas, respostas breves, que nem sempre satisfazem à curiosidade do interrogador, mas que, consideradas em seu conjunto, constituem, com efeito, uma doutrina, uma moral e, quem sabe? talvez uma religião.
>
> Julgai-o vós mesmos. Os Espíritos se explicaram claramente sobre as causas primeiras, sobre Deus e o infinito, sobre os atributos da Divindade. Deram-nos os elementos gerais do universo, o conhecimento do princípio das coisas, as propriedades da matéria. Falaram sobre os mistérios da Criação, a formação dos mundos e dos seres vivos, as causas da diversidade das raças humanas. Daí ao princípio vital não havia mais que um passo e eles nos disseram em que consistia esse princípio, o que eram a vida e a morte, a inteligência e o instinto.
>
> Depois levantaram o véu que nos oculta o mundo espírita, isto é, o mundo dos Espíritos, dizendo-nos qual era a sua origem e qual a sua natureza; como se encarnavam e qual o objetivo des-

---

[66] Nota de Allan Kardec: 1 vol. In-12; preço 3 fr. Livraria Dentu.

sa encarnação; como se efetuava a volta da vida corpórea à vida espiritual. Espíritos errantes, mundos transitórios, percepções, sensações e sofrimentos dos Espíritos, relações de Além-Túmulo, relações simpáticas e antipáticas dos Espíritos, retorno à vida corporal, emancipação da alma, intervenção dos Espíritos no mundo corpóreo, ocupações e missões dos Espíritos, nada nos foi ocultado.

Eu disse que os Espíritos não só estavam fundando uma Doutrina e uma Filosofia, mas também uma religião. Com efeito, eles elaboraram um código de moral, no qual se acham formuladas leis cuja sabedoria me parece muito grande e, para que nada lhe falte, disseram quais seriam as penas e as recompensas futuras e o que se deveria entender pelas palavras: paraíso, purgatório e inferno. Como se vê, é um sistema completo, e não sinto nenhum embaraço em reconhecer que se o sistema não tem a poderosa coesão de uma obra filosófica, se contradições despontam aqui e ali, é pelo menos muito notável por sua originalidade, por seu elevado alcance moral e pelas soluções imprevistas que dá às delicadas questões que em todos os tempos inquietaram ou preocuparam o espírito humano.

Sou completamente estranho à escola espírita; não conheço seus chefes, nem seus adeptos; jamais vi funcionar a menor mesa girante; não tenho contato com nenhum médium; não testemunhei nenhum desses fatos sobrenaturais ou miraculosos, dos quais encontro os relatos incríveis nas coletâneas espíritas que me enviam. Não afirmo nem rejeito absolutamente as comunicações dos Espíritos; creio, *a priori*, que tais comunicações são possíveis e minha razão absolutamente não se alarma por isto. Para nelas crer, não necessito da explicação que meu sábio amigo, o Sr. Figuier, ultimamente me dava sobre esses fatos, por ele atribuídos à influência magnética dos médiuns.

[...]

Nada vejo de impossível em que se estabeleçam relações entre o mundo invisível e nós. Não me pergunteis como e por que; eu nada sei a respeito. Isto é uma questão de sentimento, e não de demonstração matemática. É, pois, um sentimento que exprimo, mas um sentimento que nada tem de vago, e no meu espírito e no meu coração assume formas bastante precisas.

[...]

Se, pelo movimento dos pulmões, extraímos do espaço infinito que nos envolve, os fluidos e os princípios vitais necessários à nossa existência, é bem evidente que estamos em relação constante e necessária com o mundo invisível. Esse mundo é povoado por Espíritos errantes, como as almas penadas, sempre prontas a acudirem ao nosso apelo? Eis o que é mais difícil de admitir, embora seja também temerário negá-lo completamente.

Certamente não temos dificuldade em acreditar que nem todas as criaturas de Deus se assemelham aos tristes habitantes de nosso planeta. Somos muito imperfeitos; por estarmos submetidos a necessidades bastante grosseiras, não nos é difícil imaginar a existência de seres superiores que não sofram nenhuma pena corporal; seres radiosos e luminosos, espírito e matéria como nós, mas espírito mais sutil e mais puro, matéria menos densa e menos pesada; mensageiros fluídicos, que unem entre si os universos, sustentam, encorajam os astros e as raças diversas que os povoam, com vistas à realização de suas tarefas.

Pela aspiração e respiração estamos em relação com toda a hierarquia dessas criaturas, desses seres cuja existência não podemos compreender nem representar as formas; assim, não é absolutamente impossível que alguns desses seres acidentalmente entrem em relação com os homens. Porém, o que nos parece pueril é que seja necessário o concurso material de uma mesa, de uma prancheta ou de um médium qualquer para que tais relações se estabeleçam.

De duas, uma: ou essas comunicações são úteis, ou desnecessárias. Se são úteis, os Espíritos não devem ter necessidade de ser chamados de maneira misteriosa, nem de ser evocados e interrogados para ensinar aos homens o que importa saber; se são inúteis, por que a elas recorrer?

[...]

Não sinto nenhuma repugnância em admitir essas influências, essas inspirações, essas revelações, se quiserdes. O que repilo absolutamente é que, sob pretexto de revelação, venham dizer-me: "Deus falou, portanto, ides submeter-vos. Deus falou pela boca de Moisés, do Cristo, de Maomé, portanto sereis judeus, cristãos ou muçulmanos, senão incorrereis nos castigos eternos; e, enquanto esperamos, iremos amaldiçoar-vos e vos torturar aqui."

Não! não! Semelhantes revelações não quero a preço nenhum. Acima de todas as revelações, de todas as inspirações, de todos os profetas presentes, passados e futuros, há uma lei suprema: a lei da liberdade. Com esta lei por base, admitirei, salvo discussão, tudo o que vos agradar. Suprimi esta lei e só haverá trevas e violência. Quero ter a liberdade de crer ou de não crer e dizê-lo claramente; é o meu direito e quero usá-lo; é a minha liberdade e faço questão de preservá-la. Dizeis-me que não crendo no que me ensinais, perco minha alma; é possível. Quero minha liberdade até esse limite; quero perder minha alma, se isto me apraz. Assim, quem será aqui o juiz de minha salvação e de minha perda? Quem, pois, poderá dizer: Aquele foi salvo e este perdido para sempre? Então a misericórdia de Deus não será infinita? Haverá alguém no mundo que possa sondar o abismo de uma consciência?

[...]

É porque esta Doutrina também se encontra no curioso livro do Sr. Allan Kardec, que me reconcilio com os Espíritos que ele interrogou. O laconismo de suas repostas prova que os Espíritos não têm tempo a perder e, se de alguma coisa me admiro, é que ainda o tenham bastante para responder complacentemente ao chamado de tanta gente que perde o seu a evocá-los.

[...]

Tudo quanto, de maneira mais ou menos clara e mais ou menos sumária dizem os Espíritos, cujas respostas o Sr. Allan Kardec coligiu, foi exposto e desenvolvido com notável clareza por Michel, que, de longe, parece ser o mais adiantado e o mais completo de todos os místicos contemporâneos. Sua revelação é, ao mesmo tempo, uma doutrina e um poema, doutrina sã e fortificante, poema brilhante. A única vantagem que encontro nas perguntas e respostas que o Sr. Allan Kardec publicou é que apresentam, sob uma forma mais acessível à grande massa dos leitores, e, sobretudo, das leitoras, as principais ideias sobre as quais importa chamar-lhes a atenção. Os livros de Michel não são de leitura fácil; exigem uma tensão de espírito muito pronunciada. O livro de que falamos, ao contrário, pode ser uma espécie de vade-mécum; nós o tomamos, o deixamos ou o abrimos em qualquer página: logo a curiosidade é despertada. As perguntas dirigidas aos Espíritos são as que nos preocupam a todos; as respostas, por vezes, são muito fracas; outras vezes, condensam em poucas palavras a solução dos problemas mais espinhosos e sempre oferecem um vivo interesse ou salutares indicações. Não sei de curso de moral mais atraente, mais consolador, mais encantador que esse. Todos os grandes princípios sobre os quais se fundam as civilizações modernas ali são confirmados e, notadamente, o princípio dos princípios: a liberdade! O espírito e o coração saem dali tranquilizados e fortalecidos.

São, sobretudo, os capítulos relativos à pluralidade dos sistemas[67] e à lei do progresso coletivo e individual que têm um atrativo e um encanto poderosos. Para mim, os Espíritos do Sr. Allan Kardec nada me ensinaram a este respeito. Há muito eu acreditava firmemente no desenvolvimento progressivo da vida através dos mundos; que a morte é o limiar de uma existência nova, cujas provas são proporcionadas aos méritos da existência anterior. Aliás, é a velha fé gaulesa, era a doutrina druídica, e nisto os Espíritos nada inventaram, mas acrescentaram uma série de deduções e de regras práticas excelentes na conduta da vida. Sob esse aspecto, como sob muitos outros, a leitura desse livro, independentemente do interesse e da curiosidade excitados por sua

---

[67] N.T.: O autor se refere à pluralidade dos mundos habitados, um dos princípios fundamentais da Doutrina dos Espíritos.

origem, pode ter um alto caráter de utilidade para os caracteres indecisos, para as almas pusilânimes que flutuam nos limbos da dúvida. A dúvida! É o pior dos males! É a mais horrível das prisões, e delas se deve sair a qualquer preço. Esse estranho livro ajudará mais de uma criatura a consolidar a sua vida, a quebrar os ferrolhos da prisão, precisamente porque é apresentado sob forma simples e elementar, como um catecismo popular, que todos podem ler e compreender.

[...]

Após ter citado algumas perguntas sobre o casamento e o divórcio, que acha um tanto pueris e não são tratadas ao seu gosto, o Sr. Jourdan assim termina:

"Apresso-me a dizer, entretanto, que nem todas as respostas dos Espíritos são tão superficiais quanto as de que acabo de falar. É o conjunto desse livro que é admirável, é o fundamento geral que é marcado por certa grandeza e por uma viva originalidade. Quer emane ou não de uma fonte extranatural, a obra é surpreendente sob vários títulos e, só por isso, interessou-me vivamente e sou levado a crer que possa interessar a muita gente."

RESPOSTA

O Sr. Jourdan faz uma pergunta, ou, antes, uma objeção, necessariamente motivada pela insuficiência de seus conhecimentos sobre a matéria.

"Não é absolutamente impossível" — diz ele — "que alguns desses seres acidentalmente entrem em relação com os homens. Porém, o que nos parece pueril é que seja necessário o concurso material de uma mesa, de uma prancheta ou de um médium qualquer para que tais relações se estabeleçam. De duas, uma: ou essas comunicações são úteis, ou são desnecessárias. Se úteis, os Espíritos não devem ter necessidade de ser chamados de maneira misteriosa, nem de ser evocados e interrogados para ensinar aos homens o que importa saber; se inúteis, por que a elas recorrer?" No seu *Um Filósofo ao pé do fogo*, acrescenta a respeito: "Eis um dilema do qual a escola *espírita* terá dificuldade para sair."

Não; certamente não terá dificuldade para sair, porquanto há muito tempo o tinha proposto e também resolvido; e se não o foi pelo Sr. Jourdan é que ele não conhece tudo. Ora, nós cremos que se ele tivesse lido *O livro dos médiuns*, que trata da parte prática e experimental do Espiritismo, teria sabido a que se ater sobre esse ponto.

Sim, sem dúvida seria pueril, e essa palavra, empregada por conveniência pelo Sr. Jourdan seria muito fraca; dizemos que seria ridícula, absurda e inadmissível que, para relações tão sérias quanto as do mundo visível com o invisível, os Espíritos necessitassem, para nos transmitir seus ensinos, de um utensílio tão vulgar quanto uma mesa, uma cesta ou uma prancheta, porque daí se seguiria que quem estivesse privado de tais acessórios também estaria privado de suas lições. Não, não é assim. Não sendo os Espíritos senão as almas dos homens, despojadas do grosseiro envoltório do corpo, há Espíritos desde que houve homens no universo (não dizemos na Terra); esses Espíritos constituem o mundo invisível que povoa os espaços, que nos cerca e em meio ao qual vivemos sem o suspeitar, como igualmente vivemos, sem o perceber, em meio ao mundo microscópico. Em todos os tempos esses Espíritos têm exercido sua influência sobre o mundo visível; em todos tempos os que são bons e sábios têm auxiliado o gênio por inspirações, enquanto outros se limitam a nos guiar nos atos ordinários da vida, mas essas inspirações, que ocorrem pela transmissão de pensamento a pensamento, são ocultas e não podem deixar nenhum traço material. Se o Espírito quiser manifestar-se de maneira ostensiva, é preciso que atue sobre a matéria; se quer que o seu ensino, ao invés de expressar a confusão e a incerteza do pensamento, tenha precisão e estabilidade, não dispensa sinais materiais e, para isso — que nos permitam a expressão — serve-se de tudo quanto lhe cai à mão, desde que seja nas condições apropriadas à sua natureza. Utiliza uma pena ou lápis, se quer escrever, um objeto qualquer, mesa ou caçarola, se quer bater, sem que por isso seja humilhado. Haverá algo mais vulgar que uma pena de ganso? Não é com isto que os maiores gênios legam as suas obras-primas à posteridade? Tirai-lhes todo meio de escrever; que fazem? Pensam, mas seus pensamentos se perdem, se ninguém os recolher. Suponde um literato maneta: como se arranja? Tem um secretário, que transcreve o seu ditado. Ora, como os Espíritos não podem segurar a pena sem intermediário, fazem-na sustentar por alguém que se chama *um médium*, que inspiram e dirigem. Algumas vezes esse médium age com conhecimento de causa: é o médium propriamente dito; outras vezes atua de maneira inconsciente da causa que o solicita: é o caso de todos os homens inspirados que, assim, são médiuns sem o saber. Vê-se, pois, que a questão das mesas e pranchetas é inteiramente acessória, e não a principal, como creem os que não estão bem informados. Elas foram o prelúdio dos grandes e poderosos meios de comunicação, como o alfabeto é o prelúdio da leitura corrente.

A segunda parte do dilema não é menos fácil de resolver. "Se essas comunicações são úteis" — diz o Sr. Jourdan — "os Espíritos não devem ter necessidade de ser chamados de maneira misteriosa, de ser evocados."

Para começar, digamos que não nos cabe regular o que se passa no mundo dos Espíritos; não podemos dizer: As coisas devem ou não devem ser desta ou daquela maneira, pois seria querer reger a obra de Deus. Os Espíritos querem mesmo iniciar-nos *em parte* no seu mundo, porque esse mundo talvez seja o nosso amanhã. Cabe a nós tomá-lo tal qual é e, se não nos convier, não será nem mais nem menos, porque Deus não o mudará para nós.

Isto posto, apressemo-nos a dizer que jamais há evocação misteriosa e cabalística; tudo se faz simplesmente, em plena luz e sem fórmula obrigatória. Os que julgam tais coisas necessárias ignoram os primeiros elementos da ciência espírita.

Em segundo lugar, se as comunicações espíritas não pudessem existir senão em consequência de uma evocação, seguir-se-ia que elas seriam um privilégio dos que sabem evocar, e que a imensa maioria dos que jamais ouviram falar dessas coisas estaria prejudicada. Ora, isto estaria em contradição com o que dissemos há pouco, a respeito das comunicações ocultas e espontâneas. Essas são para todo o mundo, para o pequeno como para o grande, o rico como o pobre, o ignorante como o sábio. Os Espíritos que nos protegem, os parentes e amigos que perdemos não têm necessidade de ser chamados; estão junto de nós e, conquanto invisíveis, nos cercam com a sua solicitude; só o nosso pensamento basta para os atrair, provando-lhes a nossa afeição, porque, se não pensarmos neles, é muito natural que não pensem em nós.

Perguntareis, então: "Evocá-los para quê?" Ei-lo. Supondes que estejais na rua, cercado por uma multidão compacta, que fala e murmura aos vossos ouvidos, mas nesse número percebeis ao longe um conhecido a quem quereis falar em particular. Que fazeis, se não puderdes ir a ele? Chamais e ele vem a vós. Dá-se o mesmo com os Espíritos. Ao lado dos que estimamos e que talvez nem sempre lá estejam, existe a multidão dos indiferentes. Se quiserdes fazer falar um determinado Espírito, como não podeis ir até ele, retido que estais pela grilheta corporal, vós o chamais; nisto consiste todo o mistério da evocação, que não tem outro objetivo senão dirigir-vos a quem quiserdes, e não dar ouvidos ao primeiro que se apresente. Nas comunicações ocultas e espontâneas, de que há pouco falamos, os Espíritos que nos assistem nos são desconhecidos; fazem-no sem que o saibamos; por meio das manifestações materiais, escritas ou outras, revelam a sua presença de maneira patente e podem dar-se a conhecer, caso o queiram: é um meio de saber com quem se trata e se temos em nosso redor amigos ou inimigos. Ora, os inimigos não faltam no mundo dos Espíritos, como entre os homens. Lá, como cá, os mais perigosos são os que não conhecemos. O Espiritismo prático dá-nos os meios de conhecê-los.

Em suma, quem só conhece o Espiritismo pelas mesas girantes faz dele uma ideia tão mesquinha e tão pueril quanto aquele que só conhecesse a Física por certos brinquedos infantis. Porém, quanto mais se avança, mais o horizonte se amplia; só então se compreende o seu verdadeiro alcance, porque ele nos desvenda uma das forças mais poderosas da natureza, força que atua, ao mesmo tempo, sobre o mundo moral e o mundo físico. Ninguém contesta a reação que sobre nós exerce o meio material, visível ou invisível, no qual estamos mergulhados. Se estamos numa multidão, essa multidão de seres também atua sobre nós, moral e fisicamente.

Quando morremos, as nossas almas vão para algum lugar. Aonde vão? Como não há para elas nenhum lugar fechado e circunscrito, o Espiritismo diz e prova pelos fatos que esse algum lugar é o espaço; elas formam em torno de nós uma população inumerável. Ora, como admitir que esse meio inteligente tenha menos ação que o meio ininteligente? Aí está a chave de um grande número de fatos incompreendidos, que o homem interpreta conforme os seus preconceitos e que explora ao sabor das paixões. Quando essas coisas forem compreendidas por todos, desaparecerão os preconceitos e o progresso poderá seguir sua marcha sem entraves. O Espiritismo é uma luz que aclara os mais tenebrosos recônditos da sociedade; é, pois, muito natural que aqueles que temem a luz busquem extingui-la. Mas quando a luz tiver tudo penetrado, será preciso que os que buscam a escuridão se decidam a viver em plena luz; veremos, então, cair muitas máscaras. Todo homem que realmente quer o progresso não pode ficar indiferente a uma das causas que mais devem contribuir para ele e que prepara uma das maiores revoluções morais até agora sofridas pela humanidade. Como se vê, estamos longe das mesas girantes: é que há também a mesma distância deste modesto começo até suas consequências, quanto houve da maçã de Newton[68] para a gravitação universal.

## Apreciação da história do maravilhoso

Do Sr. Louis Figuier, pelo Sr. Escande, redator da *Mode Nouvelle*[69]

Nos artigos que publicamos sobre esta obra procuramos nos ater principalmente ao ponto de partida do autor, o que não nos

---

[68] N.E.: Isaac Newton (1642–1727), físico e matemático inglês. Responsável pela descoberta da lei da gravidade universal.
[69] Nota de Allan Kardec: Escritório, rua Sainte-Anne, 63; nº de 22 de fevereiro de 1861. Preço por nº, 1 fr.

foi difícil, pois citando as suas próprias palavras provamos que ele se baseia em ideias materialistas. Sendo falsa a base, pelo menos do ponto de vista da imensa maioria dos homens, as consequências que dela tirou contra os fatos que qualifica de maravilhosos, são, por isso mesmo, eivadas de erro. Isto não impediu que alguns de seus colegas da imprensa exaltassem o mérito, a profundidade e a sagacidade da obra. Contudo, nem todos são dessa opinião. A respeito, encontramos na *Mode Nouvelle*, jornal mais sério que o seu título, um artigo tão notável pelo estilo quanto pela justeza das apreciações. Sua extensão não nos permite citá-lo por inteiro; aliás, o autor promete outros, porque neste não se ocupa muito senão do primeiro volume. Nossos leitores nos serão gratos por lhes darmos alguns fragmentos.

I

Este livro tem grandes pretensões, embora não justifique nenhuma. Queria passar por erudito: afeta ciência e ostenta um aparente luxo de pesquisas, mas sua erudição é superficial, sua ciência incompleta e suas pesquisas prematuras e mal digeridas. O Sr. Louis Figuier deu-se à especialidade de recolher, um a um, os mil pequenos fatos que brotam, dia a dia, a respeito das academias, como essas longas carreiras de cogumelos que nascem da noite para o dia sobre as camadas criptogamíferas, organizando livros que fazem concorrência *La Cuisinière bourgeoise*[70] e aos tratados do *Bonhomme Richard*.[71] Habituado a esse trabalho de composições fáceis — inferior ao trabalho de compilação desse bom abade Trublet, do qual Voltaire zombou espirituosamente — e que forçosamente lhe deixa lazeres, disse a si mesmo que não seria mais difícil explorar a paixão do sobrenatural que mais do que nunca excita as imaginações, do que utilizar os palavrórios quase sempre ociosos da segunda classe do

---

[70] N.E.: Obra sobre a culinária francesa escrita por Menon, que viveu na segunda metade do séc. XVIII.

[71] N.E.: Fragata Bonhomme Richard, navio mercante de 900 toneladas, construído em 1795 na França para a Companhia das Índias Orientais para negociação entre a França e o Oriente. Durante quase dez anos, esse navio iria desempenhar um papel histórico na luta da América pela independência.

Instituto. Habituado a redigir revistas científicas, repisando o que é dos outros, com os resumos de relatórios que por sua vez resume, com as teses e memórias que analisa; hábil em transformar mais tarde em volumes esses resumos de resumos, põe-se à obra. E, fiel ao seu passado, compulsou às pressas todos os tratados sobre a matéria, que lhe caíram à mão, esmigalhou-os, depois tornou a amassar essas migalhas à sua maneira, com elas compondo um livro, depois do que — não duvidamos — tenha exclamado com Horácio: *Exegi monumentum*; "eu também erigi um monumento, que será mais durável que o bronze!".

E ele teria razão para sentir-se orgulhoso de sua *obra*, se a qualidade fosse medida pela quantidade. Com efeito, essa história do maravilhoso não forma menos que quatro grossos volumes e só contém a história do maravilhoso nos tempos modernos, a partir de 1630 até os nossos dias; apenas dois séculos, o que suporia ao menos um pouco mais do dobro que as mais volumosas enciclopédias, caso encerrasse a história do maravilhoso em todos os tempos e em todos os povos! Assim, quando se pensa que esse fragmento de monografia, de tão vasta extensão, não lhe custou senão alguns meses de trabalho, somos levados a crer que uma produção, ao mesmo tempo tão grande e tão apressada, é mais extraordinária que as maravilhas que contém. Mas essa fecundidade deixa de ser um prodígio quando se estuda de perto o processo de composição por ele utilizado, que, na verdade, lhe é tão familiar que não poderíamos esperar fosse empregado outro. Em vez de condensar os fatos, de os expor sumariamente, de negligenciar detalhes inúteis, de destacar principalmente as circunstâncias características, e em seguida discuti-los, aplicou-se apenas em escrever um folhetim mais longo que os que semanalmente escreve na *Presse*. Armado de uma tesoura pinçou das obras anteriores à sua o que poderia favorecer as ideias preconcebidas que desejava fazer triunfar, afastando o que pudesse contrariar a opinião que *a priori* havia formado sobre essa importante questão, sobretudo o que obviasse a explicação natural que se propunha dar das manifestações qualificadas como sobrenaturais, pelo que os livres-pensadores são unânimes em chamar de credulidade pública. Porque é ainda uma das pretensões de seu livro — e essa pretensão não é mais bem justificada que as outras — dar uma solução física ou médica nova, achada por ele, solução triunfante, inatacável, doravante ao abrigo das objeções dos homens bastante simples para crer que Deus é mais poderoso que os nossos sábios.

Ele o repete em cem diferentes passagens de sua obra, a fim de que ninguém o ignore e com a esperança de que acabarão por crê-lo, não obstante se limite a repetir o que a respeito disseram, antes dele, os físicos e os médicos, os filósofos e os químicos, que têm mais horror ao sobrenatural do que Pascal tinha ao vácuo.

Daí resulta que essa história do maravilhoso carece, ao mesmo tempo, de autoridade e de proporções. Do ponto de vista dogmático, não ultrapassa as negações dos negadores anteriores; não acrescenta nenhum argumento aos raciocínios já desenvolvidos, e nesta questão, como em todas as outras, não compreendemos a utilidade dos ecos. Há mais: atormentado pelo desejo de parecer fazer melhor que Calmeil, Esquiros, Montègre, Hecquet e tantos outros que o precederam e serão sempre seus mestres, o Sr. Louis Figuier muitas vezes se perde no labirinto confuso das demonstrações que lhes toma de empréstimo, querendo delas apropriar-se, acabando por rivalizar na lógica com o Sr. Babinet.[72] Quanto aos fatos, ele os acumulou em grande quantidade, embora um pouco ao acaso, truncando uns, desprezando outros, limitando-se a reproduzir de preferência os que pudessem oferecer certo atrativo à leitura, prova de que visou, principalmente, um sucesso fácil, a ter de lutar com os romancistas do dia. Ficamos mesmo a nos perguntar como ele não induziu o editor a incluir sua obra na divertida *Biblioteca das Estradas de Ferro*, a fim de que alcançasse mais diretamente essa multidão que lê para se distrair e jamais para instruir-se.

Não contestamos que seu livro seja divertido, se bastar a um livro, para ter esse mérito, que se assemelhe a uma coleção de anedotas, compostas de historietas amontoadas, tendo em vista o pitoresco, sem muita preocupação com a verdade. Isto não o impede de ga-

---

[72] N.E.: Jacques Babinet (1794–1872), físico francês.

bar-se a cada instante e sem propósito algum de sua imparcialidade, de sua veracidade: uma pretensão a mais, a acrescentar a todas as que destacamos e na qual se pavoneia com tanto mais afetação quanto não dissimula se ela lhe faz falta. Tal qual é, não poderíamos compará-lo melhor do que a esses restaurantes improvisados, pródigos de comestíveis, que não têm de sedutores senão a aparência, e que servem aos consumidores sem muita preocupação com a etiqueta. Mais superficial que profundo, ali o importante é sacrificado ao fútil, o principal ao acessório, o lado dogmático ao lado episódico; aliás, as lacunas são tão abundantes quanto as coisas inúteis e, para que nada falte, está cheio de contradições, afirmando aqui o que nega adiante, de modo que seríamos tentados a crer que, diferentemente do célebre Pico della Mirandola[73] — capaz de dissertar *de omni re simili* — o Sr. Louis Figuier aventurou-se a ensinar aos outros o que ele próprio não sabia.

II

Poderíamos limitar aqui o exame dessa história do maravilhoso, se não tivéssemos de justificar estas severas, mas justas apreciações. Para começar, precisaremos acrescentar que aquele que a escreveu não acredita na possibilidade do sobrenatural? Não o cremos. Em sua qualidade de acadêmico supranumerário — um supranumerário que provavelmente só terminará com a sua vida —; em virtude dos poderes que lhe confere seu título de folhetinista científico, ele não podia sustentar outra tese sem se expor a ser colocado no índex pelo exército dos incrédulos, dos quais se julga suscetível de fazer parte. Ele também não crê e, a respeito, sua incredulidade está acima de suspeitas. Ele é do número "desses espíritos sábios que, testemunhas da expansão imprevista do maravilhoso contemporâneo, não podem compreender tal alucinação em pleno século XIX, com uma filosofia avançada e em meio a esse magnífico movimento científico que dirige tudo hoje para o positivo e o útil". — Reconhecemos que deve ser penoso para "esses espíritos sábios" ver que

---

[73] N.E.: Giovanni Pico della Mirandola (1463–1494), filósofo, humanista e teólogo italiano.

o espírito público assim se recusa a despojar-se de seus velhos preconceitos e persiste em ter outras crenças, diversas do positivismo filosófico, que, entretanto, são as de todos os animais. Além disso, esse dissabor não data apenas dos nossos dias. O Sr. Louis Figuier o confessa, não sem despeito, quando pergunta, em termos que denotam estupefação, como é possível que o maravilhoso tenha resistido ao século XVIII, "o século de Voltaire e da Enciclopédia, enquanto os olhos se abrem às luzes do bom senso e da razão". Que fazer, então? Tão vivaz é essa crença no maravilhoso, consagrada por todas as religiões, que foi a de todos os tempos, de todos os povos, sob todas as latitudes e em todos os continentes, que os livres-pensadores, satisfeitos por tê-la agitado por si e para si mesmos, agiriam com sabedoria em abster-se, doravante, de um proselitismo cujo *insucesso* sabem inevitável.

Mas o Sr. Figuier não é desses corações pusilânimes que se apavoram por antecipação em face da inutilidade de seus esforços. Cheio de confiança e de bazófia em sua força, vangloria-se de realizar o que Voltaire, Diderot,[74] Lamettrie,[75] Dupuis, Volney,[76] Dulaure,[77] Pigault-Lebrun;[78] o que Dulaurens com o seu *Compère Mathieu*, o que os químicos com os seus alambiques, os físicos com as suas pilhas elétricas, os astrônomos com seus compassos, os panteístas com seus sofismas, o trocista malévolo com seu ceticismo desprezível, foram impotentes para realizar. Ele se propôs demonstrar de novo e triunfalmente desta vez, que "o sobrenatural não existe e jamais existiu" e, em consequência, que "os prodígios antigos e contemporâneos podem todos ser atribuídos a uma causa natural". A tarefa é árdua: até aqui os mais intrépidos sucumbiram. Mas "semelhante conclusão, que necessariamente afastaria todo agente sobrenatural, seria uma vitória da Ciência sobre o espírito de superstição,

---

[74] N.E.: Denis Diderot (1713–1784), filósofo e escritor francês.
[75] N.E.: Julien Offroy de Lamettrie (1709–1751), filósofo francês.
[76] N.E.: Constantin François de Chasseboeuf, conde de Volney (1757–1820), filósofo francês.
[77] N.E.: Jacques-Antoine Dulaure (1755–1835), arqueólogo e historiador francês.
[78] N.E.: Charles-Antoine William Pigott de Épinoy (1753–1835), romancista e dramaturgo francês.

em favor da razão e da dignidade humanas", e essa vitória lisonjeou a sua ambição — vitória fácil, afinal de contas, mais fácil do que pensamos, se o Sr. Figuier não se tiver enganado quando diz, em sua introdução, que "nosso século se inquieta muito pouco com as matérias teológicas e as disputas religiosas". Então, para que se armar em guerra contra uma crença que não existe? Para que atacar opiniões de Teologia, com as quais ninguém se inquieta? Para que se prender a superstições religiosas que não mais nos preocupam? "Vitória sem perigo é triunfo sem glória", diz o poeta, e não convém tocar muito alto a trombeta guerreira, se não tem a combater senão moinhos de vento. Que quereis? O Sr. Louis Figuier tinha esquecido, ao escrever isto, o que havia escrito acima, quando confessava, com a vergonha no rosto, que o nosso século, surdo às lições da Enciclopédia e aos ensinos da imprensa leiga, se tinha subitamente inflamado pelo maravilhoso e, mais que seus antepassados, acreditava no sobrenatural, aberração incompreensível, da qual ambicionava curá-lo. Mas esta contradição é tão insignificante que talvez não valesse a pena ser assinalada; veremos muitas outras e ainda seremos obrigados a negligenciar muitas!

Assim, o Sr. Figuier nega que se produzam em nossos dias, ou que se tenham produzido em qualquer tempo, manifestações sobrenaturais. No caso de milagres, só a Ciência os pode fazer: o poder de Deus foi até aí. Ainda quando digamos que Deus não tem tal poder, temos uma espécie de escrúpulo de traduzir incompletamente o seu pensamento. Reconhece ele outro deus, além do deus natureza, tão admirável na sua inteligência cega, e que realiza maravilhas sem o suspeitar, deus querido dos sábios, porque é bastante complacente para lhes deixar crer que usurpam diariamente uma fatia de sua soberania? É uma questão que não nos permitimos aprofundar.

Mediocremente maravilhosa, essa história do maravilhoso começa por uma introdução que o Sr. Louis Figuier chama um golpe de vista rápido lançado ao sobrenatural na Antiguidade e na Idade Média, da qual nada diremos, porque não teríamos muito a dizer. As mais importantes manifestações aí são desfiguradas sob pretexto de resumo, e compreende-se que seria preciso muito tempo e espaço para restituir a verdadeira fisionomia aos milhares de fatos que nela só figuram de maneira excessivamente abreviada.

O edifício é digno do peristilo. Essa história do maravilhoso durante os dois últimos séculos abre-se para o relato do caso de Urbain Grandier[79] e das religiosas de Loudun;[80] vem a seguir a varinha mágica, os tremedores das Cévennes, os Convulsionários jansenistas,[81] Cagliostro, o magnetismo e as mesas girantes. Quanto à possessão de Louviers nem uma palavra, e também nem uma nota sobre os iluminados, os martinistas, o swedenborgismo, os estigmatizados do Tirol e a notável manifestação das crianças na Suécia, há menos de cinquenta anos; disse apenas uma palavra sobre os exorcismos do padre Gassner, e menos de uma página insignificante é consagrada à vidente de Prevorst. O Sr. Louis Figuier teria feito melhor se intitulasse seu livro: Episódios da história do maravilhoso nos tempos modernos, ainda que os episódios que escolheu possam dar origem a sérias objeções. Ninguém jamais atribuiu às prestidigitações de Cagliostro uma significação sobrenatural. Era um hábil intrigante, que detinha alguns segredos curiosos, de que sabia servir-se habilmente para seduzir aqueles que queria explorar e, sobretudo, um intrigante que possuía numerosos comparsas. Cagliostro merecia antes um lugar na galeria dos precursores revolucionários do que no pandemônio dos feiticeiros. Igualmente não vemos o que o magnetismo tem a fazer nessa história do maravilhoso, principalmente do ponto de vista em que o Sr. Louis Figuier se colocou. O magnetismo ressalta da Academia de Medicina e da Academia das Ciências, que o desdenharam muito, mas não pode interessar o supranaturalismo senão por ocasião de algumas de suas manifestações, aliás negligenciadas pelo Sr. Louis Figuier, a fim de reservar o

---

[79] N.E.: Urbain Grandier (1590–1634), sacerdote francês católico, foi queimado na fogueira após ser condenado por bruxaria.
[80] N.E.: A possessão das freiras de Loudun foi um suposto conjunto de possessões demoníacas que ocorreram em Loudun, França, em 1634; as freiras sofreram convulsões e proferiram linguagem abusiva.
[81] N.E.: Fanáticos so século XVIII em que a exaltação religiosa produzia convulsões.

espaço que consagrou ao relato da vida de Mesmer, das experiências do marquês de Puységur[82] e do incidente relativo ao famoso relatório do Sr. Husson. Há dois anos tratamos dessa importante questão e a ela não voltaremos, pois apenas nos repetiríamos. Também deixaremos de lado a das mesas girantes, que examinamos na mesma época. Entretanto, muito haveria a dizer sobre a explicação natural e física que o Sr. Louis Figuier pretende dar dessa dança das mesas e das manifestações que se lhe seguem, mas é preciso saber limitar-se. Deixemo-lo, pois, debater-se com a *Revista Espiritualista* e com a *Revista Espírita*, duas revistas publicadas em Paris pelos adeptos da crença na manifestação dos Espíritos, que o acusam de ter escrito o seu requisitório sem haver previamente ouvido as testemunhas e consultado as peças do processo. Uma e outra afirmam que ele jamais assistiu a uma única sessão espiritualista e que, à sua chegada, teve o cuidado de declarar que sua opinião estava formada e nada o faria mudá-la.

É verdade? Não sabemos. Tudo quanto podemos afirmar é que, depois de ter repelido, com justa razão, a solução do Sr. Babinet, pelos *movimentos nascentes e inconscientes*, acabou adotando-a por conta própria, tanto é ele inconsciente do que pensa e escreve. Eis a prova: "Nessas reuniões de pessoas fixamente ligadas durante vinte minutos ou meia hora, a formar a corrente, mãos abertas sobre a mesa, sem ter a liberdade de distrair, mesmo por um instante, a atenção da operação em que tomam parte, a maioria não experimenta nenhum efeito particular. Mas é muito difícil que uma delas, uma só que se queira, por um momento não caia no estado hipnótico ou biológico. (O hipnotismo lhe dá resposta a tudo, como veremos mais tarde.) Não é necessário que esse estado dure mais que um segundo para que o fenômeno esperado se realize. O membro da corrente, caído nesse meio-sono nervoso, *não mais tendo consciência de seus atos*, nem outro pensamento senão a ideia fixa da rotação da mesa, imprime, *sem o saber*, o movimento ao mó-

---

[82] N.E.:Armand Marie Jacques de Chastenet de Puységur (1751–1825), coronel de artilharia, ficou conhecido pelas suas experiências a partir da prática do magnetismo animal em seres humanos.

vel." Por que, então, não começaria a troçar de si mesmo, uma vez que gostava de troçar do Sr. Babinet? Teria sido lógico, sobretudo depois de ter anunciado que vinha esclarecer o mistério, desde que só colocava em sua lanterna uma luzinha tão ridícula quanto a que antes havia iluminado o sábio acadêmico. Mas a lógica e o Sr. Louis Figuier divorciaram-se nessa história do maravilhoso. Ah! por mais pretendam os ecos que eles vão falar, seus esforços só conseguem repetir o que ouvem.

Quanto aos longos capítulos consagrados à varinha mágica e, em particular, a Jacques Aymar,[83] inicialmente nos permitimos observar-lhe que ele se ilude se pensa que o problema foi estudado suficientemente pelo Sr. Chevreul.[84] É uma fantasia que pode deixar, se bem lhe parecer, àquele sábio; porém, fora da Academia das Ciências, não encontrará ninguém que admita que a teoria do pêndulo explorador responda a todas as objeções. A frase atribuída a Galileu[85] "E, contudo, ela gira!", poderia muito bem ser aplicada à varinha mágica. Ela girou e gira, a despeito dos céticos que negam o movimento, porque se recusam a ver; os milhares de exemplos que poderíamos citar — e que cita o próprio Sr. Louis Figuier — atestam a realidade do fenômeno. Gira por um impulso diabólico ou espírita, como se diria hoje, ou sob a impressão que recebe de alguns eflúvios desconhecidos? Repelimos com muito gosto qualquer influência sobrenatural, embora ela possa ser admitida em certos casos. O que não nos parece provado é a inexistência de fluidos desconhecidos. Entre outros, conta o fluido magnético numerosos partidários, cujas afirmações merecem tanta autoridade quanto as negações de seus adversários. Seja como for, a varinha mágica realizou maravilhas que podem nada ter de sobrenatural, mas que a

---

[83] N.E.: Jacques Aymar-Vernay (1662–?), rabdomante que criou fama, por suas habilidades em descobrir coisas e desvendas casos policiais por meio da rabdomancia (radiestesia).

[84] N.E.: Eugène Michel Chevreul (1786–1889), químico francês. Em 1812 uma comissão da academia, presidida por Chevreul, tinha concluído pela negação da radiestesia e desde então este acadêmico se tornou um contumaz detrator do fenômeno radiestésico.

[85] N.E.: Galileu Galilei (1564–1642), astrônomo, matemático, físico e filósofo italiano.

Ciência é incapaz de explicar, ela que, aliás, muito pouco explica de todas as que vemos produzir-se diariamente à nossa volta, na vida do menor pé de erva. A modéstia é uma virtude que lhe faz falta, e que ele faria bem em adquirir.

Entre outras maravilhas, as que realizava Jacques Aymar, do qual falamos há pouco, mereciam ser relatadas minuciosamente. Certa vez, entre outras, ele foi chamado a Lyon no dia seguinte a um grande crime cometido naquela cidade. Armado de sua varinha, explorou a adega que tinha sido o teatro do crime, declarando que os assassinos eram três; depois, começou a seguir suas pegadas, que o conduziram a um jardineiro, cuja casa estava situada à margem do Ródano, o qual afirmou que eles ali haviam entrado e bebido uma garrafa de vinho. O jardineiro protestou, negando; mas, interrogados, seus filhos pequenos confessaram que três indivíduos tinham vindo, na ausência do pai, e que lhes haviam vendido vinho. Então Aymar, retomando o caminho e sempre conduzido pela varinha, descobriu o local onde tinham embarcado no Ródano, entrou numa canoa, desceu em todos os lugares onde eles desceram, foi ao campo de Sablon, entre Vienne e Saint-Vallier, achou que ali demoraram alguns dias, continuou a sua perseguição e, de etapa em etapa, chegou até Beaucaire, em plena feira, percorrendo as suas ruas apinhadas de gente e se detendo diante da porta da prisão, onde entrou e apontou um pequeno corcunda como um dos assassinos. A seguir suas investigações lhe apontaram que os outros dois tinham se dirigido para os lados de Nîmes, mas as autoridades policiais não quiseram levar suas pesquisas mais longe. Conduzido a Lyon, o corcunda confessou o crime e foi esquartejado vivo.

Eis a proeza de Jacques Aymar e proezas tão surpreendentes quanto esta são numerosas em sua vida. O Sr. Louis Figuier o admite em todas as circunstâncias. Aliás, não podia fazer de outro modo, desde que é atestado por centenas de testemunhas, cuja veracidade não se pode suspeitar "por três relatos e várias cartas concordantes, escritas pelas testemunhas e pelos magistrados, homens igualmente honrados e desinteressados e que ninguém, no público contemporâneo, suspeitou de um acordo verdadeiramente impossível entre eles". Mas como aqui uma explicação física não podia ser aventada, ele se viu obrigado a renunciar ao seu processo ordinário e se atirou num labirinto de suposições mais engenhosas que verossímeis. Transforma Jacques Aymar num agente de polícia de uma perspicácia que suplanta a do Sr. de Sartines, por mais célebre que seja. Junto a ele, nossos mais inteligentes chefes de polícia de segurança não passariam de escolares. Ele supõe, assim, que esse agitador de varinha, durante as três ou quatro horas passadas em Lyon, antes de começar suas experiências teve tempo de colher informações e descobrir o que as próprias autoridades judiciárias ignoravam. Foi à casa do jardineiro porque era de presumir que os assassinos tivessem embarcado no Ródano, a fim de se afastarem mais depressa; adivinhou que tinham bebido vinho porque tinham sede; abordou a margem do rio em toda parte onde se soube que eles tinham realmente atracado, porque esses lugares habituais de acostagem lhe eram conhecidos; deteve-se no campo de Sablon porque era evidente que queriam ver o espetáculo da reunião de tropas; dirigiu-se a Beaucaire porque era certo que o desejo de dar um bom golpe ali os teria conduzido; parou, finalmente, à porta da prisão porque era provável que um deles tivesse tido o azar de ser preso. "Eis por que vossa filha é muda!", diz Sganarelle; e o Sr. Louis Figuier não diz melhor, nem diferente. Sobretudo crê triunfar, porque Jacques Aymar, tendo sido mais tarde chamado a Paris, pelos rumores de sua fama, aí viu sua perspicácia sofrer reais fracassos, ao lado de alguns triunfos reais também. Mas por esses eclipses, que lhe valeram certo desfavor, menos que qualquer outro, o Sr. Louis Figuier lhe devia censurar; menos que qualquer outro ele poderia se sentir autorizado para o declarar um impostor, ele que sabe melhor que ninguém, ele que reconhece, a propósito do magnetismo, que esses gêneros de experiências são caprichosos, bem-sucedidos num dia e malogrados no outro. A essa inconsequência ele junta, por fim, uma segunda, menos desculpável. Não contente de acusar Jacques Aymar de charlatanismo, pronuncia a mesma condenação contra quase todos os giradores de varinha, cujos gestos e feitos relata, e na discussão diz: "Entre os numerosos adeptos práticos, só um pequeno número era de má-fé; ainda não o eram sempre; o maior número operava com inteira sinceridade. Realmente a varinha girava em suas mãos, independente de qualquer artifício, e o fenômeno, enquanto fato, era bem real." Bem, muito bem, não pode ser melhor: aí está a verdade. Mas como e por que girava? Impossível escapar a essa interrogação indiscreta. Ora, o Sr. Louis Figuier responde assim: "Esse movimento da varinha era operado em virtude de um ato de seu pensamento e sem que eles tivessem a menor consciência dessa ação secreta de sua vontade." Sempre essa inconsciência, mais maravilhosa que o maravilhoso que repelem! Acredite quem quiser.

ESCANDE

## *O mar* – pelo Sr. Michelet

O Sr. Michelet tem de se pôr em guarda, pois todos os deuses marinhos da Antiguidade se aprestam para maltratá-lo. É o que nos ensina o Sr. Taxile Delord, num artigo espirituoso publicado pelo *Siècle* de 4 de fevereiro último. Sua linguagem é digna do *Orfeu nos infernos*, das óperas bufas parisienses, como testemunha esta amostra: Netuno,[86] aparecendo de repente à porta da residência de Anfitrite,[87] onde se haviam reunido os descontentes, exclama: "Eis o Netuno chamado. Não me esperáveis agora, cara Anfitrite; é a hora de minha sesta, mas não há meio de fechar os olhos, desde o aparecimento deste diabo de livro intitulado *O mar*. Quis percorrê-lo, mas está repleto de frivolidades; não sei de que mares o Sr. Michelet quer nos falar; para mim, é impossível reconhecer-me nele. Todo mundo sabe muito bem que o mar termina nas colunas de Hércules. Que pode haver além?... etc."

Nem é preciso dizer que o Sr. Michelet triunfa em toda a linha. Ora, após a dispersão de seus inimigos, o Sr. Taxile Delord lhe diz: "Talvez vos sintais à vontade ao saber em que se tornaram os

---

[86] N.E.: Deus romano que governa o mar. Identificado com o deus grego Poseidon.
[87] N.E.: Esposa de Netuno, portanto, deusa dos mares.

deuses marinhos, desde que o mar os expulsou de seu império. Netuno faz a piscicultura em grande quantidade; Glaucus é professor de natação nos banhos de Ouarnier; Anfitrite é recepcionista nos banhos do Mediterrâneo, em Marselha; Nereu[88] aceitou um lugar de cozinheiro nos navios transatlânticos; vários tritões morreram e outros se exibem nas feiras."

Não garantimos a exatidão das informações dadas pelo Sr. Delord sobre a situação atual dos heróis olímpicos, mas, em princípio e sem o querer, ele disse algo mais sério do que tencionava dizer.

Entre os Antigos a palavra *deus* tinha uma acepção muito elástica. Era uma qualificação genérica aplicada a todo ser que lhes parecia elevar-se acima do nível da humanidade. Eis por que divinizaram seus grandes homens. Não os acharíamos tão ridículos se não nos tivéssemos servido da mesma palavra para designar o Ser único, soberano Senhor do universo. Os Espíritos, que existiam então como hoje, lá se manifestavam igualmente, e esses seres misteriosos também deviam, conforme as ideias da época, e ainda com maior razão, pertencer à classe dos deuses. Olhando-os como seres superiores, os povos ignorantes lhes rendiam culto; os poetas os cantaram e semearam a sua história de profundas verdades filosóficas, ocultas sob o véu de engenhosas alegorias, cujo conjunto formou a Mitologia pagã. O vulgo, que geralmente só vê a superfície das coisas, tomou a figura ao pé da letra, sem rebuscar o fundo do pensamento, absolutamente como aquele que, hoje, não visse nas fábulas de La Fontaine senão conversas de animais.

Tal é, em substância, o princípio da Mitologia. Os deuses não eram, pois, senão os Espíritos ou as almas dos seres mortais, como os dos nossos dias, mas as paixões que a religião pagã lhes emprestava não dão uma ideia brilhante de sua elevação na hierarquia

---

[88] N.E.: Deus marinho da mitologia grega, representava as forças do mar, vivia em um palácio situado no fundo do mar Egeu e tinha o dom da profecia.

espírita, a começar por seu chefe, Júpiter, o que não os impedia de deleitar-se com o incenso que queimavam em seus altares. O Cristianismo os despojou de seu prestígio e o Espiritismo, hoje, os reduziu ao seu real valor. Sua própria inferioridade pôde sujeitá-los a várias reencarnações na Terra. Poderíamos, pois, entre nossos contemporâneos encontrar alguns Espíritos que outrora tivessem recebido honras divinas, e que, nem por isso, seriam mais adiantados. O Sr. Taxile Delord, que sem dúvida nisso não acredita, por certo quis apenas fazer uma brincadeira. Mas, sem o saber, não deixou de dizer uma coisa talvez mais verdadeira do que pensava, ou, pelo menos em tese, que não é materialmente impossível. Assim, muitas pessoas, imitando o Sr. Jourdain, fazem Espiritismo, mau grado seu.

# Conversas familiares de Além-Túmulo

## Alfred Leroy, suicida

(Sociedade Espírita de Paris, 8 de março de 1861)

O *Siècle* de 2 de março de 1861 relata o seguinte fato:

> Num terreno baldio, no ângulo do caminho dito da Arcada, que conduz de Conflans a Charenton, operários que iam ao trabalho, ontem pela manhã, encontraram enforcado num pinheiro muito alto um indivíduo que cessara de viver.
> 
> Prevenido do fato, o comissário de polícia de Charenton dirigiu-se ao local, acompanhado pelo Dr. Josias e procedeu às comprovações.
> 
> Diz o *Droit* que o suicida era um homem de cerca de 50 anos, de fisionomia distinta, vestido de maneira conveniente. De um de seus bolsos retiraram um bilhete a lápis, assim redigido: "Onze horas e três quartos da noite; subo ao suplício. Deus me perdoará os erros."
> 
> O bolso encerrava ainda uma carta sem endereço e sem assinatura, cujo conteúdo é o seguinte:

"Sim, lutei até o último extremo! Promessas, garantias, tudo me faltou. Eu podia chegar; tinha tudo a crer, tudo a esperar; uma falta de palavra me mata; não posso mais lutar. Abandono esta existência, desde algum tempo tão dolorosa. Cheio de força e de energia, sou obrigado a recorrer ao suicídio. Tomo Deus por testemunha, eu tinha o maior desejo de me desobrigar para com os que me haviam auxiliado no infortúnio; a fatalidade me esmaga: tudo se contrapõe a mim. Abandonado subitamente por aqueles que representei, sofro a minha sorte. Confesso que morro sem fel, mas, por mais que digam, a calúnia não impedirá que nos últimos momentos eu não atraia nobres simpatias. Insultar o homem que se reduziu à ultima das resoluções seria uma infâmia. É muito tê-lo reduzido a isto. A vergonha não será toda minha; o egoísmo me terá matado."

Conforme outros papéis, o suicida era um tal Alfred Leroy, de 50 anos, originário de Vimoutiers (Orne). A profissão e o domicílio são desconhecidos e, depois das formalidades ordinárias, o corpo, que ninguém reclamou, foi para o necrotério.

1. *Evocação*.

*Resp*. – Não venho como supliciado; estou salvo! Alfred.

OBSERVAÇÃO – As palavras "Estou salvo!" surpreenderam a maioria dos assistentes. Sua explicação foi pedida no desenrolar da conversa.

2. Soubemos pelos jornais do ato de desespero pelo qual sucumbistes e, embora não vos conheçamos, vos lamentamos, pois a religião exige que compartilhemos da dor de todos os nossos irmãos infelizes; e é para vos testemunhar simpatia que vos chamamos.

*Resp*. – Devo calar os motivos que me impeliram a esse ato de desespero. Agradeço o que fazeis por mim; é uma felicidade, uma esperança a mais; obrigado!

3. Podeis dizer, primeiramente, se tendes consciência de vossa situação atual?

*Resp.* – Perfeita. Sou relativamente feliz; não me suicidei por causas puramente materiais; crede que havia mais, como o demonstraram as minhas últimas palavras. Foi uma mão de ferro que me agarrou. Quando encarnei na Terra, vi o suicídio no meu futuro. Era a prova contra a qual tinha de lutar. Quis ser mais forte que a fatalidade e sucumbi.

Observação – Ver-se-á logo que esse Espírito não escapa à sorte dos suicidas, malgrado o que acaba de dizer. Quanto à palavra fatalidade, é evidente que nele é uma lembrança das ideias terrenas; põe-se à conta da *fatalidade* todas as desgraças que não se podem evitar. Para ele o suicídio era a prova contra a qual tinha de lutar; cedeu ao arrastamento em vez de resistir, em virtude de seu livre-arbítrio, e acreditou que estivesse em seu destino.

4. Quisestes escapar a uma situação deplorável pelo suicídio; ganhastes alguma coisa com isto?

*Resp.* – Aí está o meu castigo: a vergonha do meu orgulho e a consciência da minha fraqueza.

5. Segundo a carta encontrada convosco, parece que a dureza dos homens e uma falta de palavra vos conduziram à própria destruição. Que sentimento experimentais agora pelos que foram a causa dessa resolução funesta?

*Resp.* – Oh! não me tenteis, não me tenteis, eu vos suplico!

Observação – Esta resposta é admirável; pinta a situação do Espírito lutando contra o desejo de odiar aqueles que lhe fizeram mal, e o sentimento do bem, que o impele a perdoar. Receia que esta pergunta provoque uma resposta que a sua consciência reprova.

6. Lamentais o que fizestes?

*Resp.* – Eu já vos disse que meu orgulho e minha fraqueza são a sua causa.

7. Quando vivo acreditáveis em Deus e na vida futura?

*Resp.* – Minhas últimas palavras o provam; marcho para o suplício.

Observação – Ele começa a compreender sua posição, sobre a qual a princípio pôde ter uma ilusão, porque não podia ser salvo e marchar para o suplício.

8. Tomando essa resolução, que pensáveis que vos aconteceria?

*Resp.* – Eu tinha bastante consciência da justiça para compreender o que agora me faz sofrer. Por um momento tive a ideia do nada, mas a repeli bem depressa. Não me teria matado se tivesse tal ideia; primeiro me haveria vingado.

Observação – Esta resposta é, ao mesmo tempo, muito lógica e muito profunda. Se ele acreditasse no nada após a morte, em vez de se matar ter-se-ia vingado ou, pelo menos, teria começado por se vingar. A ideia do futuro o impediu de cometer um duplo crime; com a do nada, o que teria a temer, se quisesse tirar a própria vida? Não mais temia a justiça dos homens e teria o prazer da vingança. Tal a consequência das doutrinas materialistas que certos sábios se esforçam em propagar.

9. Se estivésseis bem convencido de que as mais cruéis vicissitudes da vida são provas muito curtas em face da eternidade, teríeis sucumbido?

*Resp.* – Muito curtas, eu o sabia, mas o desespero não pode raciocinar.

10. Rogamos a Deus que vos perdoe e em vosso favor lhe dirigimos esta prece, à qual todos nos associamos:

"Deus Todo-Poderoso, sabemos a sorte reservada aos que abreviam os seus dias e não podemos entravar a vossa Justiça.

Mas sabemos também que a vossa misericórdia é infinita. Possa ela estender-se sobre a alma de Alfred Leroy! Possam também nossas preces, mostrando-lhe que há na Terra seres que se interessam por sua sorte, aliviar os sofrimentos que suporta por não ter tido a coragem de resistir às vicissitudes da vida!

Espíritos bons, cuja missão é aliviar os infelizes, tomai-o sob vossa proteção; inspirai-lhe o pesar pelo que fez e o desejo de progredir por novas provas, que saberá suportar melhor."

*Resp.* – Esta prece me faz chorar e, por isso, sou feliz.

11. Dissestes no início: agora estou salvo. Como conciliar estas palavras com o que dissestes depois: "Marcho para o suplício"?

*Resp.* – E como entendeis a Bondade divina? Eu não podia viver; era impossível. Credes que Deus não veja o impossível neste caso?

OBSERVAÇÃO – Em meio a algumas respostas notavelmente sensatas, há outras — e esta é de seu número — que denotam neste Espírito uma ideia imperfeita de sua situação. Isto nada tem de extraordinário, se pensarmos que ele morreu há poucos dias.

12. [A São Luís.] Podeis dizer a sorte do infeliz que acabamos de invocar?

*Resp.* – A expiação e o sofrimento. Não, não há contradição entre as primeiras palavras desse infortunado e suas dores. Ele se diz feliz; feliz pela cessação da vida. E como ainda está preso aos laços terrenos, sente apenas a ausência do mal terreno; porém, quando seu Espírito elevar-se, os horizontes da dor, da expiação lenta e terrível desenrolar-se-ão diante dele e o conhecimento do infinito, ainda velado aos seus olhos, ser-lhe-á o suplício que entreviu.

13. Que diferença estabeleceis entre este suicida e o da Samaritana? Ambos se mataram de desespero e, no entanto, sua situação é bem diferente; este se reconhece perfeitamente; fala com lucidez e ainda não sofre, ao passo que o outro não acreditava estar

morto e desde os primeiros instantes sofria um suplício cruel, o de ter a impressão de sentir seu corpo em decomposição.

*Resp.* – Uma imensa diferença. O suplício de cada um desses homens reveste o caráter próprio de seu progresso moral. O último, alma fraca e alquebrada, suportou tanto quanto creu. Duvidou de sua força, da bondade de Deus, mas nem blasfemou nem amaldiçoou; seu suplício interior, lento e profundo, terá a mesma intensidade da dor que sentiu o primeiro suicida. Apenas não é uniforme a lei de expiação.

Nota – A narrativa do suicida da Samaritana foi publicada no fascículo de junho de 1858.

14. Aos olhos de Deus qual o mais culpado e qual o que sofrerá o grande castigo: este que sucumbiu à sua fraqueza ou aquele que, por sua dureza, foi levado ao desespero?

*Resp.* – Seguramente o que sucumbiu pela tentação.

15. A prece que por ele dirigimos a Deus lhe será útil?

*Resp.* – Sim, a prece é um orvalho benfazejo.

## Jules Michel

Morto aos 14 anos, amigo do filho da médium, Sra. Costel, evocado 8 dias após a morte

1. *Evocação.*

*Resp.* – Agradeço por me evocardes. Lembro-me de vós e dos passeios que nos fizestes dar no parque Monceau.

2. E que dizeis do vosso camarada Charles?

*Resp.* – Charles sente muito pesar por minha morte. Mas estou morto? Vejo, vivo, penso como antes, apenas não me posso tocar, nem reconheço nada do que me cerca.

3. Que vedes?

*Resp.* – Vejo uma grande claridade; meus pés não tocam o solo; deslizo; sinto-me arrastado. Vejo formas brilhantes e outras envoltas em branco; pressionam-me e me rodeiam; uns me sorriem, outros me metem medo com seus olhares negros.

4. Vedes a vossa mãe?

*Resp.* – Ah! sim. Vejo minha mãe, minha irmã e meu irmão. Ei-los todos! Minha mãe chora muito. Gostaria de lhe falar como vos falo; ela veria que não estou morto. Como fazer, então, para consolá-la? Peço-vos que faleis de mim. Queria também que dissésseis a Charles que vou me divertir bastante ao vê-lo trabalhar.

5. Vedes o vosso corpo?

*Resp.* – Claro; vejo-o lá, deitado, todo duro. Entretanto, não estou naquele buraco, uma vez que me encontro aqui.

6. Onde estais, então?

*Resp.* – Estou ali, junto de vossa mesa, à direita. Acho engraçado que não me vejais; eu vos vejo tão bem!

7. O que sentistes quando deixastes o corpo?

*Resp.* – Não me lembro bem do que senti então; tinha muita dor de cabeça e via tudo quanto é tipo de coisas ao redor de mim. Estava completamente entorpecido; queria mover-me e não podia; as mãos estavam molhadas de suor e sentia uma grande agitação em meu corpo; depois nada mais senti e despertei bastante aliviado; não sofria mais e estava leve como uma pluma. Então me vi em meu leito e, contudo, não estava nele; vi toda a movimentação que faziam e fui para outra parte.

8. Como soubestes que eu vos chamava?

*Resp.* – Não me dou muita conta de tudo isto. Ouvi bem que há pouco me chamáveis e vim imediatamente, porque, como dizia a Charles, não sois enfadonha. Adeus, senhora, até mais ver. Voltarei a vos falar, não é verdade?

## Correspondência

(Roma, 2 de março de 1861)

"Senhor,

Há cerca de quatro anos ocupo-me aqui das manifestações espíritas e tenho a felicidade de contar na família com um bom médium, que nos dá comunicações de ordem superior. Temos lido e relido vosso *O livro dos espíritos*, que nos proporciona alegria e consolação, dando-nos as mais sublimes e admissíveis noções da vida futura. Se desta pudesse duvidar, as provas que tenho agora são mais que suficientes para consolidar a minha fé. Perdi pessoas que me eram muito caras e tenho a inapreciável felicidade de saber que elas são felizes e posso corresponder-me com elas. Dizer da alegria que por isso experimentei é inexprimível. A primeira vez que me deram sinais manifestos de sua presença, exclamei: 'Então é verdade que nem tudo morre com o corpo!' Eu vos devo, senhor, o ter-me dado essa confiança. Crede em minha eterna gratidão pelo bem que me fizestes, porque, mau grado meu, o futuro me atormentava. A ideia do nada era horrível e, fora do nada, só encontrava uma incerteza atormentadora. Nada de dúvida, agora; parece que renasci para a vida; todas as minhas apreensões se dissiparam e minha confiança em Deus voltou mais forte que nunca. Espero muito que, graças a vós, meus filhos não tenham os mesmos tormentos, pois são alimentados com as verdades que a razão crescente não pode neles senão fortificar-se.

Todavia, faltava-nos um guia seguro para a prática. Se não temesse importunar-vos, desde muito já vos teria pedido conselhos da vossa experiência. Felizmente vosso *O livro dos médiuns* veio preencher essa lacuna, e agora marchamos a passo mais firme, pois estamos prevenidos contra os escolhos que se podem encontrar.

Estou enviando, senhor, algumas amostras das comunicações que há pouco recebemos. Foram escritas em italiano e sem dúvida perderam na tradução. Apesar disto serei muito grato se me disserdes o que pensais delas, caso me favoreçais com uma resposta. Será um encorajamento para nós.

Peço me desculpeis, senhor, esta longa carta e crede no testemunho de simpatia do vosso devotado,"

Conde X...

Nota – A profusão de matérias força-nos a adiar a publicação das comunicações transmitidas pelo Sr. conde X..., em cujo número algumas há admiráveis. Extraímos somente as respostas seguintes, dadas por um dos Espíritos que se lhe manifestaram:

P. – Conheceis *O livro dos espíritos*?

*Resp.* – Como os Espíritos não conheceriam sua obra? Todos a conhecem.

P. – É muito natural em relação aos que nela trabalharam. Mas quanto aos outros Espíritos?

*Resp.* – Há entre os Espíritos uma comunhão de pensamentos e uma solidariedade que não podeis compreender, homens, que vos nutris no egoísmo e não vedes senão pelas estreitas janelas de vossa prisão.

P. – Trabalhastes nela?

*Resp.* – Não; não pessoalmente, mas sabia que devia ser feita e que outros Espíritos, muito acima de mim, estavam encarregados dessa missão.

P. – Que resultados produzirá?

*Resp.* – É uma árvore que já lançou sementes fecundas em toda a Terra. Essas sementes germinam; logo amadurecerão e em pouco tempo serão colhidos os frutos.

P. – Não é de temer a oposição de seus detratores?

*Resp.* – Quando se dissipam as nuvens que obscurecem o Sol, este brilha com mais vigor.

P. – Então essas nuvens serão dissipadas?

*Resp.* – Basta um sopro de Deus.

P. – Assim, em vossa opinião, o Espiritismo se tornará uma crença geral?

*Resp.* – Dizei universal.

P. – Entretanto, há homens que parecem muito difíceis de convencer.

*Resp.* – Há os que jamais o serão nesta vida, mas diariamente a morte os arrebata.

P. – Não virão outros em seu lugar, e que serão tão incrédulos quanto eles?

*Resp.* – Deus quer o triunfo do bem sobre o mal, da verdade sobre o erro, assim como anunciou. É preciso que venha o seu reino; seus caminhos são impenetráveis. Mas crede bem que, para ele, querer é poder.

P. – Algum dia o Espiritismo será aceito aqui?

*Resp.* – Será aceito e florescerá. (No mesmo instante o Espírito dirige o lápis sobre a penúltima resposta e a sublinha com força.)

P. – Qual pode ser a utilidade do Espiritismo para o triunfo do bem sobre o mal? Para isto não basta a Lei do Cristo?

*Resp.* – Certamente esta lei bastaria, caso a praticassem. Mas quantos o fazem? Quantos não têm da fé senão a aparência? Assim, vendo Deus que a sua lei era ignorada e incompreendida e que, a despeito dessa lei, o homem vai se precipitando cada vez mais no abismo da incredulidade, quis dar-lhe uma nova marca de sua infinita bondade, multiplicando aos seus olhos as provas do futuro pelas manifestações brilhantes de que é testemunha, advertindo-os de todos os lados por esses mesmos que deixaram a Terra e lhes vêm dizer: "Nós vivemos." Em presença de tais testemunhos, os que resistirem não terão desculpa; expiarão sua cegueira e seu orgulho através de novas existências em mundos inferiores, que serão mais penosas, até que finalmente abram os olhos para a luz. Crede bem que, entre os que sofrem na Terra, há muitos que expiam as existências passadas.

P. – Pode o Espiritismo ser olhado como uma lei nova?

*Resp.* – Não, não é uma lei nova. As interpretações que os homens deram da Lei do Cristo têm gerado lutas que são contrárias ao seu espírito. Deus não quer mais que a lei de amor seja um pretexto de desordem e de lutas fratricidas. Exprimindo-se sem rodeios e sem alegorias, o Espiritismo está destinado a restaurar a unidade da crença; é, pois, a confirmação e o esclarecimento do Cristianismo, que é e será sempre a Lei divina, a que deve reinar em toda a Terra, cuja propagação vai tornar-se mais fácil por este poderoso auxiliar.

## Ensinos e dissertações espíritas

### Vai nascer a verdade

(Enviado pelo Sr. Sabò, de Bordeaux)

Quais são os dolorosos gemidos que vêm retumbar em meu coração, fazendo vibrar todas as suas fibras? É a humanidade que se debate no esforço de rude e penoso trabalho, porque vai dar à luz a verdade. Acorrei, espíritas, arrumai-vos em redor de seu leito de sofrimento; que os mais fortes entre vós tenham os membros retesados sob as convulsões da dor; que os outros esperem o nascimento dessa criança e a recebam nos braços à sua entrada na vida. Chega o momento supremo; num último esforço ela escapa do seio que a havia concebido, deixando sua mãe por algum tempo abatida na atonia da fraqueza. Entretanto, nasceu sadia e robusta, e de seu largo peito aspira a vida a plenos pulmões. É preciso que a sigais passo a passo na vida, vós que assististes ao seu nascimento. Vede! A alegria de ter gerado deu à sua mãe uma recrudescência de força e coragem, e é com entoação materna que chama todos os homens a agrupar-se em torno dessa criança abençoada, porque pressente que de sua voz retumbante, em alguns anos vai fazer cair os andaimes do Espírito de mentira e, verdade imutável como o próprio Deus, chamar pelo Espiritismo todos os homens à sua bandeira. Mas ele só comprará o triunfo ao preço da luta, porque tem inimigos encarniçados que conspiram a sua perda. Esses inimigos são o orgulho, o egoísmo, a cupidez, a hipocrisia e o fanatismo, inimigos todo-poderosos, que até então reinaram como senhores e não se deixarão destronar sem resistência. Alguns riem de sua fraqueza, mas outros se assustam com a sua vinda e pressentem a própria ruína. Eis por que procuram fazê-lo perecer, como outrora Herodes buscou fazer perecer Jesus no massacre dos inocentes.[89] Esta criança não tem pátria; percorre toda a Terra, procurando o povo que há de ser o primeiro a arvorar a sua bandeira, e esse povo será o mais poderoso entre os povos, pois tal é a vontade de Deus.

Massillon[90]

## Progresso de um Espírito perverso

(Sociedade Espírita de Paris – Médium: Sra. Costel)

Sob o título de *Castigo do egoísta*, publicamos no número de dezembro de 1860 várias comunicações com a assinatura de *Claire*, nas quais esse Espírito revela suas más inclinações e a situação deplorável em que se encontra. Nossa colega, Sra. Costel, que a conheceu em vida e lhe serve de médium, empreendeu a sua educação moral. Seus esforços foram coroados de sucesso; pode-se julgá-lo pelo ditado espontâneo seguinte, dado na Sociedade a 1º de março último.

---

[89] N.E.: O relato desse acontecimento encontra-se em Mateus, 2.
[90] N.E.: Jean-Baptiste Massillon (1663–1742), pregador francês.

"Falar-vos-ei da importante diferença que existe entre a moral divina e a moral humana. A primeira assiste a mulher adúltera em seu abandono e diz aos pecadores: 'Arrependei-vos, e o reino dos céus vos será aberto.' Enfim, a moral divina aceita todos os arrependimentos e todas as faltas confessadas, ao passo que a moral humana repele estas e admite, sorrindo, os pecados ocultos que, diz ela, estão meio perdoados. A uma, a graça do perdão; a outra, a hipocrisia. Escolhei, espíritos ávidos de verdade! Escolhei entre os Céus abertos ao arrependimento e a tolerância que admite o mal que não lhe prejudica o egoísmo e as falsas maquinações, mas que repele a paixão e os soluços de faltas confessadas aos olhos de todos. Arrependei-vos, vós todos que pecais; renunciai ao mal, mas, sobretudo, à hipocrisia que oculta a torpeza do mal sob a máscara risonha e enganadora das mútuas conveniências."

CLAIRE

Eis outro exemplo de conversão obtido num caso mais ou menos semelhante. Na mesma sessão se achava uma dama estrangeira, médium, que escrevia na Sociedade pela primeira vez. Havia conhecido uma senhora, morta há nove anos e que, quando viva, merecera pouca estima. Desde sua morte, seu Espírito se mostrava ao mesmo tempo perverso e mau, não buscando fazer senão o mal. No entanto, bons conselhos tinham acabado por levá-la a melhores sentimentos. Nessa sessão ela dita espontaneamente o que se segue:

"Peço que orem por mim; preciso ser boa. Persegui e obsidiei muito um ser chamado a fazer o bem e Deus não quer mais que eu persiga, mas temo que me falte coragem; ajudai-me; fiz tanto mal! Oh! como sofro! como sofro! Eu me comprazia com o mal praticado, para ele contribuindo com todas as minhas forças, mas já não quero fazer o mal. Oh! orai por mim."

ADÈLE

## Sobre a inveja nos médiuns

(Enviado pelo Sr. Ky..., correspondente da Sociedade em Carlsruhe)

Por si mesmo e por sua própria inteligência, o homem vão é tão desprezível quanto digno de comiseração. Afasta a verdade de sua frente, para substituí-la por argumentos e convicções pessoais, que julga infalíveis e irrevogáveis, porque lhe pertencem. O homem vão é sempre egoísta, e o egoísmo é o flagelo da humanidade. Entretanto, ao desprezar o resto do mundo, mostra bem a sua pequenez; repelindo verdades, que para ele são novidades, também mostra a limitação da própria inteligência, pervertida por sua obstinação, que mais aumenta sua vaidade e seu egoísmo.

Infeliz do homem que se deixa dominar por esses dois inimigos de si mesmo! Quando despertar nesse estado em que a verdade e a luz fundir-se-ão de todos os lados sobre ele, só verá em si um ser miserável, que se exaltou loucamente acima da humanidade, durante a sua vida terrena, e que estará muito abaixo de certos seres mais modestos e mais simples, aos quais pensava impor-se aqui na Terra.

Sede humildes de coração, vós a quem Deus permitiu participásseis de seus dons espirituais. Não atribuais nenhum mérito a vós mesmos, assim como não se o atribui à obra e aos utensílios, mas ao operário. Lembrai-vos bem de que não passais de instrumentos de que Deus se serve para manifestar ao mundo o seu Espírito onipotente, e que não tendes nenhum motivo para vos glorificardes de vós mesmos. Há tantos médiuns, ah! que se tornam vãos, em vez de humildes, à medida que seus dons se desenvolvem! Isto é um atraso no progresso, pois no lugar de ser humilde e passivo, muitas vezes o médium repele, por vaidade e orgulho, comunicações importantes dadas a lume por outros mais merecedores. Deus não considera a posição material de uma pessoa para lhe conferir o espírito de santidade; bem longe disso, já que muitas vezes exalta os humildes entre os humildes, para dotá-los com as maiores faculdades, a fim de que o mundo veja bem que não é o homem, mas o Espírito de Deus pelo homem que faz milagres. Como disse, o médium é simples instrumento do grande Criador de todas as coisas, e a este último é que deve render glória, é a Ele que deve agradecer por sua inesgotável bondade.

Gostaria, também, de dizer uma palavra sobre a inveja e o ciúme que muitas vezes reinam entre os médiuns e que, como erva daninha, é preciso extirpar, desde que começa a aparecer, temendo que abafe os bons germes da vizinhança.

No médium a inveja é tão temível quanto o orgulho; prova a mesma necessidade de humildade. Direi mesmo que denota falta de senso comum. Não é mostrando inveja dos dons do vosso vizinho que recebereis dons semelhantes, porquanto, se Deus dá muito a uns e pouco a outros, ficai certos de que, assim agindo, tem um motivo bem fundado. A inveja exaspera o coração; abafa mesmo os melhores sentimentos. É, pois, um inimigo que só se poderia evitar com muito cuidado, pois não dá nenhuma trégua, uma vez que se apoderou de nós. Isto se aplica a todos os casos da vida terrena. Mas eu queria falar principalmente da inveja entre os médiuns, tão ridícula quanto desprezível e infundada, e que prova quão fraco é o homem quando se deixa escravizar pelas paixões.

Luos

OBSERVAÇÃO – Quando da leitura desta última comunicação perante a Sociedade, estabeleceu-se uma discussão sobre a inveja dos médiuns, comparada com a dos sonâmbulos. Um dos membros, o Sr. D..., disse que a inveja, em sua opinião, é a mesma em ambos os casos e, se aparece com mais frequência entre os sonâmbulos é porque, nesse estado, eles não a sabem dissimular.

O Sr. Allan Kardec refuta essa opinião: "A inveja" — diz ele — "parece inerente ao estado sonambúlico, por uma causa difícil de ser compreendida e que os próprios sonâmbulos não podem explicar. Tal sentimento existe entre os sonâmbulos que, em vigília, só agem entre si com benevolência. Nos médiuns está longe de ser habitual, prendendo-se, evidentemente, à natureza moral do indivíduo. Um médium tem inveja de outro médium porque está em sua natureza ser invejoso. Esta falha, consequência do orgulho e do egoísmo, é essencialmente prejudicial à boa qualidade das comunicações, ao passo que o sonâmbulo mais invejoso pode ser muito lúcido, o que se concebe facilmente. O sonâmbulo vê por si mesmo; é o seu próprio Espírito que se desprende e age: não necessita de ninguém. O médium, ao contrário, não passa de intermediário: recebe tudo de Espíritos estranhos e sua personalidade está muito menos em jogo que a do sonâmbulo. Os Espíritos simpatizam com ele em razão de suas qualidades ou de seus defeitos. Ora, os defeitos mais antipáticos aos Espíritos bons são o orgulho, o egoísmo e a inveja. A experiência nos ensina que a faculdade mediúnica, enquanto faculdade, é independente das qualidades morais; pode, assim como a faculdade sonambúlica, existir no mais alto grau no homem mais perverso. O mesmo não se dá absolutamente em relação às simpatias dos Espíritos bons, que naturalmente se comunicam tanto mais à vontade, quanto mais puro e sincero for o intermediário encarregado de transmitir o seu pensamento, e quanto mais se afaste o médium da natureza dos Espíritos maus. A este respeito fazem o que nós mesmos fazemos quando tomamos alguém para confidente. Especialmente no que concerne à inveja; como esta imperfeição existe em quase todos os sonâmbulos, sendo muito mais rara nos médiuns; parece que nos primeiros é uma regra e nos últimos, a exceção, donde se segue que a causa não deveria ser a mesma nos dois casos."

ALLAN KARDEC

# Revista Espírita
Jornal de Estudos Psicológicos
ANO IV    MAIO DE 1861    Nº 5

## Sociedade Parisiense de Estudos Espíritas

### Discurso do Sr. Allan Kardec

(Por ocasião da renovação do ano social, pronunciado na sessão de 5 de abril de 1861)

Senhores e caros colegas,

No momento em que nossa Sociedade inicia o seu quarto ano, creio que devemos um agradecimento especial aos Espíritos bons que se têm dignado assistir-nos e, em particular, ao nosso presidente espiritual, cujos sábios conselhos nos preservaram de vários perigos e cuja proteção permitiu vencêssemos as dificuldades semeadas em nosso caminho, certamente para pôr à prova o nosso devotamento e a nossa perspicácia. Devemos reconhecer que sua benevolência jamais nos faltou e, graças ao bom espírito de que a Sociedade agora está animada, triunfou sobre a má vontade de seus inimigos. Permiti-me, a propósito, algumas observações retrospectivas.

A experiência havia-nos demonstrado lacunas lamentáveis na constituição da Sociedade, que abriam a porta a certos abusos. A Sociedade as reparou e, desde então, só teve de se felicitar. Realiza o ideal da perfeição? Não seríamos espíritas se tivéssemos o orgulho de o crer. Mas quando a base é boa e o resto não depende senão da vontade, é preciso esperar que, auxiliados pelos Espíritos bons, não paremos no caminho.

No número das mais úteis reformas deve-se colocar em primeiro lugar a instituição dos *sócios livres*, que dá mais fácil acesso aos candidatos, permitindo que se conheçam e se apreciem antes de sua admissão definitiva como membros titulares. Participando nos trabalhos e nos estudos da Sociedade, aproveitam tudo quanto nela se faz. Como, porém, não têm voz na parte administrativa, não podem, em nenhum caso, comprometer a responsabilidade da Sociedade. Vem a seguir a medida que teve por objeto restringir o número dos ouvintes e cercar de maiores dificuldades, por uma escolha mais severa, a sua admissão às sessões; depois, a que interdita a leitura de qualquer comunicação obtida fora da Sociedade, antes de ser conhecida previamente e que a leitura tenha sido autorizada; enfim, as que armam a Sociedade contra quem quer que possa trazer perturbação ou tente impor-lhe a sua vontade.

Há outras ainda que seria supérfluo lembrar, cuja utilidade não é menor e cujos felizes resultados podemos apreciar diariamente. Mas se tal estado de coisas é compreendido no seio da Sociedade, o mesmo não se dá fora dela, onde — nem é preciso dissimular — não temos somente amigos. Criticam-nos em vários pontos, e embora não tenhamos que nos preocupar com isto, pois a ordem da Sociedade só a nós interessa, talvez não seja inútil lançar uma vista-d'olhos sobre aquilo que nos censuram, porque, em última análise, se essas censuras fossem fundadas, deveríamos aproveitá-las.

Certas pessoas desaprovam a severa restrição à admissão dos ouvintes; dizem que se quisermos fazer prosélitos é preciso esclarecer o público e, para isso, abrir-lhe as portas de nossas sessões, autorizar todas as perguntas e todas as interpelações; que se não admitirmos senão pessoas crentes, não teremos grande mérito em convencê-las. Esse raciocínio é especioso; se, abrindo nossas portas a qualquer um, o resultado suposto fosse alcançado, certamente erraríamos se não o fizéssemos. Mas como é o contrário que aconteceria, não o fazemos.

Afinal de contas, seria muito desagradável que a propagação da Doutrina se subordinasse à publicidade de nossas sessões. Por mais numeroso que fosse o auditório, seria sempre muito restrito, imperceptível, comparado à massa da população. Por outro lado, sabemos por experiência que a verdadeira convicção só se adquire pelo estudo, pela reflexão e por uma observação contínua, e não assistindo a uma ou duas sessões, por mais interessantes que sejam. Isso é tão verdadeiro que o número dos que creem sem ter visto, mas porque estudaram e compreenderam, é imenso. Sem dúvida o desejo de ver é muito natural e estamos longe de o censurar, mas queremos que vejam em condições aproveitáveis. Eis por que dizemos: "Estudai primeiro e vede depois, porque compreendereis melhor."

Se os incrédulos refletissem sobre esta condição, nela veriam, para começar, a melhor garantia de nossa boa-fé e, depois, a força da Doutrina. O que mais teme o charlatanismo é ser compreendido; ele fascina os olhos e não é tolo a ponto de se dirigir à inteligência, que facilmente descobriria o reverso da moeda. O Espiritismo, ao contrário, não admite a confiança cega; quer ser claro em tudo; quer que lhe compreendam tudo, que se deem conta de tudo. Por conseguinte, quando prescrevemos o estudo e a meditação, pedimos o concurso da razão, assim provando que a ciência espírita não teme o exame, uma vez que, antes de crer, sentimos a necessidade de compreender.

Não sendo de demonstração as nossas sessões, sua publicidade não atingiria o objetivo e teria graves inconvenientes. Com um público não selecionado, trazendo mais curiosidade que verdadeiro desejo de instruir-se e, ainda mais, a vontade de criticar e ridicularizar, seria impossível ter o recolhimento indispensável para toda manifestação séria; uma controvérsia mais ou menos malevolente, na maior parte do tempo baseada na ignorância dos mais elementares princípios da Ciência, provocaria eternos conflitos, nos quais a dignidade poderia ser comprometida. Ora, o que nós queremos é que, ao sair de nossa casa, os ouvintes não levem convicção, mas levem da Sociedade a ideia de uma assembleia grave, séria, que se respeita e sabe fazer-se respeitar, que discute com calma e moderação, examina com cuidado, aprofunda tudo com olho de observador conscienciosos, que procura esclarecer-se, e não com a leviandade de simples curioso. E crede-o bem, senhores, esta opinião faz mais pela propaganda do que se saíssem com o único pensamento de haverem satisfeito a curiosidade, porquanto a impressão dela resultante os induz a refletir, ao passo que, no caso contrário, estariam mais dispostos a rir do que a crer.

Eu disse que as nossas não são sessões de demonstração, mas se algum dia as fizéssemos desse gênero, para uso dos neófitos, quer se tratasse para instrui-los ou convencê-los, tudo nelas se passaria com tanta seriedade e recolhimento quanto nas nossas sessões ordinárias; a controvérsia estabelecer-se-ia com ordem, de maneira a ser instrutiva, e não tumultuosa, e quem quer que se permitisse uma palavra inconveniente seria excluído; então a atenção seria mantida e a própria discussão aproveitaria a todos. É provavelmente o que faremos um dia. Perguntarão, sem dúvida, por que não o fizemos mais cedo, no interesse da vulgarização da ciência. A razão é simples: é que quisemos proceder com prudência, e não como estouvados, mais impacientes que refletidos. Antes de instruir os outros, quisemos, nós próprios, nos instruir. Queremos apoiar nosso ensino sobre uma imponente massa de fatos e observações, e não sobre algumas experiências incoerentes, observadas leviana e superficialmente.

Toda ciência, em seu início, encontra forçosamente fatos que, a princípio, parecem contraditórios, de modo que só um estudo minucioso e completo pode demonstrar-lhe a conexão. Foi a lei comum desses fatos que quisemos buscar, a fim de apresentar um conjunto tão completo, tão satisfatório quanto possível, sem deixar a mínima oportunidade para a contradição. Com este objetivo recolhemos os fatos, examinamo-los, escrutamo-los no que eles têm de mais íntimo, comentamo-los, discutimo-los friamente, sem entusiasmo, e foi assim que chegamos a descobrir o admirável encadeamento que existe em todas as partes desta vasta ciência, que toca os mais graves interesses da humanidade. Tal foi até o momento, senhores, o objetivo dos nossos trabalhos, objetivo perfeitamente caracterizado pelo simples título de *Sociedade de Estudos Espíritas*, que adotamos. Reunimo-nos com a intenção de nos esclarecermos, e não de nos distrairmos. Não buscando diversão, não queremos divertir os outros. Daí por que não queremos ter senão ouvintes sérios, e não curiosos que aqui julgassem encontrar um espetáculo. O Espiritismo é uma ciência e, como qualquer outra ciência, não se aprende brincando. Ainda mais, tomar as almas dos que se foram como assunto para distração seria faltar ao respeito que merecem; especular sobre sua presença e sua intervenção seria impiedade e profanação.

Estas reflexões respondem à crítica que algumas pessoas nos dirigiram, por voltar a fatos conhecidos e não procurar constantemente novidades. No ponto em que estamos é difícil que, à medida que avançamos, os fatos que se produzem não girem mais ou menos no mesmo círculo, mas esquecem de que fatos tão importantes quanto os que tocam o futuro do homem só podem chegar ao estado de verdade absoluta após um grande número de observações. Seria leviandade formular uma lei baseada em alguns exemplos. O homem sério e prudente é mais circunspecto; não apenas quer ver tudo, mas ver muito e muitas vezes. Eis por que não recuamos diante da monotonia das repetições, porque delas resultam confirmações e, frequentemente, matizes instrutivos, mas também porque nelas descobriríamos fatos contraditórios, cujas causas rebuscaríamos. Não temos a menor pressa de nos pronunciarmos sobre os primeiros dados, necessariamente incompletos; antes de colher, esperamos a maturidade. Se temos avançado menos do que alguns desejariam na sua impaciência, marchamos com mais segurança, sem nos perdermos no labirinto dos sistemas; talvez saibamos menos coisas, mas sabemos melhor, o que é preferível, e podemos afirmar o que sabemos segundo o testemunho da experiência.

Aliás, senhores, não penseis que a opinião dos que criticam a organização da Sociedade seja a dos verdadeiros amigos do Espiritismo; não, é a dos seus inimigos, que estão melindrados por ver a Sociedade prosseguir seu caminho com calma e dignidade, através das emboscadas que lhe armaram e ainda armam. Eles lamentam que o acesso a ela seja difícil, porque ficariam contentíssimos de aqui semear a perturbação. Por isso também a censuram, por limitar o círculo de seus trabalhos, sob o pretexto de que não se ocupa senão de coisas insignificantes e sem alcance, já que se abstém de tratar de questões políticas e religiosas; gostariam de vê-la entrar na controvérsia dogmática. Ora, é isso precisamente que os denuncia. Com muita prudência a Sociedade se fechou num círculo inatacável à malevolência. Ferindo o seu amor-próprio, queriam arrastá-la por um caminho perigoso, mas ela não se deixará levar. Ocupando-se exclusivamente das questões que interessam à Ciência, e que não podem fazer sombra a ninguém, ela se pôs ao abrigo dos ataques e assim deve permanecer. Por sua prudência, moderação e sabedoria, conciliou a estima dos verdadeiros espíritas, estendendo-se a sua influência até países distantes, de onde aspiram à honra de dela fazer parte. Ora, essa homenagem que lhe é prestada por pessoas que só a conhecem de nome, por seus trabalhos e pela consideração que conquistou, é-lhe cem vezes mais preciosa que o sufrágio dos imprudentes muito apressados, ou dos malévolos que queriam arrastá-la à sua perda e ficariam muito contentes por vê-la comprometida. Enquanto eu tiver a honra de dirigi-la, todos os meus esforços tenderão a mantê-la nesta via. Se algum dia dela saísse, eu a deixaria no mesmo instante, porque a preço algum desejaria assumir essa responsabilidade.

Não obstante isso, senhores, sabeis das vicissitudes por que a Sociedade tem passado. Tudo quanto aconteceu antes e depois foi anunciado e tudo se realizou como fora previsto. Seus inimigos queriam sua ruína; os Espíritos, que a sabiam útil, queriam a sua conservação, de modo que ela se manteve e se manterá enquanto for indispensável aos seus objetivos. Se tivésseis observado, como pude fazê-lo, as coisas nos seus íntimos detalhes, não desconheceríeis a intervenção de um poder superior, que para mim é manifesto, e teríeis compreendido que tudo foi para o melhor e no interesse de sua própria conservação. Mas tempo virá em que, tal qual o é atualmente, ela já não será indispensável. Então veremos o que teremos a fazer, porque a marcha está traçada em vista de todas as eventualidades.

Os mais perigosos inimigos da Sociedade não são os de fora: podemos fechar-lhes as portas e os ouvidos. Os mais temíveis são os inimigos invisíveis, que aqui poderiam introduzir-se mau grado nosso. Cabe a nós provar-lhes, como já o temos feito, que perderiam tempo se tentassem impor-se a nós. Sua tática, bem o sabemos, é procurar semear a desunião, lançar o facho da discórdia, inspirar a inveja, a desconfiança e as suscetibilidades pueris que geram a desafeição. Oponhamos-lhes a muralha da caridade, da mútua benevolência, e seremos invulneráveis, tanto contra suas malignas influências ocultas quanto contra as diatribes de nossos adversários encarnados, que mais se ocupam de nós do que nós deles; porque podemos dizer, sem amor-próprio, que aqui jamais seu nome foi pronunciado, seja por uma questão de conveniência, seja porque temos de nos ocupar de coisas mais úteis. Não forçamos ninguém a vir a nós. Acolhemos com prazer e solicitude as pessoas sinceras e de boa vontade, seriamente desejosas de esclarecimento, e destas encontramos muitas para não perdermos tempo correndo atrás dos que nos voltam as costas por motivos fúteis, de amor-próprio ou de inveja. Estes não podem ser considerados verdadeiros espíritas, apesar das aparências. É possível que creiam nos fatos, mas, seguramente, não acreditam nas suas consequências morais, pois, ao contrário, mostrariam mais abnegação, indulgência, moderação, e menos presunção de infalibilidade. Procurá-los seria mesmo prestar-lhes um mau serviço, porque seria fazer crer em sua importância e que não podemos passar sem eles. Quanto aos que nos denigrem, também não nos devemos preocupar; homens que valem cem vezes mais que nós foram denegridos e ridicularizados; não poderíamos ter privilégio quanto a esse ponto. Cabe-nos provar por nossos atos que suas diatribes não encontram ressonância, e as armas de que se servem voltar-se-ão contra eles.

Depois de ter, no início, agradecido aos Espíritos que nos assistem, não devemos esquecer os seus intérpretes, alguns dos quais nos dão seu concurso com um zelo, uma complacência jamais desmentidos. Em troca, não lhes podemos oferecer senão um estéril testemunho de nossa satisfação. Mas o mundo dos Espíritos os espera, e lá todos os devotamentos são levados em conta na razão do desinteresse, da humildade e da abnegação.

Em resumo, senhores, durante o ano que passou nossos trabalhos marcharam com perfeita regularidade e nada os interrompeu. Uma multidão de fatos do mais alto interesse foi relatado, explicado e comentado; questões muito importantes foram resolvidas; todos os exemplos que passaram sob nossos olhos pelas evocações, todas as investigações a que nos entregamos vieram confirmar os princípios da ciência e fortalecer as nossas crenças; numerosas comunicações, de incontestável superioridade, foram obtidas por diversos médiuns; a província e o estrangeiro nos remeteram algumas deveras notáveis, provando não só quanto o Espiritismo se espalha, mas também sob que ponto de vista grave e sério ele agora é encarado por toda parte. Sem dúvida este é um resultado pelo qual devemos nos sentir felizes, mas há outro não menos satisfatório e que é, aliás, uma consequência do que havia sido predito desde a origem: é a unidade que se estabelece na teoria da Doutrina, à medida que é estudada e mais bem compreendida. Em todas as comunicações que nos chegam de fora encontramos a confirmação dos princípios que nos são ensinados pelos Espíritos, e, como as pessoas que as recebem nos são, na maioria, desconhecidas, não se pode dizer que sofram a nossa influência.

O princípio mesmo da reencarnação, que inicialmente havia encontrado muitos contraditores, porque não era compreendido, é hoje aceito pela força da evidência e porque todo homem que pensa nele reconhece a única solução possível do maior número de problemas da filosofia moral e religiosa. Sem a reencarnação somos detidos a cada passo, tudo é caos e confusão; com a reencarnação tudo se esclarece, tudo se explica da maneira mais racional. Se ela ainda encontra alguns adversários mais sistemáticos que lógicos, seu número é muito restrito. Ora, quem a inventou? Seguramente não fostes vós, nem eu; ela nos foi ensinada, nós a aceitamos: eis tudo o que fizemos. De todos os fenômenos que surgiram no princípio, bem poucos sobrevivem hoje, e pode-se dizer que os seus raros partidários estão, principalmente, entre pessoas que julgam à primeira vista e, muitas vezes, conforme ideias preconcebidas e prevenções. Mas agora é evidente que quem quer que se dê ao trabalho de aprofundar todas as questões e julgar friamente, sem prevenção, sobretudo sem hostilidade sistemática, é levado invencivelmente, tanto pelo raciocínio quanto pelos fatos, à teoria fundamental que, pode-se dizer, hoje prevalece em todos os países do mundo.

Por certo, senhores, a Sociedade não fez tudo para este resultado. Mas, sem vaidade, creio que ela pode reivindicar uma pequena parte; sua influência moral é maior do que se pensa, precisamente porque jamais se desviou da linha de moderação que se traçou. Sabe-se que ela se ocupa exclusivamente de seus estudos, sem se deixar desviar pelas mesquinhas paixões que se agitam à sua volta; que o faz seriamente, como deve fazer toda assembleia científica; que persegue o seu objetivo sem se misturar com nenhuma intriga, sem atirar pedras em ninguém, sem mesmo recolher as que lhe atiram. Sem sombra de dúvida, eis a principal causa do crédito e da consideração de que desfruta, dos quais pode sentir--se orgulhosa e que dá certo peso à sua opinião. Continuemos, senhores, por nossos esforços, por nossa prudência e pelo exemplo da união que deve existir entre os verdadeiros espíritas, a mostrar que os princípios que professamos não são para nós letra morta e que tanto pregamos pelo exemplo quanto pela teoria. Se nossas doutrinas encontram tanta ressonância é que, aparentemente, as acham mais racionais que as outras. Duvido que acontecesse o mesmo se tivéssemos professado a doutrina da intervenção exclusiva do diabo e dos demônios nas manifestações espíritas, doutrina hoje completamente ridícula, que mais excita a curiosidade do que amedronta, à exceção de algumas pessoas timoratas, que por si mesmas em breve reconhecerão a sua futilidade.

Tal qual é hoje professada, a Doutrina Espírita tem uma amplidão que lhe permite abarcar todas as questões de ordem moral; satisfaz a todas as aspirações e, pode-se dizer, ao mais exigente raciocínio, para quem quer que se dê ao trabalho de estudá-la e não esteja dominado pelos preconceitos. Ela não tem as mesquinhas restrições de certas filosofias; alarga ao infinito o círculo das ideias e ninguém é capaz de elevar mais alto o pensamento e tirar o homem da estreita esfera do egoísmo, na qual intentaram confiná-lo. Enfim, ela se apoia nos imutáveis princípios fundamentais da religião, dos quais é a demonstração patente. Eis, sem dúvida, o que lhe conquista tão numerosos partidários entre as pessoas esclarecidas de todos os países, e o que a fará prevalecer, em tempo mais ou menos próximo, e isto malgrado os seus adversários, na maioria mais opostos pelo interesse do que pela convicção. Sua marcha progressiva tão rápida, desde que entrou na via filosófica séria, é-nos garantia segura do futuro que lhe é reservado e que, como sabeis, está anunciado em toda parte. Deixemos, pois, dizer e fazer os seus inimigos; eles nada poderão fazer contra a vontade de Deus, porque nada acontece sem a sua permissão. E, como dizia outrora um eclesiástico esclarecido: "Se essas coisas acontecem, é que Deus o permite, para avivar a fé que se extingue nas trevas do materialismo."

## O anjo da cólera

Um de nossos correspondentes de Varsóvia escreve-nos o seguinte:

"...Ouso reclamar vossa atenção para um fato de tal forma extraordinário que seria preciso colocá-lo na categoria do absurdo, se o caráter da pessoa que mo relatou não fosse uma garantia de sua realidade. Todos nós, que do Espiritismo conhecemos tudo quanto foi tratado por vós tão judiciosamente — o que significa que julgamos compreendê-lo bem — não encontramos explicação para este fato; desse modo, entrego-o à vossa apreciação, rogando me perdoeis o tempo que vos faço perder para o ler, caso não o julgueis digno de um exame mais sério. Eis do que se trata:

A pessoa de quem falei acima estava, em 1852, em Wilna, cidade da Lituânia, na época assolada pela cólera. Sua filha, encantadora menina de 12 anos, era dotada de todas as qualidades que constituem as naturezas superiores. Desde a mais tenra idade, fez-se notar por uma inteligência excepcional, uma bondade de coração e uma candura verdadeiramente angélicas. Em nossa região ela foi uma das primeiras a gozar da faculdade mediúnica, sempre assistida por Espíritos de ordem bastante elevada. Muitas vezes, e sem ser sonâmbula, tinha pressentimento do que ia acontecer, e o predizia sempre com justeza. Estas informações não me parecem inúteis para julgar de sua sinceridade. Certa noite, tão logo as velas acabavam de ser apagadas; a garota, ainda completamente desperta, viu erguer-se diante de seu leito a figura lívida e sangrenta de uma velha, cuja simples visão a fez estremecer. A mulher aproximou-se do leito da menina e lhe disse: 'Sou a cólera, e venho pedir-te um beijo; se me beijares, voltarei aos lugares que deixei e a cidade ficará livre da minha presença.' A heroica menina não recuou diante do sacrifício: colou os lábios sobre o rosto gelado e úmido da velha e a visão — se era visão — desapareceu. Apavorada, a criança não se acalmou senão ao colo do pai, que, embora nada compreendendo do caso, estava, no entanto, convencido de que a filha havia dito a verdade, mas não falaram a ninguém. Por volta do meio-dia receberam a visita de um médico, amigo da família: 'Venho trazer-vos uma boa notícia' — disse ele —; 'esta noite nenhum doente foi encaminhado ao hospital dos coléricos, que acabo de visitar.' E, com efeito, desde esse dia a cólera deixou de ceifar. Cerca de três anos mais tarde, essa pessoa e sua família fizeram outra viagem à mesma cidade. Durante sua estada a cólera reapareceu e as vítimas já eram contadas por centenas, quando uma noite a mesma velha apareceu junto ao leito da menina, sempre perfeitamente desperta, e lhe fez o mesmo pedido, acrescentando que, se sua prece fosse atendida, dessa vez deixaria a cidade para nunca mais voltar. Como da primeira vez, a jovem não recuou. Logo viu abrir-se um sepulcro e se fechar sobre a mulher. A cólera acalmou-se como que por milagre, não tendo sido do meu conhecimento que haja reaparecido em Wilna. Era uma alucinação ou uma visão real? Ignoro-o. Tudo quanto posso garantir é que não posso duvidar da sinceridade da mocinha e de seus pais."

Realmente, o fato é muito singular. Os incrédulos não deixarão de dizer que é uma alucinação, mas, provavelmente, ser-lhes-ia mais difícil explicar esta coincidência com um fato material, que nada podia deixar prever. Uma primeira vez isto poderia ser levado à conta do acaso, essa maneira tão cômoda de passar sobre aquilo que não se compreende. Mas em duas ocasiões diferentes, em condições idênticas, era mais extraordinário. Admitindo o fato da aparição, restava saber o que era essa mulher. Era realmente o anjo exterminador da cólera? Estariam os flagelos personificados em certos Espíritos, encarregados de os provocar ou de os fazer cessar? Podia-se crer, vendo este desaparecer pela vontade dessa mulher. Mas, então, por que se dirigia ela àquela garota, estranha à cidade, e de que maneira um beijo desta podia ter tal influência? Embora o Espiritismo já nos tenha dado a chave de muitas coisas, ainda não disse a última palavra; no caso de que se trata, a última hipótese nada tinha de positivamente absurda. Confessamos que, inicialmente, nós nos inclinávamos para este lado, não vendo no fato o caráter da verdadeira alucinação. Algumas palavras dos Espíritos vieram derrubar a nossa suposição. Eis a explicação, muito simples e muito lógica, dada por São Luís, na sessão da Sociedade, em 19 de abril de 1861.

P. – O fato que acaba de ser relatado parece muito autêntico. A propósito, gostaríamos de obter algumas explicações. Primeiramente poderíeis dizer quem é essa mulher que apareceu à menina e disse ser a cólera?

*Resp.* – Não era a cólera; um flagelo material não reveste a aparência humana. Era o Espírito familiar da menina, que assim experimentava sua fé, fazendo coincidir esta prova com o fim do flagelo. Essa prova era salutar à criança que a sofria; idealizando-as, fortalecia as virtudes em germes nesse ser protegido e abençoado. As naturezas de escol, as que, vindo ao mundo, trazem a lembrança dos bens adquiridos, muitas vezes recebem essas advertências, que seriam perigosas para uma alma não depurada e não preparada, pelas migrações anteriores, aos grandes devotamentos do amor e da fé.

P. – O Espírito familiar dessa jovem tinha bastante poder para prever o futuro e o fim do flagelo?

*Resp.* – Os Espíritos são os instrumentos da vontade divina e, muitas vezes, elevados à altura dos mensageiros celestes.

P. – Os Espíritos não têm nenhuma ação sobre os flagelos, como agentes produtores?

*Resp.* – Eles não têm absolutamente nada com isto, assim como as árvores com o vento e os efeitos com as causas.

Na previsão de respostas conforme ao nosso primeiro pensamento, tínhamos preparado uma série de perguntas que, em consequência, se tornaram inúteis. Isso prova uma vez mais que os médiuns não são o reflexo do pensamento de quem interroga. Não obstante, devemos dizer que a respeito não tínhamos nenhuma opinião prévia. Em falta de outra melhor, inclinávamos para a que havíamos emitido, porque não nos parecia impossível. Contudo, sendo mais simples e mais racional a explicação dada pelo Espírito, nós a julgamos infinitamente preferível.

Aliás, pode-se tirar do fato outra instrução. O que aconteceu àquela mocinha deve ter-se produzido em outras circunstâncias e, mesmo na Antiguidade, desde que os fenômenos espíritas são de todos os tempos. Não seria uma das causas que levaram os Antigos a personificar e a ver em cada coisa um gênio particular? Não pensamos que seja preciso buscar-lhe a causa apenas no gênio poético, uma vez que se veem essas ideias em povos menos avançados.

Suponhamos que um fato semelhante a esse que relatamos se tivesse produzido num povo supersticioso e bárbaro; não era preciso mais para acreditar na ideia de uma divindade malfazeja, que não se podia apaziguar senão lhe sacrificando vítimas. Como já dissemos, todos os deuses do paganismo não têm outra origem senão as manifestações espíritas. O Cristianismo veio derrubar os seus altares, mas ao Espiritismo estava reservado dar a conhecer a sua verdadeira natureza e lançar a luz sobre os fenômenos desnaturados pela superstição, ou explorados pela cupidez.

## Fenômenos de transporte

Esse fenômeno é, sem contradita, um dos mais extraordinários entre os apresentados pelas manifestações espíritas e, também, um dos mais raros. Consiste no transporte espontâneo de um objeto que não existe no local em que nos encontramos. Nós já o conhecíamos há muito tempo, por ouvir dizer; mas como há pouco nos foi dado testemunhá-lo, podemos agora dele falar com conhecimento de causa. Digamos, primeiramente, que é um dos que mais se prestam à imitação; em consequência, faz-se necessário que nos guardemos contra a trapaça. Sabe-se até onde pode ir a arte da prestidigitação, no caso de experiências desse gênero, mas, sem se haver com gente do ofício, poder-se-ia facilmente ser enganado por uma hábil manobra. A melhor de todas as garantias está *no caráter, na honorabilidade notória, no desinteresse absoluto* da pessoa que obtém semelhantes efeitos; em segundo lugar, no exame atento de todas as circunstâncias em que se produzem os fatos; enfim, no conhecimento esclarecido do Espiritismo, único que pode fazer descobrir o que seria suspeito.

Dissemos que o fenômeno é um dos mais raros e, menos que os outros, talvez não se produza à vontade e no momento certo. Algumas vezes, embora raramente, pode ser provocado, mas na maioria das vezes é espontâneo. Portanto, quem quer que se vanglorie de obtê-lo à vontade e à hora marcada pode, sem temor, ser tachado de ignorante e suspeito de fraude, principalmente se nele se misturar o menor motivo de interesse material. Um médium que tirasse um proveito qualquer de sua faculdade pode realmente ser médium, mas como essa faculdade está sujeita a intermitências, e os fenômenos dependem exclusivamente da vontade dos Espíritos, que não se submetem ao nosso capricho, resulta que o médium interessado, para não se atrapalhar ou para produzir mais efeito, conforme as circunstâncias, chama a astúcia em seu auxílio, porque, para ele, é preciso que o Espírito aja de qualquer maneira; caso contrário, este é substituído pela esperteza do médium, que por vezes se oculta sob os mais simples disfarces.

Feitas estas reflexões preliminares, que tiveram por fim pôr em guarda os observadores, vamos voltar ao nosso assunto. Mas antes de falar do que nos concerne, julgamos dever relatar a carta seguinte, que nos foi enviada de Orléans, a 14 de fevereiro último.

"Senhor,

É um espírita convicto que vos escreve esta carta. Os fatos que ela relata são raros; devem servir ao bem de todos e já levaram a convicção a várias pessoas que nos cercam e que os testemunharam.

O primeiro fato passou-se em 1º de janeiro de 1861. Uma de minhas parentas, que possui em supremo grau a faculdade mediúnica e que a ignorava completamente antes que eu lhe tivesse falado do Espiritismo, via algumas vezes sua mãe, mas tomava o fato como uma alucinação e tratava de evitá-la. No dia 1º de janeiro último, por volta das três horas da tarde, viu-a novamente. O sobressalto que ela e o marido experimentaram, embora este nada visse, impediu-a de se dar conta de seus movimentos. Alguns minutos depois, entrando novamente nesse aposento, seu marido viu sobre a mesa um anel, que a esposa reconheceu perfeitamente como o anel da mãe dela, que a própria filha havia posto no dedo da genitora quando da morte desta última. Alguns dias mais tarde, como aquela senhora sofresse de uma sufocação, a que era sujeita, aconselhei a seu marido que a magnetizasse, o que ele fez; ao cabo de três minutos, ela adormeceu profundamente e a lucidez foi perfeita. Então ela disse ao marido que sua mãe lhe havia trazido o anel para lhe provar que está com eles e que vela por eles. Seu marido lhe pergunta se ela vê a filha morta há oito anos, com 2 anos, e se esta lhe pode trazer uma lembrança. A sonâmbula responde que ela está lá, assim como a mãe de seu marido; que no dia seguinte lhe trará uma rosa e que ele a encontrará sobre a escrivaninha. O fato realizou-se; a rosa murcha estava acompanhada de um papel, sobre o qual estavam escritas estas palavras: *'A meu querido papai. Laura.'* Dois dias depois, sono magnético; o marido pergunta se poderia receber cabelos de sua própria mãe. Seu desejo é executado no mesmo instante: os cabelos estão sobre a lareira. Depois, duas cartas foram escritas espontaneamente pelas duas mães.

Chego a fatos que se passaram em minha casa. Após um estudo sério de vossas obras sobre o Espiritismo, veio-me a fé, sem que tivesse visto um único fato. *O livro dos médiuns* me havia incitado a tentar escrever, mas sem nenhum resultado. Persuadido de que nada obteria sem a presença da pessoa da qual falei acima, pedi-lhe que viesse a Orléans, assim como o marido. Segunda-feira, 11 de fevereiro, às 10 horas da noite, sono magnético e êxtase; ela vê junto de si e de nós os Espíritos que a acompanham e tinham prometido acompanhá-la. Pergunto se eu seria médium escrevente; ela responde: 'Sim, dentro de 15 dias'; acrescenta que no dia seguinte escreverá por intermédio de sua mãe para convencer um de meus amigos, rogando-me que o traga comigo. No dia seguinte, 12, às 8 horas da manhã, sono; perguntamos se lhe devemos dar um lápis: 'Não', disse ela; minha mãe está perto de ti e escreve; sua carta está sobre a lareira. Vou até lá e encontro um papel dobrado, contendo estas palavras: *'Crede e orai; estou convosco. Isto é para vos convencer.'* Disse-me ainda que nessa noite eu poderia tentar escrever, com sua mão posta sobre a minha. Eu não ousava esperar tal resultado; entretanto, escrevi estas palavras: *'Crede; vou voltar; não esqueçais o magnetismo; não demoreis muito tempo.'* Minha parenta devia partir no dia seguinte. À noite escrevemos isto: *'A ciência espírita não é uma brincadeira; é verdadeira; o magnetismo pode conduzir a ela. Orai e invocai aqueles que o coração vos disser. Não fiqueis mais por muito tempo. Catherine.'* Era o nome de sua mãe.

Ordenaram-me várias vezes que vos escrevesse estes fatos; fui até censurado por não havê-lo feito antes; aliás, ela me disse que poderíeis ter a prova do que vos digo, e que sua própria mãe iria vos confirmar os fatos, se a chamásseis. Recebei etc."

Esta carta relata dois fenômenos notáveis: o dos transportes e o da escrita direta. A propósito, faremos uma observação essencial: é que, quando o marido e a mulher obtiveram os primeiros resultados, estavam sós, preocupados com o que lhes pudesse acontecer e não tinham o menor interesse em se enganarem mutuamente. Em segundo lugar, o transporte do anel, que havia sido enterrado com a mãe, é um fato positivo que não podia ser resultado de uma trapaça, pois não se brinca com essas coisas.

Vários fatos da mesma natureza nos foram relatados por pessoas que gozam da nossa inteira confiança, e que se passaram em circunstâncias também autênticas, mas eis um de que fomos duas vezes testemunha ocular, assim como vários membros da Sociedade.

A Srta. V. B..., jovem de 16 ou 17 anos, é excelente médium escrevente e ao mesmo tempo sonâmbula muito clarividente. Durante o sono ela vê principalmente o Espírito de um de seus primos, que por diversas vezes já lhe havia trazido diferentes objetos, entre os quais anéis, bombons em grande quantidade e flores. É sempre necessário que ela esteja adormecida cerca de duas horas antes da produção do fenômeno. A primeira vez que assistimos a uma manifestação do gênero, houve o transporte de um anel que lhe foi colocado na mão. Para nós, que conhecíamos a jovem e seus pais, gente muito honesta, não havia nenhum motivo de dúvida. No entanto, confessamos que, para os estranhos, a maneira pela qual isto se passou era pouco concludente. O mesmo não ocorreu na outra sessão. Após duas horas de sono prévio, durante as quais a jovem sonâmbula ocupou-se de coisas muito interessantes, conquanto estranhas ao nosso objetivo, o Espírito apareceu-lhe com um ramo de flores, visível apenas para ela. Não foi senão após muito tempo, estimulado por ardente desejo e provocado por incessantes pedidos, que o Espírito fez cair a seus pés um ramo de açaflor. A moça não se deu por satisfeita; o Espírito tinha ainda algo que ela queria; novas súplicas durante cerca de meia hora, depois do que um maço de violetas, envolvidas por musgo, apareceu no soalho. Algum tempo depois um bombom, grande como um punho, caiu ao seu lado; pelo gosto reconheceram tratar-se de conserva de abacaxi, que parecia ter sido amassada nas mãos.

Tudo isto durou cerca de uma hora e, durante esse tempo, a sonâmbula esteve constantemente isolada de todos os assistentes; seu próprio magnetizador manteve-se a grande distância. Nós estávamos colocados de maneira a não perder de vista um único movimento, e declaramos sinceramente que não houve a menor coisa suspeita. Nessa sessão o Espírito, que se chama Léon, prometeu vir à Sociedade para dar as explicações que lhe fossem pedidas.

Evocamo-lo na sessão da Sociedade, de 1º de março, simultaneamente com o Espírito da Sra. Catherine, que se havia manifestado em Orléans. Eis a conversa que se seguiu:

1. *Evocação* da Sra. Catherine.

*Resp.* – Estou presente e pronta a responder.

2. Dissestes à vossa filha e à vossa parenta de Orléans que viríeis confirmar aqui os fenômenos que elas testemunharam. Ficaremos muito contentes se recebermos vossas explicações a respeito. A princípio, eu perguntaria com que objetivo insististes tanto para que me escrevessem relatando esses fatos?

*Resp.* – O que eu disse, estou pronta a fazê-lo, pois a vós é que mais se deve instruir. Eu havia dito a meus filhos que vos comunicassem essas provas, tendo em vista a propagação do Espiritismo.

3. Há poucos dias fui testemunha de fatos análogos e vou pedir ao Espírito que os produziu a gentileza de vir. Tendo podido observar todas as fases do fenômeno, espero dirigir-lhe várias perguntas. Peço que vos unais a ele para completar as respostas, caso necessário.

*Resp.* – Farei o que me pedis; com os dois haverá mais clareza e precisão.

4. *Evocação* de Léon.

*Resp.* – Eis-me pronto a cumprir a promessa que vos fiz, senhor.

OBSERVAÇÃO – Muito frequentemente os Espíritos se eximem de nossas fórmulas de polidez. Este oferece a particularidade de servir-se sempre da palavra senhor, toda vez que o evocamos.

5. Peço nos digais por que esses fenômenos só se produzem durante o sono magnético do médium?

*Resp.* – Isto se deve à natureza do médium. Os fatos que produzo, quando o meu está adormecido, poderiam igualmente produzir-se em estado de vigília.

6. Por que fazeis esperar tanto tempo o transporte de objetos e por que excitais a cobiça do médium, exasperando seu desejo de obter o objeto prometido?

*Resp.* – Esse tempo é-me necessário para preparar os fluidos que servem ao transporte. Quanto à excitação, é apenas para divertir os presentes e a sonâmbula.

7. Eu tinha pensado que a excitação poderia produzir mais abundante emissão de fluidos da parte do médium e facilitar a combinação necessária.

*Resp.* – Vós vos enganastes, senhor; os fluidos que nos são necessários não pertencem ao médium, mas ao Espírito e, em certos casos, pode-se mesmo prescindir-se deles, e o transporte ocorrer imediatamente.

8. A produção do fenômeno se deve à natureza especial do médium? Poderia dar-se por outros médiuns com mais facilidade e presteza?

*Resp.* – A produção se deve à natureza do médium e só pode realizar-se com outros de natureza correspondente. Quanto à prontidão, o hábito que adquirimos, correspondendo muitas vezes com o mesmo médium, nos é de grande valia.

9. A natureza do médium deve corresponder à natureza do fato ou à do Espírito?

*Resp.* – Faz-se mister que corresponda à natureza do fato, e não à do Espírito.

10. A influência das pessoas presentes tem algum significado?

*Resp.* – Quando há incredulidade e oposição, podem prejudicar bastante. Preferimos fazer nossas provas com crentes e pessoas versadas no Espiritismo, mas com isso não queremos dizer que a má vontade possa paralisar-nos completamente.

11. Aqui só há crentes e pessoas muito simpáticas. Há algum empecilho em que o fato ocorra?

*Resp.* – Sim: aquele para o qual não estou preparado nem disposto.

12. Estaríeis num outro dia?

*Resp.* – Sim.

13. Poderíeis fixá-lo?

*Resp.* – Um dia em que nada me pedirdes, eu virei de improviso surpreender-vos com um bonito ramo de flores.

14. Talvez haja pessoas que preferissem bombons.

*Resp.* – Se há gastrônomos, também podem ser contentados. Creio que as mulheres, que não desdenham das flores, gostarão ainda mais dos bombons.

15. A Srta. V. B. precisará ficar em estado sonambúlico?

*Resp.* – Farei o transporte com ela desperta.

16. Onde pegastes as flores e os bombons que transportastes?

*Resp.* – As flores eu as colho nos jardins, onde me agradam.

17. Mas e os bombons? O comerciante não lhes nota a falta?

*Resp.* – Eu os pego onde me apraz. O comerciante nada percebe, porque ponho outros no lugar.

18. Mas os anéis têm um valor. Onde os pegastes? Isto não prejudica àqueles de quem os tirastes?

*Resp.* – Tirei-os de lugares de todos desconhecidos, e de modo que ninguém possa sofrer qualquer prejuízo.

19. É possível trazer flores de outro planeta?

*Resp.* – Não; a mim não é possível.

20. Outros Espíritos o poderiam?

*Resp.* – Sim; há Espíritos mais elevados do que eu que podem fazê-lo; quanto a mim, não posso encarregar-me disto. Contentai-vos com o que vos trago.

21. Poderíeis trazer flores de outro hemisfério, dos trópicos, por exemplo?

*Resp.* – Desde que sejam da Terra, posso.

22. Como introduzistes esses objetos outro dia, já que a sala estava fechada?

*Resp.* – Fi-los entrar comigo, por assim dizer envoltos em minha substância. Quanto a vos falar mais longamente, isto não é explicável.

23. [À Sra. Catherine.] – Considerando-se que o anel que trouxestes à vossa filha estava enterrado convosco, como o obtivestes?

*Resp.* – Retirei-o da terra e o trouxe a minha filha.

24. [A Léon.] – Como tornastes visíveis esses objetos que, um instante antes, eram invisíveis?

*Resp.* – Tirei a matéria que os envolvia.

25. Poderíeis fazer desaparecer esses objetos que transportastes e os transportar novamente?

*Resp.* – Assim como os trouxe, posso levá-los à vontade.

26. Ontem... (o Espírito retifica escrevendo: *quarta-feira*.) Exatamente; quarta-feira o médium vos viu tomar uma tesoura e cortar flores de laranjeira no ramalhete que está em seu quarto. Realmente tiveste necessidade de um instrumento cortante para isso?

*Resp.* – Absolutamente; eu não tinha tesoura, mas me fiz ver assim para que ficassem bem certos de que era eu quem as tirava.

27. Mas o buquê estava sob um globo de vidro?

*Resp.* – Oh! eu bem podia tirar o globo.

28. Tiraste o globo?

*Resp.* – Não.

29. Não compreendemos como isto pode acontecer. Credes que um dia chegaremos a ter a explicação desse fenômeno?

*Resp.* – Em pouco tempo mesmo; não apenas o cremos: temos certeza.

30. Quem acaba de responder? Léon ou a Sra. Catherine?

*Resp.* – Nós dois.

31. A produção do fenômeno dos transportes vos causa alguma aflição, um embaraço qualquer?

*Resp.* – Não nos causa nenhuma dificuldade, quando temos permissão, mas poderiam causar, e grandes, se quiséssemos produzir efeitos sem que, para isto, estivéssemos autorizados.

32. Quais as dificuldades que encontrais?

*Resp.* – Nenhuma outra senão as más disposições fluídicas que nos podem ser contrárias.

33. Como trazeis o objeto? Segurais com as mãos?

*Resp.* – Não; nós o envolvemos em nós.

34. Traríeis com a mesma facilidade um objeto de peso considerável, de 50 kg, por exemplo?

*Resp.* – O peso nada representa para nós; trazemos flores porque isto talvez seja mais agradável do que um peso volumoso.

35. Por vezes há desaparecimento de objetos cuja causa é ignorada e que se poderia atribuir aos Espíritos?

*Resp.* – Isto acontece frequentemente; muito mais do que pensais. Tal ocorrência poderia ser remediada se pedíssemos ao Espírito para restituir o objeto desaparecido.

36. Há efeitos que são considerados como fenômenos naturais e que sejam devidos à ação de certos Espíritos?

*Resp.* – Vossos dias estão repletos de fatos que não compreendeis, porque não pensastes neles, mas que um pouco de reflexão vos faria ver claramente.

37. Entre os objetos transportados, não se encontram alguns que podem ser fabricados pelos Espíritos, isto é, produzidos espontaneamente pelas modificações que estes imprimem ao fluido ou ao elemento universal?

*Resp.* – Não por mim, pois para isso não tenho permissão; só um Espírito elevado o pode.

38. Um objeto feito de tal maneira poderia ter estabilidade e tornar-se um objeto de uso? Se um Espírito me fizesse uma tabaqueira, por exemplo, poderia servir-me dela?

*Resp.* – Poderia ter, se o Espírito o quisesse. Mas também poderia ser apenas para a vista e desvanecer-se ao cabo de algumas horas.

OBSERVAÇÃO – Pode-se classificar na categoria dos fenômenos de transporte os que se passaram na rua des Noyers e que relatamos na *Revista* do mês de agosto de 1860, com a diferença de que, neste último caso, são produzidos por um Espírito malévolo, que apenas deseja causar perturbação, enquanto nos fenômenos aqui tratados são Espíritos benevolentes que procuram ser agradáveis e testemunhar simpatia.

NOTA – Sobre a teoria da formação espontânea dos objetos, vide *O livro dos médiuns*, capítulo intitulado *Laboratório do mundo invisível*.

# Conversas familiares de Além-Túmulo

## O DR. GLAS

Nascido em Lyon, morto em 21 de fevereiro de 1861 com 35 anos e meio

(Sociedade Espírita de Paris, 5 de abril de 1861)

O Sr. Glas era um espírita fervoroso. Sucumbiu a uma longa e dolorosa enfermidade, cujos sofrimentos só eram atenuados pela esperança que dá o Espiritismo. Sua vida laboriosa e acidentada por preocupações amargas, e um acidente, inicialmente desconhecido, abreviaram-lhe a existência. Foi evocado a pedido de seu pai.

1. *Evocação.*

*Resp.* – Eis-me aqui.

2. Ficaríamos muito contentes de nos entreter convosco, inicialmente para condescender ao desejo do senhor vosso pai e de vossa esposa e, depois, porque, considerando o estado dos vossos conhecimentos, esperamos deles aproveitar-nos.

*Resp.* – Desejo que esta comunicação seja, para os que me pranteiam, uma consolação, e para vós, que me evocais, um objeto de estudos instrutivos.

3. Parece que sucumbistes a uma moléstia cruel. Poderíeis dar-nos algumas explicações sobre a sua natureza e a sua causa?

*Resp.* – Hoje vejo claramente que minha doença era toda moral e terminou por me extinguir dolorosamente o corpo. Quanto a me estender longamente sobre os meus sofrimentos, ainda os tenho bem presentes para não os recordar. Um trabalho obstinado, aliado a uma contínua agitação do cérebro, foi a verdadeira fonte do meu mal.

OBSERVAÇÃO – Esta resposta é confirmada pela seguinte passagem da carta de seu pai: "Sua vida laboriosa e acidentada por preocupações amargas, e um acidente, inicialmente desconhecido, abreviaram sua existência." Esta carta não tinha sido lida antes da evocação, e nem o médium nem os assistentes conheciam o fato.

4. Também parece que vossas crenças vos auxiliaram a suportar o sofrimento com coragem, pelo que vos felicitamos.

*Resp.* – Eu tinha em mim a consciência de uma vida melhor; isto diz tudo.

5. Essas crenças contribuíram para apressar o vosso desprendimento?

*Resp.* – Infinitamente, uma vez que as ideias espiritualistas que se podem ter sobre a vida são, por assim dizer, indulgências plenárias que afastam de vós, após a morte, toda influência terrestre.

6. Poderíeis descrever-nos o mais exatamente possível a natureza da perturbação que experimentastes, sua duração e as sensações quando vos reconhecestes?

*Resp.* – Quando morri, eu tinha perfeito conhecimento de mim mesmo e entrevia com calma o que muitos outros temem com tanto pavor. Meu trespasse foi rápido e a consciência de mim mesmo não mudou. Ignoro quanto tempo durou a perturbação, mas quando despertei, realmente estava morto.

7. No momento em que vos reconhecestes, achastes-vos isolado?

*Resp.* – Sim; aliás, pelo coração, ainda estava ligado à Terra; não vi imediatamente Espíritos à minha volta; somente pouco a pouco.

8. Que pensais dos confrades que buscam, por meio da Ciência, provar aos homens que neles não há senão matéria e que somente o nada os aguarda?

*Resp.* – Orgulho! Quando estiverem perto da morte, talvez se calem; é o que lhes desejo. Ah! como dizia Lamennais há pouco, existem duas ciências, a do bem e a do mal. Eles têm a ciência que vem dos homens: a do mal.

OBSERVAÇÃO – O Espírito faz alusão a uma comunicação que Lamennais acabara de dar momentos antes, prova de que não esperara a evocação para comparecer à sessão.

9. Estais frequentemente junto de vossa esposa, do vosso filho e do vosso pai?

*Resp.* – Quase constantemente.

10. O sentimento que experimentais ao vê-los é diferente do que sentíeis em vida, quando estáveis junto deles?

*Resp.* – A morte dá aos sentimentos, como às ideias, uma visão larga, mais cheia de esperança, que o homem não pode apreender na Terra. Eu os amo, mas gostaria de tê-los junto a mim. É, sobretudo, em vista das esperanças futuras que o Espírito deve ter coragem e sangue-frio.

11. Estando aqui, podeis vê-los em casa sem vos perturbar?

*Resp.* – Oh! perfeitamente.

OBSERVAÇÃO – Um Espírito inferior não o poderia; somente os que têm certa elevação podem ver simultaneamente de pontos diferentes. Os outros ainda estão muito terra a terra.

Lendo esta resposta, certas pessoas dirão, sem dúvida, que era uma boa ocasião de controle; que se deveria ter perguntado ao Espírito o que faziam os seus parentes nesse momento e verificar se era exato. Com que objetivo o teríamos feito? Para nos assegurarmos de que era realmente um Espírito que nos falava. Mas, então, se não era um Espírito, o médium nos enganava. Ora, há muitos anos esse médium presta o seu concurso à Sociedade e jamais tivemos ocasião de suspeitar de sua boa-fé.

Se o tivéssemos feito, como prova de identidade, não nos teria valido grande coisa, porque um Espírito enganador teria podido sabê-lo tanto quanto o Espírito verdadeiro. Assim, essa questão teria entrado na categoria das perguntas de curiosidade e de prova, que os Espíritos sérios desprezam e às quais jamais respondem. Como fato, sabemos por experiência que isso é possível, mas sabemos, igualmente, que quando um Espírito quer entrar em certos detalhes, ele o faz espontaneamente, se o julgar útil, e não para satisfazer a um capricho.

12. Fazeis distinção entre o vosso Espírito e o vosso perispírito? Qual a diferença que estabeleceis entre as duas coisas?

*Resp.* – Penso, logo sinto e tenho uma alma, como disse um filósofo. Não sei mais que ele a respeito. Quanto ao perispírito, é uma forma, como sabeis fluídica e natural, mas buscar a alma é querer buscar o absoluto espiritual.

13. Credes que a faculdade de pensar resida no perispírito? Numa palavra, que a alma e o perispírito sejam uma só e mesma coisa?

*Resp.* – É absolutamente como se perguntásseis se o pensamento reside no vosso corpo. Um se vê; o outro se sente e se concebe.

14. Assim, não sois um ser vago e indefinido, mas um ser limitado e circunscrito?

*Resp.* – Limitado, sim; mas rápido como o pensamento.

15. Quereis indicar o lugar onde estais aqui?

*Resp.* – À vossa esquerda e à direita do médium.

NOTA – O Sr. Allan Kardec estava no mesmo lugar indicado pelo Espírito.

16. Fostes obrigado a deixar o vosso lugar para mo ceder?

*Resp.* – Absolutamente: nós passamos através de tudo, como tudo passa através de nós; é o corpo espiritual.

17. Assim, estou mergulhado em vós?

*Resp.* – Sim.

18. Por que não vos sinto?

*Resp.* – Porque os fluidos que compõem o períspirito são muito etéreos, não suficientemente materiais para vós; mas, pela prece, pela vontade, numa palavra, pela fé, os fluidos podem tornar-se mais ponderáveis, mais materiais, e mesmo afetar o tato, o que acontece nas manifestações físicas e é a conclusão deste mistério.

OBSERVAÇÃO – Suponhamos um raio luminoso penetrando num local escuro; pode-se atravessá-lo, nele mergulhar, sem lhe alterar a forma nem a natureza. Embora esse raio seja uma espécie de matéria, é tão sutil que não oferece nenhum obstáculo à passagem da matéria mais compacta. Dá-se o mesmo com a coluna de fumaça ou de vapor que, igualmente, pode ser atravessada sem dificuldade. Somente o vapor, por ter mais densidade, produzirá no corpo uma impressão que não produz a luz.

19. Suponhamos que neste momento pudésseis tornar-vos visível aos olhos da assembleia. Que efeitos produziriam nossos dois corpos, um dentro do outro?

*Resp.* – O efeito que vós mesmos imaginais, naturalmente; todo o vosso lado esquerdo seria menos visível que o direito; estaria num nevoeiro, no vapor do perispírito; o mesmo ocorreria do lado direito do médium.

20. Suponhamos agora que vos pudésseis tornar não apenas visível, mas tangível, como já aconteceu algumas vezes. Isto poderia acontecer, conservando a situação em que estamos?

*Resp.* – Forçosamente eu me mudaria pouco a pouco de lugar; eu me construiria ao vosso lado.

21. Há pouco, quando falei somente da visibilidade, dissestes que estaríeis entre mim e o médium, o que indica que teríeis mudado de lugar. Agora, para a tangibilidade, parece que vos afastais ainda mais. Não seria possível tomardes as duas aparências, conservando nossa posição inicial, eu ficando mergulhado em vós?

*Resp.* – Não, absolutamente, já que respondo à pergunta. Eu me reconstruiria ao lado. Não me posso solidificar naquela posição; só posso aí ficar se permanecer fluídico.

Observação – Dessa explicação ressalta grave ensinamento. No estado normal, isto é, fluídico e invisível, o perispírito é perfeitamente penetrável à matéria sólida; já no estado de visibilidade há um começo de condensação que o torna menos penetrável, enquanto no estado de tangibilidade a condensação é completa e a penetrabilidade não pode mais ocorrer.

22. Credes que um dia a Ciência chegue a submeter o perispírito à apreciação dos instrumentos, como o faz com os outros fluidos?

*Resp.* – Perfeitamente. Não conheceis ainda senão a superfície da matéria, mas a sutileza, a essência da matéria, só conhecereis pouco a pouco. A eletricidade e o magnetismo são caminhos certos.

23. Com que outro fluido conhecido o perispírito tem mais analogia?

*Resp.* – Com a luz, a eletricidade e o oxigênio.

24. Há aqui uma pessoa que julga ter sido vosso camarada de colégio; não a reconheceis?

*Resp.* – Não a vejo; não me lembro.

25. É o Sr. Lucien B..., de Montbrison, que esteve convosco no colégio de Lyon.

*Resp.* – Eu jamais teria pensado em vos encontrar assim. Estudei intensamente na Terra, mas vos asseguro que meus estudos, como Espírito, são ainda mais sérios. Mil vezes obrigado, por vossa lembrança.

## Questões e problemas diversos[91]

O Sr. Jobard, de Bruxelas, nos dirige a seguinte carta, assim como as respostas obtidas às diversas perguntas.

"Meu caro presidente,

Estando Bruxelas tão longe de Paris quanto a Lua do Sol, os raios do Espiritismo ainda não a aqueceram. Todavia o Sr. Nicolas B..., tendo-me consagrado dois dias, deu notícia de um

---
[91] Ver Nota explicativa, p. 547.

médium escrevente de primeira ordem, que nos surpreende diariamente, tanto mais quanto ele mesmo está admirado dos magníficos ditados que lhe são feitos pelo Espírito Tertuliano,[92] o qual deseja que ele escreva um livro explicativo do quadro da criação dos mundos, a partir do caos até Deus. Eu o li ontem ao grande pintor Wiertz,[93] que o compreendeu e quer consagrar-lhe uma página de cem pés. Não ouso enviar-vos esses sublimes ditados antes que vos tenhais assegurado da identidade da personagem. Junto apenas dois ou três fragmentos que acabo de extrair dos rascunhos mediúnicos que conservo preciosamente.

Nós chamamos *Cabanis* o materialista, que é tão infeliz quanto o vosso ateu e todos os outros quebradores de lápis. Chamai, pois, a *Henri Mondeux*, para saber a longa fieira de matemáticos que ele deve ter habitado. Todo o mundo quer que se descubra Jud, o assassino do Sr. Poinsot. A rendição de Gaëte nos foi anunciada com oito dias de antecedência. Tenho também a ordem de escrever um livro, mas não sei por onde começar, não sendo nem me podendo tornar um médium escritor, sob o pretexto de que não é mais necessário. Vosso discurso de Lyon é admirável; eu os fiz ler aos humanimais mais avançados de nossa Lua. Não há muitos aqui, infelizmente. Quando me irei aquecer ao vosso Sol? Adeus, caro mestre."

JOBARD

P. – Os magos, os sábios, os grandes filósofos e os profetas antigos não eram médiuns?

*Resp.* – Evidentemente, sim. O laço que os unia às inteligências superiores agia sobre eles e lhes inspirava novos pensamentos, sem falar de sua própria superioridade, que lhes permitia emitirem apreciações mais exatas. Eles comunicavam aos Espíritos encarnados ideias que pareciam profecias, porque estas nada mais são do que comunicações vindas dos grandes Espíritos. E como pos-

---

[92] N.E.: Quinto Septímio Florente Tertuliano (155–222), apologista cristão.
[93] N.E.: Antoine Wiertz (1806–1865), pintor belga.

suíam uma parte dos atributos divinos, as ideias anunciadas tinham um caráter de adivinhação, e forçosamente se realizaram nos tempos e épocas indicados.

P. – A mediunidade é, pois, um favor aos que a possuem?

*Resp.* – O verdadeiro médium, que não faz profissão desse dom sublime, evidentemente deve tornar-se melhor. Como não seria de outro modo, quando a cada instante pode receber impressões tão favoráveis ao seu progresso na senda do bem? As ideias filosóficas que emite, não só por seu próprio Espírito, mas, ainda, e principalmente por nós, são retificadas naquilo que a sua inteligência, muito fraca, poderia compreender mal e mal enunciar.

OBSERVAÇÃO DO SR. JOBARD – Destas respostas plenas de justeza segue-se que os bons médiuns se multiplicam, a raça humana melhora e acabará trazendo, num dado tempo, o reino de Deus à Terra.

P. – Nas estatísticas do crime nota-se que os operários que trabalham o ferro nela figuram raramente. Terá o ferro alguma influência sobre eles?

*Resp.* – Sim, porque nesse trabalho de transformação da matéria há algo que deve elevar o Espírito menos dotado; uma influência magnética age sobre ele. O ferro é o pai de todos os minerais; é o mais útil ao homem, para ele representando a vida de todos os dias, ao passo que os metais que chamais *ricos* representam, para os Espíritos em baixo estágio, a fonte da satisfação de todas as paixões humanas. São os instrumentos do Espírito do mal.

P. – Todos os metais podem transformar-se uns nos outros, como pretendem certos sábios?

*Resp.* – Sim, mas essa transformação só se fará com o tempo.

P. – E o diamante?

*Resp.* – É carbono desprendido da fonte que o produziu em estado gasoso e que se cristalizou sob pressões que não podeis apreciar. Mas chega de perguntas; não as posso responder.

TERTULIANO

OBSERVAÇÃO DO SR. JOBARD – Geralmente os Espíritos se recusam a responder às perguntas que poderiam fazer a fortuna de um homem sem trabalho. Cabe a ele buscar, porque as pesquisas fazem parte das provas que deve sofrer, na *penitenciária* que devemos atravessar. É provável que os Espíritos não saibam mais que nós quanto às descobertas a fazer. Como nós, podem pressenti-las; podem guiar-nos em nossas pesquisas, mas não nos podem evitar o prazer ou o trabalho de pesquisar. Nem por isso é menos agradável, quando julgamos ter uma solução, obter sua aprovação, que podemos considerar como uma confirmação.

NOTA – Sobre o assunto da observação acima, *vide O livro dos espíritos*, questão 532 e seguintes; *O livro dos médiuns*, capítulo *Evocações*; *Perguntas que se podem fazer aos Espíritos*, item 78 e seguintes.[94]

OBSERVAÇÃO DO SR. ALLAN KARDEC – A carta do nosso honrado confrade é anterior à publicação do número de março da *Revista*, no qual inserimos um artigo sobre o Sr. Poinsot. Quanto a Henri Mondeux, várias explicações foram dadas na Sociedade; as circunstâncias, porém, não permitiram ainda completar sua evocação, razão pela qual ainda não nos manifestamos. A propósito do pedido que nos fez o Sr. Jobard, de nos assegurarmos da identidade do Espírito que se comunicou sob o nome de Tertuliano, já lhe respondemos em tempo o que a respeito dissemos em nosso *O livro dos*

---

[94] N.T.: Provável cochilo de revisão na época. Em vez do it. 78 e seguintes, de *O livro dos médiuns*, considerar os it. 291 (*Perguntas sobre interesses morais e materiais*); 294(*Perguntas sobre as invenções e descobertas*); e 295 (*Perguntas sobre os tesouros ocultos*) do livro citado. [O it. 78 se refere ao fenômeno da suspensão das mesas, Segunda parte, cap. IV: Teoria das manifestações físicas.]

*médiuns*. Não poderia haver materiais de identidade do Espírito de personagens antigas. Sobretudo quando se trata de um ensinamento superior, o mais das vezes o nome é apenas um meio de fixar as ideias, considerando-se que entre os Espíritos que nos vêm instruir, o número dos desconhecidos na Terra é incontestavelmente maior. O nome é antes um sinal de analogia que de identidade, só se lhe devendo ligar uma importância secundária. O que se deve considerar, antes de tudo, é a bondade e a racionalidade do ensino. Se em nada desmentir o caráter do Espírito cujo nome toma, se estiver à sua altura, é o essencial. Se for inferior, a origem deve ser suspeita, porque um Espírito pode fazer melhor, mas não pior do que quando vivo, desde que pode ganhar, mas não perder o que havia adquirido. Consideradas sob esse ponto de vista, as respostas seguintes nos parecem imputáveis a Tertuliano, donde concluímos que pode ser ele, sem o poder afirmar, ou um Espírito de sua categoria, que tomou esse nome para indicar a posição que ocupa.

As perguntas e respostas seguintes nos foram endereçadas por um de nossos correspondentes de São Petersburgo.

1. Eu queria me dar conta de qual pode ser o destino da *beleza* no universo; não será um escolho que serve às provas?

*Resp.* – Crê-se em tudo que se espera; espera-se tudo o que se ama; ama-se tudo o que é belo. Portanto, a beleza contribui para fortalecer a fé. Se, muitas vezes, ela se torna uma tentação, não é por causa da beleza em si, um dos atributos das obras de Deus, mas por causa das paixões que, semelhantes às Harpias,[95] murcham tudo o que tocam.

2. E que dirás do amor?

*Resp.* – É um bem de Deus, quando germina e se desenvolve num coração não corrompido, casto e puro; é uma calamidade, quando as paixões a ele se misturam. Tanto eleva e depura

---

[95] N.E.: Na Mitologia, monstro alado, com rosto de mulher e corpo de ave de rapina.

no primeiro caso, quanto perturba e agita no segundo. É sempre a mesma lei admirável do Eterno: beleza, amor, memória de outra existência, talentos que trazeis ao nascer. Todos os dons do Criador podem tornar-se venenos ao sopro excitante das paixões, que o livre--arbítrio pode conter ou desenvolver.

3. Rogo a um Espírito bom a gentileza de esclarecer-me quanto às perguntas que lhe vou submeter, a propósito dos fatos relatados às páginas 223 e seguintes de *O livro dos médiuns*, sobre a transfiguração.[96]

*Resp.* – Pergunta.

4. Se, no aumento de volume e peso da mocinha das cercanias de Saint-Étienne, o fenômeno se produzia pelo adensamento de seu perispírito, combinado com o de seu irmão, como é que os olhos dela, que deviam ter ficado no mesmo lugar, podiam ver através da espessa camada de um novo corpo que se formava diante deles?

*Resp.* – Como veem os sonâmbulos com as pálpebras fechadas: pelos olhos da alma.

5. No fenômeno citado o corpo aumentou. No fim do capítulo VIII[97] está dito ser provável que se a transfiguração tivesse ocorrido sob o aspecto de uma criancinha, o peso teria diminuído proporcionalmente. Não posso me dar conta, conforme a teoria da irradiação e da transfiguração do perispírito, de que este possa tornar-se menor que um corpo sólido. Parece-me que o último deveria ultrapassar os dois perispíritos combinados.

*Resp.* – Como o corpo pode tornar-se invisível pela vontade de um Espírito superior, o da mocinha também se torna invisível, pela força de um poder independente de sua vontade. Ao

---

[96] N.T.: Livro citado, Segunda parte, cap. VII: *Bicorporeidade e transfiguração*.
[97] N.T.: Corresponde ao it. 124, Segunda parte, cap. VII (*O livro dos médiuns*).

mesmo tempo, combinando-se com o do menino, seu períspirito pode formar e realmente forma a imagem dessa criança. A teoria da mudança do peso específico te é conhecida.

6. Após haver dissipado uma a uma as minhas dúvidas e reafirmado minha fé na sua base, o Espiritismo me deixa uma questão não resolvida; ei-la: Como os Espíritos novos, que Deus cria, e que se destinam a um dia tornar-se Espíritos puros, depois de terem passado pela peneira de uma multidão de existências e de provas, saem tão imperfeitos das mãos do Criador, que é a fonte de toda perfeição, e não se melhoram gradualmente senão se afastando de sua origem?

*Resp.* – Esse é um mistério que o Eterno não nos permite penetrar, antes que nós, Espíritos errantes ou encarnados, tenhamos atingido a perfeição que nos é indicada, graças à bondade divina, perfeição que novamente nos aproximará de nossa origem e fechará o círculo da eternidade.

OBSERVAÇÃO – Nosso correspondente não nos diz qual o Espírito que lhe respondeu, mas a sabedoria de suas respostas prova que não é um Espírito vulgar. Eis o essencial, porquanto, como se sabe, o nome pouco importa. Nada temos a dizer quanto às suas primeiras respostas, que concordam em todos os pontos com o que nos foi ensinado, provando que a teoria que demos dos fenômenos espíritas não é produto de nossa imaginação, visto ser dada por outros Espíritos, em tempos e lugares diversos e fora de nossa influência pessoal. Apenas a última resposta não resolve a pergunta feita. Vamos tentar remediá-la. Digamos, primeiramente, que a solução pode ser facilmente deduzida do que está dito, com alguns desenvolvimentos, em *O livro dos espíritos*, sobre a *Progressão dos Espíritos*, questão 114 e seguintes. Teremos pouca coisa a acrescentar. Os Espíritos saem das mãos do Criador simples e ignorantes, mas nem são bons, nem maus: do contrário, desde a sua origem teria Deus votado uns ao bem e à felicidade, e outros ao mal e à desgraça, o que não estaria nem conforme à sua bondade, nem de acordo com a sua justiça. No momento de sua criação, os Espíritos não são imperfeitos senão do ponto de vista do desenvolvimento intelectual e moral, como a criança ao nascer, como o germe contido na semente da árvore, mas não são maus por natureza. Ao mesmo tempo, neles se desenvolve a razão, o livre-arbítrio, em virtude do qual escolhem, uns o bom caminho, outros o mau, fazendo que uns cheguem ao objetivo mais cedo que outros. Mas todos, sem exceção, devem passar pelas vicissitudes da vida corporal, a fim de adquirir experiência e ter o mérito da luta. Ora, nessa luta uns triunfam, outros sucumbem, conquanto os vencidos possam sempre se erguer e resgatar os seus fracassos.

Esta questão levanta outra, mais grave, que muitas vezes nos tem sido apresentada. É a seguinte: Deus, que tudo sabe, o passado, o presente e o futuro, deve saber que tal Espírito seguirá o mau caminho, sucumbirá e será infeliz. Neste caso, por que o criou?

Ora, por certo sabe Deus perfeitamente a linha que seguirá um Espírito, pois, de outro modo, não teria a ciência soberana. Se o mau caminho no qual se aventura o Espírito devesse fatalmente conduzi-lo a uma *eternidade absoluta* de penas e sofrimentos; se, porque tivesse falido, lhe fosse sempre negado reabilitar-se, a objeção acima teria uma força de lógica incontestável, e talvez aí residisse o mais poderoso argumento contra o dogma dos suplícios eternos. Neste caso, impossível é sair do dilema: ou Deus não conhece a sorte reservada à sua criatura, e então não tem a soberana ciência; ou, se a conhece, Ele a criou para ser eternamente infeliz e, portanto, não tem a soberana bondade. Com a Doutrina Espírita, tudo concorda perfeitamente e não há mais contradição: Deus sabe que um Espírito tomará um mau caminho; conhece todos os perigos de que este se acha semeado, mas sabe, também, que dele sairá, e que não haverá para ele senão um atraso. E, em sua bondade e para lhe facilitar, multiplica em sua rota as advertências salutares, das quais infelizmente nem sempre ele aproveita. É a história de dois viajantes que querem alcançar um belo país, onde viverão felizes; um sabe evitar os obstáculos, as tentações que o fariam parar no caminho; o outro, por imprudência, choca-se contra os mesmos obstáculos, leva quedas que o atrasam, mas chegará por sua vez. Se, no caminho, pessoas caridosas o previnem dos perigos que corre e se, por presunção, não as escuta, mais repreensível será por isso.

O dogma da eternidade absoluta das penas é atacado violentamente por todos os lados, não só pelo ensino dos Espíritos, mas pela simples lógica do bom senso. Sustentá-lo é desconhecer os atributos mais essenciais da Divindade; é contradizer-se, afirmando de um lado o que se nega do outro; ele cai, e as fileiras de seus partidários se esclarecem dia a dia, de tal sorte que, se é absolutamente necessário nele crer para ser católico, em breve não haverá mais verdadeiros católicos, assim como hoje não os haveria se a Igreja tivesse persistido em fazer artigo de fé do movimento do sol e dos seis dias da Criação. Insistir numa tese que a razão repele é desferir um golpe fatal na religião e dar armas ao materialismo; o Espiritismo, ao contrário, vem reavivar o sentimento religioso, que se verga aos golpes aplicados pela incredulidade, dando sobre as questões do futuro uma solução que o mais severo raciocínio pode admitir. Rejeitá-lo é dispensar a tábua de salvação.

## Ensinamentos e dissertações espíritas

### Sra. de Girardin

(Sociedade Espírita de Paris – Médium: Sra. Costel)

Nota – Tendo sido feitas algumas observações críticas sobre a comunicação ditada na sessão anterior, dada pela Sra. de Girardin, esta as responde espontaneamente. Faz alusão às circunstâncias que acompanharam aquela comunicação.

"Venho agradecer ao associado que houve por bem apresentar a minha defesa e minha reabilitação moral perante vós. Com efeito, em vida eu amava e respeitava as leis do bom gosto, que são as da delicadeza — diria mais — do coração, para o sexo a que pertencia; depois de minha morte, permitiu Deus que eu fosse bastante elevada para praticar fácil e simplesmente os deveres da caridade, que nos ligam a todos, Espíritos e homens. Dada esta explicação, não insistirei sobre a comunicação assinada com meu nome, desde que a crítica e a censura não convêm nem a meu médium, nem a mim. Assim, crede que virei quando for evocada, mas jamais me intrometerei nos incidentes fúteis. Eu vos falei das crianças. Deixai-me retomar este assunto, que foi a chaga dolorosa de minha vida. A mulher necessita da dupla coroa do amor e da maternidade, para preencher o mandato de abnegação que Deus lhe confiou, ao lançá-la na Terra. Infelizmente eu jamais conheci essa doce e suave preocupação, que na alma imprimem esses frágeis depósitos. Quantas vezes segui, com os olhos rasos de lágrimas amargas, as crianças que, brincando, vinham se roçar no meu vestido; e sentia a angústia e a humilhação de minha decadência. Eu tremia, esperava, escutava, e minha vida, cheia dos sucessos do mundo, frutos repletos de cinza, não me deixou senão um gosto amargo e decepcionante."

DELPHINE DE GIRARDIN

OBSERVAÇÃO – Há neste trecho uma lição que não deve passar despercebida. A Sra. de Girardin, fazendo alusão a certas passagens de sua comunicação anterior, que levantara algumas objeções, disse que em vida amava e respeitava as leis do bom gosto, que são as da delicadeza, e que conservou esse sentimento depois da morte. Repudia, em consequência, tudo o que, nas comunicações que levam o seu nome, se afaste do bom gosto. Após a morte, a alma reflete as qualidades e os defeitos que tinha durante a vida corpórea, salvo os progressos que possa ter feito no bem, porque pode ter-se melhorado, mas jamais se mostra inferior ao que era. Assim, na apreciação das comunicações de um Espírito muitas vezes há matizes de extrema delicadeza a observar, para distinguir o que realmente é dele, ou o que poderia ser uma substituição. Os Espíritos verdadeiramente elevados não se contradizem nunca e podemos corajosamente rejeitar tudo quanto desminta o seu caráter. Muitas vezes esta apreciação é tanto mais difícil quanto a uma comunicação perfeitamente autêntica pode misturar-se um reflexo, seja do próprio Espírito do médium, que não exprime exatamente o pensamento, seja de um

Espírito estranho, que se interpõe, insinuando seu próprio pensamento no do médium. Deve-se, pois, considerar como apócrifas as comunicações que, em todos os pontos, e pelo mesmo fundo das ideias, desmintam o caráter do Espírito cujo nome levam. Mas seria injusto lhes condenar o conjunto, por algumas nódoas parciais, que podem ter a causa que acabamos de assinalar.

## A PINTURA E A MÚSICA

(Sociedade Espírita de Paris – Médium: Sr. Alfred Didier)

A Arte foi definida cem mil vezes: é o belo, o verdadeiro, o bem. A música, que é um dos ramos da Arte, pertence inteiramente ao domínio da sensação. Entendamo-nos e tratemos de não ser obscuro. A sensação se produz no homem quando ele compreende a Arte de duas maneiras distintas, mas estreitamente ligadas; a sensação do pensamento que tem por conclusão a melancolia ou a filosofia, e, depois, a sensação que pertence por inteiro ao coração. A música, a meu ver, é a arte que vai mais diretamente ao coração. A sensação — havereis de compreender-me — está toda no coração; a pintura, a arquitetura, a escultura, a pintura antes de tudo, atingem muito mais a sensação cerebral. Numa palavra, a música vai do coração ao Espírito, a pintura do pensamento ao coração. A exaltação religiosa criou o órgão. Quando na Terra a poesia toca o órgão, os anjos do Céu lhe respondem. Assim, a música séria, religiosa eleva a alma e os pensamentos. A música vulgar faz vibrar os nervos, nada mais. Eu bem gostaria de indicar algumas personalidades, mas não tenho esse direito: não estou mais na Terra. Amai o *Réquiem* de Mozart,[98] que o matou. Não desejo, mais que os Espíritos, a vossa morte pela música, a morte viva, contudo; aí está o esquecimento de tudo quanto é terreno, pela elevação moral.

LAMENNAIS

---

[98] N.E.: Wolfgang Amadeus Mozart (1756–1791), compositor austríaco.

## Festa dos Espíritos bons

A chegada de um irmão

(Enviada pela Sra. Cazemajoux, médium de Bordeaux)

Também temos nossas festas, e isto acontece com frequência, porque os Espíritos bons da Terra, nossos irmãos bem-amados, despojando-se de seu invólucro material nos estendem os braços e nós vamos, em grupo inumerável, recebê-los à entrada da morada que, doravante, vão habitar conosco. E nessas festas, como nas vossas, não se agitam as paixões humanas, sob rostos graciosos e frontes coroadas de flores, ocultando a inveja, o orgulho, o ciúme, a vaidade, o desejo de agradar e de primar sobre rivais nesses prazeres factícios. Aqui reinam a alegria, a paz, a concórdia; cada um está contente com a posição que lhe é assinalada e feliz com a felicidade de seus irmãos. Pois bem, meus amigos! com esse acordo perfeito, que impera entre nós, nossas festas têm um encanto indescritível. Milhões de músicos cantam em liras harmoniosas as maravilhas de Deus e da Criação, com acentos mais deslumbrantes que vossas mais suaves melodias. Longas procissões aéreas de Espíritos adejam como zéfiros, lançando, sobre os recém-chegados, nuvens de flores cujo perfume e variados matizes não podeis compreender. Depois, o banquete fraterno a que são convidados os que com felicidade terminaram suas provas, e vêm receber a recompensa de seus trabalhos. Ó meu amigo, gostaríeis de saber mais; impotente, porém, é a vossa linguagem, para descrever essas magnificências. Eu vos disse bastante, a vós que sois os meus bem-amados, para vos dar o desejo de aspirá-las. E, então, caro Emílio, livre da missão que realizei junto a ti, na Terra, eu a continuarei para te conduzir através do espaço, e te fazer desfrutar todas as felicidades.

Felícia

(Esposa do evocador Emílio, há um ano seu guia protetor)

## Vinde a nós

(Enviada pela Sra. Cazemajoux, médium de Bordeaux)

O Espiritismo é a aplicação da moral evangélica, pregada pelo Cristo em toda a sua pureza; assim, os homens que o condenam sem o conhecer são pouco prudentes. Com efeito, por que qualificar de superstição, de charlatanice, de sortilégios, de demonomania as coisas que o vulgar bom senso faria aceitar se quisessem estudá-lo? A alma é imortal: é o Espírito. A matéria inerte é o corpo perecível a despojar-se de suas formas para não se tornar, quando o Espírito a deixou, senão um monte de podridão sem nome. E achais lógico, vós que não acreditais no Espiritismo, que esta vida, que para a maioria dentre vós é de amargura, de dores, de decepções — um verdadeiro purgatório — não tenha outro fim senão o túmulo? Desiludi-vos; vinde a nós, pobres deserdados dos bens, das grandezas e dos prazeres terrenos, vinde a nós e sereis consolados, vendo que vossas dores, vossas privações, vossos sofrimentos devem abrir-vos as portas dos mundos felizes, e que Deus, justo e bom para com todas as criaturas, só nos provou para o nosso bem, conforme estas palavras do Cristo: "Bem-aventurados os que choram, porque serão consolados."[99] — Vinde, pois, incrédulos e materialistas; abrigai-vos sob a bandeira na qual, em letras de ouro, estão inscritas estas palavras: Amor e caridade para os homens, que são todos irmãos; bondade, justiça, indulgência de um Pai grande e generoso para os Espíritos que criou e que eleva a si por caminhos seguros, embora vos sejam desconhecidos; a caridade, o progresso moral, o desenvolvimento intelectual vos conduzirão ao Autor e Senhor de todas as coisas.

Não vos instruímos senão para que, por vossa vez, trabalheis para espalhar essa instrução, mas, sobretudo, fazei-o sem azedume; sede pacientes e esperai. Lançai a semente; a reflexão e o auxílio de Deus a farão frutificar, a princípio para um pequeno número, que fará como vós, e, pouco a pouco, aumentando o número de

---

[99] N.E.: Mateus, 5:4.

operários, vos fará esperar, após as semeaduras, uma boa e abundante colheita.

FERDINAND
(Filho do médium)

## PROGRESSO INTELECTUAL E MORAL

(Enviada pelo Sr. Sabò, de Bordeaux)

Venho dizer-vos que o progresso moral é o de mais útil aquisição, porque nos corrige de nossos maus pendores e nos torna bons, caridosos e devotados aos nossos irmãos. Entretanto, o progresso intelectual também é útil para o nosso adiantamento, porque eleva a alma, faz com que julguemos mais corretamente as nossas ações, facilitando, assim, o progresso moral; inicia-nos nos ensinos que Deus nos tem dado há tantos séculos, por homens de méritos diversos, que vieram sob todas as formas e em todas as línguas para nos dar a conhecer a verdade, e que outros não eram senão Espíritos já avançados, enviados por Deus para desenvolverem o entendimento humano. Mas na época em que viveis, a luz que apenas clareia um pequeno número vai brilhar para todos. Trabalhai, pois, para compreenderdes a grandeza, o poder, a majestade, a Justiça de Deus; para compreenderdes a sublime beleza de suas obras; para compreenderdes as magníficas recompensas concedidas aos bons e os castigos infligidos aos maus; enfim, para compreenderdes que o único objetivo a que deveis aspirar é o de vos aproximardes dele.

GEORGES
(Bispo de Périgueux e de Sarlat,
feliz por ser um dos guias do médium)

## A INUNDAÇÃO

(Enviada pelo Sr. Casimir H., de Inspruck;[100] traduzido do alemão)

Um dia surgiu uma fonte numa região outrora estéril. A princípio não passava de um delgado filete de água a correr na planície, ao qual não deram muita atenção. Pouco a pouco esse fraco regato engrossou, tornando-se ribeirão; alargou-se, invadiu as terras vizinhas, mas as que ficaram descobertas foram fertilizadas e produziram a cem por um. Contudo, um proprietário ribeirinho, descontente por ver seu terreno recuado, tentou deter o curso para reconquistar a porção coberta pelas águas, julgando, assim, aumentar as suas riquezas. Ora, aconteceu que, reprimido, o ribeirão submergiu tudo, terreno e proprietário.

Tal é a imagem do progresso; como um rio impetuoso, rompe os diques que se lhe opõem e arrasta com ele os imprudentes que, em vez de lhe seguir o curso, procuram entravá-lo. Será o mesmo com o Espiritismo. Deus o envia para fertilizar o terreno moral da humanidade. Bem-aventurados os que souberem aproveitá-lo e infelizes os que tentarem opor-se aos desígnios de Deus! Não o vedes avançar a passos de gigante pelos quatro pontos cardeais? Por toda parte sua voz já se faz ouvir e logo cobrirá de tal modo a dos inimigos, que esses serão forçados ao silêncio e constrangidos a se curvarem ante a evidência. Homens! os que tentam entravar a marcha irresistível do progresso vos preparam rudes provas. Deus permite que assim seja para castigo de uns e glorificação de outros, mas vos dá no Espiritismo o piloto que vos deverá conduzir ao porto, levando nas mãos a bandeira da esperança.

WILHELM
(Avô do médium)

ALLAN KARDEC

---

[100] N.T.: O Espírito está se referindo à cidade austríaca de Innsbruck.

# Revista Espírita

Jornal de Estudos Psicológicos
ANO IV     JUNHO DE 1861     N° 6

## Channing

### Discurso sobre a vida futura

Pregado por *Channing*, no domingo da Páscoa de 1834, após a morte de um de seus amigos

Várias vezes temos reproduzido nesta *Revista* ditados espontâneos do Espírito Channing, que não desmentem a sua superioridade de caráter e de inteligência. Por certo nossos leitores serão gratos por lhes darmos uma ideia das opiniões que ele professava em vida, pelo seguinte fragmento de um de seus discursos, cuja tradução devemos à gentileza de um dos nossos assinantes. Sendo seu nome pouco conhecido na França, faremos precedê-lo de breve notícia biográfica.

William Ellery Channing nasceu em 1780, em Newport, Rhode-Island, Estado de Nova Iorque. Seu avô, William Ellery, assinou a famosa declaração da independência. Channing foi educado no Harward College, destinado à profissão médica, mas seus gostos e aptidões o levaram à carreira religiosa e em 1803 tornou-se ministro da capela *unitarista* de Boston. Sempre permaneceu nessa cidade, professando a doutrina dos *Unitaristas*, seita protestante que conta numerosos adeptos na Inglaterra e na América, nas camadas mais elevadas. Fez-se notar por seus pontos de vista amplos e liberais. Por sua eloquência notável, por suas numerosas obras e pela profundidade de sua filosofia, é contado no número dos homens mais destacados dos Estados Unidos. Partidário declarado da paz e do progresso, pregou sem tréguas contra a escravidão e fez a essa instituição uma guerra tão obstinada, que a muitos liberais tal excesso de zelo, prejudicial à sua popularidade, por vezes parecia inoportuno. Seu nome fez autoridade entre os antiescravagistas. Morreu em Boston em 1842, aos 62 anos. Gannet o sucedeu como chefe da seita dos Unitaristas.

\* \* \*

"Para a massa dos homens, o Céu é quase sempre um mundo de fantasia: falta-lhe substância. A ideia de um mundo no qual existam seres sem corpos grosseiros, Espíritos puros ou revestidos de corpos espirituais ou etéreos, parece-lhes pura ficção; aquilo que nem se pode ver nem tocar não lhes parece real. Isto é triste, mas não é de admirar; de fato, como é possível que homens mergulhados na matéria e em seus interesses, não cultivando o conhecimento da alma e de suas capacidades espirituais, possam compreender uma vida espiritual mais elevada? A multidão considera como sonhador visionário aquele que fala claramente e com alegria de sua vida futura e do triunfo do Espírito sobre a decomposição corpórea. Esse ceticismo sobre as coisas espirituais e celestes é tão irracional e pouco filosófico quanto aviltante.

[...]

E quanto é pouco racional imaginar que não haja outros mundos além deste, outro modo de existência mais elevado que o nosso! Quem é aquele que, percorrendo os olhos sobre esta Criação imensa, pode duvidar que não haja seres superiores a nós, ou ver algo desproposidado em conceber o Espírito num estado menos circunscrito, menos entravado do que na Terra, em outras palavras, que haja um mundo espiritual?

[...]

Aqueles que nos deixaram por outro mundo devem tomar por este um interesse ainda mais profundo; seus laços com os que aqui deixaram se depuram, mas não se dissolvem. Se o estado futuro é um melhoramento do estado presente, se a inteligência deve ser fortalecida e o amor ampliado, a memória, poder fundamental da inteligência, deve agir sobre o passado com uma energia maior, e todas as afeições benévolas que aqui conservamos devem receber uma atividade nova. Supor apagada a vida terrena do Espírito seria destruir a sua utilidade, romper a relação dos dois mundos e subverter a responsabilidade; de outro modo, como a recompensa e o castigo atingiriam uma existência esquecida? Não; é preciso que conosco levemos o presente, seja qual for o nosso futuro, feliz ou desgraçado. Os bons formarão, é verdade, laços novos mais santos, mas, sob a influência expansiva desse mundo melhor, o coração terá uma capacidade bastante grande para reter os laços antigos, à medida que forma novos; lembrar-se-á com ternura do seu lugar de nascimento, enquanto goza de uma existência mais madura e mais feliz. Se eu pudesse imaginar que aqueles que partiram morrem para os que ficam, eu os honraria e amaria menos. O homem que, deixando-os, esquece os seus, parece desprovido dos melhores sentimentos de nossa natureza; e se, em sua nova pátria, os justos devessem esquecer os seus pais na Terra, se, ao se aproximarem de Deus, devessem cessar de interceder por eles, poderíamos achar que a mudança lhes foi proveitosa?

Poder-se-ia perguntar se os que são levados ao Céu não apenas se lembram com interesse dos que deixaram na Terra, mas, ainda, se têm um conhecimento presente e imediato. Não tenho nenhuma razão para crer que tal conhecimento não exista. Estamos habituados a considerar o Céu como afastado de nós, mas nada o prova. O Céu é a união, a sociedade dos seres espirituais superiores.

Não podem esses seres povoar todo o universo, reproduzindo o Céu por toda parte? Como nós, é provável que tais seres sejam circunscritos por limites materiais? Disse Milton:

'Millions of spiritual beings walk the earth

Both when we wake and when we sleep.'

'Milhões de seres espirituais percorrem a Terra tão bem quando velamos, como quando dormimos.'

Um sentido novo, uma nova visão poderia mostrar-nos que o mundo espiritual nos envolve por todos os lados. Mas suponde mesmo que o Céu esteja afastado; nem por isso seus habitantes deixam de estar presentes e nós visíveis para eles; porém, o que entendemos por presença? Não estou presente para aqueles dentre vós que meu braço não pode alcançar, mas que vejo distintamente? Não está plenamente de acordo com o nosso conhecimento da natureza supor que os que estão no Céu, seja qual for o local de sua residência, possam ter sentidos e órgãos espirituais, por meio dos quais podem ver o que está distante, com a mesma facilidade com que distinguimos o que está perto? Nossos olhos percebem sem esforço planetas a milhões de léguas de distância e, com o auxílio da Ciência, podemos reconhecer até mesmo as desigualdades de sua superfície. Podemos mesmo imaginar um órgão visual bastante sensível ou um instrumento suficientemente poderoso para permitir distinguir, de nosso globo, os habitantes desses mundos afastados. Por que, então, os que entraram na sua fase de existência mais elevada, que estão revestidos de corpos espiritualizados, não poderiam contemplar nossa Terra tão facilmente quanto na época em que era a sua morada?

Isto pode ser verdade, mas, se o aceitamos assim, não abusamos: poder-se-ia abusar. Não pensamos nos mortos como se eles nos contemplassem com um amor parcial, terreno. Eles nos amam mais que nunca, mas com uma afeição espiritual depurada. Têm por nós apenas um desejo: o de que nos tornemos dignos de nos reunirmos em sua morada de beneficência e de piedade. Sua visão espiritual penetra as nossas almas; se pudéssemos ouvir a sua voz, não seria uma declaração de afeição pessoal, mas um apelo vivificante a maiores esforços, a uma abnegação mais firme, a uma caridade mais ampla, a uma paciência mais humilde, a uma obediência mais filial à vontade de Deus. Eles respiram a atmosfera da benevolência divina, e sua missão é agora mais elevada do que o era aqui.

Perguntar-me-eis: se nossos mortos conhecem os males que nos afligem, existirá sofrimento nessa vida bendita? Respondo que não posso considerar o Céu senão como um mundo de simpatias. Parece-me que nada pode melhor atrair o olhar de seus habitantes benfazejos do que a visão da miséria de seus irmãos. Mas esta simpatia, se dá origem à tristeza, está longe de tornar infelizes os que a sentem. Neste mundo inferior, a compaixão desinteressada, aliada ao poder de abrandar o sofrimento, é uma garantia de paz, muitas vezes proporcionando os mais puros prazeres. Livres de nossas enfermidades presentes e esclarecidos pela visão mais dilatada da perfeição da governança divina, esta simpatia acrescentará mais encanto à virtude dos seres abençoados e, como qualquer outra fonte de perfeição, só fará aumentar-lhes a felicidade.

[...]

Nossos amigos, que nos deixam por esse outro mundo, não se encontram no meio de desconhecidos; não têm esse sentimento desolado de haver trocado a pátria por uma terra estrangeira. As mais ternas palavras de amizade humana não se aproximam dos acentos de felicitações que os esperam quando chegarem àquela morada. Lá o Espírito tem meios mais seguros de se revelar do que aqui; o recém-chegado sente-se e se vê cercado de virtudes e de bondade e, por essa visão íntima dos Espíritos simpáticos que os rodeiam, ligações mais fortes que as cimentadas pelos anos na Terra podem criar-se momentaneamente. As mais íntimas afeições na Terra são frias, comparadas às dos Espíritos. De que maneira eles se comunicam? Em que língua e por meio de que órgãos? Ignoramo-lo, mas sabemos que o Espírito, progredindo, deve adquirir maior facilidade para transmitir o seu pensamento.

    Incorreríamos em erro se crêssemos que os habitantes do Céu se limitam à comunicação recíproca de suas ideias; ao contrário, os que atingem esse mundo entram em novo estado de atividade, de vida e de esforços. Somos levados a pensar que o estado futuro seja de tal modo feliz que ninguém ali necessite de auxílio, que o esforço cesse, que os bons nada tenham a fazer senão gozar. A verdade, entretanto, é que toda ação na Terra, mesmo a mais intensa, não passa de jogo infantil, comparado à atividade, à energia desdobrada nessa vida mais elevada. E deve ser assim, porquanto não há princípio mais ativo que a inteligência, a beneficência, o amor da verdade, a sede da perfeição, a piedade pelos sofrimentos e o devotamento à obra divina, que são os princípios expansivos da vida de Além-Túmulo. É, então, que a alma tem consciência de suas capacidades, que a verdade infinita se manifesta diante de nós, que sentimos que o universo é uma esfera sem limites para a descoberta, para a Ciência, para a caridade e para a adoração. Esses novos objetivos da vida, que reduzem a nada os interesses atuais, manifestam-se constantemente. Não se deve, pois, imaginar que o Céu seja composto de uma comunidade estacionária. Eu o concebo como um mundo de planos e de esforços prodigiosos para o seu próprio melhoramento. Considero-o como uma sociedade a atravessar fases sucessivas de desenvolvimento, de virtudes, de conhecimentos, de poder, pela energia de seus próprios membros.

    O gênio celeste está sempre ativo a explorar as grande leis da Criação e os princípios eternos do espírito, a desvendar o belo na ordem do universo e a descobrir os meios de avanço para cada alma. Lá, como aqui, há inteligências de diversas graus, e os Espíritos mais evoluídos encontram a felicidade e o progresso educando os mais atrasados. Lá o trabalho de educação, como na Terra, progride sempre, e uma filosofia mais divina que a ensinada entre nós revela ao Espírito a sua própria essência, estimulando-o a esforços alegres para a sua própria perfeição.

## Junho de 1861

O Céu encontra-se em relação com outros mundos; seus habitantes são os mensageiros de Deus em toda a Criação; eles têm grandes missões a cumprir e, pelo progresso de sua existência sem-fim, pode Deus lhes confiar o cuidado de outros mundos."

Este discurso foi pronunciado em 1834. Nessa época não se cogitava de manifestações de Espíritos na América. Channing, portanto, não as conhecia; do contrário teria afirmado o que em certos pontos apenas admitiu como hipótese. Mas não é notável ver esse homem pressentir com tanta precisão aquilo que só deveria ser revelado alguns anos mais tarde? Porque, salvo poucas exceções, sua descrição da vida futura concorda perfeitamente. Só falta a reencarnação; aliás, se a examinarmos bem, vemos que dela ele se aproxima, como chega perto das manifestações, sobre as quais se cala, porque não as conhece. Com efeito, admite o mundo invisível que nos rodeia, em meio a nós, cheio de solicitude por nós, auxiliando-nos a progredir. Daí às comunicações diretas não há senão um passo. Não admite no mundo celeste a contemplação perpétua, mas a atividade e o progresso; aceita a pluralidade dos mundos corpóreos, mais ou menos adiantados. Se tivesse dito que os Espíritos podiam realizar o seu progresso passando por esses diferentes mundos, teríamos aí a reencarnação. Sem esta, a ideia desses mundos progressivos é mesmo inconciliável com a criação das almas no momento do nascimento dos corpos, a menos que se admita tenham as almas sido criadas mais ou menos perfeitas; neste caso, seria necessário justificar essa preferência. Não é mais lógico dizer que se as almas de um mundo são mais avançadas que as de outro, é que já viveram em mundos inferiores? O mesmo se pode dizer dos habitantes da Terra, comparados entre si, desde o selvagem até o homem civilizado. Seja como for, perguntamos se tal retrato da vida de Além-Túmulo, por suas deduções lógicas, acessíveis às inteligências mais vulgares e aceita pela mais severa razão, não é cem vezes mais adequada para infundir a convicção e a confiança no futuro, do que a horrível e inadmissível descrição das torturas sem-fim, tomadas de empréstimo do Tártaro do paganismo? Os que pregam essas crenças não fazem a menor ideia do número de incrédulos que geram, nem dos recrutas que arregimentam para a falange dos materialistas.

Notemos que Milton, citado nesse discurso, emite sobre o mundo invisível ambiente uma opinião em tudo conforme à de Channing, que é também a dos espíritas modernos. É que Milton, como Channing e como tantos outros homens eminentes, eram espíritas por intuição. É por isso que não cessamos de afirmar que o Espiritismo não é uma invenção moderna; é de todos os tempos, porque houve almas em todos os tempos e em todos os tempos a massa de homens acreditou na alma. Assim, encontram-se traços dessas ideias numa multidão de escritores, antigos e modernos, sagrados e profanos. Essa intuição das ideias espíritas é de tal modo geral que vemos todos os dias uma porção de pessoas que, delas ouvindo falar pela primeira vez, absolutamente não se admiram: não faltava senão uma sistematização para a sua crença.

# Correspondência

## Carta do Sr. Roustaing, de Bordeaux

A carta seguinte nos foi enviada pelo *Sr. Roustaing*, advogado na Corte Imperial de Bordeaux, antigo bastonário. Os princípios aí altamente expressos por um homem de sua posição, posto entre os mais esclarecidos, talvez levem a refletir aqueles que, julgando ter o privilégio da razão, classificam, sem cerimônia, todos os adeptos do Espiritismo como imbecis.

"Meu caro senhor e muito honrado chefe espírita,

Recebi a doce influência e colhi o benefício destas palavras do Cristo a Tomé: 'Felizes os que não viram e creram.'[101] Profundas, verdadeiras e divinas palavras, que mostram a via mais segura, a mais racional, que conduz à fé, segundo a máxima de Paulo, que o Espiritismo cumpriu e realiza: *Rationabile sit obsequium vestrum*.

---

[101] N.E.: João, 20:29.

Quando vos escrevi em março último, pela primeira vez, dizia: *Nada vi, mas li e compreendi; e creio*. Deus me recompensou muito por ter acreditado sem ter visto; depois vi e vi bem; vi em condições proveitosas, e a parte experimental veio animar, se assim me posso exprimir, a fé que a parte doutrinária me proporcionara e, fortalecendo-a, imprimir-lhe a vida.

Depois de ter estudado e compreendido, eu conhecia o mundo invisível como conhece Paris quem a estudou sobre o mapa. Por experiência, trabalho e observação continuada, cheguei a conhecer o mundo invisível e seus habitantes, como conhece Paris quem a percorreu, mas sem ter ainda penetrado em todos os recantos desta vasta capital. Contudo, desde o começo do mês de abril, graças ao conhecimento que me proporcionastes, do excelente Sr. Sabò e de sua família patriarcal, todos bons e verdadeiros espíritas, pude trabalhar e trabalho constantemente com eles, todos os dias, quer em minha casa, quer na presença e com o concurso dos adeptos de nossa cidade, que estão convictos da veracidade do Espiritismo, embora nem todos ainda sejam, de fato e na prática, espíritas.

O Sr. Sabò vos enviou exatamente o produto de nossos trabalhos, obtidos a título de ensinamento por evocações ou manifestações espontâneas dos Espíritos superiores. Experimentamos tanta alegria e surpresa, quanto confusão e humildade, quando recebemos esses ensinamentos, tão preciosos e verdadeiramente sublimes, de tantos Espíritos elevados, que nos vieram visitar ou nos enviaram mensageiros para falar em seu nome.

Ó caro senhor, como sou feliz por não mais pertencer, pelo culto material, à Terra, que agora sei não ser para os nossos Espíritos senão um lugar de exílio, a título de provas ou de expiação! Como sou feliz por conhecer e ter compreendido a *reencarnação*, com todo o seu alcance e todas as suas consequências, como realidade, e não como alegoria. A reencarnação, esta sublime e equitativa Justiça de Deus, como ainda ontem dizia o meu guia protetor, tão bela, tão consoladora, visto deixar a possibilidade de fazer no dia seguinte o que não pudemos fazer na véspera; que faz a criatura progredir para o Criador; 'esta justa e equitativa lei', segundo a expressão de Joseph de Maistre,[102] na evocação que fizemos de seu Espírito, e que recebestes; a reencarnação é, conforme a divina palavra do Cristo, 'o longo e difícil caminho a percorrer para chegar à morada de Deus'.

Agora compreendo o sentido destas palavras de Jesus a Nicodemos: 'Sois doutor da lei e ignorais isto?'[103] Hoje, que Deus me permitiu compreender de maneira completa toda a verdade da lei evangélica, eu me pergunto como a ignorância dos homens, *doutores da lei*, pôde resistir a este ponto à interpretação dos textos; produzir assim o erro e a mentira que engendraram e alimentaram o materialismo, a incredulidade, o fanatismo ou a poltronaria? Eu me pergunto como esta ignorância, este erro puderam produzir-se quanto o Cristo tivera o cuidado de proclamar a necessidade de reviver, dizendo: 'É preciso nascer de novo'[104] e, por aí, a reencarnação, como único meio de alcançar o reino de Deus, o que já era conhecido e ensinado na Terra e que Nicodemos devia saber: 'Sois doutor da lei e ignorais isto!' É verdade que o Cristo acrescenta a cada passo: 'Que os que têm ouvidos, ouçam'; e também: 'Têm olhos e não veem; tem ouvidos e não ouvem e não compreendem',[105] o que também se aplica aos que vieram depois dele, assim como aos de seu tempo.

Dissera eu que Deus, em sua bondade, recompensou-me por nossos trabalhos até este dia, e os ensinos que nos foram transmitidos pelos seus divinos mensageiros, 'missionários devotados e inteligentes junto aos seus irmãos' — segundo a expressão do Espírito Fénelon — 'para lhes inspirar o amor e a caridade do próximo, o esquecimento das injúrias e o culto da adoração devido a Deus'. Compreendo agora o admirável alcance destas palavras do

---

[102] N.E.: Conde Joseph-Marie de Maistre (1753–1821), escritor, filósofo, diplomata e advogado. Foi um dos proponentes mais influentes do pensamento contrarrevolucionário ultramontanista no período imediatamente seguinte à Revolução Francesa de 1789.
[103] N.E.: João, 3:10.
[104] N.E.: João, 3:3.
[105] N.E.: Marcos, 8:18.

Espírito Fénelon, quando fala desses divinos mensageiros: 'Viveram tantas vezes que se tornaram nossos mestres.'

Agradeço com alegria e humildade a esses divinos mensageiros por terem vindo nos ensinar que o Cristo está em missão na Terra para a propagação e o sucesso do Espiritismo, esta terceira explosão da Bondade divina, em cumprimento daquela palavra final do Evangelho: '*Unum ovile et unus pastor*'; por nos ter vindo dizer: 'Nada temais! O Cristo — por eles chamado Espírito de Verdade — é o primeiro e mais santo missionário das ideias espíritas.' Estas palavras me tinham tocado vivamente e eu me perguntava: '*Mas onde então está o Cristo em missão na Terra?* A Verdade comanda, conforme expressão do Espírito Marius, bispo dos primeiros tempos da Igreja, essa falange de Espíritos enviados por Deus em missão na Terra, para a propagação e o sucesso do Espiritismo.

Que doces e puras satisfações dão esses trabalhos espíritas, pela caridade feita, com o auxílio da evocação aos Espíritos sofredores! Que consolação entrar em comunicação com os que, na Terra, foram nossos parentes ou amigos; saber que são felizes, ou aliviar-lhes, caso sofram! Que viva e brilhante luz projetam em nossas almas esses ensinos espíritas que, fazendo-nos conhecer a verdade completa da lei do Cristo, dão-nos a fé por nossa própria razão e nos fazem compreender a onipotência do Criador, sua grandeza, sua justiça, sua bondade e sua misericórdia infinitas, colocando-nos assim na deliciosa necessidade de praticar esta Lei divina de amor e de caridade! Que sublime revelação nos dão, ensinando que esses divinos mensageiros, fazendo-nos progredir, progridem eles também, indo aumentar a falange sagrada dos Espíritos perfeitos! A admirável e divina harmonia que nos mostra, ao mesmo tempo, a unidade em Deus e a solidariedade entre todas as criaturas; que nos revela estas sob a influência e o impulso dessa solidariedade, dessa simpatia, dessa reciprocidade, chamadas a subir e subindo, mas não sem passos falsos e sem quedas, nos seus primeiros ensaios, esta longa e alta escada espírita para, após haver percorrido todos os degraus, chegar, do estado de simplicidade e de ignorância originais, à perfeição intelectual e moral e, por esta perfeição, a Deus. Admirável e divina harmonia, que nos mostra esta grande divisão da inferioridade e da superioridade, pela distinção entre os mundos de exílio, onde tudo são provas ou expiações, dos mundos superiores, morada dos Espíritos bons, onde não têm senão que progredir para o bem.

Bem compreendida, a reencarnação ensina aos homens que eles aqui se acham de passagem, livres para não mais voltar, se para isso fizerem o que for necessário; que o poder, as riquezas, as dignidades, a ciência não lhes são dados senão a título de provas e como meio de progredir para o bem; que em suas mãos não são mais que um depósito e um instrumento para a prática da lei de amor e de caridade; que o mendigo que passa ao lado de um grão--senhor é seu irmão perante Deus e talvez o tenha sido diante dos homens; que, talvez, tenha sido rico e poderoso; se agora se encontra numa condição obscura e miserável, é por ter falido em suas terríveis provas, lembrando assim aquela palavra célebre, do ponto de vista das condições sociais: Não há senão um passo do Capitólio à rocha Tarpeia,[106] com a diferença de que, pela reencarnação, o Espírito se levanta de sua queda e pode, depois de haver remontado ao Capitólio, lançar-se de seu picos às regiões celestes, morada esplêndida dos Espíritos bons.

A reencarnação, ao ensinar aos homens, segundo a admirável expressão de Platão,[107] que não há quem não descenda de um pastor, nem pastor que não descenda de um rei, dissipa todas as vaidades terrenas, liberta do culto material, nivela *moralmente* todas as condições sociais; constitui a igualdade, a fraternidade entre os

---

[106] N.E.: Rocha Tarpeia era o nome de um sítio numa das encostas do Capitólio (*Mons Tarpeius*), na cidade de Roma, que se tornou conhecido porque durante o período republicano serviu de local de execução pública de criminosos que traíram o Estado e que foram considerados culpados de perjúrio. O nome de Tarpeia é de origem etrusca e este mesmo nome possuía uma das Sabinas, que, segundo uma das versões da lenda, foi seduzida pelo rei dos raptores (Tácio) e por esta razão traiu o seu pai Semprônio Tarpeio (encarregue pelo rei Rômulo de guardar a cidade), abrindo as portas ao inimigo.

[107] N.E.: Platão (427 a.C.–347 a.C.), filósofo e matemático grego.

homens, como para os Espíritos, em Deus e diante de Deus, e a liberdade que, sem a lei de amor e de caridade, não passa de mentira e de utopia, como ultimamente no-lo dizia o Espírito Washington. Em seu conjunto, o Espiritismo vem dar aos homens a unidade e a verdade em todo progresso intelectual e moral, grande e sublime empreendimento, do qual somos apenas humildes apóstolos.

Adeus, meu caro senhor. Após três meses de silêncio, eu vos sobrecarrego com uma carta muito longa. Respondei quando puderdes e quando quiserdes. Eu me propunha a fazer uma viagem a Paris para ter o prazer de vos conhecer pessoalmente, de vos apertar fraternalmente a mão; minha saúde, porém, opõe-se no momento a tal propósito.

Podeis fazer desta carta o uso que julgardes conveniente. Eu me honro de ser altivamente e publicamente espírita.

Vosso bem dedicado,"

ROUSTAING, advogado

Como nós, todos apreciarão a exatidão dos pensamentos expressos nesta carta. Vê-se que, embora iniciado recentemente, o Sr. Roustaing passou a mestre em assunto de apreciação. É que estudou séria e profundamente, o que lhe permitiu apanhar, com rapidez, todas as consequências dessa grave questão do Espiritismo, não se detendo, em sentido oposto a muita gente, na superfície. Dissera ainda nada ter visto, mas estava convencido, porque havia lido e compreendido. Tem ele isto de comum com muitas criaturas e sempre observamos que estas, longe de serem superficiais, são, ao contrário, as que mais refletem. Ligando-se mais ao fundo do que à forma, para elas a parte filosófica é a principal, sendo acessórios os fenômenos propriamente ditos; dizem que mesmo que tais fenômenos não existissem, nem por isso deixaria de haver uma filosofia, a única que resolve problemas até hoje insolúveis; a única a dar, do passado e do futuro do homem, a teoria mais racional. Ora, eles preferem uma doutrina que explica a uma que nada explica, ou explica mal. Quem quer que reflita, compreende perfeitamente que se pode fazer abstração das manifestações sem que, por isso, deixe a doutrina de subsistir. As manifestações vêm corroborá-la, confirmá-la, mas não são a sua base essencial. O discurso de Channing, que acabamos de citar, é prova disso, porque, cerca de vinte anos antes dessa grande exibição de manifestações na América, somente o raciocínio o havia conduzido às mesmas consequências.

Há outro ponto, pelo qual também se reconhece o espírita sério; pelas citações que o autor desta carta faz, dos pensamentos contidos nas comunicações que ele recebeu, prova que não se limitou a admirá-las como belos trechos literários, bons para conservar num álbum, mas que as estuda, medita e tira proveito. Infelizmente há muitos para quem esse importante ensinamento permanece letra morta; que colecionam essas belas comunicações como certa gente coleciona belos livros, mas sem os ler.

Devemos, além disso, felicitar o Sr. Roustaing pela declaração com que termina sua carta. Infelizmente nem todos têm, como ele, a coragem da própria opinião, o que estimula os adversários. Entretanto, forçoso é reconhecer que as coisas têm mudado muito neste particular, de algum tempo a esta parte. Há dois anos apenas, muitas pessoas só falavam do Espiritismo entre quatro paredes; só compravam livros às escondidas e tinham grande cuidado em não os deixar em evidência. Hoje é bem diferente; já se familiarizaram com os epítetos *grosseiros* dos gracejadores e deles se riem, em vez de se ofenderem. Não mais têm receio em confessar-se espíritas abertamente, como não temem dizer-se partidários de tal ou qual filosofia, do magnetismo, do sonambulismo etc.; discutem livremente o assunto com o primeiro que chegar, como discutiriam sobre os clássicos e os românticos, sem se sentirem humilhados por serem a favor destes ou daqueles. É um progresso imenso, que prova duas coisas: o progresso das ideias espíritas em geral, e a pouca consistência dos argumentos dos adversários. Terá como consequência impor silêncio a estes últimos, que se julgavam fortes por se crerem mais numerosos;

mas quando, de todos os lados, encontram com quem falar, não diremos que serão convertidos, mas guardarão reserva. Conhecemos uma pequena cidade da província, onde, há um ano, o Espiritismo não contava senão com um adepto, que era apontado a dedo como um bicho estranho e assim considerado; e, quem sabe? talvez até deserdado por sua família ou destituído de seu cargo. Hoje os adeptos ali são numerosos; reúnem-se abertamente, sem se inquietarem com o que dirão; e quando se viram entre eles autoridades municipais, funcionários, oficiais, engenheiros, advogados, tabeliães e outros, que não ocultavam suas simpatias pelo Espiritismo, os trocistas cessaram de zombar e o jornal da localidade, redigido por um espírito muito forte, que já havia lançado alguns dardos e se aprestava para pulverizar a nova doutrina, temendo encontrar pelas costas partido mais forte que o dele, guardou prudente silêncio. É a história de muitas outras localidades, história que se generalizará à medida que os partidários do Espiritismo, cujo número aumenta diariamente, levantam a cabeça e a voz. Bem podem querer abater uma cabeça que se mostre, mas quando há vinte, quarenta, cem pessoas que não receiam falar alto e firme, pensam duas vezes, e isso dá coragem a quem não a possui.

## A prece

Um de nossos correspondentes de Lyon nos envia o seguinte trecho de poesia. Entra muito no espírito da Doutrina Espírita, para não nos privarmos do prazer de lhe conceder espaço em nossa *Revista*.

Mais não possa, mortais, por meus fracos acentos
Pôr-vos no coração o incenso dos alentos!
Em versos aprendeis, ouvindo-lhe a expressão,
Isso que é suplicar, isso que é oração.
É, num fluido ardoroso, um impulso de amor,
Que da alma se projeta e se eleva ao Senhor.
Sublimada expansão da humilde criatura
O que retorna à fonte excelsa da natura!
Orar não muda em nada as sábias leis do Eterno,

Inalteráveis sempre; o coração paterno
Derrama o influxo seu sobre aquele que o implora
E assim redobra o ardor do fogo que o devora.
É então que o ser se sente elevar e crescer;
E ao próximo de amor o coração bater.
Mas ele esparge amor, mais augusto é o saber
Que enche o seu coração de altos dons a deter.
Um santo anseio, então, de rogar pelos mortos,
Sob o peso da pena e agudos desconfortos,
Nos mostra a precisão que o estado seu reclama
De então lhes dirigir o fluido da alma que ama,
Que, bálsamo eficaz e tão consolador,
Penetra-lhes no ser como um libertador.
Tudo se lhes reanima; um raio de esperança
Ajuda-lhes o esforço e à redenção os lança.
Assim como os mortais vencidos pelo mal
Que um bálsamo supremo os leva ao natural,
Regenerados são por um impulso oculto
Da augusta prece ardente e seu divino culto.
Redobremos o ardor; nada se perde enfim;
Peçamos mais e mais por eles até o fim;
A prece, sempre a prece, essa chispa divina,
Faz-se foco de amor, pois ao final domina.
Sim, pelos mortos, sempre oremos com fervor,
Que eles nos enviarão doce raio de amor.

JOLY

Nestes versos, evidentemente inspirados por um Espírito elevado, o objetivo e os efeitos da prece são definidos com perfeita exatidão. Certamente Deus não derroga suas leis a pedido nosso, pois de outro modo seria a negação de um de seus atributos, que é a imutabilidade, mas a prece age principalmente sobre aquele que constitui o seu objeto; é, em primeiro lugar, um testemunho de simpatia e de comiseração que se lhe dá e que, por isso mesmo, faz com que a sua pena lhe pareça menos pesada; em segundo lugar, tem por efeito ativo estimular o Espírito ao arrependimento de suas faltas, inspirando-lhe o desejo de as reparar pela prática do bem. Disse Deus: "A cada um segundo as suas obras."[108] Lei eminentemente justa, que nos põe a sorte em nossas próprias mãos e que tem como consequência subordinar a duração da pena à duração da impenitência; de onde se segue que a pena seria eterna, se eterna fosse a impenitência. Se, pois, pela ação moral da prece, provocarmos o arrependimento e a reparação voluntária, por ela mesma abreviamos o tempo da expiação. Tudo isto está perfeitamente expresso nos versos acima. Esta Doutrina pode não ser muito ortodoxa aos olhos dos que creem num Deus impiedoso, surdo à voz que o implora, condenando a torturas sem-fim suas próprias criaturas pelas faltas de uma vida passageira. Mas convenhamos que ela é mais lógica e mais conforme à verdadeira justiça e à bondade de Deus. Tudo nos diz, assim a religião como a razão, que Deus é infinitamente bom; com o dogma do fogo eterno, forçoso é ajuntar que ele é, ao mesmo tempo, infinitamente impiedoso, dois atributos que se anulam reciprocamente, pois um é a negação do outro. Quanto ao mais, o número dos partidários da eternidade das penas diminui todos os dias: é um fato positivo, incontestável; logo estará tão restrito que poderão ser contados. E mesmo que a Igreja, desde hoje, tachasse de heresia e, consequentemente, rejeitasse de seu seio todos quantos não creem nas penas eternas, haveria entre os católicos mais heréticos do que verdadeiros crentes, sendo preciso condenar, ao mesmo tempo, todos os eclesiásticos e teólogos que, como nós, interpretam essa palavra num sentido relativo, e não absoluto.

## Conversas familiares de Além-Túmulo

É um erro imaginar que não tenhamos nada a ganhar nas conversas com os Espíritos de homens vulgares, e que só dos homens ilustres podem sair ensinamentos proveitosos. Em seu número, por certo, muitos serão insignificantes, mas muitos, também, de quem menos se espera, saem revelações de grande importância para o observador sério. Aliás, há um ponto que nos interessa em grau

---

[108] N.E.: MATEUS, 16:27.

supremo, porque nos toca mais de perto: é a passagem, a transição da vida atual à vida futura, passagem tão temida que só o Espiritismo pode nos fazer encará-la sem pavor, e que só podemos conhecer estudando os casos atuais, isto é, os que acabam de transpô-la, sejam ilustres ou não.

## O marquês de Saint-Paul

Morto em 1860. Evocado a pedido de sua irmã, membro da Sociedade, em 16 de maio de 1861.

1. *Evocação.*

*Resp.* – Eis-me aqui.

2. A senhora vossa irmã pediu-nos para vos evocar, embora seja médium, mas não ainda bastante desenvolvida para sentir-se segura.

*Resp.* – Tentarei responder da melhor forma possível.

3. Primeiramente ela deseja saber se sois feliz.

*Resp.* – Estou errante e este estado transitório nunca traz felicidade nem castigo absolutos.

4. Demorastes muito tempo para vos reconhecerdes?

*Resp.* – Fiquei muito tempo em perturbação, e dela não saí senão para bendizer a piedade dos que não me esqueciam e oravam por mim.

5. Podeis avaliar o tempo dessa perturbação?

*Resp.* – Não.

6. Quais de vossos parentes logo reconhecestes?

*Resp.* – Reconheci minha mãe e meu pai; ambos me receberam ao despertar. Eles me iniciaram na vida nova.

7. Como explicar que no fim de vossa doença parecíeis conversar com os que havíeis amado na Terra?

*Resp.* – Porque tive, antes de morrer, a revelação do mundo que iria habitar. Eu era vidente antes de morrer e meus olhos se velaram na passagem da separação definitiva do corpo, porque muito vigorosos ainda eram os laços carnais.

OBSERVAÇÃO – O fenômeno do desprendimento antecipado da alma é muito frequente. Antes de morrer, muitas pessoas entreveem o mundo dos Espíritos; é, sem dúvida, com o objetivo de suavizar, pela esperança, o pesar de deixar a vida. Mas o Espírito acrescenta que seus olhos se velaram durante a separação; é, com efeito, o que sempre ocorre. Nesse momento o Espírito, perdendo a consciência de si mesmo, jamais testemunha o último suspiro de seu corpo e a separação se opera sem que dela se dê conta. As próprias convulsões da agonia são um efeito puramente físico, cuja sensação o Espírito quase nunca experimenta; dizemos *quase* porque pode acontecer que estas últimas dores lhe sejam infligidas como castigo.

8. Como é que as lembranças da infância parecem vir de preferência a outras?

*Resp.* – Porque o começo é mais aproximado do fim do que o meio da vida.

9. O que pretendeis significar com isso?

*Resp.* – Que os moribundos se lembram e veem, *como consoladora miragem*, os anos jovens e inocentes.

OBSERVAÇÃO – É provavelmente por um motivo providencial semelhante que os velhos, à medida que se lhes aproxima o termo da vida, algumas vezes têm lembranças tão precisas dos menores detalhes de seus primeiros anos.

10. Por que, referindo-se ao vosso corpo, faláveis sempre na terceira pessoa?

*Resp.* – Porque, como disse, eu era vidente e sentia claramente as diferenças que existem entre o físico e o moral; tais diferenças, ligadas entre si pelo fluido da vida, tornam-se bem distintas aos olhos dos agonizantes clarividentes.

OBSERVAÇÃO – Eis aí uma particularidade singular, apresentada pela morte desse senhor. Nos seus últimos momentos dizia sempre: "Ele tem sede, é preciso dar-lhe de beber; ele tem frio, é preciso aquecê-lo; ele sofre em tal região etc." E quando lhe diziam: "Mas sois vós que tendes sede", ele respondia: "Não, é ele." Aqui se desenham perfeitamente as duas existências; o *eu* pensante está no Espírito, e não no corpo; já em parte desprendido, o Espírito considerava seu corpo como outra individualidade, que, a bem dizer, não era *ele*. Era, pois, ao seu corpo que deviam dar de beber, e não a ele, Espírito.

11. O que dissestes do vosso estado errante e da duração da vossa perturbação levam a crer que não sois muito feliz e, no entanto, vossas qualidades deveriam fazer supor o contrário. Aliás, há Espíritos errantes que são muito felizes, como os há muito infelizes.

*Resp.* – Estou num estado transitório. As virtudes humanas aqui adquirem seu verdadeiro valor. Sem dúvida meu estado é cem mil vezes preferível ao da encarnação terrena, mas sempre carreguei comigo as aspirações do verdadeiro bem e do verdadeiro belo, e minha alma não será saciada senão quando se alçar aos pés de seu Criador.

## HENRI MONDEUX

(Sociedade Espírita Parisiense – 26 de abril de 1861)

Os jornais anunciaram, em fevereiro último, a morte súbita do pastor Henri Mondeux, o célebre calculador, que sucumbiu nos primeiros dias de fevereiro de 1861 a um ataque de apoplexia na diligência de Condom (Gers), com cerca de 34 anos. Tinha nascido na Touraine e desde a idade de 10 anos fez-se notar pela prodigiosa facilidade com que resolvia, de cabeça, as mais intrincadas questões de Aritmética, embora completamente iletrado e não havendo feito nenhum estudo especial. Logo atraiu a atenção e muitas pessoas iam vê-lo, enquanto pastoreava seus rebanhos. Os visitantes divertiam-se em propor-lhe problemas, o que lhe proporcionava pequeno lucro. Lembravam ainda o pastor napolitano, Vito Mangiamele que, poucos anos antes, tinha apresentado um fenômeno semelhante. Um professor de Matemática do colégio de Tours pensou que um dom natural tão notável deveria dar resultados surpreendentes, se fosse auxiliado. Em consequência, empenhou-se na tarefa de educá-lo, mas não tardou a perceber que lidava com uma das mais refratárias naturezas. Com efeito, aos 16 anos, mal sabia ler e escrever correntemente e, coisa extraordinária, jamais conseguira o professor que ele retivesse o nome das figuras elementares de Geometria, de sorte que sua faculdade era inteiramente circunscrita às combinações numéricas. Era, pois, um calculador, mas não um matemático.

Outra singularidade é que ele jamais pôde dobrar-se às nossas fórmulas de cálculo; nem mesmo as compreendia; tinha sua própria maneira, à qual nunca pôde dar conta de maneira clara, não sendo capaz de explicá-la nem aos outros, nem a si mesmo, e que se prendia a uma memória prodigiosa dos números. Dizemos dos números, e não dos algarismos, porque a visão destes últimos o atrapalhava mais que o ajudava; preferia que os problemas fossem colocados verbalmente, e não por escrito.

Tal é, em resumo, o resultado das observações que nós próprios fizemos sobre o jovem Mondeux, e que, na ocasião, nos forneceram assunto para uma Memória, lida na Sociedade Frenológica de Paris.

Uma faculdade tão exclusiva, conquanto levada ao extremo limite, não podia abrir-lhe nenhuma carreira, porque nem mesmo poderia ser contador numa casa comercial, e disto seu professor se apavorava, e com razão; este quase se censurava por havê-lo retirado de suas vacas, perguntando-se o que seria dele quando os anos o tivessem privado do interesse a ele ligado, sobretudo em razão da sua idade. Nós o perdemos de vista há dezoito anos; parece que encontrou algum meio de subsistência dando sessões de cidade em cidade.

1. *Evocação.*

*Resp.* – 4 e 3 são sete, tanto nos outros mundos, como aqui.

2. Queríamos evocar-vos pouco depois de vossa morte, mas nos foi dito que não vos encontráveis em condição de responder. Parece que estais agora?

*Resp.* – Eu vos esperava.

3. É provável que não vos lembreis de mim, embora eu tenha tido ocasião de vos conhecer muito particularmente na Prússia, e mesmo de assistir às vossas sessões. Quanto a mim, ainda me parece vos ver, bem como ao professor de matemática que vos acompanhava, e que me deu preciosas informações sobre vós e vossa faculdade.

*Resp.* – Tudo isto é para que eu diga que me recordo de vós, mas somente hoje, em que minhas ideias estão lúcidas.

4. De onde vinha a estranha faculdade de que éreis dotado?

*Resp.* – Ah! eis a pergunta que eu sabia iríeis me dirigir. Começa-se por dizer: eu vos conhecia, eu vos tinha visto, éreis notável e, enfim, chegais ao que de fato quereis. Pois bem! eu tinha a faculdade de poder ler em meu espírito os cálculos imediatos de um problema; dizei que um Espírito expunha diante de mim a solução: eu tinha apenas de ler; eu era médium vidente e calculador e, não devo negar, uma pequena tabuada.

5. Tanto quanto posso lembrar-me, quando vivo não tínheis este espírito brincalhão, cáustico. Não éreis mesmo um pouco grave?

*Resp.* – Veja! porque a faculdade foi sempre empregada nisto, não restava mais outra coisa.

6. Como é que essa faculdade, tão desenvolvida para o cálculo, fosse tão incompleta para as outras partes mais elementares da Matemática?

*Resp.* – Por certo eu era um tolo, não é mesmo? Dizei a palavra, eu a aceitarei. Mas aqui, compreendeis, não mais tenho que desenvolver a minha faculdade para as cifras, e ela se desenvolve rapidamente para outras coisas.

7. Não tendes mais de desenvolvê-la para os números... (O Espírito escreve sem esperar o fim da pergunta.)

*Resp.* – Quer dizer que Deus nos deu a todos uma missão: Tu, disse-me ele, vai espantar os sábios matemáticos; far-te-ei parecer sem inteligência para que fiquem mais impressionados; derrota todos os seus cálculos e faze que eles se digam: Mas que tem ele acima de nós? Que tem de mais forte que o estudo? Queria Deus levá-los a procurar além do corpo? O que existirá de mais material que um algarismo?

8. Que fostes em outras existências?

*Resp.* – Fui enviado para mostrar outras coisas.

9. Eram sempre relativas à Matemática?

*Resp.* – Sem dúvida, desde que é a minha especialidade.

10. Eu tinha formulado alguns problemas para saber se tínheis sempre a mesma faculdade. Mas, de acordo com o que dizeis, julgo não ser mais necessário.

*Resp.* – Mas não tenho mais soluções a dar; não posso mais. O instrumento é mau, pois não é matemático.

11. Não poderíeis vencer a dificuldade?

*Resp.* – Ah! nada é invencível; a própria Sebastopol foi tomada. Mas que diferença!

12. Em que vos ocupais agora?

*Resp.* – Quereis saber a que me entrego? Passeio e espero um pouco antes de recomeçar minha carreira como médium, que deve continuar.

13. Em que gênero pensais exercer esta faculdade mediúnica?

*Resp.* – Sempre a mesma, porém, mais desenvolvida, mais surpreendente.

14. [Um membro faz a seguinte reflexão.] Das respostas do Espírito infere-se que ele agiu como médium na Terra, levando a crer que teria sido auxiliado por outro Espírito, o que explicaria por que hoje já não goza dessa faculdade.

*Resp.* – É que meu Espírito foi feito de propósito para ver os números que outros Espíritos me passavam; ele os captava melhor do que o faríeis; tinha o dom do cálculo, pois foi nesse gênero que eu me exercitava. Buscam-se todos os meios de convencer; todos são bons, pequenos ou grandes, e os Espíritos assenhoreiam-se de todos.

15. Fizestes fortuna com vossa faculdade, correndo o mundo para dar sessões?

*Resp.* – Oh! perguntar se um médium faz fortuna! Vós vos enganais de *caminho*. Claro que não.

16. Mas não vos consideráveis como médium? Nem mesmo sabíeis do que se tratava?

*Resp.* – Não. Também me admirava de que me servisse tão pouco pecuniariamente. Isto me ajudou moralmente e prefiro o meu ativo, escrito no grande livro de Deus, às rendas que teria obtido do Estado.

17. Agradecemos por vos terdes dignado a responder ao nosso chamado.

*Resp.* – Mudaste de opinião quanto à minha pessoa.

18. Não mudei; sempre tive por vós grande estima.

*Resp.* – Felizmente eu resolvia as questões, sem o que não me teríeis olhado.

Observação – Como se sabe, a identidade dos Espíritos é difícil de ser constatada. Geralmente se revela por circunstâncias e detalhes imprevistos, por matizes delicados que somente uma observação atenta pode captar; isto é mais significativo do que os sinais materiais, sempre fáceis de imitar pelos Espíritos enganadores que, no entanto, não podem simular a capacidade intelectual ou as qualidades morais que lhes faltam. Poder-se-ia, pois, duvidar da identidade, nessa circunstância, sem a explicação muito lógica que o Espírito dá da diferença existente entre seu caráter atual e o que mostrava em vida; porque a resposta numérica que ele dá à evocação não pode ser considerada como prova autêntica. Seja qual for a opinião que se possa formar a respeito da evocação acima, temos de convir que, ao lado de pensamentos faceciosos, ela os encerra profundos; sobretudo as respostas às perguntas 7 e 16 são notáveis quanto a isto. Delas ressalta igualmente, assim como das respostas dadas por outros Espíritos, que o Espírito Mondeux tem uma predisposição para a Matemática; que é provável tenha exercido essa faculdade em outras existências, mas que não pertenceu ao rol de nenhuma das celebridades da Ciência. Dificilmente se conceberia que um verdadeiro sábio fosse reduzido a fazer esforços de cálculo para divertir o público, sem alcance e sem utilidade científicas. Haveria muito mais motivos para duvidar de sua identidade se se tivesse feito passar por Newton ou Laplace.[109]

## Sra. Anaïs Gourdon

Jovem mulher, notável pela doçura de caráter e pelas mais eminentes qualidades morais, falecida em 1860. Evocada a pedido de seu pai e de seu marido. Pertencia a uma família de

---

[109] N.E.: Pierre-Simon de Laplace (1749–1827), astrônomo e matemático francês.

trabalhadores das minas de carvão nos arredores de Saint-Étienne, circunstância importante para melhor apreciar a sua evocação.

1. *Evocação.*

*Resp.* – Eis-me aqui.

2. Vosso marido e vosso pai pediram-me que vos chamasse e se sentirão felizes em obter uma comunicação vossa.

*Resp.* – Também estou muito feliz em poder dá-la.

3. Por que fostes subtraída tão cedo à afeição de vossa família?

*Resp.* – Porque terminavam as minhas provas terrestres.

4. Ides vê-los algumas vezes?

*Resp.* – Oh! estou incessantemente junto deles.

5. Sois feliz como Espírito?

*Resp.* – Sou feliz; espero, aguardo, amo; os Céus não constituem terror para mim e espero, confiante e com amor, que as brancas asas me conduzam.

6. Que entendeis por essas asas?

*Resp.* – Entendo tornar-me Espírito puro e resplandecer como os mensageiros celestes, que me deslumbram.

OBSERVAÇÃO – As asas dos anjos, arcanjos e serafins, que são Espíritos puros, não passam, evidentemente, de um atributo imaginado pelos homens para descrever a rapidez com a qual se transportam, uma vez que a sua natureza etérea os dispensa de qualquer sustentáculo para percorrer os espaços. Contudo, podem aparecer aos homens com esse acessório e, assim, corresponderem ao pensamento destes, do mesmo modo que outros Espíritos tomam a aparência que tinham na Terra, para se fazerem mais bem conhecidos.

JUNHO DE 1861

7. Vedes vosso cunhado, morto há algum tempo e que evocamos o ano passado?

*Resp.* – Eu o vi entre os Espíritos, quando cheguei. Agora não o vejo mais.

8. Por que não o vedes mais?

*Resp.* – Nada sei quanto a isto.

9. Vossos parentes podem fazer algo que vos seja agradável?

*Resp.* – Podem; esses entes queridos não devem mais me entristecer com a visão de seus pesares, pois sabem que não estou perdida para eles. Que meu pensamento lhes seja suave, leve e perfumado em sua lembrança. Transitei na vida como uma flor, e nada de triste deve subsistir de minha rápida passagem.

10. Como se explica que a vossa linguagem seja tão poética e tão pouco relacionada com a posição que tínheis na Terra?

*Resp.* – Porque é minha alma que fala. Sim, eu tinha conhecimentos adquiridos, e muitas vezes Deus permite que Espíritos delicados se encarnem entre os homens mais rudes para lhes fazer pressentir as delicadezas que atingirão e que mais tarde compreenderão.

OBSERVAÇÃO – Sem esta explicação, tão lógica e tão conforme à solicitude de Deus para com as suas criaturas, dificilmente nos daríamos conta do que, à primeira vista, poderia parecer uma anomalia. Com efeito, que de mais gracioso e mais poético que a linguagem do Espírito dessa jovem senhora, educada em meio aos mais rudes trabalhos? A contrapartida se vê muitas vezes; são Espíritos inferiores, encarnados entre homens mais adiantados, mas com objetivo oposto. É em vista de seu próprio adiantamento que Deus os põe em contato com um mundo esclarecido e, algumas vezes, também, para servirem de prova a esse mesmo mundo. Que outra filosofia pode resolver tais problemas?

11. Evocação do Sr. Gourdon, filho mais velho, já evocado em 1860.

*Resp.* – Eis-me aqui.

12. Lembrai-vos de que já fostes chamado por mim?

*Resp.* – Sim, perfeitamente.

13. Como é que vossa cunhada não vos vê mais?

*Resp.* – Ela se elevou.

OBSERVAÇÃO – A esta pergunta ela havia respondido: "Nada sei quanto a isto"; sem dúvida por modéstia. Agora tudo se explica: de uma natureza superior, pertence a uma ordem mais elevada, enquanto ele ainda está retido na Terra. Seguem caminhos diferentes.

14. Quais têm sido vossas ocupações desde aquela época?

*Resp.* – Avancei na via dos conhecimentos, ouvindo as instruções dos nossos guias.

15. Poderíeis dar uma comunicação para o vosso pai, que ficará muito feliz?

*Resp.* – Caro pai, não creias perdidos os teus filhos e não sofras ante a visão dos nossos lugares vazios. Eu também te espero, sem nenhuma impaciência, porque sei que os dias que passam são outros tantos degraus subidos, a nos aproximarem um do outro. Sê grave e recolhido, mas não triste, porquanto a tristeza é uma censura muda, dirigida a Deus, que quer ser louvado em suas obras. Aliás, por que sofrer nesta vida triste, onde tudo se apaga, exceto o bem ou o mal que realizamos? Caro pai, coragem e confiança!

OBSERVAÇÃO – A primeira evocação deste rapaz era marcada pelos mesmos sentimentos de piedade filial e de elevação. Tinha sido imensa consolação para os pais, que não podiam suportar sua perda. Compreende-se que a mesma coisa deveria ocorrer com a jovem senhora.

## Efeitos do desespero

Somente para registrar os acidentes funestos que chegam ao conhecimento do público, causados pelo desespero, seriam necessários volumes e mais volumes. Quantos suicídios, doenças, mortes involuntárias, casos de loucura, atos de vingança, crimes mesmo, não produz ele todos os dias! Uma estatística muito instrutiva seria a das causas primeiras que levaram à perturbação do cérebro; nela se veria que o desespero entra, pelo menos, com quatro quintos. Mas não é disto que queremos nos ocupar hoje. Eis dois fatos assinalados pelos jornais, não a título de novidades, mas como assunto de observação.

### Morte do Sr. Laferrière, membro do Instituto

Lê-se no *Siècle* de 17 de fevereiro último o relato das exéquias do Sr. Laferrière:

> Terça-feira passada conduzimos à sua última morada, com alguns amigos entristecidos, uma jovem de 20 anos, arrebatada por uma doença de alguns dias. O pai dessa filha única era o Sr. Laferrière, membro do Instituto, inspetor-geral das Faculdades de Direito. O excesso de dor fulminou esse pai infeliz e a resignação da fé cristã foi impotente para o consolar.
>
> Trinta e seis horas mais tarde, a morte vibrou um segundo golpe, e a mesma semana, que havia separado do pai a filha, os reuniu novamente. Uma multidão numerosa e consternada seguia hoje o esquife do Sr. Laferrière.

Segundo o jornal, o Sr. Laferrière tinha sentimentos religiosos, o que apreciamos, porquanto não se deve crer que todos os sábios sejam materialistas. Entretanto, esses sentimentos não o impediram de sucumbir ao desespero. Estamos convictos de que se tivesse ideias menos vagas e mais positivas sobre o futuro, tais as que dá o Espiritismo; se tivesse acreditado na presença da filha ao seu lado; se houvesse tido a consolação de comunicar-se com ela, por certo teria compreendido que dela não estava separado senão materialmente e por determinado tempo; e teria tido paciência, submetendo-se à vontade de Deus quanto ao momento de sua reunião; ter-se-ia acalmado pela ideia de que seu próprio desespero era uma causa de perturbação para a felicidade do objeto de sua afeição.

## Suicídio do Sr. Léon L...

Estas reflexões se aplicam ainda, e com mais razão, ao fato seguinte, que se lê no *Siècle* de 1º de março último:

> O Sr. Léon L..., de 25 anos, empresário de ônibus de Villemonble, em Paris, havia se casado, há cerca de dois anos, com uma jovem a quem amava apaixonadamente. O nascimento de um filho, hoje com 1 ano, viera estreitar ainda mais a afeição do casal. Como seus negócios prosperavam, tudo lhes parecia pressagiar um longo futuro de felicidades.
>
> Há alguns meses a Sra. L... foi subitamente acometida de febre tifoide e, apesar dos mais assíduos cuidados, malgrado todos os recursos da Ciência, sucumbiu em pouco tempo. A partir desse momento, o Sr. L... foi tomado de grande melancolia, da qual nada podia subtraí-lo. Muitas vezes ouviam-no dizer que a vida lhe era odiosa e que iria reunir-se àquela que havia levado toda a sua felicidade.
>
> Ontem, voltando de Paris em seu cabriolé, por volta das sete horas da noite, o Sr. L... entregou o veículo ao palafreneiro e, sem dizer uma palavra a ninguém, entrou num aposento situado no rés do chão, contíguo à sala de jantar. Uma hora mais tarde, uma criada veio avisar que o jantar estava servido. Ele respondeu que não tinha necessidade de mais nada; estava recostado

sobre a mesa, a cabeça apoiada nas mãos e parecia tomado de completa prostração.

A doméstica avisou aos pais, que vieram para junto do filho. Tinha perdido a consciência. Correram à procura do Dr. Dubois. À sua chegada o médico constatou que Léon não existia mais. Tinha-se envenenado com o auxílio de uma forte dose de opiáceo,[110] que havia comprado para os seus cavalos.

A morte do rapaz causou viva impressão na região, onde gozava da estima geral.

Certamente o Sr. Léon L... acreditava na vida futura, pois se matou para ir reunir-se à esposa. Se houvesse conhecido, pelo Espiritismo, a sorte que aguarda os suicidas, teria sabido que, longe de apressar o momento dessa união, era um meio infalível de o retardar.

A estes dois fatos, contrapomos o seguinte, mostrando o império que podem exercer as crenças espíritas sobre as resoluções dos que as possuem.

## A VIÚVA E O MÉDICO

Um de nossos correspondentes nos transmite o que segue:

"Uma senhora do meu conhecimento havia perdido o marido, cuja morte era atribuída a um erro médico. A viúva foi tomada de tal ressentimento contra este último, que o perseguia incessantemente com invectivas e ameaças, dizendo-lhe, onde quer que o encontrasse: 'Carrasco, não morrerás senão por minha mão!' Essa senhora era muito piedosa e boa católica, mas foi em vão que, para acalmá-la, lançaram mão dos socorros da religião; chegou a ponto de o médico julgar dever dirigir-se à autoridade, para sua própria segurança.

---

[110] N.T.: No original *laudanum* [láudano]: medicamento cuja base é o ópio.

O Espiritismo conta numerosos adeptos na cidade habitada por essa senhora. Um de meus amigos, excelente espírita, disse-lhe um dia: — Que pensaríeis se pudésseis ainda conversar com o vosso marido? — Oh! — disse ela— se soubesse que tal era possível! Se tivesse certeza de não o haver perdido para sempre, consolar-me-ia e esperaria. Logo lhe deram a prova; seu próprio marido veio ministrar-lhe conselhos e consolo, não tendo ela, pela linguagem do consorte, nenhuma dúvida quanto à presença dele junto a ela. Desde então se operou uma revolução completa em seu espírito; ao desespero sucedeu a calma, e as ideias de vingança deram lugar à resignação. Oito dias depois ela se dirigiu à casa do médico, o qual não se achava muito seguro quanto a essa visita, mas, longe de o ameaçar, ela lhe estende a mão e diz: 'Nada temais, senhor; venho pedir que me perdoe o mal que vos tenho feito, como eu vos perdoo o que me fizestes involuntariamente. Foi meu próprio marido que me aconselhou a postura que tomo no momento; ele me disse que absolutamente não fostes a causa de sua morte. Aliás, tenho agora a certeza de que ele está perto de mim, vê e vela por mim, e que um dia estaremos reunidos. Assim, senhor, não me queirais mal, como, por meu lado, não lhe desejo mais o mal.' Inútil dizer que o médico aceitou logo a reconciliação e teve pressa em saber a causa misteriosa a que, doravante, devia a sua tranquilidade. Assim, sem o Espiritismo, essa senhora provavelmente teria cometido um crime, por mais religiosa que fosse. Isto prova a inutilidade da religião? Não, de forma alguma, mas apenas a insuficiência das ideias que ela dá do futuro, apresentando-o de tal modo vago que deixa em muita gente uma espécie de incerteza, ao passo que o Espiritismo, permitindo, por assim dizer, tocá-lo com o dedo, faz nascer na alma uma confiança e uma segurança mais completas.

Ao pai que perdeu o filho, ao filho que perdeu o pai, ao marido que perdeu a esposa adorada, que consolação dá o materialista? Diz ele: 'Tudo acabou; do ser que vos era tão caro nada resta, absolutamente nada, a não ser esse corpo que logo estará dissolvido. Mas de sua inteligência, de suas qualidades morais, da instrução adquirida, nada; tudo isto é o nada; vós o perdestes para sempre.' Já o espírita diz: 'De tudo isto nada é perdido; tudo existe; só há de menos o invólucro perecível, mas o Espírito, liberto de sua prisão, está radiante; ei-lo, junto de vós; ele vos vê, vos escuta e vos espera. Oh! quanto mal fazem os materialistas ao inocularem, com os seus sofismas, o veneno da incredulidade! Jamais amaram; se assim não fora poderiam ver, impassíveis, os objetos de sua afeição reduzidos a um amontoado de poeira? Parece, pois, que, para eles, Deus reservou maiores rigores, desde que os vemos reduzidos à mais deplorável posição no mundo dos Espíritos; Deus é tanto menos indulgente para com eles quanto mais perto estiveram de se esclarecer.'"

## Dissertações e ensinos espíritas

Por ditados espontâneos

### MUITOS OS CHAMADOS, POUCOS OS ESCOLHIDOS[111]

(Obtido pelo Sr. d'Ambel, médium da Sociedade)

Esta máxima evangélica deve aplicar-se com muito mais razão aos tempos atuais do que aos primeiros dias do Cristianismo.

Com efeito, já não escutais o ruído da tempestade que há de arrebatar o velho mundo e abismar no nada o conjunto das iniquidades terrenas? Ah! bendizei o Senhor, vós que haveis posto a vossa fé na sua soberana Justiça e que, novos apóstolos da crença revelada pelas proféticas vozes superiores, ides pregar o novo dogma da *reencarnação* e da elevação dos Espíritos, conforme tenham cumprido, bem ou mal, suas missões e suportado suas provas terrestres.

---

[111] N.T.: Com o título de *Missão dos espíritas*, Allan Kardec inseriu esta mensagem, da autoria do Espírito Erasto, no cap. XX, it. 4, de seu *O evangelho segundo o espiritismo*.

Não mais vos assusteis! As línguas de fogo estão sobre as vossas cabeças. Ó verdadeiros adeptos do Espiritismo!... sois os escolhidos de Deus! Ide e pregai a palavra divina. É chegada a hora em que deveis sacrificar à sua propagação os vossos hábitos, os vossos trabalhos, as vossas ocupações fúteis. Ide e pregai. Convosco estão os Espíritos elevados. Certamente falareis a criaturas que não quererão escutar a voz de Deus, porque essa voz as exorta incessantemente à abnegação. Pregareis o desinteresse aos avaros, a abstinência aos dissolutos, a mansidão aos tiranos domésticos, como aos déspotas! Palavras perdidas, eu o sei; mas não importa. Faz-se mister regueis com os vossos suores o terreno onde tendes de semear, porquanto ele não frutificará e não produzirá senão sob os reiterados golpes da enxada e da charrua evangélicas. Ide e pregai!

Ó todos vós, homens de boa-fé, conscientes da vossa inferioridade em face dos mundos disseminados pelo Infinito!... lançai-vos em cruzada contra a injustiça e a iniquidade. Ide e proscrevei esse culto do bezerro de ouro, que cada dia mais se alastra. Ide, Deus vos guia! Homens simples e ignorantes, vossas línguas se soltarão e falareis como nenhum orador fala. Ide e pregai, que as populações atentas recolherão ditosas as vossas palavras de consolação, de fraternidade, de esperança e de paz.

Que importam as emboscadas que vos armem pelo caminho! Somente lobos caem em armadilhas para lobos, porquanto o pastor saberá defender suas ovelhas das fogueiras imoladoras.

Ide, homens, que, grandes diante de Deus, mais ditosos do que Tomé, credes sem fazerdes questão de ver e aceitais os fatos da mediunidade, mesmo quando não tenhais conseguido obtê-los por vós mesmos; ide, o Espírito de Deus vos conduz.

Marcha, pois, avante, falange imponente pela tua fé e por teu pequeno número! Marcha! Diante de ti os grandes batalhões dos incrédulos se dissiparão, como a bruma da manhã aos primeiros raios do Sol nascente.

"A fé é a virtude que desloca montanhas",[112] disse Jesus. Todavia, mais pesados do que as maiores montanhas, jazem depositados nos corações dos homens a impureza e todos os vícios que derivam da impureza. Parti, então, cheios de coragem, para removerdes essa montanha de iniquidades que as futuras gerações só deverão conhecer como lenda, do mesmo modo que vós, que só muito imperfeitamente conheceis os tempos que antecederam a civilização pagã.

Sim, em todos os pontos do globo, vão produzir-se as subversões morais e filosóficas; aproxima-se a hora em que a luz divina se espargirá sobre os dois mundos.

Ide, pois, e levai a palavra divina: aos grandes que a desprezarão, aos eruditos que exigirão provas, aos pequenos e simples que a aceitarão; porque, principalmente entre os mártires do trabalho, desta provação terrena, encontrareis fervor e fé. Ide; estes receberão, com hinos de gratidão e louvores a Deus, a santa consolação que lhes levareis, e baixarão a fronte, rendendo-lhe graças pelas aflições que a Terra lhes destina.

Arme-se a vossa falange de decisão e coragem! Mãos à obra! o arado está pronto; a terra espera; arai!

Ide e agradecei a Deus a gloriosa tarefa que Ele vos confiou, mas atenção! entre os chamados para o Espiritismo muitos se transviaram; reparai, pois, vosso caminho e segui a verdade.

P. – Se, entre os chamados para o Espiritismo, muitos se transviaram, quais os sinais pelos quais reconheceremos os que se acham no bom caminho?

*Resp.* – Reconhecê-los-eis pelos princípios da verdadeira caridade que eles ensinarão e praticarão. Reconhecê-los-eis pelo número de aflitos a que levem consolo; reconhecê-los-eis pelo seu amor ao

---

[112] N.E.: Mateus, 17:20.

próximo, pela sua abnegação, pelo seu desinteresse pessoal; reconhecê-los-eis, finalmente, pelo triunfo de seus princípios, porque Deus quer o triunfo de sua Lei; os que seguem sua Lei, esses são os escolhidos e Ele lhes dará a vitória, mas Ele destruirá aqueles que falseiam o espírito dessa lei e fazem dela degrau para contentar sua vaidade e sua ambição.

Erasto
(Anjo da guarda do médium)

## Ocupação dos Espíritos

(Médium: Sra. Costel)

As ocupações dos Espíritos de segunda ordem consistem em se prepararem para as provas que terão de suportar, por meditações sobre suas vidas passadas e observações sobre os destinos dos homens, seus vícios, suas virtudes, aquilo que os pode aperfeiçoar ou levá-los a falir. Os que, como eu, têm a felicidade de ter uma missão, ocupam-se dela com tanto mais zelo e amor, quanto o progresso das almas que lhes são confiadas lhes é contado como mérito. Assim, esforçam-se por lhes sugerir bons pensamentos, ajudam os seus bons impulsos e afastam os Espíritos maus, opondo sua doce influência às influências nocivas. Essa ocupação interessante, sobretudo quando se é bastante feliz para dirigir um médium e ter comunicações diretas, não afasta o cuidado e o dever de aperfeiçoar-se.

Não creiais que o tédio possa atingir um ser que só vive pelo espírito e cujas faculdades tendem, todas, para um objetivo, que ele sabe distante, mas certo. O tédio resulta do vazio da alma e da esterilidade do pensamento. O tempo, tão pesado para vós, que o medis por vossos temores pueris ou vossas frívolas esperanças, não faz sentir sua marcha aos que não estão sujeitos nem às agitações da alma, nem às necessidades do corpo. Ele passa ainda mais depressa para os Espíritos puros e superiores que Deus encarrega da execução de suas ordens e que percorrem as esferas em voo muito rápido.

Quanto aos Espíritos inferiores, especialmente os que têm pesadas faltas a expiar, o tempo se mede por seus pesares, seus remorsos e seus sofrimentos. Os mais perversos dentre eles buscam escapar fazendo o mal, isto é, sugerindo a maldade. Então experimentam essa áspera e fugidia satisfação do doente que coça a sua ferida, não fazendo senão aumentar a dor. Assim, seus sofrimentos aumentam de tal sorte que acabam fatalmente por procurar o remédio, que outra coisa não é que o retorno ao bem.

Os pobres Espíritos, que apenas foram culpados pela fraqueza ou pela ignorância, sofrem a sua inanidade, o seu isolamento. Lamentam o seu envoltório terreno, seja qual for a dor que lhes tenha causado; revoltam-se e se desesperam até o momento em que percebem que só a resignação e a vontade firme de volver ao bem podem aliviá-los; acalmam-se e compreendem que Deus não abandona nenhuma de suas criaturas.

Marcillac<br>(Espírito familiar)

## O DEBOCHE

(Enviado pelo Sr. Sabò, de Bordeaux)

A escolha dos bons autores é muito útil e os que exercem seu domínio sobre vós, excitando-vos a imaginação pelas loucas paixões humanas, não fazem senão corromper o coração e o espírito. Com efeito, não é entre os apologistas da orgia, do deboche, da volúpia e dos que preconizam os prazeres materiais que se podem haurir lições de melhoramento moral. Pensai, pois, meus amigos, que se Deus vos deu paixões foi com o objetivo de vos fazer concorrer para os seus desígnios, e não para as satisfazer como um animal. Ficai certos de que se consumis a vossa vida em loucos prazeres, que apenas deixam remorsos e o vazio no coração, não agireis segundo os propósitos de Deus. Se vos é dado reproduzir a espécie humana, é que milhares de Espíritos errantes esperam no espaço a formação dos corpos de que têm necessidade para recomeçar suas provas e que, usando as vossas forças em ignóbeis volúpias, ides de encontro aos desígnios de Deus e grande será o vosso castigo. Bani, pois, essas leituras, das quais não tirais nenhum proveito, nem para a vossa inteligência, nem para o vosso aperfeiçoamento moral. Que os escritores sérios de todos os tempos e de todos os países vos façam conhecer o belo e o bem; que elevem vossa alma pelo encanto da poesia, ensinando-vos o emprego útil das faculdades com que o Criador vos dotou.

Felícia
(Filha do médium)

Observação – Não haverá algo de profundo e de sublime nessa ideia que dá à reprodução do corpo um objetivo tão elevado? Os Espíritos errantes esperam esses corpos, de que necessitam para o seu próprio adiantamento, e que os Espíritos encarnados estão encarregados de reproduzir, como o homem espera a reprodução de certos animais para vestir-se e alimentar-se.

Disso resulta outro ensinamento, de alta gravidade. Se não se admite que a alma já tenha vivido, é absolutamente necessário que seja criada no momento da formação e para o uso de cada corpo; de onde se segue que a criação da alma por Deus estaria subordinada ao capricho do homem, e na maior parte das vezes é o resultado do deboche. Como! Todas as leis religiosas e morais condenam a depravação dos costumes e Deus se aproveitaria disto para criar almas! Perguntamos a todo homem de bom senso se é admissível que Deus se contradiga a tal ponto? Não seria glorificar o vício, uma vez que se prestaria à realização dos mais elevados desígnios do Todo-Poderoso: a criação das almas? Que nos digam se tal não seria a consequência da formação simultânea das almas e dos corpos; e seria pior ainda se fosse admitida a opinião dos que pretendem que o homem procria a alma ao mesmo tempo que o corpo. Admiti, ao contrário, a preexistência da alma, e toda contradição desaparece. O homem não procria senão a matéria do corpo; a obra de Deus, a criação da alma imortal, que um dia deve se aproximar dele, não mais está submetida ao capricho do homem. É assim que, fora da reencarnação, surgem dificuldades insolúveis a cada passo e se cai na contradição e no absurdo quando se quer explicá-las. O princípio da unicidade da existência corporal, para decidir sem retorno os destinos futuros do homem, perde terreno e partidários diariamente. Podemos, pois, dizer com segurança que, em pouco tempo, o princípio contrário será universalmente admitido, como o único lógico, o único conforme à Justiça de Deus, e proclamado pelo próprio Cristo, quando disse: "Eu vos digo que é necessário nascer várias vezes antes de entrar no reino dos céus."

## Sobre o perispírito

*Ditado espontâneo a propósito de uma discussão que acabava de ocorrer na Sociedade quanto à natureza do Espírito e do perispírito*

(Médium: Sr. A. Didier)

Segui com interesse a discussão que se estabeleceu agora mesmo e que vos pôs em tão grande embaraço. Sim; faltam às palavras cor e forma para expressarem o perispírito e sua verdadeira natureza. Mas há uma coisa certa: o que uns chamam *perispírito* não é senão o que outros chamam envoltório fluídico, material. Quando se discute semelhantes questões, não são as frases que devemos buscar, mas as palavras. Para me fazer compreender de maneira mais lógica, direi que esse fluido é a perfectibilidade dos sentidos e a extensão da visão e das ideias; refiro-me aqui aos Espíritos elevados. Quanto aos Espíritos inferiores, os fluidos terrestres são ainda completamente inerentes a eles; assim, como vedes, são matéria; daí os sofrimentos da fome, do frio etc., sofrimentos que não podem alcançar os Espíritos superiores, considerando-se que os fluidos terrestres são depurados em torno do pensamento, isto é, da alma. Para seu progresso, a alma sempre tem necessidade de um agente; sem agente, a alma nada é para vós ou, melhor dizendo, não pode ser concebida por vós. Para nós outros, Espíritos errantes, o perispírito é o agente pelo qual nos comunicamos convosco, seja indiretamente, por vosso corpo ou vosso perispírito, seja diretamente por vossa alma. Daí as infinitas gradações de médiuns e de comunicações. Agora resta o ponto de vista científico, isto é, a essência mesma do perispírito. Isto é outra questão. Primeiro compreendei moralmente; não resta mais que uma discussão sobre a natureza dos fluidos, o que é inexplicável no momento. A Ciência não conhece bastante, mas lá chegaremos se ela quiser marchar com o Espiritismo.

LAMENNAIS

## O ANJO GABRIEL

(Evocação de um Espírito bom, pela Sra. X..., em Soultz, Alto Reno)

Sou Gabriel, o anjo do Senhor, que me encarrega de vos abençoar, não por vossos méritos, mas pelos esforços que empreendeis para adquiri-los.

A vida deve ser um combate; não se deve jamais parar, jamais vacilar entre o bem e o mal. A hesitação já vem de Satã, isto é, dos Espíritos maus. Coragem, pois! Quanto mais espinhos encontrardes em vosso caminho, mais esforços vos serão necessários para segui-lo. Se fosse semeado de rosas, que mérito teríeis perante Deus? Cada um tem o seu calvário na Terra, mas nem todos o percorrem com aquela doce resignação de que Jesus vos deu o exemplo. Ele foi tão grande que os anjos ficaram comovidos! E os homens! mal derramam uma lágrima a tantas dores! Ó dureza do coração humano! Mereceríeis semelhante sacrifício? Lançai vosso rosto no pó e clamai misericórdia a Deus, mil vezes bom, mil vezes terno, mil vezes misericordioso! Um olhar, ó meu Deus! sobre a vossa obra; sem isso ela perecerá! Seu coração não está à altura do vosso; ele não pode compreender este excesso de amor de vossa parte. Tende piedade; tende mil vezes piedade de sua fraqueza. Levantai sua coragem por pensamentos que só podem proceder de vós. Sobretudo abençoai-os, a fim de que deem frutos dignos de vossa imensa grandeza!

vontade!      Hosana no mais alto dos Céus! e paz aos homens de boa

É assim que terminarei as palavras que Deus me ordenou vos transmitisse.

Sede benditos no Senhor, para que possais despertar um dia em seu seio.

## Despertai

(Sociedade Espírita de Paris – Médium: Sra. Costel)

Falarei dos sintomas e predições que, por toda parte, anunciam a vinda de grandes acontecimentos que o nosso século encerra. Em sua tocante bondade, os Espíritos, mensageiros de Deus, advertem o Espírito dos homens, como as dores previnem a mãe quanto à proximidade do parto. Esses sinais, muitas vezes desprezados e, entretanto, sempre justificados, neste momento se multiplicam ao infinito. Por que sentis todo o Espírito profético agitar-vos os corações e abalar-vos as consciências? Por que as incertezas? Por que os desfalecimentos que turvam os corações? Por que o despertar do espírito público que, em toda parte, arvora a sua altiva bandeira? Por quê? É que os tempos são chegados; é que o reino do materialismo está cedendo e vai desabar; é que os prazeres do corpo, em breve desprezados, darão lugar ao reino da ideia; é que o edifício social está carcomido e será substituído pela jovem e triunfante legião das ideias espíritas, que fecundarão as consciências estéreis e os corações mudos. Que estas palavras incessantemente repetidas não vos achem distraídos e indiferentes. Depois que o lavrador houver semeado, recolhei as preciosas espigas que nascerem. Não digais: a vida segue o seu curso e uma marcha normal. Nossos pais nada viram do que hoje nos anunciam: não veremos mais que eles. Adoremos o que eles adoraram, ou, melhor, substituamos a adoração por fórmulas vãs, e tudo estará bem. Falando assim, dormis. Despertai, porque não é a trombeta do juízo final que ecoará em vossos ouvidos, mas a voz da verdade. Não se cogita da morte vencida e humilhada, trata-se da vida presente, ou antes, da vida eterna; não a esqueçais e despertai.

Helvetius[113]

## O gênio e a miséria

(Sociedade Espírita de Paris – Médium: Sr. Alfred Didier)

Há uma prova muito grande na Terra, sobre a qual deve apoiar-se a moral do Espiritismo: é a terrível provação do homem de gênio, sobretudo do que é dotado de faculdades superiores, presa das exigências da miséria. Ah! sim; esta prova moral, esta miséria da inteligência, muito mais que a do corpo será o maior mérito para o homem que tiver cumprido sua missão. Compenetrai-vos dessa luta incessante do talento contra a miséria, esta harpia que se lança sobre vós durante o festim da vida, semelhante ao monstro de Virgílio[114] e que diz a todas as suas vítimas: Sois poderosos, mas sou eu quem vos mata, eu que envio ao nada os dons de vossa inteligência, porquanto sou a morte do gênio. Eu sei que só alguns estão vencidos, mas os outros, quantos são? Há um pintor da escola moderna que assim concebeu o assunto. Um ser, o gênio, cujas asas se abrem e cujo olhar se volta para o Sol; quase que se ergue, mas cai sobre um rochedo, onde estão fixadas cadeias de ferro que talvez o reterão para sempre. É possível que o homem que teve este sonho haja sido acorrentado e, talvez, após a sua libertação, se tenha recordado dos que deixara para sempre no rochedo.

Gérard de Nerval

---

[113] N.E.: Claude Adrien Helvetius (1715–1771), filósofo francês.
[114] N.E.: Públio Virgílio Marão (70 a.C.–19 a.C), poeta latino, autor das *Bucólicas*, das *Geórgicas* e da *Eneida*, esta ele não terminou por ter falecido.

# Transformação

(Sociedade Espírita de Paris – Médium: Sra. Costel)

Venho falar-te daquilo que mais importa, nesta época de crise e de transformação. No momento em que as nações vestem a túnica viril, no momento em que o céu desvelado vos mostra, vagando nos espaços infinitos, os Espíritos dos que julgáveis dispersos como moléculas ou servindo de pasto aos vermes; neste momento solene faz-se necessário que, armado da fé, o homem não marche tateando nas trevas do personalismo e do materialismo. Como outrora os pastores, guiados por uma estrela, vinham adorar o Menino-Deus, é preciso que o homem, guiado pela brilhante aurora do Espiritismo, marche finalmente para a terra prometida da liberdade e do amor. É preciso que, compreendendo o grande mistério, saiba que o fim harmonioso da natureza, seu ritmo admirável, são os modelos da humanidade. Nesta impressionante diversidade que confunde os Espíritos, distingui a perfeita similitude das relações entre as coisas criadas e os seres criados, e que essa poderosa harmonia vos leve a todos, homens de ação, poetas, artistas, operários, à união na qual devem fundir-se os esforços comuns durante a peregrinação da vida. Caravanas assaltadas pelas tempestades e pelas adversidades, estendei vossas mãos amigas e marchai com os olhos fixos no Deus justo, que recompensa ao cêntuplo aquele que tiver aliviado o fraco e o oprimido.

Georges

# A separação do Espírito

(Enviado pelo Sr. Sabò, de Bordeaux)

Corpo de lama, foco de corrupção em que fermenta o levedo das paixões impuras; são seus órgãos que muitas vezes arrastam o Espírito às sensações brutais que dizem respeito à matéria. Quando o princípio da vida orgânica se extingue por um dos mil acidentes aos quais está sujeito o corpo, o Espírito se desprende dos laços que o retinham à sua fétida prisão, e ei-lo livre no espaço.

Todavia acontece que, quando ignorante, e sobretudo quando é muito culpado, um espesso véu lhe oculta as belezas da morada onde habitam os Espíritos bons, e ele se encontra só ou na companhia de Espíritos cruéis e inferiores, num círculo que lhe não permite nem ver onde chega, nem se lembrar de onde vem. Então se sente inquieto, sofredor, pouco à vontade, até que, num tempo mais ou menos longo seus irmãos, os Espíritos, vêm esclarecê-lo sobre a sua posição e lhe abrem os olhos para que se lembre do mundo dos Espíritos, que habitou, e dos diferentes planetas, onde sofrerá suas diversas encarnações; se a última foi bem conduzida, ela lhe abre as portas dos mundos superiores, mas se foi inútil e cheia de iniquidades, ele é punido pelo remorso. Somente depois que o Espírito se curvou à cólera de Deus, por seu arrependimento e pela prece de seus irmãos, recomeça a viver, o que não é uma felicidade, mas um castigo ou uma provação.

FERDINAND<br>
(Espírito familiar)

ALLAN KARDEC

# Revista Espírita
## Jornal de Estudos Psicológicos
### ANO IV — JULHO DE 1861 — N° 7

## Ensaio sobre a teoria da alucinação

Os que não admitem o mundo incorpóreo e invisível julgam tudo explicar pela palavra *alucinação*. Sua definição é conhecida: é um erro, uma ilusão da pessoa que acredita ter percepções que realmente não possui (Academia. Do latim *hallucinari*, errar; derivado de *ad lucem*), mas os sábios, ao que sabemos, ainda não deram a razão fisiológica. Parece que a Óptica e a Fisiologia para eles já não têm segredos. Como é que ainda não explicaram a fonte das imagens que se oferecem ao espírito em certas circunstâncias? Real ou não, o alucinado vê alguma coisa; dir-se-ia que ele crê estar vendo, mas que nada vê? Isto não é provável. Dizei, se quiserdes, que é uma imagem fantástica; seja, mas qual a origem dessa imagem, como se forma e como se reflete em seu cérebro? Eis o que não dizeis. Certamente, quando ele crê estar vendo o diabo com seus chifres e garras, as chamas do inferno, animais fabulosos que não existem, a Lua e o Sol que se batem, é evidente que não há nisto nenhuma realidade. Mas se é um produto de sua imaginação, como é que descreve tais coisas como se estivessem presentes? Há, pois, diante dele um quadro, uma fantasmagoria qualquer; então qual o espelho sobre o qual se reflete essa imagem? Qual a causa que dá a essa imagem a forma, a cor e o movimento? É o que inutilmente temos procurado a solução na

Ciência. Desde que os sábios querem tudo explicar pelas leis da matéria, então que deem, por essas leis, uma teoria da alucinação; boa ou má, será sempre uma explicação.

Provam os fatos que há verdadeiras aparições, perfeitamente explicáveis pela teoria espírita, e que só podem ser negadas pelos que nada admitem fora do mundo visível. No entanto, ao lado das visões reais, haverá alucinações no sentido ligado a esta palavra? Isto não é duvidoso; o essencial é determinarem-se os caracteres que as podem distinguir das aparições reais. Qual a sua fonte? São os Espíritos que nos vão colocar nesse caminho, pois a explicação nos parece completa na resposta dada à seguinte pergunta:

— Podem ser consideradas como aparições as figuras e outras imagens que muitas vezes se apresentam no primeiro sono ou simplesmente quando se fecham os olhos?

"Tão logo os sentidos se entorpecem, o Espírito se desprende e pode ver, longe ou perto, o que não poderia ver com os olhos. Por vezes essas imagens são visões, mas também podem ser um efeito das impressões deixadas pela vista de certos objetos no cérebro, que lhes conserva traços, como conserva sons. Então, desprendido, o Espírito vê no próprio cérebro essas impressões, que se lhe fixaram como se o fizessem sobre uma chapa de daguerreótipo. Sua variedade e sua mistura formam conjuntos bizarros e fugidios, que se apagam quase que imediatamente, apesar dos esforços feitos para os reter. É a uma causa semelhante que se devem atribuir certas aparições fantásticas, que nada têm de real, e que muitas vezes se produzem no estado de doença."

Reconhece-se que a memória é o resultado das impressões conservadas pelo cérebro. Por que singular fenômeno essas impressões, tão variadas, tão multiplicadas, não se confundem? Eis um mistério impenetrável, mas não menos estranho que o das ondulações sonoras que se cruzam no ar e nem por isso ficam menos distintas. Num cérebro sadio e bem organizado, essas impressões são claras e precisas; em condições menos favoráveis, elas se apagam ou se confundem, como fazem as marcas de um sinete sobre uma substância muito sólida, ou muito fluída. Daí a perda da memória ou a confusão das ideias. Isto parecerá menos extraordinário se se admitir, como em frenologia, uma destinação especial a cada parte, e mesmo a cada fibra do cérebro.

Assim, as imagens que chegam ao cérebro pelos olhos nele deixam uma impressão que faz nos lembremos de um quadro, como se o tivéssemos à nossa frente. O mesmo acontece com as impressões dos sons, os odores, os sabores, as palavras, os números etc. Conforme as fibras e órgãos destinados à recepção e transmissão dessas impressões estejam aptos a conservá-las, tem-se a memória das formas, das cores, da música, dos números, das línguas etc. Quando se representa uma cena que se viu, não é senão uma questão de memória, porque na realidade não se vê; porém, em certo estado de emancipação, a alma vê no cérebro e nele encontra essas imagens, sobretudo as que mais impressionaram, segundo a natureza das preocupações ou disposições do espírito; aí encontra a impressão de cenas religiosas, diabólicas, dramáticas e outras, que viu em outra época em pintura, em ação, em leitura ou em relatos, porquanto os relatos também deixam impressões. Assim, a alma realmente vê alguma coisa: de alguma sorte é a imagem daguerreotipada no cérebro. No estado normal estas imagens são fugidias e efêmeras, porque todas as partes cerebrais funcionam livremente, mas no estado de doença, o cérebro está sempre mais ou menos debilitado; não existe mais equilíbrio entre todos os órgãos; somente alguns conservam sua atividade, enquanto outros estão de certo modo paralisados. Daí a permanência de certas imagens, que se não mais apagam, como no estado normal, pelas preocupações da vida exterior; eis a verdadeira alucinação, a fonte primeira das ideias fixas. A ideia fixa é a lembrança exclusiva de uma impressão; a alucinação é a visão retrospectiva, pela alma, de uma imagem impressa no cérebro.

Como se vê, descrevemos esta anomalia aparente por uma lei inteiramente fisiológica, bem conhecida, a das impressões cerebrais, mas sempre nos foi preciso admitir a intervenção da alma, com suas faculdades distintas da matéria. Ora, se os materialistas ainda não podem dar uma solução racional desse fenômeno, é que não querem admitir a alma e que, com o materialismo puro, ele é inexplicável. Assim dirão que nossa explicação é inadequada, porque fazemos intervir um agente contestado. Mas contestado por quem? Por eles, mas admitido pela imensa maioria, desde que há homens na Terra; e a negação de alguns não pode fazer lei.

Nossa explicação é boa? Nós a damos pelo que ela pode valer, à falta de outras e, se quiserem, a título de hipótese, esperando outra melhor; pelo menos ela tem a vantagem de dar à alucinação uma base, um corpo, uma razão de ser, ao passo que, quando os fisiologistas pronunciaram suas palavras sacramentais de superexcitação, de exaltação, de efeitos da imaginação, nada disseram, ou não disseram tudo, por não terem observado todas as fases do fenômeno.

A imaginação também desempenha um papel que é preciso distinguir da alucinação propriamente dita, conquanto essas duas causas muitas vezes estejam reunidas. Ela empresta a certos objetos formas que estes não têm, como faz ver uma figura na Lua ou animais nas nuvens. Sabe-se que, na obscuridade, os objetos assumem formas bizarras, por não se distinguirem todas as suas partes e porque os contornos não são claramente definidos. Quantas vezes, à noite, num quarto, um vestido pendurado, um vago reflexo luminoso, não parecem ter uma forma humana aos olhos das pessoas de maior sangue-frio? Se se juntar o medo ou uma credulidade exagerada, a imaginação fará o resto. Compreende-se, assim, que a imaginação possa alterar a realidade das imagens percebidas durante a alucinação e emprestar-lhes formas fantásticas.

As verdadeiras aparições têm um caráter que, para o observador experimentado, não permite confundi-las com os efeitos que acabamos de citar. Como podem ocorrer em pleno dia, deve-se desconfiar das que se julga ver à noite, pelo temor de sermos vítima de uma ilusão de óptica. Aliás, nas aparições, como em todos os outros fenômenos espíritas, há o caráter inteligente, que é a melhor prova de sua realidade. Toda aparição que não dá qualquer sinal inteligente pode, com toda certeza, ser posta na categoria das ilusões. Os senhores materialistas devem ver que lhes concedemos a parte mais larga.

Tal como é, nossa explicação dá a razão de todos os casos de visão? Certamente, não, e desafiamos todos os fisiologistas a que deem uma só, de seu ponto de vista exclusivo, que resolva a todos. Se, então, todas as teorias da alucinação são insuficientes para explicar todos os fatos, é que existe outra coisa além da alucinação propriamente dita, e esse algo não encontra sua solução senão na teoria espírita, que a todos abrange. Com efeito, se se examina com cuidado certos casos de visões muito frequentes, ver-se-á que é impossível atribuir-lhes a mesma origem que a alucinação. Procurando dar a esta uma explicação plausível, quisemos mostrar em que ela difere da aparição. Num e noutro caso, é sempre a alma que vê, e não os olhos. No primeiro, ela vê uma imagem interior; e no segundo, uma coisa externa, se assim nos podemos exprimir. Quando uma pessoa ausente, na qual absolutamente não pensamos, e que julgamos com saúde se apresenta espontaneamente quando estamos perfeitamente despertos e vem revelar particularidades de sua morte, ocorrida naquele mesmo instante e da qual, consequentemente, não se podia ter conhecimento, tal fato não poderá ser atribuído a uma lembrança, nem à preocupação do espírito. Supondo se tenham tido apreensões sobre a vida dessa pessoa, restaria ainda por explicar a coincidência do momento da morte com a aparição e, sobretudo, as circunstâncias da morte, coisa que não se pode conhecer, nem prever. Pode-se, pois, classificar entre as alucinações as visões fantásticas, que nada têm de real, mas o mesmo não se dá com as que revelam atualidades positivas, confirmadas pelos acontecimentos. Explicá-las pelas mesmas causas seria absurdo e mais absurdo ainda atribuí-las ao acaso, esta suprema razão dos que nada têm a dizer. Só o Espiritismo lhes pode dar a razão, pela dupla teoria do perispírito e da emancipação da alma. Mas como crê na ação da alma, quando não se admite a sua existência?

Não levando em nenhuma conta o elemento espiritual, a Ciência se acha impotente para resolver uma multidão de fenômenos e cai no absurdo ao querer tudo referir ao elemento material. É principalmente em Medicina que o elemento espiritual desempenha um papel importante; quando os médicos o levarem em consideração, enganar-se-ão com menos frequência do que agora. Aí extrairão uma luz que os guiará mais seguramente no diagnóstico e no tratamento das doenças. É o que já se pode constatar desde o presente na prática dos médicos *espíritas*, cujo número aumenta dia a dia. Tendo a alucinação uma causa fisiológica, estamos certos de que encontrarão o meio de combatê-la. Conhecemos um que, graças ao Espiritismo, está a caminho de descobertas do mais alto alcance, porque lhe deu a conhecer a verdadeira causa de certas afecções rebeldes à Medicina materialista.

O fenômeno da aparição pode produzir-se de duas maneiras: ou é o Espírito que vem encontrar a pessoa que vê, ou é o Espírito desta que se transporta e vai encontrar a outra. Os dois exemplos seguintes nos parecem caracterizar perfeitamente ambos os casos.

Um de nossos colegas nos contava, recentemente, que um oficial seu amigo, estando na África, de repente viu à sua frente o quadro de um cortejo fúnebre: era o de um de seus tios, que residia na França, e que ele não via há muito tempo. Viu distintamente toda a cerimônia, desde a saída da casa mortuária até a igreja e o transporte ao cemitério. Chegou a notar diversas particularidades, das quais não podia ter ideia. Nesse momento estava desperto e, entretanto, num certo estado de absorção, do qual só saiu quando tudo desapareceu. Chocado com a circunstância, escreveu para a França, a fim de obter notícias do tio e soube que este, tendo morrido subitamente, havia sido enterrado no dia e hora em que ocorrera a aparição e com as particularidades que tinha visto. É evidente que, neste caso, não foi o cortejo que veio encontrá-lo; ele é que foi encontrar o cortejo, do qual teve percepção por efeito da segunda vista.

Um médico do nosso conhecimento, o Sr. Félix Mallo, tinha tratado de uma jovem senhora, mas julgando que o ar de Paris lhe era prejudicial, aconselhou-a a ir passar algum tempo com a família, na província, o que ela fez. Havia seis meses não tinha mais notícias dela, nem pensava mais no caso quando, uma noite, por volta das dez horas, estando em seu quarto, ouviu bater à porta do consultório. Julgando viessem chamá-lo para um doente, disse que entrasse, mas ficou bastante surpreendido ao ver, à sua frente, a jovem senhora em questão, pálida, vestida como a tinha conhecido e que lhe disse com grande sangue-frio: "Sr. Mallo, venho dizer-vos que morri." E logo desapareceu. Assegurando-se de que estava bem desperto e de que ninguém havia entrado, o médico tomou informações e soube que a mulher havia morrido na mesma noite em que lhe aparecera. Aqui, foi bem o Espírito da senhora que veio encontrá-lo. Os incrédulos não deixarão de dizer que o médico podia estar preocupado com a saúde de sua antiga doente, e que nada há de surpreendente em que previsse a sua morte; seja. Mas que expliquem a coincidência de sua aparição com o momento da morte, já que há muitos meses o médico não mais ouvira falar dela. Supondo mesmo que tivesse acreditado na impossibilidade de sua cura, poderia prever que ela morresse em tal dia e a tal hora? Devemos acrescentar que ele não é um homem que se deixe abalar pela imaginação.

    Eis outro fato não menos característico, e que não poderia ser atribuído a nenhuma previsão. Um dos nossos associados, oficial da marinha, estava no mar, quando viu seu pai e seu irmão atirados debaixo de uma carruagem: o pai morto e o irmão sem haver sofrido nenhum mal. Quinze dias depois, tendo desembarcado na França, seus amigos tentaram prepará-lo para receber a triste notícia. "Não tomai tantas precauções" — disse ele —, "sei o que ides dizer: Meu pai morreu; há quinze dias que o sei." Realmente, seu pai e seu irmão, estando em Paris, desciam de carruagem os Campos Elísios; o cavalo assustou-se, o carro quebrou-se, o pai morreu e o irmão apenas sofreu algumas contusões. Esses fatos são positivos, atuais, e não se dirá que sejam lendas da Idade Média. Se cada um recolhesse suas lembranças, ver-se-ia que tais fatos são mais frequentes do que se imagina. Perguntamos se alguns deles têm os caracteres da alucinação. Pedimos aos materialistas que deem uma explicação do fato relatado no artigo seguinte.

# Uma aparição providencial

Lê-se no *Oxford Chronicle*, de 1º de junho de 1861:

Em 1828 um navio que fazia viagens de Liverpool a New Brunswick tinha como oficial substituto o Sr. Robert Bruce. Estando perto dos bancos na Terra Nova, o capitão e o seu imediato calculavam um dia de sua rota, o primeiro em sua cabina e o outro na câmara ao lado. As duas peças eram dispostas de modo que eles podiam ver-se e falar-se. Bruce, absorvido em seu trabalho, não percebeu que o capitão havia subido para a ponte; sem olhar, lhe disse: "Encontro tal longitude; como está a vossa?" Não obtendo resposta, repete a pergunta, mas inutilmente. Então avança em direção à porta da cabina e vê um homem sentado no lugar do capitão e escrevendo numa ardósia. O indivíduo se volta, olha Bruce fixamente e este, terrificado, lança-se para a ponte. — Capitão — disse ele assim que o alcançou —, quem é que neste momento está à vossa escrivaninha na cabina? — Ninguém, presumo. — Eu vos garanto que há um estranho. — Um estranho! Sonhais Sr. Bruce; quem ousaria meter-se em minha secretária sem minhas ordens? Talvez tenhais visto o contramestre ou o intendente. — Senhor, trata-se de um homem sentado em vossa poltrona e escrevendo em vossa ardósia. Ele me olhou na cara e eu o vi distintamente, ou jamais vi alguém neste mundo. — Ele! quem? — Só Deus o sabe, senhor! Eu vi esse estranho que, em minha vida, jamais houvera visto em qualquer parte. — Vós vos tornastes louco, Sr. Bruce. Um estranho! e lá se vão seis semanas que estamos no mar. — Eu sei, contudo o vi. — Muito bem! Ide ver quem é. — Capitão, sabeis que não sou um poltrão; não creio em aparições; entretanto, confesso que não desejaria vê-lo só e de frente. Gostaria que fôssemos ambos. O capitão desceu primeiro, mas não encontrou ninguém. — Vede bem — disse ele —, que sonhastes. — Não sei como é isto, mas juro que há pouco ele estava lá e escrevia em vossa ardósia. — Neste caso, deve haver algo escrito nela. Tomou a ardósia e leu estas palavras: *Dirigi para o Noroeste*. Tendo feito Bruce escrever as mesmas palavras, assim como todos os homens da tripulação que sabiam escrever, constatou o capitão que a letra da ardósia não se assemelhava à de nenhum deles. Procuraram por todos os cantos do navio e não descobriram nenhum estranho. Tendo consultado para saber se devia seguir o conselho misterioso, o capitão resolveu mudar de direção e navegou para Noroeste, depois de ter posto como vigia um homem de confiança. Por volta das três horas foi assinalado um bloco de gelo, depois um navio desmastreado sobre o qual havia vários homens. Aproximando mais, soube-se que o navio estava quebrado, as provisões esgotadas, a tripulação e os passageiros esfomeados. Enviaram barcos para os recolher. Mas no momento em que chegaram a bordo, o Sr. Bruce, para sua grande estupefação, reconheceu entre os náufragos o homem que tinha visto na cabina do capitão. Logo que foi acalmada a confusão e o navio retomou sua rota, o Sr. Bruce disse ao capitão: — Parece que não foi um Espírito que vi hoje; ele está vivo; o homem que escrevia em vossa ardósia é um dos passageiros que acabamos de salvar. Ei-lo. Eu juraria perante a justiça.

Dirigindo-se ao referido homem, o capitão o convidou a descer à sua cabina e lhe pediu que escrevesse na ardósia, do lado oposto àquele em que se achava a escrita misteriosa: *Dirigi para o Noroeste*. Intrigado por esse pedido, o passageiro, entretanto, com ele se conformou. Tomando a ardósia, o capitão virou-a, sem nada transparecer no semblante, e, mostrando ao passageiro as palavras escritas antes, disse-lhe: — É mesmo a vossa letra? — Sem dúvida, pois acabo de escrever diante de vós. — E esta aqui? — acrescentou, mostrando o outro lado. — Também é a minha letra, mas não sei como aconteceu isto, pois só escrevi de um lado. — Meu substituto, aqui presente, julga vos ter visto hoje, ao meio-dia, sentado a esta mesa e escrevendo estas palavras. — É impossível, porque só há poucos instantes me trouxeram para este navio.

O capitão do navio naufragado, interrogado sobre este homem e sobre o que se teria passado de extraordinário com ele, pela manhã, respondeu: — Não o conheço senão como um de meus passageiros, mas pouco antes do meio-dia ele caiu num sono profundo, do qual só saiu depois de uma hora. Durante o sono ele exprimiu a confiança de que logo iríamos ser resgatados, dizendo que se via a bordo de um navio, cuja espécie e enxárcia descreveu, em tudo conforme ao que tivemos à vista alguns momentos depois. O passageiro acrescentou que não se lembrava de haver sonhado, nem de ter escrito o que quer que fosse, mas apenas que conservara, ao despertar, um pressentimento que não sabia explicar, de que um navio lhes viria em socorro. "Uma coisa estranha", disse ele, "é que tudo quanto está neste navio me parece familiar e, entretanto, estou certo de jamais o ter visto." Acerca disso o Sr. Bruce lhe contou as circunstâncias da aparição que havia tido e eles concluíram que o fato era providencial.

Esta história é perfeitamente autêntica. O Sr. Robert Dale Owen, antigo ministro dos Estados Unidos em Nápoles, que igualmente a relata em sua obra, cercou-se de todos os documentos que pudessem constatar a sua veracidade. Perguntamos se ela possui alguns dos caracteres da alucinação. Que a esperança, que jamais abandona os infelizes, tenha seguido o passageiro em seu sono e lhe tenha feito sonhar que lhes vinham socorrer, compreende-se. A coincidência do sonho com o socorro podia ainda ser um efeito do acaso, mas como explicar a descrição do navio? Quanto ao Sr. Bruce, ele está certo de que não sonhava. Se a aparição fosse uma ilusão, como explicar essa semelhança com o passageiro? Se ainda fosse o acaso, a escrita na ardósia é um fato material. De onde vinha o conselho, dado por esse meio, de navegar na direção dos náufragos, contrariando a rota seguida pelo navio? Que os defensores da alucinação tenham a bondade de dizer como, com o seu sistema exclusivo, poderão dar a razão de *todas* essas circunstâncias. Nos fenômenos espíritas provocados eles têm o recurso de dizer que há trapaça, mas aqui é pouco provável que o passageiro tenha representado uma comédia. É nisto que os fenômenos espontâneos, quando apoiados em testemunhos irrecusáveis, são de grande importância, por não se poder suspeitar de nenhuma conivência.

Para os espíritas, este fato nada tem de extraordinário, porque o compreendem. Aos olhos dos ignorantes parecerá sobrenatural, maravilhoso. Para quem conhece a teoria do perispírito, da emancipação da alma nos vivos, ele não sai das leis da natureza. Um crítico divertiu-se muito com a história do homem da tabaqueira, relatada na *Revista* de março de 1859, dizendo que era efeito da imaginação da mulher doente. Que tem ela de mais impossível que esta? Os dois fatos explicam-se exatamente pela mesma lei que rege as relações entre o Espírito e a matéria. Além disso, perguntamos a todos os espíritas que estudaram a teoria dos fenômenos se, lendo o fato que acabamos de referir, sua atenção não foi imediatamente conduzida sobre a maneira pela qual deve ter-se produzido; se não encontraram a explicação; se com tal explicação não concluíram pela possibilidade e se, em consequência dessa possibilidade, não se interessaram mais do que se o devessem aceitar apenas pelos olhos da fé, sem acrescentar o assentimento da inteligência? Os que nos censuram por havermos dado esta teoria se esquecem de que ela é o resultado de longos e pacientes estudos que, como nós, eles poderiam ter feito, trabalhando tanto quanto o temos feito e fazemos todos os dias; que, dando os meios de compreender os fenômenos, nós lhes demos uma base, uma razão de ser, que silenciaram mais de um crítico e contribuíram, em grande parte, para a propagação do Espiritismo, considerando que se aceita com mais boa vontade aquilo que se compreende do que aquilo que não se compreende.

# Conversas familiares de Além-Túmulo

## Os amigos não nos esquecem no outro mundo

Um dos nossos assinantes nos envia a conversa seguinte, que teve com um de seus amigos, cuja perda lhe fora muito sentida, por intermédio de um médium estranho, já que ele mesmo não é médium. Além da notável elevação dos pensamentos, há de notar-se que os laços formados na Terra, quando sinceros, não são rompidos pela morte.

(Primeira conversa – 28 de dezembro de 1860)

1. *Evocação* – Súplica ao Espírito Jules P..., que me foi tão caro, para vir comunicar-se comigo.

*Resp.* – Caro amigo, acudo ao teu apelo com tanta maior solicitude quanto não esperava poder comunicar-me contigo senão em tempo ainda recuado pela vontade de Deus. Quanto me é agradável ver esse tempo abreviado por tua vontade e poder dizer-te o quanto a provação que sofri na Terra serviu ao meu progresso! Embora ainda errante, sinto-me completamente feliz, sem outro pensamento que o do entusiasmo pelas obras de Deus, que me permite desfrutar de todos os prodígios que Ele houve por bem colocar à minha disposição, deixando-me esperar uma reencarnação num mundo superior, onde seguirei a gradação afortunada que me levará à suprema felicidade. Possas tu, caro amigo, ouvindo-me, ver em minhas palavras um presságio do que te espera! No último dia, virei tomar-te a mão para te mostrar a via que já percorro desde algum tempo com tanta alegria. Encontrar-me-ás como guia, como na vida terrestre me encontraste como amigo fiel.

2. Posso contar com o teu concurso, caro amigo, para alcançar o objetivo feliz que me deixas entrever?

*Resp.* – Fica tranquilo; farei o possível para que avances neste caminho no qual ambos nos encontraremos com tanta emoção e prazer. Como outrora, virei dar-te todas as provas de bondade de coração a que sempre foste tão sensível.

3. Por tua linguagem devo concluir que és muito mais feliz do que em tua última existência?

*Resp.* – Sem contradita, meu amigo, muito feliz, e jamais o poderia repetir bastante. Que diferença! Não mais aborrecimentos, não mais tristeza, não mais sofrimentos corporais e morais; e, com isto, a visão de tudo o que nos foi caro! Muitas vezes eu estava contigo, ao teu lado. Quantas vezes te segui em tua carreira! Eu te via quando não me supunhas tão perto de ti, já que me julgavas perdido para sempre. Meu caro amigo, a vida é preciosa para o Espírito, tanto mais preciosa quanto suave; e, como na Terra, pode fazê-la servir ao seu adiantamento celeste. Fica bem persuadido de que tudo se harmoniza nos decretos divinos para tornar as criaturas de Deus mais felizes e que basta, de sua parte, ter um coração para amar e curvar a cabeça para ser humilde. Então se eleva mais alto do que poderia esperar.

4. Que desejas de mim, que te possa causar prazer?
*Resp.* – Teu pensamento ornado de uma flor.

NOTA – Tendo-se estabelecido uma discussão sobre o sentido desta resposta, o Espírito acrescentou:

Quando digo teu pensamento ornado de uma flor, digo que, colhendo flores, deves pensar algumas vezes em mim. Hás de compreender que quero, tanto quanto possível, fazer-me notar por um de teus sentidos, tocando-te agradavelmente.

5. Adeus, caro amigo. Aproveitarei com prazer a próxima ocasião que tiver de te evocar.
*Resp.* – Esperarei com impaciência. Até mais ver, caro amigo.

(Segunda conversa – 31 de dezembro)

6. *Evocação* – Novo pedido ao meu amigo para vir dar-me uma comunicação no interesse de minha instrução.

*Resp.* – Eis-me de novo, caro amigo; não peço mais do que vir dizer-te ainda uma vez o quanto me foste caro. Quero dar-te uma prova disso, elevando-me às mais altas considerações. Sim, meu amigo, a matéria nada é; trata-a duramente; nada temas, o Espírito é tudo. Só ele se perpetua e jamais deve cessar de viver, nem de percorrer os caminhos que Deus lhe traça. Por vezes se detém em bordas escarpadas para retomar o fôlego, mas quando volta os olhos para o Criador retoma coragem e rapidamente supera as dificuldades que encontra, eleva-se e admira a bondade de seu Senhor, que lhe distribui providencialmente as energias de que tem necessidade. Então avança; o empíreo se apresenta aos seus olhos, ao seu coração; ele marcha e logo se torna digno do destino celeste que entrevê. Caro amigo, nada mais temas; sinto em mim a coragem redobrada, as forças decuplicadas, desde que deixei a

Terra. Não mais duvido da felicidade predita que, comparada à que desfruto, será tão superior quanto a mais brilhante das pedras preciosas o é ao mais simples anel. Assim, vês quanto há de grandeza nas vontades celestes, e que será muito difícil para os seres humanos apreciar e pesar os seus resultados! Vossa linguagem dificilmente nos serve quando queremos exprimir o que vos deve parecer incompreensível.

7. Nada tens a acrescentar aos belos pensamentos que acabas de expressar?

*Resp.* – Sem dúvida não terminei, mas quis dar-te uma prova de minha identidade. Quando quiseres, eu te darei outras.

OBSERVAÇÃO – Estas provas de identidade são aqui todas morais e não resultam de nenhum sinal material, nem de nenhuma dessas questões pueris que muitas vezes algumas pessoas fazem com esse propósito. As provas morais são melhores e mais seguras, uma vez que os sinais materiais sempre podem ser imitados por Espíritos enganadores. Aqui, o Espírito se deixa reconhecer por seus pensamentos, seu caráter, sua elevação e a nobreza do estilo. Certamente um Espírito enganador poderia, quanto a este aspecto, tentar a contrafação, mas jamais passaria de uma imitação grosseira; como lhe faltaria o fundo, ele não poderia imitar senão a forma, nem representar por muito tempo o seu papel.

8. Visto estares nesta disposição benevolente, eu me sentiria feliz de aproveitá-la agora e te peço a gentileza de continuar.

*Resp.* – Eu te direi: Abre o livro de teus destinos; o Evangelho, meu amigo, far-te-á compreender muitas coisas que eu não saberia expressar. Deixa a letra; toma o Espírito desse livro sagrado e nele encontrarás todas as consolações necessárias ao teu coração. Não te inquietes com os termos obscuros; busca o pensamento e teu coração o interpretará como deve interpretar. Agora estou mais bem informado e te confesso o erro em que nós, Espíritos, incorríamos ao considerá-lo tão friamente quando vivos. Felizmente, hoje reconheço que, impulsionado pelo meu bom coração, teria podido, entendendo melhor os ensinamentos preciosos que o divino Mestre nos deixou, neles haurir o socorro que me faltava.

9. Obrigado e adeus, caro amigo; aproveitarei com prazer a primeira ocasião que tiver para te evocar.

*Resp.* – Não duvides de que então virei, como venho hoje. Farei o melhor que puder.

# Correspondência

## Carta do presidente da Sociedade Espírita do México

México, 18 de abril de 1861

*Ao Senhor Allan Kardec, em Paris.*

Senhor,

Meu amigo Sr. Viseur, em sua penúltima carta, manifesta-me o desejo que teríeis de conhecer o objetivo e as tendências da Sociedade Espírita que presido no México. É com imenso prazer e a mais viva simpatia por vossas profundas luzes no tocante a esta matéria que vos dirijo esta breve exposição da história do Espiritismo neste país, suplicando não apenas que leveis em consideração a nossa fraca experiência, mas também que nos conteis entre vós como fervorosos adeptos.

Muito tempo depois de vós, senhor, tivemos a felicidade de conhecer a suave verdade de que os Espíritos ou almas das pessoas mortas podem comunicar-se com os vivos. Não obstante algumas publicações vindas do Norte, nossa atenção e curiosidade não haviam despertado e não nos havíamos dado ao trabalho de procurar o que entendiam por manifestações espirituais. Foi o vosso *O livro dos espíritos*, felizmente chegado entre nós, que nos abriu os olhos e nos convenceu da realidade dos fatos que se propagam com tanta rapidez em todos os pontos do globo, fazendo-nos compreendê-los. Começamos então a fazer pesquisas e experiências, assumindo a tarefa de, por um trabalho constante, nos adestrarmos para receber as manifestações. Os conselhos que haurimos em vosso excelente livro fizeram-nos conhecer esta grande verdade: após a morte a alma existe e podemos entrar em comunicação com as que nos foram caras na Terra.

Eu não renderia homenagem à verdade se vos dissesse que fomos aqui os primeiros a ter conhecimento das manifestações. Várias pessoas de nossa cidade já se ocupavam delas, o que só soubemos mais tarde. O princípio da reencarnação é o que mais nos surpreendeu, inicialmente, mas as nossas comunicações com os Espíritos de uma ordem que, por sua linguagem, reconhecemos ser superiores, não nos permitiram duvidar de uma crença que tudo prova estar na ordem das coisas e conforme à onipotente Justiça de Deus. Um fato que prova a bondade e a superioridade dos Espíritos que nos assistem é que eles restabelecem a saúde dos que sofrem corporalmente e proporcionam calma e resignação às aflições espirituais. A simples lógica nos diz que o bem não poderá vir senão de uma boa fonte, mas seríamos muito presunçosos se nos impuséssemos como campeões capacitados desta sublime Doutrina. Cabe a vós, senhor, o direito de nos esclarecer, como provam os trabalhos oriundos do seio de vossa Sociedade.

Formamos uma sociedade composta de membros experimentados na crença espírita e recebemos em sua intimidade todo indivíduo que quer ser esclarecido. As leis fundamentais que nos regem são a unidade de princípios, a fraternidade entre os membros e a caridade para com todos os que sofrem. Eis, senhor, como as ideias espíritas se espalharam neste país e, podemos dizer com satisfação, se propagaram além de nossas esperanças. Caso julgueis conveniente guiar-nos com os vossos bons conselhos, sempre os receberemos com vivo reconhecimento e como um testemunho de simpatia de vossa parte.

Aceitai etc.

Ch. Gourgues

No mesmo dia em que nos chegou esta carta do México, recebemos a seguinte, de Constantinopla:

Constantinopla, 28 de maio de 1861.

*Ao Sr. Allan Kardec, diretor da* Revista Espírita.

Senhor,

Permiti-me vir, no meu e no nome pessoal de meus amigos e irmãos espiritualistas desta cidade, oferecer-vos dois singelos presentes, como lembrança, não de pessoas que ainda não conheceis, e que só têm tido a honra de vos conhecer por vossas obras, mas que aceitareis como testemunho dos sentimentos de confraternização, que devem unir os espiritualistas de todos os países. Aceitá-los-eis, também, porque são uma prova dos fenômenos tão sublimes quanto extraordinários do Espiritismo. Aceitareis e lhes dareis a honra de um quadro à nossa boa Sofia, pois é no seu e no nome de sua irmã Angélica que o Espiritismo se desenvolve e se propaga em Constantinopla, esta capital do Oriente, tão emocionante por suas lembranças históricas. Verdadeira Torre de Babel, é a cidade que reúne todas as seitas religiosas, todas as nações, e na qual se falam todas as línguas. Imaginai o Espiritismo se propagando de repente em meio a tudo isto... Que imenso ponto de partida! Somos ainda em reduzido número, mas este número aumenta dia a dia, como se fora uma bola de neve. Espero que, em pouco tempo, seremos contados às centenas.

As manifestações que obtivemos até hoje são o levantamento das mesas, das quais uma, de mais de 100 quilos, ergueu-se como uma pluma acima de nossas cabeças; golpes diretos, batidos por Espíritos; fenômenos de transportes etc. Estamos ensaiando as aparições de Espíritos, visíveis para todos; conseguiremos? Eles nos prometeram e nós aguardamos. Já temos um grande número de médiuns escreventes; outros fazem desenhos; outros ainda compõem trechos musicais, mesmo quando ignoram essas diferentes Artes.

Vimos, seguimos e estudamos diversos Espíritos de todos os gêneros e qualidades. Alguns de nossos médiuns têm visões e êxtases; outros, mediunizados, executam árias ao piano, inspirados pelos Espíritos. Duas senhoritas, que jamais viram ou nada leram sobre o magnetismo, magnetizam toda espécie de males, pela ação dos Espíritos, que as fazem agir da maneira mais científica possível.

Eis, senhor, de relance, o que temos feito em matéria de Espiritismo até hoje. Para que melhor possais julgar os nossos trabalhos, no que diz respeito às revelações espirituais, apresentamos o resultado de algumas sessões por intermédio da mesa.

[Seguem-se diversas comunicações morais de ordem muito elevada, cuja leitura a Sociedade ouviu com o mais vivo interesse.]

Se julgardes que essas revelações possam interessar à propagação da nova ciência espiritualista, ou espírita — porque para mim, como para meus amigos, o título nada significa, pois nem muda a forma nem o fundo — terei o prazer de vos enviar algumas mensagens instrutivas e concludentes, do ponto de vista da prova das manifestações espirituais.

Em breve todos os espiritualistas da Terra formarão um só feixe, uma só e mesma família. Não somos todos irmãos e filhos do mesmo pai, que é Deus? Eis os primeiros princípios que os espiritualistas devem pregar ao gênero humano, sem distinção de classe, país, língua, seita ou fortuna.

Aceitai etc.

REPOS
(Advogado)

Esta carta fazia-se acompanhar de um desenho, representando uma cabeça em tamanho natural, muito bem executado, embora o médium não soubesse desenhar, bem como de um trecho musical, letras, canto e acompanhamento de piano, intitulado *Espiritualismo*; o conjunto com esta dedicatória: "Oferta em nome dos espiritualistas de Constantinopla ao Sr. Allan Kardec, diretor da *Revista Espírita*, de Paris."

No fragmento de música, só o canto e a letra foram obtidos por via mediúnica; o acompanhamento foi feito por um artista.

Se publicássemos todas as cartas de adesão que recebemos, precisaríamos consagrar-lhes volumes e mais volumes. Ver-se-ia repetida, milhares de vezes, uma tocante expressão de reconhecimento à Doutrina Espírita. Muitas dessas cartas, aliás, são bastante íntimas para serem publicadas. As duas que reproduzimos acima têm um interesse geral, como prova da expansão que, por todos os lados, toma o Espiritismo, e do ponto de visto sério sob o qual é, agora, encarado, muito longe, como se vê, do entretenimento das mesas girantes. Por toda parte compreendem-lhe as consequências morais e o consideram como a base providencial das reformas prometidas à humanidade. Sentimo-nos felizes por dar assim um testemunho de simpatia e de encorajamento aos nossos confrades distantes. Este laço, que já existe entre os espíritas dos diferentes pontos do globo, e que não se conhecem senão pela conformidade da crença, não é um sintoma do que será mais tarde? Esse laço é uma consequência natural dos princípios que decorrem do Espiritismo; só pode ser rompido pelos que lhe desconhecem a lei fundamental: a caridade para com todos.

## Desenhos misteriosos

### Novo gênero de mediunidade

Sob esse título, o *Herald of Progress*, de Nova Iorque, jornal consagrado a assuntos espiritualistas e dirigido por Andrew Jackson Davis, contém a seguinte narrativa:

Em 22 de novembro último, o Dr. Hallock, juntamente com outras pessoas, foi convidado à casa da Sra. French, 4ª Avenida, nº 8, para testemunhar diversas manifestações espíritas e ver as evoluções de um lápis de grafite. Por volta das oito horas a Sra. French deixou o cômodo onde o grupo estava reunido e sentou-se num canapé, localizado em gabinete contíguo. Não abandonou esse lugar durante toda a reunião. Pouco depois de sentar-se, pareceu entrar numa espécie de êxtase, com os olhos fixos e desvairados. Pediu ao Dr. Hallock e ao professor Britton que examinassem o quarto. Eles encontraram sobre o leito, defronte do lugar onde ela estava sentada, uma pasta amarrada com uma fita de seda e uma garrafa de vinho para servir à experiência. O papel que seria utilizado para fazer os desenhos estava na pasta. Fomos convidados — diz o Dr. Hallock — a não tocar na pasta, nem na garrafa. Vários lápis e dois pedaços de goma elástica encontravam-se igualmente sobre o leito, mas no resto do aposento não havia desenhos, nem papel. Após esta pesquisa a Sra. French pediu ao Sr. Cuberton que tomasse a pasta e a levasse para a sala ocupada pelos convidados, abrisse-a e tirasse o conteúdo. Havia papel comum, do qual seis folhas de diferentes tamanhos foram tomadas das mãos do Sr. Cuberton pela Sra. French e postas sobre uma mesa situada diante dela. Esta pediu alfinetes e, tomando uma tira de papel de 5 ou 6 polegadas de comprimento, que colocou na borda inferior do papel, prendeu as duas bordas deste à tira. Feito isto, alguém foi solicitado a tomar o papel e fazer fosse ele examinado pelos assistentes, segurasse a tira e os alfinetes e lhe devolvesse a folha. A mesma coisa foi feita com as outras folhas, e cada vez os alfinetes eram postos em número e em locais diferentes; as folhas eram entregues, uma a uma, a outra pessoa, com vistas a reconhecer o papel por meio dos traços, que deviam corresponder aos das tiras. Depois de examinadas todas as folhas e devolvidas à Sra. French, o Sr. Cuberton pegou o vinho e lho entregou. Ela pôs as folhas sobre a mesa e derramou, sobre cada uma delas, uma quantidade de vinho suficiente para molhá-la completamente, espalhando-o com a palma da mão. Em seguida tratou de secá-las, pressionando uma por uma das folhas, enrolando-as, soprando acima e as agitando no ar. Isto durou alguns minutos; depois baixou o pavio do lampião e mandou os convidados se aproximarem. É preciso dizer que durante a operação de molhagem, uma das folhas de papel tinha ficado muito seca, sendo necessário recomeçar o trabalho. (O vinho era uma simples mistura de suco de uvas e açúcar, autorizado pelo Estado e produzido na Nova Inglaterra.) Então a Sra. French fez restabelecer a luz e pediu às pessoas que viessem sentar-se junto à porta onde ela estava: o Sr. Gurney, o professor Britton, o Dr. Warner e o Dr. Hallock estavam a 6 pés dela e os outros em plena vista.

Pondo uma das folhas sobre a mesa à sua frente, ela colocou vários lápis entre os dedos; o Dr. Hallock não a perdeu de vista, como houvera prometido. Estando tudo pronto, a Sra. French, para advertir que a experiência ia começar, exclamou: *Time* (tempo); então foi visto um movimento rápido da mão e, durante certo momento, das duas mãos; ouviu-se um ruído vivamente repetido sobre o papel; os lápis e o papel foram atirados a alguma distância no assoalho, por uma espécie de movimento nervoso; tudo isso durou 21 segundos. O desenho representa um buquê de flores, composto de jacintos, lírios, tulipas etc.

Operaram sucessivamente em outras folhas. O nº 2 é também um grupo de flores. O nº 3 é um belo cacho de uvas, com seu talo, folhas etc.; foi feito em 21 segundos. O nº 4 é um talo e folhas com cinco grupos de frutas parecidas com damascos; as folhas são uma espécie de musgo. Quando se preparou para esta folha, a Sra. French perguntou quanto tempo lhe davam para a execução; uns disseram dez segundos; outros, menos. Bem, disse a Sra. French, quando eu disser: *um*, olhai vossos relógios; à palavra *quatro* o desenho estará terminado. Atenção! um, dois, três, quatro: o desenho foi feito, isto é, em quatro segundos. O nº 5 representa um ramo de groselheira, do qual partem doze cachos de groselhas verdes, com flores e folhas, cercadas de folhas de outra espécie. O desenho foi apresentado pela Sra. French, em êxtase, ao Sr. Bruckmaster, de Pittsbourg, como vindo do Espírito de sua irmã, em cumprimento da promessa que ela lhe havia feito. O tempo gasto foi de dois segundos. O nº 6, que pode ser considerado como a obra-prima da série, é um desenho de 9 polegadas por 4; consiste em flores e folhagens brancas sobre fundo escuro, isto é, o desenho é da cor natural do papel, os contornos marcados e os interiores coloridos a lápis. Exceto dois outros desenhos produzidos da mesma maneira em outra ocasião, são sempre a lápis sobre fundo branco. No centro desse grupo de flores e na parte inferior da página existe uma mão segurando um livro aberto, de 1 polegada e um quarto por três quartos; os cantos não são exatamente em ângulos retos, mas o que é muito curioso, os furos dos alfinetes, feitos anteriormente para reconhecer o papel, marcam os quatro cantos do livro. No alto da página esquerda está escrito: *Galatians vi* e, a seguir, os seis primeiros versículos e uma décima sexta parte deste capítulo, cobrindo quase as duas páginas inteiras, em caracteres muito legíveis, com boa luz, a olho nu ou com uma lupa. Conta-se mais de cem palavras bem escritas. O tempo gasto foi de treze segundos. Quando se constatou a coincidência dos furos do papel com os da tira, a Sra. French, ainda em êxtase, pediu aos presentes que certificassem por escrito o que acabavam de ver. Então foi escrito à margem do desenho o seguinte: "Executado em treze segundos, em nossa presença, pela Sra. French; certificado pelos abaixo-assinados. 22 de novembro de 1860, 4ª Avenida, nº 8. Seguem-se dezenove assinaturas."

Não temos nenhum motivo para duvidar da autenticidade do fato, nem suspeitar da boa-fé da Sra. French, que não conhecemos. Mas é de convir que essa maneira de proceder teria algo de pouco convincente para os nossos incrédulos, que não deixariam de fazer objeções e de dizer que todos os preparativos teriam um ar de familiaridade com a prestidigitação, que faz as mesmas coisas, aparentemente sem tantos embaraços. Confessamos estar um pouco de acordo com eles. Que os desenhos tenham sido feitos, é incontestável; somente a origem não nos parece provada de maneira autêntica. Seja como for, admitindo-se que não tenha havido nenhuma fraude, é, sem a menor dúvida, um dos mais curiosos fatos *de escrita e de desenhos diretos*, dos quais a teoria nos explica a possibilidade. Sem essa teoria semelhantes fatos seriam, à primeira vista, relegados como fábulas ou manobras de prestidigitação. Mas pelo fato mesmo de nos dar a conhecer as condições nas quais os fenômenos podem produzir-se, ela deve tornar-nos tanto mais circunspetos para não os aceitar senão com conhecimento de causa.

Decididamente os médiuns americanos têm uma especialidade para a produção de fenômenos extraordinários, pois os jornais do país estão cheios de uma porção de fatos do gênero, de que nossos médiuns europeus estão longe de se aproximarem. Assim, do outro lado do Atlântico, dizem que ainda estamos muito atrasados em *Espiritismo*. Quando perguntamos aos Espíritos a razão dessa diferença, eles responderam: "A cada um o seu papel; o vosso não é o mesmo, e Deus não vos reservou a menor parte na obra de regeneração." A considerar o mérito dos médiuns pelo ponto de vista da rapidez da execução, pela energia e pelo poder dos efeitos, os nossos são apagados ao lado daqueles; entretanto, conhecemos muitos que não trocariam as simples e consoladoras comunicações que recebem, pelos prodígios dos médiuns americanos. Elas bastam para lhes dar a fé, e eles preferem o que toca a alma ao que lhes fere os olhos; a moral que consola e torna melhor, aos fenômenos que impressionam. Por um instante, na Europa, preocuparam-se com os fatos materiais, mas logo os deixaram de lado pela Filosofia, que abre um campo mais vasto ao pensamento e tende para o objetivo final e providencial do Espiritismo: a regeneração social. Cada povo tem seu gênio particular e suas tendências especiais e cada um, nos limites que lhe são assinalados, concorre para os planos da Providência. O mais adiantado será aquele que marchar mais depressa na via do progresso moral, porquanto é este que mais se aproximará dos desígnios de Deus.

## Exploração do Espiritismo

A América do Norte reivindica, a justo título, a honra de ter sido a primeira nos últimos tempos a revelar as manifestações de Além-Túmulo. Por que não deveria ser ela a primeira a dar o exemplo do tráfico e por que, nesse povo tão adiantado sob tantos aspectos, e tão digno de nossa simpatia, o instinto mercantil não se tenha detido no limiar da vida eterna? Quando lemos seus jornais, em cada página vemos anúncios como estes:

"Srta. S. E. Royers, sonâmbula, médium-médico, cura psicologicamente por simpatia. Tratamento comum, se necessário. – Descrição da fisionomia, da moralidade e do Espírito das pessoas. Das dez horas ao meio-dia; das duas às cinco da tarde; das sete às dez da noite, exceto às sextas, sábados e domingos, a não ser por acordo antecipado. Preço: 1 dólar por hora (5 fr. 42 c.)."

Pensamos que a simpatia do médium por seus doentes deve estar na razão direta da quantidade de dólares que lhe pagam. Julgamos supérfluo dar os endereços.

"Srta. E. C. Morris, médium escrevente. Das dez horas ao meio-dia; das duas às quatro da tarde; de sete às nove da noite."

"J. B. Conklin, médium. Recebe visitantes em seus salões todas as noites. Atende em domicílio."

"A. C. Styles, médium lúcido. Garante o diagnóstico exato da doença da pessoa presente, mediante pagamento. Regras estritamente observadas: Para um exame lúcido e prescrições, com a pessoa presente, 2 dólares; para descrições psicométricas dos caracteres, 3 dólares. Não esquecer que as consultas são pagas antecipadamente."

"Aos amadores do Espiritismo. Srta. Beck, médium *crisíaco*, falando, soletrando, batendo e raspando. Os verdadeiros observadores podem consultá-la das nove horas da manhã às dez horas da noite, em sua casa. Um médium batedor muito poderoso está associado à Srta. Beck."

Pensam que tal comércio só seja feito por especuladores obscuros e ignorantes? Eis o que prova o contrário:

"O Dr. G. A. Redman, médium experiente, está de volta a Nova Iorque. É encontrado em seu domicílio, onde recebe como outrora."

O tráfico do espiritualismo estendeu-se até os objetos comuns. Assim, lemos no *Spiritual Telegraph*, de Nova Iorque, o anúncio de "*Fósforos espirituais*; nova invenção sem fricção e sem cheiro."

O que é mais honroso para esse país do que esses anúncios é o artigo seguinte, que encontramos no *Weekly American*, de Baltimore, de 5 de fevereiro de 1859:

> *Estatística do Espiritualismo*. O *Spiritual Register*, de 1859, estima em 1.284.000 o número de espiritualistas nos Estados Unidos. Em Maryland há 8.000. O número total no mundo é avaliado em 1.900.000. O *Register* conta 1.000 oradores espiritualistas; 40.000 médiuns públicos e privados; 500 livros e brochuras; 6 jornais hebdomadários, 4 mensais e 3 quinzenais, consagrados a essa causa.

Os médiuns especuladores ganharam a Inglaterra. Em Londres contam-se diversos que não cobram menos de um guinéu por sessão. Caso se aventurem a introduzir-se na França, esperamos que o bom senso dos verdadeiros espíritas lhes faça justiça.

A produção dos efeitos materiais mais excita a curiosidade do que toca o coração. Daí, nos médiuns com aptidão especial para obter tais efeitos, uma propensão para explorar essa curiosidade. Os que apenas recebem comunicações morais de ordem elevada têm uma instintiva repugnância por tudo quanto cheira a especulação desse gênero. Para isso há nos primeiros um duplo motivo: primeiro, porque a exploração da curiosidade é mais lucrativa, pois os curiosos são abundantes em todo o país; depois, porque os fenômenos físicos, agindo menos sobre o moral, há neles menos escrúpulos. Aos seus olhos, sua faculdade é um dom que deve sustentá-los na vida, como uma bela voz para um cantor; a questão moral é secundária ou nula. Desse modo, uma vez neste caminho, o atrativo do ganho desenvolve o gênio da astúcia; como é preciso ganhar dinheiro, não se quer falhar na reputação de habilidade, cometendo trapalhadas. Aliás, quem garante que o cliente que hoje vem voltará amanhã? É preciso, pois, satisfazê-lo a qualquer preço; se o Espírito não colabora, o médium vem em seu auxílio, o que de outro modo é muito mais fácil para as coisas materiais do que para as comunicações inteligentes, de elevado alcance moral e filosófico. Para os primeiros, a prestidigitação tem recursos que faltam absolutamente aos outros. Eis por que dizemos que é preciso considerar, antes de tudo, a moralidade do médium; que a melhor garantia contra a trapaça está em seu caráter, em sua honorabilidade, em seu desinteresse absoluto. Em qualquer parte onde se insinua a sombra do interesse, por menor que seja, tem-se o direito de suspeitar. A fraude é sempre condenável, mas quando se liga às coisas de ordem moral é um sacrilégio. Aquele que, só conhecendo de nome o Espiritismo, busca imitar-lhe os efeitos, não é mais repreensível que o saltimbanco, ao imitar as experiências do físico. Sem dúvida, mais valeria que tal não acontecesse, mas, na verdade, ele não engana a ninguém, porque não faz mistério de sua qualidade: só esconde os meios. Já o mesmo não acontece com aquele que, falsificando, ilude a boa-fé de outrem com o ignóbil objetivo de especular. É mais que fraude: é hipocrisia, porquanto se dá por aquilo que não é; e é ainda mais culpado se, realmente possuindo algumas faculdades, delas se serve para melhor abusar da confiança que lhe concedem. Mas Deus sabe o que lhe está reservado, talvez ainda nesta vida. Se os falsos médiuns não fizessem mal senão a si próprios, só haveria um meio mal; o que é mais deplorável são as armas que fornecem aos incrédulos e o descrédito que lançam sobre a questão no espírito dos indecisos, desde que reconhecida a fraude. Não contestamos as faculdades, até mesmo poderosas, de certos médiuns mercenários, mas dizemos que o atrativo do ganho é uma tentação de fraude que deve inspirar uma desconfiança tanto mais legítima quanto não se pode ver nessa exploração um excesso de zelo apenas pelo bem da causa. Ainda que não houvesse fraude, nem por isso a censura deixaria de atingir aquele que especula com uma coisa tão sagrada como as almas dos mortos.

# Variedades

## As visões do Sr. O.

Extraímos o seguinte relato do *Spiritual Magazine*, publicado em Londres, em seu número de abril de 1861.

O Sr. O..., gentil-homem de Gloucestershire, jamais tivera visões até o momento em que veio residir em P..., a 3 de outubro de 1859. Cerca de quinze dias após sua chegada, começou a ver à noite; de início eram raios de luz, que vinham iluminar o seu quarto, passando pela vidraça. Prestou-lhe pouca atenção, atribuindo-os à lanterna de um guarda ou a um relâmpago demorado. Todavia, uma noite em que fixava os olhos na parede do quarto, viu formar-se uma rosa e depois estrelas de várias formas. Outra noite viu, na misteriosa luz, dois magníficos anjos com uma trombeta. Nessa noite o Sr. O... se havia recolhido mais cedo que de costume por causa de leve indisposição que sentia. A presença dos dois anjos, que durou um ou dois segundos, fez-lhe experimentar doce sensação, que se prolongou depois de sua partida.

Na semana seguinte a mesma luz lhe apareceu com a figura de uma criança, a abraçar um pequeno gato. Várias outras figuras igualmente apareceram, mas muito obscuras para serem distinguidas. Em março viu o perfil de uma dama, rodeada de um círculo luminoso; reconheceu sua mãe e exclamou muito alegre: "Minha mãe! minha mãe!", mas logo a visão se desvaneceu. Na mesma noite, viu uma bela senhora, vestida com distinção, chapéu à cabeça.

Uma ou duas noites depois viu um belo cachorrinho e um meninote. A seguir apareceu-lhe uma luz semelhante à de uma janela, cujo contorno não estava nitidamente delimitado, o que se repetiu quatro vezes e, nas três primeiras, durante cerca de meio minuto. O Sr. O... recolheu-se e procurou adivinhar o sentido dessa visão, imaginando significasse que ele não teria mais que três anos ou três meses de vida. A luz voltou ainda uma vez; o Sr. O... levantou-se e a luz desapareceu ao cabo de um minuto.

A 3 de abril ele viu uma luz produzindo o efeito de uma fenda luminosa e, no interior do quarto, uma parte do rosto de um homem: só a fronte, os olhos e o nariz eram visíveis. Muito grandes e muito salientes, os olhos o fitavam fixamente; logo desapareceu. Nas datas adiante teve ainda as seguintes visões:

4 de abril – Rosto e busto de uma dama, sorrindo para duas crianças que se abraçavam. Pouco depois era a parte superior da cabeça de um homem que o Sr. O... reconheceu, pelo cabelo e pela fronte, como um de seus amigos, falecido recentemente; 27 de julho – Uma mão, dirigida para baixo; a princípio apareceu na parede como uma luz fosforescente, tomando gradualmente a forma de mão. Então ele viu a cabeça de um homem idoso, pertencente a essa mão, um passarinho cinzento, de penas claras. O rosto o olhava com ar solene, mas desapareceu; o Sr. O... foi tomado de certo medo e sentiu-se tremer, ao mesmo tempo que experimentava agradável sensação de calor. Viu também um rolo de papel sobre o qual havia hieróglifos; 12 de dezembro – Um pássaro em seu ninho dando de comer aos filhotes; 13 de dezembro – Duas cabeças de leopardos; 15 de dezembro – Forte pancada foi ouvida pela Srta. S... em seu quarto, e que despertou o Sr. O..., profundamente adormecido; 16 de dezembro – Toque de sinos, ouvido também pela Srta. S... Um anjo e uma criança brilhante, que se transformam em flores. Uma cabeça de cervo, com grandes chifres; 18 de dezembro – Alguns rostos e dois pombos; 20 de dezembro – Vários rostos de homens, mulheres e crianças; 1º de janeiro – Uma grande embarcação, atrás da qual se ergue gradualmente a cabeça de uma criança, que acaba por voar para frente; 3 de janeiro – Um querubim e uma criança.

Uma noite ele viu um quadro, representando soberba paisagem, como se fora uma abertura na obscuridade; via prados, campos, árvores etc.; um homem a passear e uma vaca. A mais bela claridade do sol iluminava a paisagem. O que há de particular nessas visões luminosas é que muitas vezes a luz clareia todo o quarto, de maneira a deixar ver os móveis como em pleno dia. Quando ela desaparece, tudo retorna à obscuridade.

O Sr. O... teve muitas outras visões, das quais não teve o cuidado de tomar nota.

Parece-nos que há o suficiente para nos permitir apreciá-las e não pensamos que nenhuma pessoa esclarecida sobre a causa e a natureza dos fenômenos espíritas possa considerá-las como verdadeiras aparições. Se se reportarem ao primeiro artigo deste número, no qual tentamos determinar o caráter da alucinação, compreenderão a analogia que ela tem com as figuras que muitas vezes se apresentam em estados de sonolência, e que devem ter as mesmas causas; disto estamos convencidos pelo simples fato da multidão de animais que ele viu. Sabe-se que não há Espíritos de animais errantes no mundo invisível e que, conseguintemente, não pode haver aparições de animais, salvo o caso em que um Espírito fizesse surgir uma aparência desse gênero, com um fim determinado, o que não deixaria de ser sempre uma aparência, e não o Espírito real, de tal ou qual animal.[115] O fato das aparições é incontestável, mas é preciso guardar-se de vê-las em toda parte e de tomar como tais o jogo de certas imaginações facilmente exaltáveis, ou a visão retrospectiva das imagens impressas no cérebro. A própria minúcia com a qual o Sr. O... revela certas particularidades insignificantes é um indício da natureza das preocupações de seu espírito.

Em resumo, nada encontramos nas visões do Sr. O... que tenha o caráter das aparições propriamente ditas e acreditamos haver muita inconveniência em propagar semelhantes fatos sem os devidos comentários e sem as reservas que a prudência recomenda, porque, sem o querer, estaríamos fornecendo armas à crítica.

---

[115] N.T.: *Vide* a q. 600, de *O livro dos espíritos*, e o it. 283, de *O livro dos médiuns*.

## Os Espíritos e a gramática

Um grave erro gramatical foi descoberto em *O livro dos espíritos* por um profundo crítico, que nos dirigiu a seguinte nota:

"Leio à página 384, *parágrafo* 911,[116] linha 23, em vosso *O livro dos espíritos*: 'Há muitas pessoas que dizem: *Quero*, mas sua vontade está apenas nos lábios; eles querem, porém muito satisfeitos ficam que assim não seja'. Se tivésseis dito: 'Elas querem e ficam muito satisfeitas que assim não seja', não credes que o francês teria lucrado? Eu seria levado a pensar que o vosso Espírito protetor escrevente seja um farsista que vos faz cometer erros de linguagem. Apressai-vos em puni-lo e, sobretudo, em corrigi-lo."

Lamentamos não poder enviar os nossos agradecimentos ao autor desta observação. Mas, sem dúvida, é por modéstia e para se furtar ao testemunho de nosso reconhecimento que ele se esqueceu de pôr seu nome e endereço, limitando-se a assinar: *Um Espírito protetor da língua francesa*. Considerando-se que esse senhor, ao que parece, se dá ao trabalho de ler nossas obras, pedimos aos Espíritos bons o obséquio de colocar nossa resposta sob os seus olhos.

Torna-se evidente ser do conhecimento desse senhor que o substantivo pessoa é do feminino e que os adjetivos e os pronomes concordam em gênero e número com o substantivo ao qual se referem. Infelizmente nem tudo se ensina na escola, sobretudo em questões da língua francesa. Se tal senhor, que se declara protetor de nossa língua, tivesse transposto os limites da gramática de Lhomond, saberia que se encontra em *Regnard* a seguinte frase: *Embora essas três pessoas tivessem interesses muito diferentes*, ELES *eram*, *todavia*, ATORMENTADOS *pela mesma paixão*. E esta outra, em *Vaugelas*: *As pessoas*

---

[116] N.T.: Grifo nosso. O crítico alude ao parágrafo 911, mas, em verdade, refere-se à pergunta de mesmo número, inserida no Livro terceiro, cap. XII, de *O livro dos espíritos*. [Na questão e livro citados, ver nota de rodapé.]

*consumidas na virtude em todas as coisas têm uma retidão de espírito e uma atenção judiciosa que as impede de ser* MURMURADORES. Daí a regra que se acha na *Gramática normal dos exames*, pelos senhores *Levi Alvarès* e *Rivail*, na de *Bonifácio* etc.

"Às vezes empregamos, *por silepse*, o pronome *ele* para substituir o substantivo *pessoa*, embora esta última palavra seja feminina. Tal concordância só pode ocorrer quando, no pensamento, o vocábulo *pessoa* não representa exclusivamente mulheres e, além disso, quando o pronome *ele* está bastante afastado para que o ouvido não seja ferido de modo desagradável."

A respeito do pronome *ninguém*, que é masculino, encontra-se a seguinte observação: "Entretanto, quando o pronome *ninguém* designa especialmente uma mulher, o adjetivo que a ele se refere pode ser posto no feminino; pode-se dizer: *Ninguém é mais* BONITA *que Rosina* (Bonifácio)."[117]

Os Espíritos que ditaram a frase em questão não são tão ignorantes quanto pretende aquele senhor. Seríamos mesmo levados a crer que sabem um pouco mais que ele, embora em geral não se melindrem muito com a correção gramatical, a exemplo de muitos dos nossos sábios, que não primam pela ortografia. *Moral*: É bom saber antes de criticar.

Seja como for, para acalmar os escrúpulos dos que não sabem muito, e julgam a Doutrina em perigo por um erro de linguagem, real ou imaginário, nós alteramos a concordância na quinta edição de *O livro dos espíritos*, que acaba de ser lançada, porque:

"...Com boa vontade, aos rimadores audaciosos o uso ainda permite, creio, a escolha entre os dois."

---

[117] N.T.: Para os leitores da língua portuguesa essas lições gramaticais de Allan Kardec só farão sentido se considerarmos que, em francês, os vocábulos *pessoa* e *ninguém* são homógrafos (*personne*).

É um verdadeiro prazer ver o trabalho que se dão os adversários do Espiritismo para atacá-lo com todas as armas que lhes caem às mãos. Mas o que há de singular é que, malgrado a quantidade de setas que lhe arremessam, apesar das pedras semeadas em seu caminho, *não obstante as armadilhas que lhe estendem para fazê-lo desviar-se de seu objetivo*, nenhum meio foi ainda encontrado para o deter em sua marcha e ele ganha um terreno desesperador para os que julgam abatê-lo com piparotes. Depois dos piparotes os atletas de folhetim experimentaram as bordoadas, mas ele nem se abalou; em vez disso avançou mais rápido.

## Dissertações e ensinos espíritas

Por ditados espontâneos

### O PAPEL DOS MÉDIUNS NAS COMUNICAÇÕES[118]

(Obtido pelo Sr. d'Ambel, médium da Sociedade)

Qualquer que seja a natureza dos médiuns escreventes, sejam mecânicos, semimecânicos ou simplesmente intuitivos, os nossos processos de comunicação com eles praticamente não variam. De fato, nós nos comunicamos com os Espíritos encarnados dos médiuns, da mesma forma que com os Espíritos propriamente ditos, tão só pela irradiação do nosso pensamento.

Os nossos pensamentos não precisam da vestimenta da palavra para serem compreendidos pelos Espíritos, e todos os Espíritos percebem os pensamentos que desejamos transmitir-lhes, bastando, para isso, que lhes dirijamos esses pensamentos, em razão de suas faculdades intelectuais. Quer dizer que tal pensamento pode ser compreendido por tais ou quais Espíritos, conforme o adiantamento deles, ao passo que, para outros, por não despertarem nenhuma lembrança, nenhum conhecimento que lhes dormitem no fundo

---

[118] N.T.: *Vide O livro dos médiuns*, Segunda parte, cap. XIX, it. 225.

do coração, ou do cérebro, esses mesmos pensamentos não lhes são perceptíveis. Neste caso, o Espírito encarnado que nos serve de médium é mais apto a exprimir o nosso pensamento a outros encarnados, embora não o compreenda, coisa que um Espírito desencarnado, mas pouco adiantado não poderia fazer, se fôssemos forçados a servir-nos dele, porque o ser terreno põe seu corpo, como instrumento, à nossa disposição, o que o Espírito errante não pode fazer.

Assim, quando encontramos em um médium o cérebro repleto de conhecimentos adquiridos na sua vida atual e o seu Espírito rico de conhecimentos latentes, obtidos em vidas anteriores, susceptíveis de nos facilitarem as comunicações, preferimos nos servir dele, porque com ele o fenômeno da comunicação se torna muito mais fácil para nós do que com um médium de inteligência limitada e de escassos conhecimentos, adquiridos anteriormente. Vamos nos fazer compreender por meio de algumas explicações claras e precisas.

Com um médium, cuja inteligência atual ou anterior se ache desenvolvida, o nosso pensamento se comunica, instantaneamente, de Espírito a Espírito, graças a uma faculdade peculiar à essência mesma do Espírito. Nesse caso, encontramos, no cérebro do médium, os elementos apropriados a dar ao nosso pensamento a vestimenta da palavra que lhe corresponda, e, isto, quer o médium seja intuitivo, semimecânico ou inteiramente mecânico. É por isso que, seja qual for a diversidade dos Espíritos que se comunicam com um médium, os ditados que este obtém, ainda que procedendo de Espíritos diferentes, trazem, quanto à forma e ao colorido, o cunho que lhe é pessoal. Com efeito, apesar de o pensamento não lhe seja de todo estranho, não obstante o assunto esteja fora do âmbito em que ele habitualmente se move, e embora não provenha dele o assunto que nós queremos dizer, nem por isso o médium deixa de exercer influência quanto à forma, pelas qualidades e propriedades inerentes à sua individualidade. É exatamente como se observásseis panoramas diversos, com lentes matizadas, verdes, brancas ou azuis; embora os panoramas, ou objetos observados, sejam inteiramente opostos e independentes uns dos outros, não deixam por isso de afetar uma tonalidade que provém das cores das lentes.

Melhor ainda: comparemos os médiuns a esses recipientes de vidro cheios de líquidos coloridos e transparentes que se veem nos mostruários dos laboratórios farmacêuticos. Pois bem, nós somos como as luzes que clareiam certos panoramas morais, filosóficos e internos, através dos médiuns azuis, verdes ou vermelhos, de tal sorte que os nossos raios luminosos, obrigados a passar através de vidros mais ou menos lapidados, mais ou menos transparentes, isto é, de médiuns mais ou menos inteligentes, só chegam aos objetos que desejamos iluminar, tomando a coloração ou, melhor, a forma de dizer própria e particular desses médiuns.

Enfim, para terminar com uma última comparação: nós, os Espíritos, somos quais compositores de música que, tendo composto e querendo improvisar uma ária, só têm à mão um piano, um violino, uma flauta, um fagote ou uma gaita de dez centavos. É incontestável que, com o piano, o violino ou a flauta, executaremos a nossa composição de modo muito mais compreensível para os nossos ouvintes. Embora os sons produzidos pelo piano, pelo fagote ou pela clarineta sejam essencialmente diferentes entre si, nem por isso a composição deixará de ser idêntica em qualquer desses instrumentos, exceto os matizes do som. Mas se só tivermos à nossa disposição uma gaita de dez centavos ou um instrumento improvisado, aí está para nós a dificuldade.

De fato, quando somos obrigados a servir-nos de médiuns pouco adiantados, o nosso trabalho se torna mais demorado e penoso, pois somos forçados a recorrer a formas incompletas, o que constitui para nós um complicação. Somos então forçados a decompor os nossos pensamentos e a ditar palavra por palavra, letra por letra, representando isso uma fadiga e um aborrecimento, assim como um entrave real à presteza e ao desenvolvimento das nossas manifestações.

É por isso é que nos sentimos felizes quando encontramos médiuns bem adestrados, bem aparelhados, munidos de materiais prontos a serem utilizados, bons instrumentos, em suma porque então o nosso perispírito, atuando sobre o perispírito daquele a quem *mediunizamos*, nada mais tem a fazer senão impulsionar a mão que nos serve de lapiseira ou caneta. Já com os médiuns mal aparelhados, somos obrigados a realizar um trabalho análogo ao que executamos quando nos comunicamos por meio de pancadas, isto é, formando letra por letra, palavra por palavra, cada uma das frases que traduzem os pensamentos que queiramos transmitir.

É por estas razões que nos dirigimos de preferência às classes cultas e instruídas, para a divulgação do Espiritismo e para o desenvolvimento das faculdades mediúnicas escreventes, embora seja nessas classes que se encontrem os indivíduos mais incrédulos, mais rebeldes e mais imorais. É que, assim como deixamos hoje, aos Espíritos galhofeiros e pouco adiantados, o exercício das comunicações tangíveis, de pancadas e transportes, assim também os homens pouco sérios preferem o espetáculo dos fenômenos que lhes afetam os olhos ou os ouvidos, aos fenômenos puramente espirituais, meramente psicológicos.

Quando queremos transmitir ditados espontâneos, atuamos sobre o cérebro, sobre os arquivos do médium e preparamos os nossos materiais com os elementos que ele nos fornece e isto à sua revelia. É como se tomássemos de sua bolsa as somas que ele aí possa ter e dispuséssemos as moedas que a compõem na ordem que nos parecesse mais conveniente.

Entretanto, quando é o próprio médium que nos quer interrogar, seria bom que refletisse seriamente no que acabamos de dizer, a fim de fazer com método as suas perguntas, facilitando assim o nosso trabalho de responder a elas. Porque, como já vos dissemos em instrução anterior, o vosso cérebro está frequentemente em inextricável desordem, sendo para nós tão difícil quanto penoso mover-nos no labirinto dos vossos pensamentos. Quando as perguntas são feitas por um terceiro, convém que sejam comunicadas previamente ao médium, para que este se identifique com o Espírito do evocador e dele, por assim dizer, se impregne, porque, então, nós outros teremos mais facilidade para responder, graças à afinidade existente entre o nosso perispírito e o do médium que nos serve de intérprete.

Sem dúvida, podemos falar de Matemática, servindo-nos de um médium que a desconheça por completo porém, quase sempre, o Espírito desse médium possui, em estado latente, conhecimento do assunto, isto é, conhecimento peculiar ao ser fluídico, e não ao ser encarnado, por ser o seu corpo atual um instrumento rebelde ou contrário a esse conhecimento. O mesmo se dá com a Astronomia, com a poesia, com a Medicina, com as diversas línguas, assim como com todos os outros conhecimentos peculiares à espécie humana. Enfim, ainda temos como meio penoso de elaboração, para ser usado com médiuns completamente estranhos ao assunto tratado, o da reunião das letras e das palavras, uma a uma, como em tipografia.

Conforme já dissemos, os Espíritos não precisam revestir seus pensamentos; eles os percebem e transmitem naturalmente entre si, pelo só fato de os pensamentos existirem neles. Os seres corpóreos, ao contrário, só podem perceber os pensamentos quando revestidos. Enquanto a letra, a palavra, o substantivo, o verbo, a frase, em suma, vos são necessários para perceberdes as ideias, ainda que mentalmente, nenhuma forma visível ou tangível é necessária para nós.

ERASTO E TIMÓTEO
(Espíritos protetores dos médiuns)

## HOSPITAL PÚBLICO[119]

(Recebido pelo Sr. A. Didier, médium da Sociedade)

Uma noite de inverno eu seguia os cais sombrios que confinam Notre-Dame. Como bem o compreendeu um poeta, é o bairro do desespero e da morte. Essa região sempre foi, desde o Pátio dos Milagres até o Necrotério, o receptáculo de todas as misérias humanas. Hoje,

---

[119] N.T.: *L'Hôtel-Dieu*, em francês. Corresponde às nossas Santas Casas de Misericórdia.

que tudo se desmorona, esses imensos monumentos da agonia, que o homem chama Santas Casas de Misericórdia, talvez venham a cair também. Eu olhava essas luzes embaciadas que varam paredes sombrias e me dizia: Quantas mortes desesperadas! que fossa comum do pensamento, que traga diariamente tantos corações mudados, tantas inocências gangrenadas! É lá que têm morrido tantos sonhadores, poetas, artistas ou sábios! Há um pequeno corredor em ponte sobre o riacho que corre pesadamente; é por ali que passam os que não vivem mais. Os mortos são levados, então, para outro edifício, em cuja fachada deveriam escrever como na porta do inferno: Aqui não há mais esperança. Efetivamente, é aí que o corpo é recortado para servir à Ciência, mas é também aí que a Ciência subtrai à fé o menor vestígio de esperança.

    Presa de tais pensamentos eu dera alguns passos, mas o pensamento vai mais rápido que nós. Fui alcançado por um rapaz, pálido e tiritando de frio que, sem-cerimônia, pediu fogo para o cachimbo; era um estudante de Medicina. Dito e feito; eu também fumava e entabulei conversa com o desconhecido. Descorado, magro e enfraquecido pelas vigílias, fronte vasta e olhos tristes, tal era, à primeira vista, o aspecto desse homem. Parecia pensativo e eu lhe comuniquei meus pensamentos. "Acabo de dissecar" — disse ele —, "mas só encontrei a matéria. Ah! Meu Deus" — acrescentou ele com um sangue-frio glacial —, "se quiserdes vos desembaraçar da estranha doença cognominada de crença na imortalidade da alma, ide ver diariamente, como eu, dissolver-se com tanta uniformidade essa matéria que chamamos corpo; ide ver como se apagam esses cérebros entusiastas, esses corações generosos ou degradados; ides ver se o nada que os apanha não é o mesmo em todos. Que loucura acreditar!" Perguntei-lhe a idade. "Tenho 24 anos" — disse ele —; "agora devo deixar-vos, porque faz muito frio."

    Ao vê-lo afastar-se, perguntei a mim mesmo: É isto o resultado da Ciência?

    Continuarei.

GÉRARD DE NERVAL

NOTA – Alguns dias mais tarde a Sra. Costel recebeu, em sua casa, a comunicação seguinte, cuja analogia com a precedente oferece notável particularidade.

Uma noite eu seguia pelos cais desertos; o tempo estava bonito e fazia calor. As estrelas de ouro se destacavam no azul sombrio; a Lua arredondava seu círculo elegante e seus níveos raios iluminavam como um sorriso a água profunda. Os álamos, guardas silenciosos das margens do Sena, erguiam suas formas esbeltas e eu passava lentamente, ora olhando o reflexo dos astros na água, ora o reflexo de Deus na abóbada azulada. À minha frente caminhava uma mulher e, com uma curiosidade pueril, eu lhe seguia os passos, que pareciam regular os meus. Caminhamos assim durante muito tempo. Chegados em frente ao Hospital, cujas fachadas deixavam ver aqui e ali aberturas iluminadas, ela parou e, virando-se para mim, dirigiu-me subitamente a palavra, como se eu fosse seu companheiro. — Amigo — perguntou ela —, crês que os que sofrem aqui sofrem mais da alma que do corpo? ou crês que a dor física extingue a centelha divina? — Creio — respondi eu, profundamente surpreendido —, que, para a maioria dos infelizes, que a esta hora sofrem e agonizam, a dor física é o descanso e o esquecimento de suas misérias habituais. — Tu te enganas, amigo — retomou ela, sorrindo gravemente. — A doença é a suprema angústia para os deserdados da Terra, para os pobres, os ignorantes e os abandonados; ela só deixa no esquecimento os que, semelhantes a ti, não sofrem senão a nostalgia dos bens sonhados e só conhecem as dores idealizadas, coroadas de violetas. Quis falar; ela fez sinal que me calasse e, erguendo a branca mão para o Hospital, disse: Ali se agitam infelizes que calculam o número de horas roubadas pela doença ao seu salário; ali mulheres angustiadas pensam no cabaré que entorpece a mágoa e faz os maridos esquecerem o pão dos filhos; ali, acolá, em toda parte as preocupações terrenas apertam e sufocam o pálido clarão da esperança, que não pode resvalar nessas almas desoladas. Deus é ainda mais esquecido por esses infelizes, vencidos pelo sofrimento, do que no seu paciente labor; é que Deus está muito alto, muito distante, enquanto a miséria está próxima. Que fazer, então, para dar a esses homens, a essas mulheres, o impulso moral necessário para que se despojem de seu invólucro carnal, não como insetos rastejantes, mas como criaturas inteligentes, ou para que entrem menos sombrios e menos desesperados na batalha da vida? Tu, sonhador; tu, poeta que rimas sonetos à Lua, alguma vez já pensaste nesse formidável problema que só duas palavras podem resolver: caridade e amor?

A mulher parecia crescer e o frêmito das coisas divinas corria em mim. — Escuta ainda — retomou ela, e sua grande voz parecia encher a cidade com a sua harmonia. — Ide todos vós, os poderosos, os ricos, os inteligentes; ide espalhar uma notícia maravilhosa; dizei aos que sofrem e que estão abandonados, que Deus, seu pai, não mais está refugiado no Céu inacessível e lhes envia, para os consolar e assistir, os Espíritos daqueles que eles perderam; que seus pais, suas mães, seus filhos, curvados à sua cabeceira e lhes falando a língua conhecida, ensinar-lhes-ão que além da tumba brilha uma nova aurora, semelhante a uma nuvem que dissipa os males terrenos. O anjo abre os olhos de Tobias; que, por sua vez, o anjo do amor abra as almas fechadas dos que sofrem sem esperança. E, dizendo isto, a mulher tocou levemente minhas pálpebras e eu vi, através das paredes do Hospital, os Espíritos, puras chamas, que faziam resplandecer as salas desoladas. Sua união com a humanidade se consumava, e as chagas da alma e do corpo eram pensadas e aliviadas pelo bálsamo da esperança. Legiões de Espíritos, mais inumeráveis e mais brilhantes que as estrelas, expulsavam de sua frente, como vapores impuros, o desespero, a dúvida, e do ar, da terra, do rio, escapava uma só palavra: amor.

Fiquei muito tempo imóvel e transportado para fora de mim mesmo; depois as trevas invadiram novamente a Terra; o espaço tornou-se deserto. Quando olhei ao meu redor a mulher não mais estava; um grande tremor agitou-me e fiquei indiferente ao que me cercava. Desde essa noite chamaram-me de sonhador e de louco. Oh! que doce e sublime loucura a de crer no despertar do túmulo! Mas como é pungente e estúpida a loucura que mostra o nada como única compensação de nossas misérias, como única recompensa às virtudes obscuras e modestas! Qual é, aqui, o verdadeiro louco: o que espera, ou o que desespera?

Alfred de Musset

Após a leitura desta comunicação, Gérard de Nerval dita espontaneamente o que segue, por outro médium, o Sr. Didier:

"Meu nobre amigo Musset terminou por mim. Nós nos havíamos entendido; já que a continuação era exatamente a resposta à primeira parte que ditei, era preciso um estilo diferente e imagens mais consoladoras."

## A prece

(Enviada pelo Sr. Sabò, de Bordeaux)

Tempestade de paixões humanas, que abafais os bons sentimentos de que todos os Espíritos encarnados trazem uma vaga intuição no fundo da consciência, quem acalmará a vossa fúria? É a prece que deve proteger os homens contra o fluxo desse oceano, cujo seio encerra os monstros horrendos do orgulho, da inveja, do ódio, da hipocrisia, da mentira, da impureza, do materialismo e das blasfêmias. O dique que lhe opondes pela prece é construído com a pedra e o cimento mais duros e, impotentes para o transpor, esses monstros se esgotam em vãos esforços contra ele e mergulham, sangrentos e aflitos, nas profundezas abissais. Ó prece do coração, invocação incessante da criatura ao Criador, se conhecessem tua força, quantos corações arrastados pela fraqueza teriam recorrido a ti no momento da queda! Tu és o precioso antídoto que cura as chagas, quase sempre mortais, que a matéria abre no Espírito, fazendo correr em suas veias o veneno das sensações brutais. Mas como é restrito o número dos que oram bem! Acreditais que depois de haver consagrado grande parte do vosso tempo a recitar fórmulas que aprendestes, ou a lê-las em vossos livros, tereis merecido bastante de Deus? Desiludi-vos; a boa prece é a que parte do coração; não é prolixa; apenas, de vez em quando, deixa escapar seu grito a Deus em aspirações, em angústias e em rogativas de perdão, como a implorar que venha em nosso socorro e os Espíritos bons a levem aos pés do Pai justo, pois esse incenso é para Ele de agradável odor. Então Ele os envia em grupos numerosos para fortalecer os que oram bem contra o Espírito do mal; assim, tornam-se fortes como rochedos inabaláveis. Veem quebrar-se contra eles as vagas das paixões humanas e, como se comprazem nessa luta que os deve cumular de méritos, constroem, como a alcíone, seus ninhos em meio às tempestades.

Fénelon

Allan Kardec

# Revista Espírita
Jornal de Estudos Psicológicos
ANO IV — AGOSTO DE 1861 — N° 8

## Aviso

A Sociedade Parisiense de Estudos Espíritas decidiu, em sessão de 19 de julho, que tomará férias no período de 15 de agosto a 1º de outubro. Em consequência, as sessões serão suspensas nesse intervalo.

## Fenômenos psicofisiológicos das pessoas que falam de si mesmas na terceira pessoa

O jornal *Siècle*, de 4 de julho de 1861, cita o seguinte fato, segundo o jornal do Havre:

> Acaba de morrer no hospício um homem, vitimado por uma aberração mental das mais singulares. Era um soldado, chamava-se Pierre Valin, e havia sido ferido na cabeça na batalha de Solferino. Embora a ferida estivesse completamente cicatrizada, desde então ele se julgava morto.
>
> Quando lhe pediam notícias da saúde, respondia: "Quereis saber como vai Pierre Valin? Pobre rapaz! Foi morto com um tiro na

cabeça em Solferino. O que vedes aqui não é Valin; é uma máquina que fizeram à sua semelhança, mas muito malfeita. Deveríeis pedir para que fizessem outra."

Ao falar de si mesmo, jamais dizia *eu* ou *a mim*, mas *este*. Frequentemente caía em completo estado de imobilidade e de insensibilidade, que durava vários dias. Aplicados contra essa afecção, os cataplasmas e vesicatórios jamais produziram o menor sinal de dor. Muitas vezes exploraram a sensibilidade da pele desse homem, beliscando-lhe os braços e pernas, sem que manifestasse o mais leve sofrimento.

Para assegurar-se de que não dissimulava, o médico mandava picá-lo nas costas, enquanto conversavam com ele. O doente nada percebia. Muitas vezes, Pierre Valin recusava alimentar-se, dizendo que *isto* não era necessário; que, aliás, *isto* não tinha ventre etc.

O fato, ademais, não é o único do gênero. Outro soldado, igualmente ferido na cabeça, falava sempre na terceira pessoa e no feminino. Exclamava: "Ah! como ela sofre! Ela está com muita sede etc." Inicialmente fizeram com que percebesse o erro e ele concordou, bastante surpreendido, embora continuasse a reincidir no mesmo erro, de tal sorte que nos últimos tempos de sua vida só assim se exprimia.

Um zuavo, também em consequência de um ferimento na cabeça, não obstante perfeitamente curado, havia perdido a memória dos substantivos. Sargento instrutor, posto soubesse muito bem o nome dos soldados de seu esquadrão, só os designava por estas palavras: "O morenão, o castanhozinho etc." Para comandar, servia-se de perífrases, quando se tratava de designar o fuzil ou o sabre etc. Foram forçados a mandá-lo para casa.

Os últimos anos do célebre médico Baudelocque[120] ofereceram o exemplo de uma lesão análoga, porém menos marcante. Lembra-

---

[120] N.E.: Jean-Louis Baudelocque (1745–1810), médico francês. Participou da transformação da Obstetrícia em uma verdadeira especialidade médica.

## Agosto de 1861

va-se muito do que houvera feito quando gozava saúde; reconhecia pela voz os que vinham vê-lo, embora acometido de cegueira, mas não tinha a mínima consciência de sua existência. Se lhe perguntassem, por exemplo: "Como vai a cabeça?" Ele respondia: "Não tenho cabeça." Se lhe pedissem o braço para lhe tomar o pulso, respondia não saber onde ele estava. Um dia quis ele próprio apalpar o pulso; puseram-lhe a mão direita sobre o punho esquerdo; a seguir perguntou se era mesmo a sua mão que sentia, após o que se julgou muito saudável pela pulsação.

A cada passo a fisiologia nos oferece fenômenos que parecem anomalias e ante os quais ela fica muda. Por que isto? Já o dissemos, e nunca seria demais repetir: é que ela pretende referir tudo ao elemento material, sem levar na menor conta o elemento espiritual. Enquanto se obstinar nessa via restritiva, será impotente para resolver os mil e um problemas que surgem a cada instante sob o seu escalpelo, como a lhe dizer: "Bem vês que existe algo além da matéria; apenas, com ela, não podes explicar tudo." E aqui não falamos unicamente de alguns fenômenos bizarros, que poderiam pegá-la desprevenida, mas dos mais vulgares efeitos. Terá ela pelo menos se dado conta dos sonhos? Não falamos sequer dos sonhos reais, desses que são percepções reais das coisas ausentes, presentes ou futuras, mas simplesmente dos sonhos fantásticos ou das recordações. A fisiologia explica como se produzem essas imagens tão claras e tão nítidas que por vezes nos aparecem? Qual o espelho mágico que, assim, conserva a imagem das coisas? No sonambulismo *natural*, que ninguém contesta, ela explica de onde vem essa estranha faculdade de ver sem o auxílio dos olhos? Não de ver vagamente, mas nos mínimos detalhes, a ponto de se poder fazer com precisão e regularidade trabalhos que, em estado normal, exigiriam uma visão aguçada? Existe, pois, em nós, alguma coisa que vê independentemente dos olhos. Nesse estado, não apenas o sensitivo age, mas pensa, calcula, combina, prevê e se entrega a trabalhos de inteligência de que é incapaz no estado de vigília e do qual não conserva a menor lembrança. Há, portanto, algo que pensa e que não depende da matéria. O que é esse algo? Aí ela se detém. Entretanto, tais fatos não são raros. Mais de um sábio irá aos antípodas para ver e calcular um eclipse, ao passo que não vai à casa do vizinho para observar um fenômeno da alma. São muito numerosos os fatos naturais e espontâneos que provam a ação independente de um princípio inteligente, mas esta ação ressalta ainda com mais evidência nos fenômenos magnéticos e espíritas, nos quais o isolamento desse princípio se produz, por assim dizer, à vontade.

  Retornemos ao nosso assunto. Narramos um fato semelhante na *Revista* de junho de 1861, a propósito da evocação do marquês de Saint-Paul. Em seus últimos momentos ele dizia sempre: "Ele tem sede; é preciso dar-lhe de beber. Ele tem frio; é preciso aquecê-lo. Ele sente dor em tal local etc." Mas quando lhe diziam: "Mas sois vós que tendes sede", ele respondia: "Não, é ele." "É que o *eu* pensante está no Espírito, e não no corpo. Já em parte desprendido, o Espírito considerava seu corpo como outra individualidade que, propriamente falando, não era *ele*. Era, pois, ao seu corpo, a esse outro indivíduo que era preciso dar de beber, e não a *ele* Espírito. Assim, quando na evocação lhe fizeram esta pergunta: Por que faláveis sempre na terceira pessoa? ele respondia: "Porque, como vos dissera, estava vendo e sentia nitidamente as diferenças que existem entre o físico e o moral. Essas diferenças, *ligadas entre si pelo fluido da vida*, tornam-se muito distintas aos olhos dos moribundos clarividentes."

  Uma causa semelhante deve ter produzido o efeito notado nos militares a que nos referimos. Talvez digam que a ferida tenha determinado uma espécie de loucura, mas o marquês de Saint-Paul não tinha recebido nenhum ferimento; tinha em estado perfeito o raciocínio, do que estamos certos, pois fomos informados do caso por sua irmã, membro da Sociedade. O que nele se produziu de modo espontâneo pode perfeitamente, nos outros, ter sido determinado por uma causa acidental. Aliás, todos os magnetizadores sabem que é muito comum aos sonâmbulos falarem na terceira pessoa, fazendo ainda a distinção entre a personalidade de sua alma, ou Espírito, e o corpo.

  Em estado normal as duas individualidades se confundem e sua perfeita assimilação é necessária à harmonia dos atos da vida. Mas o princípio inteligente é como esses gases, que não se prendem a certos corpos sólidos senão por uma coesão efêmera, escapando ao primeiro sopro. Há sempre uma tendência de se desembaraçar de seu fardo corpóreo, desde que deixa de agir, por uma causa qualquer, a força que mantém o equilíbrio. Só a atividade *harmônica* dos órgãos mantém a união íntima completa da alma e do corpo, mas, à menor suspensão dessa atividade, a alma levanta voo. É o que acontece no sono, no quase sono, no mero entorpecimento dos sentidos, na catalepsia, na letargia, no sonambulismo natural ou magnético, no êxtase, no que se chama *sonho acordado*, ou segunda vista, nas inspirações do gênio e em todas as grandes tensões do Espírito, que muitas vezes tornam o corpo insensível. É, enfim, o que pode ocorrer como consequência de certos estados patológicos. Uma porção de fenômenos morais não tem por causa senão a emancipação da alma. A Medicina bem que admite a influência das causas morais, mas não aceita o elemento moral como princípio ativo. Daí por que confunde esses fenômenos com a loucura orgânica, razão por que lhes aplica um tratamento puramente físico que, com muita frequência, determina a verdadeira loucura, onde desta só havia a aparência.

Entre os fatos citados, um há que parece muito estranho: é o do militar que falava na terceira pessoa do feminino. Como já dissemos, o elemento primitivo do fenômeno é a distinção das duas personalidades em consequência do desprendimento do Espírito. Mas há outra causa, revelada pelo Espiritismo, e que deve ser levada em consideração, porquanto pode dar às ideias um caráter particular: é a vaga lembrança de existências anteriores que, no estado de emancipação da alma, pode despertar e permitir um olhar retrospectivo sobre alguns pontos do passado. Em tais condições o desprendimento da alma jamais é completo e as ideias, ressentindo-se da debilidade dos órgãos, não podem ser muito lúcidas, pois não o são inteiramente nem mesmo nos primeiros momentos que se seguem à morte. Suponhamos que o homem do qual falamos haja sido mulher em sua precedente encarnação: a ideia que pudesse ter conservado poderia confundir-se com a de seu estado presente.

Não poderia encontrar-se nesse fato a causa primeira da ideia fixa de certos alienados que se julgam reis? Se o tiverem sido em outra existência, pode ficar-lhes uma lembrança que lhes dê a ilusão. Isto não passa de uma suposição, mas, para os neófitos no Espiritismo, não é desprovida de verossimilhança. Dir-se-á que se tal causa é possível neste caso, ela não poderia aplicar-se aos que se julgam lobos ou porcos, uma vez que se sabe que o homem jamais foi animal. É verdade, mas o homem pode ter estado numa condição abjeta, que o obrigasse a viver entre os animais imundos ou selvagens. Aí talvez esteja a fonte dessa ilusão, que bem poderia, em alguns, ter-lhes sido imposta como punição dos atos de sua vida atual. Quando fatos da natureza desses de que estamos falando se apresentam; se, em vez de os assimilar sistematicamente às moléstias puramente corporais, seguíssemos atentamente todas as fases, com o auxílio dos dados fornecidos pelas observações espíritas, reconheceríamos sem dificuldade a dupla causa que lhes assinalamos, e compreenderíamos que não é com duchas, cauterizações e sangrias que podem ser remediados.

O caso do Dr. Baudelocque encontra ainda sua explicação em causas análogas. Diz o artigo que ele não tinha a menor consciência de sua existência. Isto é um erro, porque não se julgava morto; apenas não tinha consciência de sua existência corpórea. Se se achasse num estado mais ou menos semelhante ao de certos Espíritos que, nos primeiros tempos após a morte, não creem estar mortos e tomam o seu corpo pelo de outro, a perturbação em que se encontram não lhes permite se deem conta da situação. O que se passa com certos desencarnados pode acontecer com certos encarnados. É assim que o Dr. Baudelocque podia fazer abstração de seu corpo e dizer que não tinha mais cabeça, porque, efetivamente, o seu Espírito não mais possuía cabeça carnal. As observações espíritas oferecem numerosos exemplos desse gênero, projetando, assim, uma luz inteiramente nova sobre uma infinita variedade de fenômenos até hoje inexplicados, e inexplicáveis sem as bases fornecidas pelo Espiritismo.

Restaria a examinar o caso do zuavo que perdera a memória dos substantivos. Mas este só pode ser explicado por considerações de ordem inteiramente diversa, que pertencem ao domínio da fisiologia orgânica. Os desenvolvimentos que ele comporta nos obrigam a consagrar-lhe um artigo especial, que publicaremos brevemente.

## Manifestações americanas

Lê-se no *Banner of Light*, jornal de Nova Iorque, de 18 de maio de 1861:

> Pensando que os fatos seguintes são dignos de atenção, nós os reunimos para serem publicados no *Banner*, e os fizemos acompanhar de nossas assinaturas, a fim de lhes atestar a sinceridade.
>
> Na manhã de quarta-feira, 1º de maio, pedimos ao médium, Sr. Say, que nos encontrasse em casa do Sr. Hallock, em Nova Iorque. O médium sentou-se perto de uma mesa, sobre a qual foram colocados uma corneta de estanho, um violino e três pedaços de corda. Os convidados estavam sentados em semicírculo, em frente ao médium, a 6 ou 7 polegadas da mesa; suas mãos se tocavam para dar a cada um a certeza de que ninguém saía do lugar durante as experiências que vamos narrar. A luz foi retirada e foi solicitado aos convidados que cantassem. Após alguns minutos, tendo sido trazida a luz, encontraram o médium sentado em sua cadeira, com os braços cruzados, os punhos amarrados com a corda apertada, a ponto de dificultar a circulação e inchar as mãos. A ponta da corda tinha passado para trás da cadeira e amarrava as pernas às travessas. Outra corda amarrava os joelhos fortemente, enquanto a terceira prendia da mesma maneira os tornozelos. Em tais condições, era claro que o médium não podia andar, nem se levantar, nem utilizar as mãos.
>
> Um membro do círculo colocou uma folha de papel no assoalho, debaixo dos pés do médium e, com um lápis, troçou-lhe o contorno dos pés. A luz foi retirada e quase imediatamente a corneta, impulsionada por uma força invisível, pôs-se a bater rápida e vio-

lentamente na mesa, de maneira a deixar uma porção de sinais. Da corneta saía uma voz que conversava com os presentes; a articulação das palavras era muito distinta; o som era de uma voz masculina e o tom por vezes mais alto do que na conversa normal. Outra voz, mais fraca, um tanto gutural e menos distinta, conversava também com a assistência. Trouxeram a luz e o médium foi encontrado em sua cadeira, pés e mãos atados como já havíamos dito e os pés sobre os papéis, dentro dos limites traçados nas linhas feitas a lápis. Mais uma vez a luz foi retirada e a corneta recomeçou como acima. Foi pedido novamente às pessoas presentes que cantassem e, quase imediatamente, as manifestações cessaram. As experiências foram repetidas várias vezes, e em cada uma delas o médium era sempre encontrado no mesmo estado. Esta foi a primeira série de manifestações.

Novamente a luz foi retirada, os assistentes cantaram por alguns momentos, mas, ao ser aquela trazida de volta, constatou-se que o médium estava sempre amarrado à sua cadeira. Puseram uma campainha sobre a mesa e, tendo sido feita a obscuridade, ela começou a bater na mesa, na corneta e no assoalho; foi retirada da mesa e começou a tocar muito forte, parecendo percorrer um arco de 5 a 6 pés a cada badalada. Durante esse tempo, o médium exclamava: *Estou aqui; estou aqui*, para mostrar que se achava sempre no mesmo lugar.

Com fósforo, fizeram no violino uma grande marca brilhante. A luz foi retirada e logo se viu, pelo traço fosforescente, o violino elevar-se a 6 ou 7 pés e fazer rápidas evoluções no ar. Podia-se também acompanhá-lo pelo ouvido, porquanto as cordas vibravam no voo. Enquanto o violino flutuava, o médium exclamava: *Estou aqui; estou aqui*.

Um membro do grupo pôs um vaso sobre a mesa, com água pela metade, e um pedaço de papel entre os lábios do médium. Levaram a luz e cantaram por alguns momentos. Trazida de volta a luz, o vaso estava vazio, sem nenhum sinal de água, nem sobre a mesa, nem no chão; o médium sempre em seu lugar e o papel seco entre os seus lábios. Isto terminou a segunda série de experiências.

A Sra. Spence sentou-se em frente ao médium. Um senhor acomodou-se entre os dois, pondo o pé direito sobre o daquela senhora, a mão direita na cabeça do médium e a esquerda na cabeça da Sra. Spence. O médium pegou o braço direito do senhor com ambas as mãos, e a Sra. Spence fez o mesmo com o braço esquerdo. Quando a luz foi retirada, o senhor sentiu distintamente os dedos de uma mão passando sobre o seu rosto e lhe puxar o nariz; recebeu uma bofetada, ouvida pelos assistentes e o violino golpeou-lhe a cabeça, igualmente ouvido pelas outras pessoas. Cada um repetiu a experiência e sentiu os mesmos efeitos. Com isto termina a terceira série e certificamos que nada disto poderia ter sido produzido pelo Sr. Fay, nem por nenhuma outra pessoa do grupo.

CHARLES PATRIDGE, R. T. HALLOCK, SRA. SARAH P. CLARK, SRA. MARY S. HALLOCK, SRA. AMANDA, SR. SPENCE, SRTA. ALLA BRITT, WILLIAM BLONDEL, WILLIAM P. COLES, W. B. HALLOCK, B. FRANKLIN CLARK, PEYTON SPENCE.

OBSERVAÇÃO – Não contestamos a possibilidade de todas essas coisas, nem temos o menor motivo para duvidar da honorabilidade dos signatários, embora não os conheçamos. Todavia, mantemos as reflexões que fizemos em nosso último número, a propósito dos dois artigos sobre *Os desenhos misteriosos* e a *Exploração do Espiritismo*.

Diz-se que na América essa exploração nada tem que choque a opinião pública e acham muito natural que os médiuns se façam pagar. Isto é compreensível, de acordo com os hábitos de um país onde *time is money*, mas nem por isso deixaremos de repetir o que dissemos num outro artigo: o desinteresse absoluto é uma garantia ainda melhor que todas as precauções materiais. Se nossos escritos têm contribuído, na França e em outros países, para desacreditar a mediunidade interesseira, cremos que isto não será um dos menores serviços que terão prestado ao Espiritismo sério. Estas reflexões gerais de modo algum foram feitas tendo em vista o Sr. Fay, cuja posição perante o público desconhecemos.

A. K.

# Conversas familiares de Além-Túmulo

## Dom Peyra, prior de Amilly

Esta evocação foi feita o ano passado, na Sociedade, a pedido do Sr. Borreau, de Niort, que nos havia encaminhado a seguinte notícia:

"Há cerca de trinta anos, tínhamos no priorado de Amilly, muito perto de Mauzé, um sacerdote chamado Dom Peyra, o qual deixou na região uma reputação de feiticeiro. De fato ele se ocupava constantemente de ciências ocultas. Conta-se dele coisas que parecem fabulosas, mas que, segundo a ciência espírita, bem poderiam ter sua razão de ser. Há mais ou menos doze anos, ao fazer com uma sonâmbula experiências muito interessantes, achei-me em relação com seu Espírito. Ele se apresentou como um auxiliar, com o qual não podíamos deixar de ter êxito; entretanto, fracassamos. Depois, em pesquisas da mesma natureza, fui levado a crer que esse Espírito deveria ter-se interessado por isso. Se não for abusar de vossa benevolência, venho pedir que o evoqueis e lhe seja perguntado quais foram e quais são suas relações comigo. Partindo daí, talvez um dia eu tenha coisas interessantes a vos comunicar."

(Primeira conversa – 13 de janeiro de 1860)

1. *Evocação.*

*Resp.* – Aqui estou.

2. De onde procedia a reputação de feiticeiro que tínheis em vida?

*Resp.* – Fofocas de comadres; eu estudava Química.

3. Qual o motivo que vos levou a entrar em contato com o Sr. Borreau, de Niort?

*Resp.* – O desejo de me distrair um pouco, a propósito do poder que ele julgava que eu tivesse.

4. Diz ele que vos apresentastes como um auxiliar em suas pesquisas. Poderíeis dizer-nos qual era a natureza dessas pesquisas?

*Resp.* – Não sou bastante indiscreto para trair um segredo que ele não julgou por bem vos revelar. Vossa pergunta me ofende.

5. Não queremos insistir, mas vos faremos notar que poderíeis ter respondido de modo mais conveniente a pessoas que vos interrogam seriamente e com benevolência. Vossa linguagem não é a de um Espírito adiantado.

*Resp.* – Sou o que sempre fui.

6. De que natureza são as coisas fabulosas que contam sobre vós?

*Resp.* – Como já vos disse, são fofocas. Eu conhecia a opinião que tinham de mim e, longe de tentar abafá-la, fazia o que era preciso para favorecê-la.

7. Conforme a resposta precedente, parece que não progredistes após a morte.

*Resp.* – A bem da verdade, não procurei fazê-lo, pois não conhecia os meios. Todavia, creio que deve haver algo a fazer; há pouco pensei nisto.

8. Vossa linguagem nos surpreende, vinda da parte de um Espírito que em vida era sacerdote e que, por isto mesmo, devia ter ideias de certa elevação.

*Resp.* – Acredito que eu fosse muito pouco instruído.

9. Tende a gentileza de desenvolver o vosso pensamento.

*Resp.* – Pouco instruído para *crer*, mas bastante para *saber*.

10. Então não éreis o que se chama um bom padre?

*Resp.* – Oh! não!

11. Quais as vossas ocupações como Espírito?

*Resp.* – Sempre a Química. Creio que teria feito melhor se procurasse Deus, em vez da matéria.

12. Como pode um Espírito ocupar-se de Química?

*Resp.* – Oh! permiti-me dizer que a questão é pueril; acaso terei necessidade de microscópio ou de alambique para estudar as propriedades da matéria, que sabeis tão penetrável ao Espírito?

13. Sois feliz como Espírito?

*Resp.* – Palavra de honra! não. Creio que vos disse ter enveredado por falsa rota e vou mudá-la, sobretudo se for bastante venturoso para ser auxiliado; principalmente eu, que tive de rezar tanto pelos outros, o que, confesso, nem sempre fiz pelo dinheiro recebido; se, digo eu, não me quiserem aplicar a pena de talião.

14. Agradecemos por terdes vindo e faremos por vós o que não fizestes pelos outros.

*Resp.* – Valeis mais do que eu.

(Segunda conversa – 25 de junho de 1861)

Tendo o Sr. Borreau, por nosso intermédio, dirigido novas perguntas ao Espírito Dom Peyra, este foi evocado novamente, por outro medianeiro e deu as seguintes respostas, das quais se podem extrair úteis lições, quer como estudo das individualidades do mundo espírita, quer como ensinamento geral.

15. *Evocação.*

*Resp.* – Que quereis comigo e por que me incomodais?

16. Foi o Sr. Borreau, de Niort, que nos pediu para vos dirigir algumas perguntas.

*Resp.* – Que quer ainda de mim? Não está contente por me perturbar em Niort? Por que é necessário que me evoquem em Paris, onde nada me atrai? Bem gostaria que ele tivesse a ideia de me deixar em paz. Ele me chama, evoca-me e me põe em contato com sonâmbulos. Faz-me evocar por terceiros. Esse senhor é muito enfadonho.

17. Contudo deveis lembrar-vos de que já vos evocamos e que respondestes de maneira mais cortês que hoje; e até havíamos prometido orar por vós.

*Resp.* – Lembro-me muito bem, mas prometer e fazer são coisas diferentes. De fato, orastes, mas e os outros?

18. Certamente os outros também oraram. Enfim, quereis responder às perguntas do Sr. Borreau?

*Resp.* – Garanto-vos que, por ele, não tenho a mínima vontade de o satisfazer, porque está sempre em minhas costas. Perdoai a expressão, mas ela é verdadeira, tanto mais quanto entre mim e ele não existe nenhuma afinidade; porém, para vós, que piedosamente chamastes sobre mim a misericórdia do Alto, quero responder o melhor que puder.

19. Dizíeis há pouco que vos incomodavam. Poderíeis dar-nos uma explicação a respeito, para nossa instrução pessoal?

*Resp.* – Digo ser incomodado no sentido que chamastes a minha atenção e o meu pensamento para junto de vós, ocupando-vos de mim e vi que teria de responder ao que me perguntásseis, fosse ainda por polidez. Explico-me mal; meu pensamento estava alhures, em meus estudos, minha ocupação habitual. Vossa evocação forçosamente atraiu-me a atenção sobre vós, sobre as coisas terrenas. Consequentemente, como não estava em meus propósitos ocupar-me de vós e da Terra, incomodaste-me.

OBSERVAÇÃO – Os Espíritos são mais ou menos comunicativos e comparecem mais ou menos de boa vontade, conforme seu caráter. Mas podemos estar certos de que, como os homens sérios, não gostam dos que os importunam sem necessidade. Quanto aos Espíritos levianos, é diferente: estão sempre dispostos a intrometer-se em tudo, mesmo quando não são chamados.

20. Quando vos pusestes em contato com o Sr. Borreau, conhecíeis suas crenças na possibilidade de fazer triunfar suas convicções pela realização de um grande fato, ante o qual a incredulidade fosse forçada a inclinar-se?

*Resp.* – O Sr. Borreau queria que eu o servisse numa operação meio magnética, meio espírita. Mas ele não tem estatura para levar a bom termo semelhante obra e julguei que não devia conceder-lhe o meu concurso por mais tempo. Aliás, eu o teria feito, se pudesse. A hora, para isso, não havia chegado e ainda está por chegar.

21. Poderíeis ver e dizer-lhe quais as causas, durante suas pesquisas na Vendeia, que foram responsáveis pelo seu fracasso, derrubando-o, e a sua sonâmbula, e mais duas outras pessoas presentes?

*Resp.* – Minha resposta precedente pode aplicar-se a esta pergunta. O Sr. Borreau foi derrubado pelos Espíritos, que lhe quiseram dar uma lição e ensinar-lhe a não procurar o que deve permanecer oculto. Fui eu quem os empurrou, com o fluido do próprio magnetizador.

OBSERVAÇÃO – Esta explicação concorda perfeitamente com a teoria que foi dada, das manifestações físicas. Não foi com as mãos que os Espíritos os empurraram, mas com o próprio fluido animado das pessoas, combinado com o do Espírito. A dissertação que oferecemos mais adiante, sobre os transportes de objetos, contém, a respeito, desenvolvimentos do mais alto interesse. Uma comparação que talvez tivesse alguma analogia parece justificar a expressão do Espírito.

Quando um corpo, carregado de eletricidade positiva, se aproxima de uma pessoa, esta se carrega de eletricidade contrária; a tensão cresce até a distância explosiva; nesse ponto os dois fluidos se reúnem violentamente pela fagulha e a pessoa recebe um choque que, conforme a massa de fluido, pode derrubá-la e mesmo fulminá-la. Nesse fenômeno é sempre necessário que a pessoa forneça seu contingente de fluido. Se supuséssemos que o corpo eletrizado positivamente fosse um ser inteligente, atuando por sua vontade e dando-se conta da operação, dir-se-ia que combinou uma parte do fluido da pessoa com o seu. No caso do Sr. Borreau, talvez as coisas não se tenham passado exatamente assim, mas compreende-se que possa haver um efeito análogo, e que Dom Peyra foi lógico dizendo que a empurrou com seu próprio fluido. Compreender-se-á melhor ainda se se reportarem ao que está dito em *O livro dos espíritos* e em *O livro dos médiuns*, sobre o fluido universal, que é o princípio do fluido vital, do fluido elétrico e do fluido magnético animal.[121]

22. Ele diz ter feito, durante suas longas e dramáticas experiências, descobertas muito mais surpreendentes para ele, do que a solução que buscava. Vós as conheceis?

*Resp.* – Sim, mas há algo que ele não descobriu: é que os Espíritos não têm por missão auxiliar os homens em pesquisas semelhantes à que ele fazia. Se o pudessem, Deus nada poderia ter ocultado, e os homens negligenciariam o trabalho e o exercício de suas faculdades para correr, este em busca de um tesouro, aquele de uma invenção, pedindo aos Espíritos lhes servirem tudo isto ainda quente, de tal maneira que não bastará senão curvar-se para colher a glória e a fortuna. Na verdade, teríamos muito a fazer se tivéssemos de contentar a ambição de todo o mundo. Vedes, assim, quanta desordem no mundo dos Espíritos pela crença universal no Espiritismo? Seríamos chamados a torto e a direito: aqui para escavar a terra e enriquecer um preguiçoso; ali para poupar a um imbecil o trabalho de resolver um problema; acolá para aquecer o forno de um químico e, em toda parte, para descobrir a pedra filosofal. A mais bela descoberta que o Sr. Borreau deveria ter feito é a de saber que sempre há

---

[121] N.T.: *O livro dos espíritos* – q. 27, 27a, 29, 65 e 94; *O livro dos médiuns* –, Primeira parte: cap. I; cap. IV, it. 74, 75, 77, 79 e 81; *A gênese* – cap. XIV [Não foi citada por Kardec porque somente publicada em 1868].

Espíritos que se divertem em provocar miragens de minas de ouro, mesmo aos olhos do mais clarividente sonâmbulo, fazendo-as aparecer onde não estão e rindo-se à vossa custa quando imaginais deitar a mão no tesouro, e isto para vos ensinar que a sabedoria e o trabalho são os verdadeiros tesouros.

23. O objetivo das pesquisas do Sr. Borreau era um tesouro?

*Resp.* – Creio já ter dito, quando me chamastes a primeira vez, que não sou indiscreto. Se ele julgou conveniente não vos dizer, não me compete fazê-lo.

OBSERVAÇÃO – Vê-se que o Espírito é discreto; aliás, é uma qualidade geralmente encontrada em todos eles, até mesmo nos Espíritos pouco adiantados, de onde se pode concluir que, se um Espírito fizesse revelações indiscretas sobre alguém, com toda probabilidade seria para se divertir e seria erro levá-los a sério.

24. Poderíeis dar-lhe algumas explicações sobre a mão invisível que, por muito tempo, traçou numerosos escritos, que ele encontrava nas folhas do caderno, posto de propósito para os receber?

*Resp.* – Quanto aos escritos, não são dos Espíritos; mais tarde ele lhes conhecerá a origem, mas não devo dizê-lo no momento. Os Espíritos podem tê-los provocado com o fim a que já me referi antes, mas — repito — nada têm a ver com eles.

OBSERVAÇÃO – Embora estas duas conversas tenham ocorrido dezoito meses uma da outra e por médiuns diferentes, reconhece-se nelas um encadeamento, uma sequência e uma similitude de linguagem que não permitem duvidar tenha sido o mesmo Espírito que as respondeu. A propósito da identidade, esta ressalta da carta seguinte, que nos escreveu o Sr. Borreau, após a remessa da segunda evocação.

18 de julho de 1861

AGOSTO DE 1861

"Senhor,

Venho agradecer-vos o trabalho que tivestes e a presteza em me remeter a última evocação de Dom Peyra. Como dizeis, o Espírito do antigo prior não estava de bom humor, ao exprimir, energicamente, a impaciência que lhe causou essa nova diligência. Daí resulta, senhor, um grande ensinamento: os Espíritos que fazem o jogo malévolo de nos atormentar podem, por sua vez, ser pagos por nós com a mesma moeda.

Ah! senhores de Além-Túmulo! — e aqui não me refiro senão aos Espíritos farsistas e levianos — sem dúvida vos deleitaríeis com o privilégio exclusivo de nos importunar. E eis que um pobre Espírito terreno, muito pacífico, simplesmente pondo-se em guarda contra vossas manobras e procurando frustrá-las, vos atormenta a ponto de o sentirdes penosamente sobre o vosso dorso fluídico! Ora! que direi, então, meu caro prior, quando confessais ter feito parte da turba espírita que tão cruelmente me obsidiou e pregou tantas peças durante minhas excursões na Vendeia? Se é verdade que vos metestes nisto, devíeis saber que não as empreendi senão com o objetivo de fazer triunfar a verdade por fatos irrefutáveis. Era uma grande ambição, sem dúvida, mas era honesta, ao que me parece; apenas, como dizeis, eu não tinha porte para lutar e vós e os vossos nos abalaram, de tal sorte que nos vimos obrigados a abandonar a partida, carregando nossos mortos, porquanto vossas manobras fantásticas, que desencadearam terrível luta, acabaram aniquilando minha pobre sonâmbula que, num desfalecimento que não durou menos de seis horas, não mais dava nenhum sinal de vida e nós já a julgávamos morta. Talvez nossa posição seja mais fácil de compreender do que descrever, se se pensar que era meia-noite e que estávamos em campos ensanguentados pelas guerras da Vendeia, região de aspecto selvagem, cercada de colinas desprovidas de vegetação, cujos ecos vinham repetir os gritos lancinantes das vítimas. Meu pavor atingira o cúmulo, pensando na terrível responsabilidade que caía sobre mim e da qual não sabia como escapar... Eu estava desvairado! Só a prece poderia salvar-me;

ela me salvou. Se a isto chamais lições, haveis de convir que são rudes! Provavelmente, era ainda para me dar uma dessas lições que, um ano mais tarde, me chamáveis a Mauzé; mas, então, eu estava mais instruído e já sabia a quem me dirigir quanto à existência dos Espíritos e quanto aos atos e gestos de muitos deles. Aliás, a cena não estava mais preparada para um drama, como em Châtillon; assim, eu estava livre para uma escaramuça.

Perdão, senhor, se me deixei arrastar com o prior. Retorno a vós para vos ocupar ainda, se vos dignardes permiti-lo. Há poucos dias fui à casa de um homem muito honrado, que o conheceu bastante na juventude e lhe comuniquei sobre a evocação que me remetestes. Ele reconheceu perfeitamente a linguagem, o estilo e o espírito cáustico do antigo prior e contou-me os fatos seguintes:

Vendo-se forçado a abandonar o priorado de Surgères em consequência da Revolução, Dom Peyra comprou a pequena propriedade de Amilly, perto de Mauzé, onde fixou residência. Ali ele se tornou conhecido pelas belas curas obtidas por intermédio do magnetismo e da eletricidade, que empregava com sucesso. Vendo, porém, que os negócios não iam tão bem quanto desejava, empregou o charlatanismo e, auxiliado por sua máquina elétrica, praticou magias, não tardando a fazer-se passar por feiticeiro. Longe de combater tal opinião, ele a provocava e estimulava. Havia em Amilly uma longa alameda arborizada, por onde chegavam os clientes, vindos muitas vezes de dez a quinze léguas. Sua máquina era posta em comunicação com o malhete da porta, e quando os pobres camponeses queriam bater, sentiam-se como que fulminados. É fácil imaginar o que semelhantes fatos deviam produzir em criaturas pouco esclarecidas, sobretudo naquela época.

Temos um provérbio que diz: 'não se deve vender a pele do lobo antes de o matar.' Ai! bem vejo que temos de mudar mais de uma vez antes que os nossos maus instintos nos abandonem. Entretanto, senhor, não concluais que eu deseje mal ao prior. Não; e a prova de tudo isto é que, seguindo o vosso exemplo, orei por ele, o que confesso, como ele vos disse, não ter feito até então.

Aceitai."

J.-B. Borreau

Notar-se-á que esta carta é de 18 de julho de 1861, enquanto a primeira evocação remonta ao mês de janeiro de 1860. Naquela época não conhecíamos todas as particularidades da vida de Dom Peyra, com as quais suas respostas concordam perfeitamente, pois diz que fazia o que era possível para corroborar sua reputação de feiticeiro.

O que aconteceu ao Sr. Borreau tem uma singular analogia com os golpes baixos que, em vida, Dom Peyra aplicava aos visitantes. E nos inclinaríamos muito a crer que este último quis repeti-las. Ora, para isso não havia necessidade de máquina elétrica, já que dispunha da grande máquina universal. Compreender-se-á a sua possibilidade se associarmos essa ideia à observação que fizemos acima, na pergunta 21. O Sr. Borreau encontra uma espécie de compensação às malícias de certos Espíritos nos aborrecimentos que lhes podemos causar. Todavia, nós o aconselhamos a não se fiar muito, porque eles têm mais meio de escapar à nossa influência do que nós de nos subtrairmos à deles. Quanto ao mais, é evidente que, se na época o Sr. Borreau conhecesse a fundo o Espiritismo, por certo teria sabido o que era razoável pedir aos Espíritos e não se teria aventurado em tentativas que a Ciência demonstraria não conduzir senão a uma mistificação. Não é o primeiro a pagar pelas consequências de sua imprevidência. Eis por que não cessamos de repetir: "Estudai primeiro a teoria; ela vos ensinará todas as dificuldades da prática; assim, evitareis experiências das quais vos sentireis felizes em delas sair apenas com alguns dissabores." Diz ele que sua intenção era boa, pois queria provar por um grande fato a veracidade do Espiritismo. Mas, em casos semelhantes, os Espíritos dão as provas que querem e quando querem, e jamais quando se lhas pedem. Conhecemos pessoas que também queriam dar essas provas irrecusáveis pela descoberta de fortunas colossais, por intermédio dos Espíritos, mas o que lhes resultou de mais claro foi gastar o seu dinheiro. Acrescentaremos, até, que provas semelhantes, se por acaso dessem resultado, seriam muito mais prejudiciais que úteis, porque falseariam a opinião sobre o objetivo do Espiritismo, validando a crença de que ele pode servir de meio de adivinhação; só então se justificaria a resposta de Dom Peyra à pergunta 22.

## Correspondência

### Carta do Sr. Mathieu sobre os médiuns trapaceiros[122]

(Paris, 21 de julho de 1861)

"Senhor,

Pode-se estar em desacordo sobre certos pontos e de perfeito acordo sobre outros. Acabo de ler, na p. 213 do último número do vosso jornal, algumas reflexões acerca da fraude em matéria de experiências espiritualistas (ou espíritas), às quais tenho a satisfação de me associar com todas as minhas forças. Aí, quaisquer dissidências a propósito de teorias e doutrinas desaparecem como por encanto.

Não sou talvez tão severo quanto o sois, com relação aos médiuns que, sob forma digna e decente, aceitam uma remuneração, como indenização do tempo que consagram a experiências muitas vezes longas e fatigantes. Sou, porém, tanto quanto o sois — e ninguém o seria mais — com relação aos que, em tal caso, quando se lhes oferece ocasião, suprem pelo embuste e pela fraude, a falta ou a insuficiência dos resultados prometidos e esperados.

---

[122] N.T.: *Vide O livro dos médiuns* –, Segunda parte, cap. XXVIII, it. 317.

Misturar o falso com o verdadeiro, quando se trata de fenômenos obtidos pela intervenção dos Espíritos, é simplesmente uma infâmia e haveria obliteração do senso moral no médium que julgasse poder fazê-lo sem escrúpulo. Conforme o observastes com perfeita exatidão, *é lançar a coisa em descrédito no espírito dos indecisos, desde que a fraude seja reconhecida.* Acrescentarei que é comprometer do modo mais deplorável os homens honrados, que prestam aos médiuns o apoio desinteressado de seus conhecimentos e de suas luzes, que se constituem fiadores da boa-fé que neles deve existir e os patrocinam de alguma forma. É cometer para com eles uma verdadeira prevaricação.

Todo médium que fosse apanhado em manobras fraudulentas; que fosse apanhado, para me servir de uma expressão um tanto trivial, *com a boca na botija,* mereceria ser proscrito por todos os espiritualistas ou espíritas do mundo, para os quais constituiria rigoroso dever desmascará-los ou infamá-los.

Se vos convier, senhor, inserir estas breves linhas no vosso jornal, ficam elas à vossa disposição.

Aceitai etc."

MATHIEU

Não esperávamos menos dos sentimentos honrados que distinguem o Sr. Mathieu, senão esta enérgica reprovação, pronunciada contra os médiuns de má-fé. Teríamos ficado surpresos, ao contrário, se ele tivesse encarado com frieza e indiferença tais abusos de confiança. Eles podiam ser mais fáceis, quando o Espiritismo era menos conhecido, mas, à medida que esta ciência se espalha e é mais bem compreendida, que melhor se conhecem as verdadeiras condições em que os fenômenos podem produzir-se, por toda parte encontram-se olhos clarividentes, capazes de descobrir a fraude. Assinalá-la, onde quer que ela se mostre, é o melhor meio de desencorajá-la.

Disseram que era preferível não desvendar essas torpezas, no próprio interesse do Espiritismo; que a possibilidade de enganar poderia aumentar a desconfiança dos indecisos. Não somos desta opinião e pensamos que mais vale que os indecisos sejam desconfiados do que enganados, porque, desde que soubessem tê-lo sido, poderiam afastar-se para sempre. Aliás, haveria um inconveniente ainda maior aos que cressem que os espíritas se deixam iludir facilmente. Ao contrário, estarão tanto mais dispostos a crer quanto mais virem os crentes cercar-se de maiores precauções e repudiar os médiuns susceptíveis de enganar.

O Sr. Mathieu diz que talvez não seja tão severo, quanto nós, em relação aos médiuns que, sob forma digna e decente, aceitam uma paga, como indenização do tempo que consagram à matéria. Estamos perfeitamente de acordo que pode e deve haver honrosas exceções, mas, como o atrativo do ganho é uma grande tentação e os iniciantes não têm a necessária experiência para distinguir o verdadeiro do falso, mantemos nossa opinião de que a melhor garantia de sinceridade está no desinteresse absoluto, porque onde não há nada a ganhar, o charlatanismo nada tem a fazer. Aquele que paga quer alguma coisa por seu dinheiro e não se contentaria se lhe dissessem que o Espírito não quer agir. Daí a descoberta dos meios de fazer o Espírito atuar a qualquer preço, não há senão um passo, conforme o provérbio: "quem não tem cão caça com gato." Acrescentamos que os médiuns ganhariam cem vezes mais em consideração o que deixassem de ganhar em proveitos materiais. Diz-se que a consideração não faz viver. É verdade que não basta, mas, para viver, há outros ofícios mais honestos do que a exploração das almas dos mortos.

Agosto de 1861

# Dissertações e ensinos espíritas

## Da influência moral dos médiuns nas comunicações[123]

(Sociedade Espírita de Paris – Médium: Sr. d'Ambel)

Já o dissemos: apenas como tais, os médiuns só muito secundária influência exercem nas comunicações dos Espíritos; o papel deles é o de uma máquina elétrica, que transmite os despachos telegráficos, de um ponto da Terra a outro ponto distante. Assim, quando queremos ditar uma comunicação, agimos sobre o médium, como o empregado do telégrafo sobre o aparelho, isto é, do mesmo modo que o *tique-taque* do telégrafo traça, a milhares de léguas, sobre uma tira de papel, os sinais reprodutores do despacho, também nós comunicamos, por meio do aparelho mediúnico, através das distâncias incomensuráveis que separam o mundo visível do mundo invisível, o mundo imaterial do mundo carnal, o que vos queremos ensinar. Mas assim como as influências atmosféricas atuam, perturbando, muitas vezes, as transmissões do telégrafo elétrico, igualmente a influência moral do médium atua e perturba, às vezes, a transmissão dos nossos despachos de Além-Túmulo, porque somos obrigados a fazê-los passar por um meio que lhes é contrário. Entretanto, essa influência, amiúde, se anula, pela nossa energia e vontade, e nenhum ato perturbador se manifesta. Com efeito, os ditados de alto alcance filosófico, as comunicações de perfeita moralidade são transmitidas frequentemente por médiuns impróprios a esses ensinos superiores; enquanto que, por outro lado, comunicações pouco edificantes chegam também, algumas vezes, por médiuns que se envergonham de lhes haverem servido de condutores.

Em tese geral, pode afirmar-se que os Espíritos atraem Espíritos que lhes são similares e que raramente os Espíritos das plêiades

---

[123] N.T.: *Vide O livro dos médiuns*, Segunda parte, cap. XX, it. 230.

elevadas se comunicam por aparelhos maus condutores, quando têm à mão bons aparelhos mediúnicos, bons médiuns, numa palavra.

Os médiuns levianos e pouco sérios atraem, pois, Espíritos da mesma natureza; por isso é que suas comunicações se mostram cheias de banalidades, frivolidades, ideias truncadas e, não raro, muito heterodoxas, espiriticamente falando. É certo que eles podem dizer, e às vezes dizem, coisas aproveitáveis; mas, nesse caso, principalmente, é que um exame severo e escrupuloso se faz necessário, porquanto, em meio a coisas aproveitáveis, Espíritos hipócritas insinuam, com habilidade e preconcebida perfídia, fatos de pura invencionice, asserções mentirosas, a fim de iludir a boa-fé dos que lhes dispensam atenção. Devem riscar-se, então, sem piedade, toda palavra, toda frase equívoca e só conservar do ditado o que a lógica possa aceitar, ou o que a Doutrina já ensinou. As comunicações desta natureza só são de temer para os espíritas que trabalham isolados, para os grupos novos, ou pouco esclarecidos, visto que, nas reuniões onde os adeptos estão adiantados e já adquiriram experiências, a gralha perde o seu tempo a se adornar com as penas do pavão: acaba sempre impiedosamente desmascarada.

Não falarei dos médiuns que se comprazem em solicitar e receber comunicações obscenas. Deixemos se deleitem na companhia dos Espíritos cínicos. Aliás, os autores das comunicações desta ordem buscam, por si mesmos, a solidão e o isolamento, porquanto só desprezo e nojo poderão causar entre os membros dos grupos filosóficos e sérios. Onde, porém, a influência moral do médium se faz realmente sentir, é quando ele substitui, pelas que lhe são pessoais, as ideias que os Espíritos se esforçam por lhe sugerir e também quando tira da sua imaginação teorias fantásticas que, de boa-fé, julga resultarem de uma comunicação intuitiva. É de apostar-se então mil contra um que isso não passa de reflexo do próprio Espírito do médium. Dá-se mesmo o fato curioso de mover-se a mão do médium, quase mecanicamente às vezes, impelida por um Espírito secundário e zombeteiro. É essa a pedra de toque contra a qual vêm quebrar-se as imaginações ardentes, por isso que, arrebatados pelo ímpeto de suas próprias ideias, pelas lentejoulas de seus conhecimentos literários, os médiuns desconhecem o ditado modesto de um Espírito criterioso e, abandonando a presa pela sombra, o substituem por uma paráfrase empolada. Contra este escolho terrível vêm igualmente chocar-se as personalidades ambiciosas que, em falta das comunicações que os Espíritos bons lhes recusam, apresentam suas próprias obras como desses Espíritos. Daí a necessidade de serem, os diretores dos grupos espíritas, dotados de fino tato, de rara sagacidade, para discernir as comunicações autênticas das que não o são e para não ferir os que se iludem a si mesmos.

Na dúvida, abstém-te, diz um dos vossos velhos provérbios. Não admitais, portanto, senão o que seja, aos vossos olhos, de manifesta evidência. Desde que uma opinião nova venha a ser expendida, por pouco que vos pareça duvidosa, fazei-a passar pelo crisol da razão e da lógica e rejeitai desassombradamente o que a razão e o bom senso reprovarem. Melhor é repelir dez verdades do que admitir uma única falsidade, uma só teoria errônea. Efetivamente, sobre essa teoria poderíeis edificar um sistema completo, que desmoronaria ao primeiro sopro da verdade, como um monumento edificado sobre areia movediça, ao passo que, se rejeitardes hoje algumas verdades, porque não vos são demonstradas clara e logicamente, mais tarde um fato brutal, ou uma demonstração irrefutável virá afirmar-vos a sua autenticidade.

Lembrai-vos, no entanto, ó espíritas! de que, para Deus e para os Espíritos bons, só há um impossível: a injustiça e a iniquidade.

O Espiritismo já está bastante espalhado entre os homens e já moralizou suficientemente os adeptos sinceros da sua santa doutrina, para que os Espíritos já não se vejam constrangidos a usar de maus instrumentos, de médiuns imperfeitos. Se, pois, agora, um médium, qualquer que ele seja, se tornar objeto de legítima suspeição, pelo seu proceder, pelos seus costumes, pelo seu orgulho, pela sua falta de amor e de caridade, repeli, repeli suas comunicações, porquanto aí estará uma serpente oculta entre as ervas. É esta a conclusão a que chego sobre a influência moral dos médiuns.

ERASTO

## Dos transportes e outros fenômenos tangíveis[124]

(Sociedade Espírita de Paris – Médium: Sr. d'Ambel)

Para a obtenção de fenômenos desta ordem, é indispensável que se disponha de médiuns a que chamarei *sensitivos*, isto é, dotados, no mais alto grau, das faculdades mediúnicas de expansão e de penetrabilidade, porque o sistema nervoso facilmente excitável de tais médiuns lhes permite, por meio de certas vibrações, projetar abundantemente, em torno de si, o fluido animalizado que lhes é próprio.

As naturezas impressionáveis, as pessoas cujos nervos vibram à menor impressão, à mais insignificante sensação; as que se deixam sensibilizar pela influência moral ou física, interna ou externa, são muito mais aptas a se tornarem excelentes médiuns para os efeitos físicos de tangibilidade e de transportes. De fato, o sistema nervoso dessas pessoas as torna capazes para a produção destes diversos fenômenos, em razão de não dispor aquele sistema do envoltório refratário que o isola na maioria dos outros encarnados. Em consequência, com um indivíduo de tal natureza, que suas demais faculdades não sejam hostis à *mediunidade*, facilmente se obterão os fenômenos de tangibilidade, as pancadas nas paredes e nos móveis, os movimentos *inteligentes* e mesmo a suspensão, no espaço, da mais pesada matéria inerte. Com mais forte razão ainda se obterão os mesmos resultados se, em vez de um médium, pudermos contar com o auxílio de muitos outros, igualmente bem-dotados.

Mas da produção de tais fenômenos à obtenção da variedade de transporte há grande distância, porque, neste caso, não só o trabalho do Espírito é mais complexo, mais difícil, como ele ainda se vê na contingência de operar por meio de um único aparelho mediúnico, já que se torna impossível o concurso simultâneo de vários médiuns para a produção do mesmo fenômeno. Ao contrário, a presença de algumas pessoas antipáticas ao Espírito operador pode

---

[124] N.T.: Vide *O livro dos médiuns*, Segunda parte, cap. V, it. 98.

entravar radicalmente a sua ação. Além desses motivos que, como se vê, são importantes, deve-se acrescentar o fato de os transportes reclamarem sempre maior concentração e, ao mesmo tempo, maior difusão de certos fluidos, que podem ser obtidos com médiuns superiormente dotados, com aqueles, em suma, o aparelho *eletromediúnico* ofereça melhores condições.

Em geral, os fenômenos de transporte são e continuarão a ser extremamente raros. Não preciso demonstrar porque eles são e serão menos frequentes do que os outros fatos de tangibilidade; vós mesmos podeis deduzi-lo, com base no que afirmo. Aliás, esses fenômenos são de tal natureza, que nem todos os médiuns são capazes de produzi-los; direi mais: nem todos os Espíritos estão aptos a realizá-los. Com efeito, preciso que exista certa afinidade, certa analogia, certa semelhança, entre o Espírito e o médium influenciado, capaz de permitir que a parte expansiva do fluido *perispirítico*[125] do encarnado se misture, se una, se combine com o fluido do Espírito que queira fazer um transporte. Esta fusão deve ser tal que a força resultante dela se torne, por assim dizer, *uma*, do mesmo modo que, agindo sobre o carvão, a corrente elétrica produz um só foco, uma só claridade. Por que essa união, essa fusão —, perguntareis. É que, para a produção de tais fenômenos, faz-se necessário que as propriedades essenciais do Espírito motor sejam aumentadas com algumas das propriedades do médium; é que o *fluido vital*, indispensável à produção de todos os fenômenos mediúnicos, é atributo *exclusivo* do encarnado e que, por conseguinte, o Espírito operador fica obrigado a se impregnar dele. Só então ele pode, por meio de algumas propriedades do vosso meio ambiente, desconhecidas para vós, isolar, tornar invisíveis e fazer que se movam alguns objetos materiais e mesmo os encarnados.

---

[125] Nota de Allan Kardec: Vê-se que, quando se trata de exprimir uma ideia nova, para a qual faltam termos na língua, os Espíritos sabem perfeitamente criar neologismos. Estas palavras: *eletromediúnico*, *perispirítico*, não são de invenção nossa. Os que nos têm criticado por havermos criado os termos *espírita*, *Espiritismo*, *perispírito*, que não tinham análogos, poderão fazer também a mesma crítica aos Espíritos.

Não me é permitido, por enquanto, desvendar-vos as leis particulares que regem os gases e os fluidos que vos cercam, mas, antes que alguns anos tenham decorrido, antes que uma existência de homem se tenha esgotado, a explicação destas leis e destes fenômenos vos será revelada e vereis surgir e produzir-se uma nova variedade de médiuns, que cairão num estado cataléptico especial ao serem mediunizados.

Vedes, assim, quantas dificuldades cercam a produção do fenômeno dos transportes. Muito logicamente podeis concluir, tal como eu já havia dito, que os fatos desta natureza são extremamente raros, sobretudo em razão de os Espíritos se prestarem muito pouco a produzi-los, uma vez que isso requer, da parte deles, a execução de um trabalho quase material, o que lhes causa aborrecimento e fadiga. Por outro lado, e isto é muito frequente, o estado do próprio médium opõe aos Espíritos uma barreira intransponível, apesar da energia e da vontade que os animam.

É, pois, evidente, e o vosso raciocínio sem dúvida o confirmará, que os fatos de tangibilidade, como pancadas, suspensão e movimentos de objetos, são fenômenos simples, que se operam mediante a concentração e a dilatação de certos fluidos e que podem ser provocados e obtidos pela vontade e pelo trabalho dos médiuns aptos a isso, quando secundados por Espíritos amigos e benevolentes, ao passo que os fatos de transporte são múltiplos, complexos, exigem o concurso de circunstâncias especiais, só podem ser realizados por um único Espírito e um único médium e necessitam, além dos recursos para a produção da tangibilidade, de uma combinação muito especial, para isolar e tornar invisíveis o objeto a serem transportados.

Todos vós, espíritas, compreendeis as minhas explicações e entendeis perfeitamente o que seja essa concentração de fluidos especiais, para a locomoção e a tatilidade da matéria inerte. Acreditais nisso, como acreditais nos fenômenos da eletricidade e do magnetismo, com os quais os fatos mediúnicos têm grande analogia e de que são, por assim dizer, a confirmação e o desenvolvimento.

Quanto aos incrédulos e aos sábios, estes piores do que aqueles, não me compete convencê-los e com eles não me ocupo. Um dia se deixarão convencer pela força da evidência, pois é preciso que se curvem diante do testemunho unânime dos fatos espíritas, como já se inclinaram diante de outros fatos, que a princípio repeliram.

Resumindo: os fenômenos de tangibilidade são frequentes, mas os fatos de transporte são são raríssimos, porque as condições para a produção destes últimos são muito difíceis. Consequentemente, nenhum médium pode dizer que em tal hora ou em tal momento obterá um transporte, porque muitas vezes o próprio Espírito se encontra impedido de fazê-lo. Devo acrescentar que esses fenômenos são duplamente difíceis em público, porque aí neste quase sempre se encontram elementos energicamente refratários, que paralisam os esforços do Espírito e, com mais forte razão, a ação do médium. Tende, ao contrário, como certo, que esses fenômenos se produzem quase sempre espontaneamente na maioria das vezes à revelia dos médiuns e sem premeditação, sendo muito mais raros quando esses estão prevenidos. Deveis concluir daí que há motivo legítimo de suspeição todas as vezes que um médium se vangloria de os obter à vontade, ou, por outra, de dar ordens aos Espíritos, como a servos seus empregados, o que é simplesmente absurdo. Tende ainda como regra geral que os fenômenos espíritas não se produzem para constituir espetáculo, nem para divertir os curiosos. Se alguns Espíritos se prestam a tais coisas, só pode ser para a produção de fenômenos simples, não para os que, como os de transporte e outros semelhantes, exigem condições excepcionais.

Lembrai-vos, espíritas, de que assim como é absurdo repelir sistematicamente todos os fenômenos de Além-Túmulo, também não é prudente aceitá-los todos, cegamente. Quando um fenômeno de tangibilidade, de aparição, de visibilidade ou de transporte se manifesta espontaneamente e de modo instantâneo, aceitai-o. Porém, nunca será demasiado repetir: não aceiteis coisa alguma às cegas; submetei cada fato a um exame minucioso, aprofundado e severo, pois o Espiritismo, tão rico em fenômenos sublimes e grandiosos, nada tem a ganhar com essas pequenas manifestações, que prestidigitadores hábeis podem imitar.

Direis, certamente, que esses fenômenos são úteis para convencer os incrédulos. Mas ficai sabendo, se não dispusésseis de outros meios de convicção, não contaríeis hoje a centésima parte dos espíritas que existem. Falai ao coração: por aí é que fareis maior número de conversões sérias. Se, para certas pessoas, julgardes conveniente a utilização de fatos materiais, ao menos os apresentai de tal maneira que não possam dar motivo a nenhuma interpretação falsa e, sobretudo, não vos afasteis das condições normais dos mesmos fatos, porque, apresentados em más condições, eles fornecem argumentos aos incrédulos, em vez de convencê-los.

Erasto

## Os animais médiuns[126, 127]

(Sociedade Espírita de Paris – Médium: Sr. d'Ambel)

Explanarei hoje a questão da mediunidade dos animais, levantada e sustentada por um dos vossos mais fervorosos adeptos. Pretende ele, em virtude deste axioma: *Quem pode o mais pode o menos*, que podemos "mediunizar" os pássaros e os outros animais e servir-nos deles nas nossas comunicações com a espécie humana. É o que chamais, em Filosofia, ou melhor, em Lógica, pura e simplesmente um sofisma. "Podeis animar", diz ele, "a matéria inerte, isto é, uma mesa, uma cadeira, um piano; com mais razão ainda, deveis poder animar a matéria já animada e particularmente pássaros." Pois bem! No estado normal do Espiritismo, não é assim, não pode ser assim.

Em primeiro lugar, precisamos nos entender bem acerca dos fatos. O que é um médium? É o ser, é o indivíduo que serve de traço de união aos Espíritos, a fim de que estes possam comunicar-se

---
[126] N.T.: *Vide O livro dos médiuns*, Segunda parte, cap. XXII, it. 236.
[127] N.E.: Ver Nota explicativa, p. 547.

facilmente com os homens: Espíritos encarnados. Consequentemente, sem médium não há comunicações tangíveis, mentais, escritas e físicas, seja qual for a natureza de cada uma delas.

Há um princípio que todos os espíritas admitem: o de que os semelhantes atuam com seus semelhantes e como seus semelhantes. Ora, quais são os semelhantes dos Espíritos, senão os Espíritos, encarnados ou não? Será preciso que repitamos isto incessantemente? Pois bem! Vou repetir mais uma vez: o vosso perispírito e o nosso procedem do mesmo meio, são de natureza idêntica semelhantes, em suma. Possuem uma propriedade de assimilação mais ou menos desenvolvida, de magnetização mais ou menos vigorosa, que nos permite que nos ponhamos, Espíritos desencarnados e encarnados, muito pronta e facilmente em comunicação uns com os outros. Enfim, o que é peculiar aos médiuns, o que é da própria essência da individualidade deles, é uma afinidade especial e, ao mesmo tempo, uma força de expansão particular, que lhes suprimem toda refratariedade e estabelecem, entre eles e nós, uma espécie de corrente, uma espécie de fusão, que facilita as nossas comunicações. Aliás, é essa refratariedade da matéria que se opõe ao desenvolvimento da mediunidade, na maior parte dos que não são médiuns. Acrescentarei que é a essa qualidade refratária que deve ser atribuída a particularidade, que faz que certos indivíduos, não médiuns, transmitam e desenvolvam a mediunidade, pelo simples contato, a médiuns neófitos ou médiuns quase passivos, isto é, desprovidos de certas qualidades mediúnicas.

Os homens se mostram sempre propensos a tudo exagerar. Uns, e não me refiro aqui aos materialistas, negam a alma aos animais, enquanto outros querem lhes atribuir uma, semelhante, por assim dizer, à nossa. Por que querer confundir assim o perfectível com o imperfectível? Não, não, convencei-vos disso, o fogo que anima os irracionais, o sopro que os faz agir, mover e falar na linguagem que lhes é própria, não tem, quanto ao presente, nenhuma aptidão para se mesclar, unir ou fundir com o sopro divino, a alma etérea, o Espírito enfim, que anima o ser essencialmente perfectível:

o homem, o rei da Criação. Ora, não é essa condição essencial de perfectibilidade que constitui a superioridade da espécie humana sobre as outras espécies terrestres? Pois bem! Reconhecei então que não se pode assimilar ao homem, único ser perfectível em si mesmo e nas suas obras, nenhum indivíduo das outras raças que vivem na Terra.

O cão, cuja inteligência superior entre os animais fez dele amigo e comensal do homem, será perfectível por si mesmo, por sua iniciativa pessoal? Ninguém ousaria sustentar isso, porque o cão não faz progredir, e o mais adestrado entre eles sempre foi ensinado pelo seu dono. Desde que o mundo é mundo, a lontra sempre construiu sua choça em cima da água, seguindo as mesmas proporções e uma regra invariável; os rouxinóis e as andorinhas jamais construíram os respectivos ninhos de mesmo modo diferente do que faziam seus pais. Um ninho de pardais de antes do dilúvio, como um ninho de pardais dos tempos modernos, é sempre um ninho de pardais, feito nas mesmas condições e com o mesmo sistema de entrelaçamento das palhinhas e de fragmentos recolhidos na primavera, na época dos amores. As abelhas e as formigas, em suas pequenas repúblicas bem administradas, jamais mudaram seus hábitos de abastecimento, sua maneira de proceder, seus costumes, suas produções. A aranha, finalmente, tece a sua teia sempre do mesmo modo.

Por outro lado, se procurardes as cabanas de folhagens e as tendas das primeiras idades do mundo, encontrareis em seu lugar os palácios e os castelos da civilização moderna. O ouro e a seda substituíram as vestes de peles brutas. Enfim, a cada passo achais a prova da marcha incessante da humanidade pela senda do progresso.

Desse progredir constante, invencível, irrecusável do Espírito humano, e desse estacionamento indefinido das outras espécies animais, haveis de concluir comigo que, se é certo que existem princípios comuns a tudo o que vive e se move na Terra: o sopro e a matéria, não é menos certo que somente vós, Espíritos encarnados, estais submetidos à inevitável lei do progresso, que vos impele fatalmente para diante e sempre para diante. Deus colocou os animais ao vosso lado como auxiliares, para vos alimentarem, para vos vestirem e vos ajudarem. Deu-lhes certa dose de inteligência, porque, para vos auxiliarem, precisavam compreender, porém limitou essa inteligência aos serviços que devem prestar. Mas, em sua sabedoria, não quis que estivessem sujeitos à mesma lei do progresso. Tais como foram criados, se conservaram e se conservarão até a extinção de suas raças.

  Dizem que os Espíritos "mediunizam" a matéria inerte e fazem que se movam cadeiras, mesas, pianos. Fazem que se movam, sim, "mediunizam", não! Porque, repito mais uma vez, sem médium, nenhum desses fenômenos se produz. Que há de extraordinário em fazermos que a matéria inerte e passiva se mova, quando auxiliados por um ou por muitos médiuns, visto que é justamente em virtude da sua passividade e da sua inércia que ela se torna apropriada a executar os movimentos e as impulsões que lhe desejamos imprimir? Para isso, precisamos de médiuns, é claro, embora não seja necessário que o médium esteja presente ou tenha *consciência* do fato, pois podemos atuar com os elementos que ele nos fornece, mesmo à sua revelia e estando ausente, sobretudo para produzir os fenômenos de tangibilidade e o de transportes. O nosso envoltório fluídico, mais imponderável e mais sutil do que o mais sutil e o mais imponderável dos vossos gases, unindo-se, casando-se, combinando-se com o envoltório fluídico mais *animalizado* do médium, cuja propriedade de expansão e de penetrabilidade escapa aos vossos sentidos grosseiros, fenômeno quase inexplicável para vós, nos permite imprimir movimento a móveis e até quebrá-los em aposentos desabitados.

  É certo que os Espíritos podem tornar-se visíveis e tangíveis para os animais. Muitas vezes, o súbito terror que deles se apodera, sem que percebais a causa, é provocado pela visão de um ou de muitos Espíritos, mal-intencionados com relação aos indivíduos presentes ou aos donos dos animais. Muito frequentemente vos deparais com cavalos que se negam a avançar ou a recuar, ou que empinam diante de um obstáculo imaginário. Pois bem! Tende como certo que o obstáculo imaginário é quase sempre um Espírito ou um grupo de Espíritos que se comprazem em impedir que os animais avancem. Lembrai-vos da mula de Balaão que, vendo um anjo diante de si e temendo a sua a espada flamejante, se obstinava em não dar um passo. É que, antes de se manifestar visivelmente a Balaão, o anjo quisera tornar-se visível somente para o animal.[128] Mas, repito, não mediunizamos diretamente nem os animais, nem a matéria inerte. Necessitamos sempre do concurso *consciente* ou *inconsciente* de um médium humano, porque precisamos da união de fluidos similares, o que não encontramos nem nos animais nem na matéria bruta.

Dizem que o Sr. T... magnetizou o seu cão. A que resultado chegou? Matou-o, porque esse infeliz animal morreu depois de haver caído numa espécie de atonia, de langor, consequentes à sua magnetização. Com efeito, saturando-o de um fluido haurido numa essência superior à essência especial da sua natureza de cão, ele o esmagou, agindo sobre o animal à semelhança do raio, ainda que mais lentamente. Assim, pois, como não há assimilação possível entre o nosso perispírito e o envoltório fluídico dos animais, propriamente ditos, nós os esmagaríamos instantaneamente, caso os mediunizássemos.

Isto posto, reconheço perfeitamente a existência de aptidões diversas nos animais; que certos sentimentos, certas paixões, idênticas às paixões e aos sentimentos humanos, se desenvolvem neles; que são sensíveis e reconhecidos, vingativos e odientos, conforme se procede bem ou mal com eles. É que Deus, que nada fez incompleto, deu aos animais — companheiros ou servidores do homem — qualidades de sociabilidade que faltam inteiramente nos animais selvagens, habitantes das solidões.

Resumindo: os fatos mediúnicos não podem manifestar-se sem o concurso consciente ou inconsciente dos médiuns e é somente entre os encarnados, Espíritos como nós, que podemos encontrar os que nos possam servir de médiuns. Quanto a adestrar

---

[128] N.E.: Para a história na íntegra, ver Números, 22.

cães, pássaros ou outros animais, para que façam tais ou tais exercícios, é problema vosso, e não nosso.

ERASTO

OBSERVAÇÃO – A propósito da discussão que ocorreu na Sociedade, sobre a mediunidade dos animais, disse o Sr. Allan Kardec ter observado muito atentamente as experiências feitas nestes últimos tempos em aves, às quais se atribuía a faculdade mediúnica, acrescentando ter reconhecido, de maneira incontestável, os processos da prestidigitação, isto é, das cartas marcadas,[129] empregadas com muita habilidade, para darem ilusão ao espectador que, sem se preocupar com o fundo, contenta-se apenas com a aparência. Efetivamente, essas aves fazem coisas que nem o mais inteligente dos homens, nem mesmo o sonâmbulo mais lúcido poderiam fazer, levando-se a concluir que seriam dotadas de faculdades intelectuais superiores às do homem e assim contrariando as leis da natureza. O que mais se deve admirar em tais experiências é a arte, a paciência que foi preciso desenvolver para adestrar esses animais, tornando-os dóceis e atentos. Para obter tais resultados, certamente foi necessário ocupar-se com naturezas flexíveis, mas, em última análise, só com animais amestrados, nos quais há mais hábito do que combinações. E a prova disso é que, se deixam de treiná-los durante algum tempo, logo perdem o que aprenderam. O encanto dessas experiências, como o de todas as manobras de prestidigitação, está no segredo dos processos utilizados. Uma vez conhecido o processo, perdem todo o seu atrativo; foi o que aconteceu quando os saltimbancos quiseram imitar a lucidez sonambúlica pelo pretenso fenômeno a que chamavam dupla vista. Nesse caso, não pode haver ilusão para quem quer que conheça as condições normais do sonambulismo. Dá-se o mesmo com a pretensa mediunidade das aves, facilmente percebida por qualquer observador experiente.

---

[129] N.T.: *Carte forcée*, no original = *constrangimento*. No contexto da frase, traduzimos por *cartas marcadas*.

## Povos, silêncio!

(Enviada pelo Sr. Sabò, de Bordeaux – Médium: Sra. Cazemajoux)

### I

Para onde correm essas crianças vestidas de túnicas brancas? A alegria ilumina-lhes o coração. Essa multidão folgazã vai brincar nos verdes prados, onde farão uma ampla colheita de flores e perseguirão o inseto brilhante que se nutre em seus cálices. Despreocupadas e felizes nada percebem além do horizonte azul que as cerca. Sua queda será terrível se não vos apressardes em predispor seus corações aos ensinamentos espíritas. Porque os Espíritos do Senhor atravessaram as nuvens e vêm pregar a vós. Escutai suas vozes amigas; escutai atentamente. Povos, silêncio!

### II

Elas se tornaram grandes e fortes. A beleza máscula de uns, a graça e o abandono de outras fazem reviver no coração dos pais as doces lembranças de uma época já distante, mas o sorriso que ia desabrochar em seus lábios emurchecidos desaparece para dar lugar a sombrias preocupações. É que também sorveram, em grandes tragos, na taça encantada das ilusões da juventude, o veneno sutil que lhes enfraqueceu o sangue, debilitou-lhes as forças e lhes envelheceu os rostos, tornando-os calvos. Por isso, gostariam de impedir os filhos de provar a mesma taça envenenada. Irmãos! o Espiritismo será o antídoto que deve preservar a nova geração de suas devastações mortais. Porque os Espíritos do Senhor atravessaram as nuvens e vêm pregar a vós. Escutai suas vozes amigas; escutai atentamente. Povos, silêncio!

### III

Alcançaram a virilidade; tornaram-se homens. São sérios e graves, mas não são felizes; seus corações estão entediados e não têm senão uma fibra sensível: a da ambição. Empregam tudo quanto têm de força e de energia na aquisição dos bens terrestres. Para eles não há felicidade sem as dignidades, as honrarias, a fortuna. Insensatos! De um instante para outro o anjo da libertação vai abater-vos; sereis forçados a abandonar todas as quimeras; sois proscritos que Deus pode convocar à mãe-pátria a qualquer instante. Não edifiqueis palácios nem monumentos; uma tenda, roupas e pão, eis o necessário. Contentai-vos com isto e oferecei o supérfluo aos irmãos a quem tudo falta: abrigo, roupa e pão. O Espiritismo vem dizer-vos que os verdadeiros tesouros que deveis conquistar são o amor de Deus e do próximo. Eles vos farão ricos para a eternidade. Porque os Espíritos do Senhor atravessaram as nuvens e vêm pregar a vós. Escutai suas vozes amigas; escutai atentamente. Povos, silêncio!

## IV

Suas frontes se inclinam à beira do sepulcro. Têm medo e querem erguer a cabeça, mas o tempo lhes arqueou as espáduas, endureceu-lhes os nervos e os músculos e eles são impotentes para olhar para o Alto. Ah! quantas angústias vêm assaltá-los! Repassam nos refolhos da alma sua vida inútil e muitas vezes criminosa; o remorso os corrói, como um abutre esfaimado. É que, frequentemente, no curso dessa existência, esgotada na indiferença, negaram seu Deus, que, à borda da sepultura, lhes aparece como vingador inexorável. Não temais, irmãos, e orai. Se, em sua Justiça, Deus vos castiga, fará graça ao vosso arrependimento, porquanto o Espiritismo vem dizer-vos que a eternidade das penas não existe e que renasceis para vos purificardes e expiar. Assim, vós que estais fatigados do exílio na Terra, envidai todos os esforços para melhorardes, a fim de a ela não mais retornar. Porque os Espíritos do Senhor atravessaram as nuvens e vêm pregar a vós. Escutai suas vozes amigas; escutai atentamente. Povos, silêncio!

BYRON

# Jean-Jacques Rousseau

(Médium – Sra. Costel)

NOTA – A médium estava ocupada com assuntos alheios ao Espiritismo; dispunha-se a escrever sobre assuntos pessoais, quando uma força invisível a compeliu a dissertar o que segue, malgrado o seu desejo de continuar o trabalho começado. É o que explica o início da comunicação:

"Eis-me aqui, embora não me chamasses. Venho falar-te de coisas muito estranhas às tuas preocupações. Sou o Espírito Jean-Jacques Rousseau. Há tempos esperava a ocasião de me comunicar contigo. Escuta, pois.

Penso que o Espiritismo é um estudo puramente filosófico das causas secretas dos movimentos interiores da alma, pouco ou nada definidos até agora. Explica, mais ainda do que descobre, horizontes novos. A reencarnação e as provas sofridas antes de alcançar o fim supremo não são revelações, mas uma confirmação importante. Estou comovido pelas verdades que esse *meio* põe à luz. Digo *meio* intencionalmente, porque, a meu ver, o Espiritismo é uma alavanca que afasta as barreiras da cegueira. A preocupação das questões morais está inteiramente por nascer. Discute-se política, que move os interesses morais; discute-se os interesses privados; apaixona-se pelo ataque ou pela defesa das personalidades; os sistemas têm seus partidários e seus detratores, mas as verdades morais, as que constituem o pão da alma, o alimento da vida, são deixadas na poeira acumulada pelos séculos. Aos olhos da multidão, todos os aperfeiçoamentos são úteis, salvo os da alma; sua educação, sua elevação são quimeras, boas só para deleitarem os sacerdotes, os poetas, as mulheres, seja como modo, seja como ensinamento.

Se o *Espiritismo* ressuscitar o *espiritualismo*, devolverá à sociedade o impulso que a uns dá a dignidade interior, a outros a resignação e a todos a necessidade de se elevarem para o Ser supremo, esquecido e ignorado pelas criaturas ingratas."

Jean-Jacques Rousseau

## A CONTROVÉRSIA

(Enviada pelo Sr. Sabò, de Bordeaux)

Ó Deus! meu Senhor, meu Pai e meu Criador, dignai-vos dar ainda ao vosso servo um pouco daquela eloquência humana que levava a convicção ao coração dos irmãos que vinham, em torno da cátedra sagrada, instruir-se nas verdades que lhes havíeis ensinado.

Enviando seus Espíritos para vos ensinarem vossos verdadeiros deveres para com Ele e para com os vossos irmãos, quer Deus, acima de tudo, que a caridade seja o móvel de todas as vossas ações e de vossos irmãos, que querem fazer renascer esses dias de luto e estão na senda do orgulho. Este tempo está longe de vós e Deus seja bendito eternamente, por ter permitido que os homens cessassem para sempre essas disputas religiosas, que jamais produziram o menor bem e causaram tanto mal. Por que querer discutir os textos evangélicos, que já comentastes de tantas maneiras? Esses diversos comentários foram feitos quando não possuíeis o Espiritismo para vos esclarecer, e é ele que vos diz: A moral evangélica é a melhor; segui-a. Mas se, no fundo de vossa consciência, uma voz vos clama: Para mim há tal ou qual ponto obscuro e não me posso permitir pensar diferentemente de meus outros irmãos! Eloim! meu irmão, ponde de lado o que vos perturba; amai a Deus e a caridade, e estareis no bom caminho. Para que serviu o fruto de minhas longas vigílias, quando eu vivia em vosso mundo? para nada. Muitos não lançaram os olhos sobre os meus escritos, que não eram ditados pela caridade e que atraíram perseguições a meus irmãos. A controvérsia é sempre animada por um sentimento de intolerância, que pode degenerar até a ofensa, e a teimosia com que cada um sustenta suas pretensões torna mais distante a época em que a grande família humana, reconhecendo os erros passados, respeitará todas as crenças e não afiará o punhal que havia cortado esses laços fraternos. E para vos dar um exemplo do que vos digo, abri o Evangelho e aí encontrareis estas palavras: "Eu sou a verdade e a vida; aquele que crê em mim viverá."[130] E muitos de vós condenais os que não seguem a religião que possui os ensinamentos do Verbo encarnado. No entanto, muitos estão sentados à direita do Senhor, porque, na retidão de seus corações, o adoraram e amaram; porque respeitaram as crenças de seus irmãos e clamaram ao Senhor quando viram os povos se dilacerando entre si nas lutas de religião e porque não estavam aptos a encontrar o verdadeiro sentido das palavras do Cristo, não passando de instrumentos cegos de seus sacerdotes ou de seus ministros.

Meu Deus, eu que vivia nesses tempos, em que os corações tempestuosos se voltavam contra os irmãos de uma crença oposta, se tivesse sido mais tolerante; se não houvesse condenado, em meus escritos, sua maneira de interpretar o Evangelho, eles estariam hoje menos irritados contra seus irmãos católicos, e todos teriam dado um passo maior para a fraternidade universal. Mas os protestantes, os judeus, todas as religiões mais ou menos importantes, têm seus sábios e seus doutores; e, quando mais espalhado, o Espiritismo for estudado de boa-fé pelos homens instruídos, estes virão, como fizeram os católicos, trazer a luz aos seus irmãos e acalmar os seus escrúpulos religiosos. Deixai, pois, que Deus prossiga em sua obra de reforma moral, obra que vos deve elevar para Ele, todos no mesmo grau, e não sejais refratários aos ensinos dos Espíritos que Ele vos envia.

Bossuet

## O PAUPERISMO

(Enviada pelo Sr. Sabò, de Bordeaux)

Em vão os filantropos da Terra sonham com coisas que jamais verão realizar-se. Lembrai-vos destas palavras do Cristo: "Sempre tereis pobres entre vós",[131] pois sabeis que estas são palavras de

---

[130] N.E.: João, 14:6; 11:25.
[131] N.E.: Marcos, 14:7.

verdade. Meu amigo, agora que conheceis o Espiritismo, não achais justa e equitativa, essa desigualdade das condições, que fazia levantar vossos corações, cheios de murmúrio contra esse Deus que não havia feito todos os homens igualmente ricos e ditosos? Pois bem! Agora que sabeis que Deus agiu com sabedoria em tudo quanto fez e que a pobreza é um castigo ou uma prova, buscai amenizá-la, mas não lanceis mão de utopias para fazer os infelizes sonharem com uma igualdade impossível. Certamente, por uma sábia organização social, é possível aliviar muitos sofrimentos; é isto que se deve visar. Mas pretender que todos venham a desaparecer da face da Terra é uma ideia quimérica. Sendo a Terra um lugar de expiação, sempre haverá pobres que expiam nessa prova o abuso dos bens de que Deus os fizera dispensadores, e que jamais experimentaram a satisfação de fazer o bem aos seus irmãos; que entesouraram moeda por moeda para acumular riquezas inúteis a si mesmos e aos outros; que espoliaram as viúvas e os órfãos para enriquecer. Oh! esses são muito culpados e seu egoísmo se voltará contra eles!

Guardai-vos, entretanto, de ver em todos os pobres culpados em punição. Se, para alguns, a pobreza é uma expiação severa, para outros é uma provação que lhes deve abrir mais rapidamente o santuário dos eleitos. Sim, sempre haverá pobres e ricos, a fim de que uns tenham o mérito da resignação, e outros o da caridade e do devotamento. Quer sejais ricos ou pobres, transitais sobre um terreno escorregadio, que vos pode precipitar no abismo, na descida do qual só as vossas virtudes vos podem reter.

Quando digo que haverá sempre pobres na Terra, quero dizer que enquanto houver vícios, que dela façam um lugar de expiação para os Espíritos perversos, Deus os enviará para nela se encarnarem, para seu próprio castigo e dos vivos. Merecei, por vossas virtudes, que a vós Deus não envie senão Espíritos bons, e de um inferno fareis um paraíso terrestre.

ADOLFO
(Bispo de Argel)

## A concórdia

(Enviada pelo Sr. Rodolfo, de Mulhouse)

Sede unidos, meus amigos: a união faz a força; proscrevei de vossas reuniões todo espírito de discórdia, todo espírito de inveja. Não invejeis as comunicações que recebe tal ou qual médium; cada um a recebe conforme a disposição de seu Espírito e a perfeição de seus órgãos.

Jamais vos esqueçais de que sois irmãos, e essa fraternidade não é ilusória: é uma fraternidade real, porque aquele que foi vosso irmão em outra existência pode achar-se entre vós, fazendo parte de outra família.

Assim, sede unidos de espírito e de coração; buscai a mesma comunhão de pensamento. Sede dignos de vós mesmos, da doutrina que professais e dos ensinos que fostes chamados a espalhar.

Sede conciliatórios nas opiniões; que elas não sejam absolutas; procurai esclarecer-vos uns aos outros. Postai-vos à altura do vosso apostolado e dai ao mundo o exemplo da boa harmonia.

Sede o exemplo vivo da fraternidade humana e mostrai até que ponto podem chegar os homens sinceramente devotados à propagação da moral.

Não tendo senão um objetivo, um só e mesmo pensamento deveis ter: o de pôr em prática o que ensinais. Que, pois, seja vossa divisa: Paz e fraternidade!

MARDOCHÉE

# A AURORA DOS NOVOS DIAS

(Sociedade Espírita de Paris – Médium: Sra. Costel)

Eis-me aqui, eu que não evocais, mas que estou ansiosa para ser útil à Sociedade, cujo objetivo é tão sério quanto o é o vosso. Falarei de política. Não vos assusteis: sei em que limites devo restringir-me.

A situação atual da Europa oferece o mais impressionante aspecto ao observador. Em nenhuma época — não excetuo nem mesmo o fim do último século, que fez tão grande estrago nos preconceitos e abusos que oprimiam o espírito humano — o movimento intelectual se fez sentir mais ousado, mais franco. Digo franco, porque o espírito europeu marcha na verdade. A liberdade não é mais um fantasma sangrento, mas a bela e grande deusa da prosperidade pública. Na própria Alemanha, nesta Alemanha que retratei com tanto amor, o sopro ardente da época destrói os últimos baluartes dos preconceitos. Sede felizes, vós que viveis em tal momento, porém, mais felizes ainda serão os vossos descendentes. Aproxima-se a hora anunciada pelo precursor. Vedes empalidecer o horizonte, mas, como outrora os hebreus, ficareis no limiar da Terra Prometida e não vereis levantar-se o Sol radioso dos novos dias.

STAËL

ALLAN KARDEC

# Revista Espírita
Jornal de Estudos Psicológicos
ANO IV    SETEMBRO DE 1861    N° 9

## O estilo é o homem

### Polêmica entre vários Espíritos

(Sociedade Espírita de Paris)

Na sessão da Sociedade, de 19 de julho do corrente ano, o Espírito Lamennais deu espontaneamente a dissertação que se segue, sobre o aforismo de Buffon: *O estilo é o homem*, por intermédio do Sr. Didier, médium. Julgando-se atacado, Buffon replicou alguns dias mais tarde, servindo-se do Sr. d'Ambel. Depois, sucessivamente, o visconde de Launay[132] (Sra. Delphine de Girardin), Bernardin de Saint-Pierre[133] e outros entraram na liça. É esta polêmica, tão curiosa quanto instrutiva, que reproduzimos integralmente. Notar-se-á que não foi provocada, nem premeditada e que cada Espírito veio espontaneamente nela tomar parte. Lamennais abriu a discussão; os outros o seguiram.

---

[132] N.T.: Ora aparece grafado *visconde Delaunay*, ora *visconde de Launay*. Preferimos esta última.
[133] N.E.: Jacques-Henri Bernardin de Saint-Pierre (1737–1814), escritor e botânico francês.

## Dissertação de Lamennais

(Médium: Sr. A. Didier)

Há no homem um fenômeno muito estranho, a que chamo de fenômeno dos contrastes. Refiro-me, antes de tudo, às naturezas de escol. De fato as encontrareis no mundo dos Espíritos, cujas obras poderosas divergem estranhamente da vida privada e dos hábitos de seus autores. Disse o Sr. Buffon: *O estilo é o homem*. Infelizmente, esse grão-senhor da elegância e do estilo encarava os demais autores exclusivamente do seu ponto de vista. Aquilo que podia perfeitamente aplicar-se a ele está longe de ser aplicado a todos os outros escritores. Tomamos aqui o vocábulo estilo em sentido mais amplo e na sua mais larga acepção. Em nossa opinião, o estilo será a maneira grandiosa, a forma mais pura pela qual o homem apresentará suas ideias. Todo o gênio humano está aqui, diante de nós e, com uma vista de olhos, contemplamos todas as obras da inteligência humana: poesia na Arte, na Literatura e na Ciência. Longe de dizer como Buffon: O estilo é o homem, talvez diremos, de maneira menos concisa, menos significativa, que o homem, por sua natureza mutável, difusa, contestadora e revoltada, muitas vezes escreve contrariamente à sua natureza original, às suas primitivas inspirações. Direi mesmo mais: em oposição às suas crenças.

Muitas vezes, lendo as obras de alguns dos grandes gênios de um ou de outro século, nós nos dizemos: Que pureza! Que sensibilidade! Que crença profunda no progresso! Que grandeza! Depois se sabe que o autor, longe de ser o *autor moral* de suas obras, não é senão o *autor material*, imbuído de prejuízos e ideias preconcebidas. Aí está um grande fenômeno, não apenas humano, mas espírita.

Muito frequentemente, pois, o homem não se reflete em suas obras. Diremos, também, quantos poetas debilitados, embrutecidos, e quantos artistas desiludidos sentem, de repente, uma centelha divina a iluminar-lhes a inteligência! Ah! é que então o homem escuta algo que não vem dele mesmo; ouve o que o profeta Isaías chamava *o pequeno sopro*, e que nós chamamos os Espíritos. Sim, eles sentem em si essa voz sagrada, mas, esquecendo Deus e a sua luz, a atribuem a si mesmos; recebem a graça na arte como outros a recebem na fé, e algumas vezes ela toca os que pretendem negá-la.

LAMENNAIS

## RÉPLICA DE BUFFON

(Médium: Sr. d'Ambel)

Disseram que fui um gentil-homem das letras e que meu estilo, muito apuradinho, cheirava a pó de arroz e a tabaco da Espanha. Não é a consagração mais certa dessa verdade: *O estilo é o homem?* Embora tenham exagerado um pouco, representando-me com a espada ao lado e a pena à mão, confesso que gostava das belas coisas, das roupas adornadas com lantejoulas, das rendas e dos casacos vistosos, em suma, de tudo quanto fosse elegante e delicado. É, pois, muito natural que sempre me vestisse com elegância, razão por que meu estilo traz o sinete do bom-tom, esse perfume de boa companhia que se encontra igualmente em nossa grande Sévigné. Que quereis? Sempre preferi os saraus e os pequenos salões das damas elegantes aos cabarés e às assembleias tumultuosas de baixa categoria. Permitir-me-eis, pois, apesar da opinião emitida por vosso contemporâneo Lamennais, manter meu judicioso aforismo, apoiando-o com alguns exemplos tomados entre vossos autores e filósofos modernos.

Uma das desgraças de vosso tempo é que muitos fizeram da pena uma profissão. Mas deixemos esses artistas da pena que, semelhantes aos artistas das palavras, escrevem indiferentemente pró ou contra tal ideia, conforme são pagos, e gritando segundo o tempo: *Viva o rei! Viva a Liga!*[134] Deixemo-los. Esses não são, para

---

[134] N.T.: *Liga* – Alusão ao movimento político-religioso que se opôs a Henrique III (Valois) e prosseguiu contra seu sucessor e ex-cunhado, Henrique IV (Bourbon), no período mais exacerbado das chamadas *Guerras de Religião*, na França.

mim, autores sérios. Vejamos, abade: não vos ofendais se tomo a vós mesmo como exemplo. Vossa vida, bem ou mal fundamentada, não se reflete sempre em vossas obras? E *da indiferença em matéria de religião às palavras de um crente*, que contraste, como dizeis! Todavia, vosso tom doutoral é tão categórico, tão absoluto, numa como noutra dessas obras. Haveis de concordar que sois bilioso, padre, e destilais vossa bile em amargos lamentos, em todas as belas páginas que deixastes. Em sobrecasaca abotoada, como em sotaina, ficastes desclassificado, meu pobre Lamennais. Ora, vamos, não vos zangueis, mas convinde comigo que *o estilo é o homem*.

Se passo de Lamennais a Scribe,[135] o homem feliz se reflete nas tranquilas e pacíficas comédias de costumes. Ele é alegre, feliz e sensível: semeia a sensibilidade, a alegria e a felicidade em suas obras. Nele, jamais o drama, jamais o sangue; apenas alguns duelos sem perigo, para punir o traidor e o culpado.

Vede em seguida Eugène Sue,[136] o autor dos *Mistérios de Paris*. É forte como seu príncipe Rodolfo; como ele, aperta em sua luva amarela a mão calejada do operário e, também como ele, é o advogado das causas populares.

Vede o vosso Dumas[137] vagabundo, malbaratando a vida e a inteligência; indo do polo Sul ao polo Norte tão facilmente

---

[135] N.E.: Augustin Eugène Scribe (1791–1861), dramaturgo e libretista francês. Compôs cerca de 500 peças entre comédias, vaudeviles, dramas e ópera. Publicou alguns romances, mas que não obtiveram tanto sucesso quanto suas obras dramáticas e, durante anos, foi a figura dominante da vida teatral em Paris.

[136] N.E.: Eugène Sue (1804–1857), escritor francês, autor de *Les Mystères de Paris* e *Le Juif errant*.

[137] N.E.: Alexandre Dumas (1802–1870), Dumas Davy de la Pailleterie (seu nome de nascimento) é um dos pilares do gênero do romance de aventuras. Era neto do marquês Antoine-Alexandre Davy de la Pailleterie e de uma escrava (ou liberta, não se sabe ao certo), Marie Césette Dumas. Seu pai foi o General Dumas, grande figura militar de sua época que serviu nas guerras napoleônicas. Apesar de ter um estilo de vida extravagante e sempre gastar mais do que ganhava, Dumas provou ser um astuto divulgador de sua obra. Com a alta demanda dos jornais por romances em

quanto seus famosos mosqueteiros; fazendo-se conquistador com Garibaldi e indo da intimidade do duque de Orléans aos pedintes napolitanos; fazendo romances com a história e pondo a história em romances.

Vede as obras orgulhosas de Victor Hugo,[138] esse protótipo do orgulho encarnado. *Eu, eu*, diz Hugo poeta; *eu, eu*, diz Hugo em seu rochedo de Jersey.

Vede Murger, esse poeta lírico dos costumes fáceis, representando conscientemente seu papel nessa boemia que cantou. Vede Nerval, de cores estranhas, de estilo espalhafatoso e incoerente, fazendo *fantasia* com sua vida, como o fez com sua pena. Quantos deixo, e dos melhores, como Soulié e Balzac,[139] cujas vidas e obras seguem caminhos paralelos! Mas creio que estes exemplos serão suficientes para não mais repelirdes, de modo tão absoluto, o meu aforismo: *O estilo é o homem.*

Não teríeis, caro abade, confundido a forma e o fundo, o estilo e o pensamento? Mas, ainda aí, tudo se acomoda.

BUFFON

Perguntas dirigidas a Buffon a propósito de sua comunicação

P. – Agradecemos a espirituosa comunicação que houvestes por bem nos dar. Contudo, há algo que nos surpreende: é que estais a par dos mínimos detalhes da nossa Literatura, apreciando obras e autores com notável precisão. Então ainda vos ocupais com o que se passa na Terra, desde que conheceis tudo isso? Ledes, pois,

---

folhetim, em 1838 ele simplesmente reescreveu uma de suas peças para criar sua primeira série em romance, intitulada Le Capitaine Paul.
[138] N.E.: Victor-Marie Hugo (1802–1885), poeta, dramaturgo, ensaísta e artista francês.
[139] N.E.: Honoré de Balzac (1799–1850), escritor francês, notável por suas observações psicológicas. É considerado como o fundador do Realismo na Literatura moderna.

tudo quanto se publica? Tende a bondade de dar uma explicação, que será muito útil à nossa instrução.

*Resp.* – Não precisamos de muito tempo para ler e apreciar; num único golpe de vista apanhamos o conjunto das obras que nos atraem a atenção. Todos nós nos ocupamos com muito interesse do vosso caro grupinho; daqueles a quem chamais homens eminentes, não acreditaríeis quantos acompanham, com benevolência, os progressos do Espiritismo. Assim, podeis pensar quanto me senti feliz por ver meu nome pronunciado por Lamennais, um de vossos fiéis Espíritos, e com que agilidade aproveitei a ocasião para me comunicar convosco. Com efeito, quando fui posto em causa em vossa última sessão, recebi, por assim dizer, o contragolpe do vosso pensamento e, não querendo que a verdade que eu havia proclamado em meus escritos fosse derrubada sem ser defendida, roguei a Erasto que me emprestasse seu médium para responder às asserções de Lamennais. Por outro lado, deveis compreender que cada um de nós permanece fiel às suas preferências terrenas, razão por que nós outros, escritores, estamos atentos ao progresso realizado pelos autores vivos, ou que eles pensam realizar na literatura. Assim como os Jouffroy, os Laroque, os la Romiguière se preocupam com a Filosofia, e os Lavoisier, os Berzélius, os Thénard com a Química, cada um cultiva a sua mania e se recorda com amor de seus trabalhos, acompanhando com olhar inquieto o que fazem seus sucessores.

P. – Em poucas palavras apreciastes vários escritores contemporâneos, mortos ou vivos. Seríamos muito reconhecidos se nos désseis, sobre alguns deles, uma apreciação um pouco mais desenvolvida e mais metódica; seria muito útil para nós. Para começar, pediríamos que falásseis de Bernardin de Saint-Pierre, principalmente de seu *Paul et Virginie*, cuja leitura havíeis condenado e que, no entanto, se tornou uma das obras mais populares.

*Resp.* – Não posso aqui empreender o desenvolvimento crítico das obras de Bernardin de Saint-Pierre. Quanto à apreciação que fiz naquela época, posso confessá-lo hoje: eu era, como o Sr. Josse, um tanto perfeccionista; numa palavra, fiel ao espírito de camaradagem literária, desancava o quanto podia um importuno e importante concorrente. Mais tarde vos darei a minha verdadeira apreciação sobre esse eminente escritor, caso um Espírito realmente crítico, como Merle ou Geoffroy, não se encarregue de o fazer.

Buffon

## Defesa de Lamennais pelo visconde de Launay

(Médium: Sr. d'Ambel)

Nota – Na conversa havida na Sociedade sobre as comunicações precedentes, foi pronunciado o nome da Sra. de Girardin, a propósito do assunto em discussão, embora não tenha sido mencionada pelos Espíritos interlocutores. É o que explica o começo da nova intervenção.

Nas últimas sessões, senhores espíritas, vós me pusestes ligeiramente em causa e creio que me destes o direito, como se diz no Tribunal, de intervir nos debates. Não foi sem prazer que ouvi a profunda dissertação de Lamennais e a resposta um tanto incisiva do Sr. Buffon. Mas falta uma conclusão a essa troca de argumentos. Assim, intervenho e me arvoro em juiz de campo, estribado na minha autoridade particular. Aliás, pedíeis um crítico. Respondo-vos: Cuidado ao me envolverdes nesta questão, porquanto, se bem vos lembrais, em vida desempenhei, de maneira considerada magistral, esse temível posto de crítico executivo. Agrada-me imensamente retornar a esse terreno tão amado. Assim, pois, era uma vez... mas não; deixemos de lado as banalidades do gênero e entremos seriamente no assunto.

Senhor de Buffon, satirizais de maneira graciosa; vê-se logo que procedeis do grande século. Mas, por mais elegante que sejais como escritor, um visconde de minha raça não teme aceitar o desafio e enfrentar a pena convosco. Vamos, meu gentil-homem! Fostes muito duro para com esse pobre Lamennais, que tratastes como desclassificado! É culpa desse gênio extraviado se, depois de haver escrito com mão de mestre esse estudo admirável que lhe censurais, tenha-se voltado para outras regiões, para outras crenças? Certamente, as páginas do *Essai sur l'indifférence en matière de religion* seriam assinadas com ambas as mãos pelos melhores prosadores da Igreja, mas se essas páginas permaneceram de pé quando o padre perdeu as estribeiras, não reconheceis a causa, logo vós, tão rigoroso? Ah! olhai Roma, lembrai-vos de seus costumes dissolutos e tereis a chave dessa reviravolta que vos surpreendeu. Oh! Roma está tão longe de Paris!

Os filósofos, os investigadores do pensamento, todos esses rudes e incansáveis trabalhadores do *eu* psicológico jamais devem ser confundidos com os escritores de estilo impecável. Estes escrevem para o deleite do público, aqueles para a Ciência impenetrável; estes últimos não se preocupam senão com a verdade; os outros não se vangloriam de ser lógicos: fogem à uniformidade. Em suma, o que buscam é o que vós mesmos buscáveis, meu belo senhor, isto é, a divulgação, a popularidade e o sucesso, que se resumem em belos escudos. Aliás, salvo isto, vossa resposta espirituosa é por demais verdadeira para que eu não a aplaudisse com todo o prazer. Apenas aquilo pelo qual tornais o indivíduo responsável, eu transfiro a responsabilidade ao meio social. Enfim, eu tinha de defender o meu contemporâneo que, como bem o sabeis, não participou de saraus, não frequentou cabarés, não transitou pelos pequenos salões das damas elegantes, nem, muito menos, tomou parte nas assembleias tumultuosas de baixa categoria. Alcandorado em sua mansarda, sua única distração era esmigalhar o pão e oferecer os pedacinhos aos pardais barulhentos que o vinham visitar em sua cela da rua de Rivoli. Mas sua suprema alegria era sentar-se defronte da mesa pouco firme e fazer a pena vaguear sobre as folhas virgens de um caderno de papel!

Oh! certamente teve razão para se lamentar esse grande Espírito doente que, para evitar a sujidade de um século material, havia esposado a Igreja Católica e que, após tê-lo feito, encontrou a sujeira sentada nos degraus do altar. É culpa sua se, lançado jovem entre as mãos do clericato, não pôde sondar a profundeza do abismo onde o precipitavam? Sim, ele tem razão de manifestar os seus amargos lamentos, como dizeis. Não é a imagem viva de uma educação mal dirigida e de uma vocação imposta?

Padre renegado! Sabeis quantos burgueses ineptos lhe hão lançado ao rosto essa injúria, porque obedeceu às suas convicções e ao impulso da consciência? Ah! crede-me, feliz naturalista, enquanto corríeis atrás das mulheres e a vossa pena, célebre pela conquista do cavalo, era elogiada por lindas pecadoras e aplaudida por mãos perfumadas, ele subia penosamente o seu Gólgota! Porque, assim como o Cristo, sorveu o cálice da amargura e carregou com dificuldade a sua cruz!

E vós, Sr. Buffon, não ofereceis um pouco o flanco à crítica? Vejamos. Ora essa! Vosso estilo é fanfarrão como vós e, como vós, todo vestido de ouropéis! Mas, então, que intrépido viajante não fostes? Visitastes países!... não; bibliotecas desconhecidas? Que pioneiro infatigável! Desbravastes florestas!... não; manuscritos inéditos, jamais vistos! Reconheço que cobristes os vossos ricos despojos com um verniz brilhante, que é bem vosso. Mas de todos esses volumes enfadonhos, o que há de seriamente vosso como estudo, como fundo? A história do cão, do gato ou do cavalo, talvez? Ah! Lamennais escreveu menos que vós, mas tudo é realmente dele, Sr. Buffon: *a forma e o fundo*. Outro dia vos acusavam de haver ignorado o valor das obras do bom Bernardin de Saint-Pierre. Desculpaste-vos um tanto jesuiticamente; mas não dissestes que se recusastes vitalidade a *Paul et Virginie* foi porque, em obras desse gênero, ainda não estáveis na *Grand Scudéri*,[140] no *Grand Cyrus*[141] e no país do *Tendre*,[142] enfim, em todos esses trastes sentimentais, que fazem tanto bem hoje aos alfarrabistas, esses negociantes de roupas da literatura. Ah! Sr. Buffon, começais a

---

[140] N.E.: Madeleine de Scudéri (1607-1701), pseudônimo Georges de Scudéri, Sappho, romancista francesa, sua obra literária marca o clímax do movimento literário francês do séc. XVII.
[141] N.E.: *Artamène ou le Grand Cyrus*, de Madeleine Scudéri, novela originalmente publicada em dez volumes no séc. XVII.
[142] N.E.: "Carte du Tendre" é um mapa criado por várias mãos, em 1656, para ilustrar o romance *Clélie, histoire romaine*, de Madeleine Scudéri. Metáfora de uma viagem no espaço geográfico imaginário que traçaria diversas possibilidades de histórias de amor e romances.

cair muito baixo na estima desses senhores, ao passo que o utopista Bernardin conservou uma posição elevada. A *Paix Universelle*, uma utopia! *Paul et Virginie*, uma utopia! Vamos, vamos! Vosso julgamento foi anulado pela opinião pública. Não falemos mais disso.

  Palavra de honra, tanto pior! Pusestes a pena em minha mão; uso-a e abuso. Isto vos ensinará, caros espíritas, a vos inquietardes com uma mulher pedante e aposentada como eu, e a pedir notícias minhas. Esse caro Scribe nos chegou de todo estupefato com esses últimos meio sucessos; queria que nos erigíssemos em Academia. Falta-lhe a palma verde. Era tão feliz na Terra que ainda hesita em assumir a sua nova posição. Ah! ele se consolará vendo que suas peças voltam a ser apresentadas e, por algumas semanas, não aparecerá mais.

  Ultimamente Gérard de Nerval vos deu uma encantadora fantasia inacabada. Esse Espírito caprichoso irá terminá-la? Quem sabe! Todavia, queria concluir que o verdadeiro do sábio não estando no verdadeiro, o belo do pintor não estando no belo e a coragem da criança sendo mal recompensada, ele fez muito bem em seguir os desvios de sua cara *Fantasia*.

Visconde de Launay (Delphine de Girardin)

  Nota – Ver mais adiante *Fantasia*, por Gérard de Nerval.

## Resposta de Buffon ao visconde de Launay

  Convidais-me a voltar a um debate ao qual firmemente recusei, por não ter o que dizer. Confesso que prefiro ficar no ambiente sossegado onde me encontrava a me expor a semelhante incômodo. Em meu tempo a gente participava de uma brincadeira mais ou menos ateniense, mas hoje, que horror! vai-se a golpes de chicote chumbado. Obrigado! eu me retiro; tenho mais do que preciso, pois ainda estou completamente marcado pelos golpes do visconde. Havereis de concordar que, embora me tenham sido administrados com muita generosidade, pela graciosa mão de uma mulher, não são menos dolorosos. Ah! senhora, a mim lembrastes a caridade de maneira muito pouco caridosa. Visconde! sois muito temível; deponho as armas e humildemente reconheço meus erros. Concordo que Bernardin de Saint-Pierre foi um grande filósofo. Que digo? Encontrou a pedra filosofal e eu não sou, como não fui, mais que um indigesto compilador! E então? Estais contente agora? Vejamos, sede gentil e doravante não me humilheis mais; não sendo assim, obrigareis um gentil-homem, amigo do nosso grupo parisiense, a abandonar a praça, o que não faria sem grande pesar, porque ele tem de aproveitar também os ensinamentos espíritas e conhecer o que aqui se passa.

Ah! Hoje ouvi o relato de fenômenos tão estranhos que em meu tempo teriam sido queimados vivos, como feiticeiros, os atores e até os narradores desses acontecimentos. Aqui, entre nós, serão mesmo fenômenos espíritas? A imaginação de um lado e o interesse do outro não valerão alguma coisa? Eu não juraria. Que pensa o espirituoso visconde? Quanto a mim, lavo as mãos. Aliás, se creio no meu senso de naturalista, por mais que me chamem naturalista de gabinete, os fenômenos dessa ordem só devem ocorrer raramente. Quereis minha opinião sobre o caso de Havana? Pois bem! lá existe uma camarilha de gente mal-intencionada, que tem todo o interesse em desacreditar a propriedade, a fim de que possa ser vendida a preço vil, e proprietários medrosos e tímidos, apavorados com uma fantasmagoria muito bem preparada. Quanto ao lagarto: lembro-me bem de lhe haver escrito a história, mas confesso jamais os ter encontrado diplomados pela Faculdade de Medicina. Há aqui um médium de cérebro fraco, que tomou de sua imaginação fatos que, em substância, não tinham nenhuma realidade.

BUFFON

NOTA – Este último parágrafo faz alusão a dois fatos narrados na mesma sessão; por falta de espaço, adiaremos a sua transcrição para outro número. A respeito, Buffon dá espontaneamente a sua opinião.

## Resposta de Bernardin de Saint-Pierre

(Médium: Sra. Costel)

Venho eu, Bernardin de Saint-Pierre, envolver-me num debate em que meu nome foi citado, discutido e defendido. Não posso concordar com meu espirituoso defensor; o Sr. de Buffon tem outro valor, que não o de um compilador eloquente. Que importam os erros literários de um julgamento muitas vezes tão fino e delicado para as coisas da natureza e que não foi desviado senão pela rivalidade e o ciúme profissional?

Apesar disso, sou de opinião inteiramente contrária à sua e, como Lamennais, digo: Não, o estilo não é o homem. Disto sou uma prova eloquente, eu, cuja sensibilidade jazia completa no cérebro, inventando o que os outros sentiam. As coisas da vida terrena, as coisas acabadas são julgadas com frieza do outro lado da vida. Não mereço toda a reputação literária de que desfrutei. Se aparecesse hoje, *Paul et Virginie* seria facilmente eclipsado por uma quantidade de encantadoras produções, que passam despercebidas. É que o progresso de vossa época é grande, mais que vós, contemporâneos, podeis julgar. Tudo se eleva: Ciências, Literatura, Arte social; mas tudo se eleva como o nível do mar na enchente da maré, e os marinheiros que estão ao largo não o podem julgar. Estais em alto-mar.

Volto ao Sr. Buffon, cujo talento louvo, esquecendo a censura, e também ao meu espirituoso defensor, que sabe descobrir todas as verdades, seus sentidos espirituais, dando-lhes um colorido paradoxal. Depois de haver provado que os literatos mortos não conservam nenhum fel, dirijo-vos os meus agradecimentos, assim como o vivo desejo de vos poder ser útil.

Bernardin de Saint-Pierre

## LAMENNAIS A BUFFON

(Médium: Sr. A. Didier)

É preciso prestar muita atenção, Sr. Buffon; eu não concluí absolutamente de maneira literária e humana; encarei a questão de modo muito diverso e o que deduzi foi isto: "Que a inspiração humana muitas vezes é divina." Aí não havia matéria para nenhuma controvérsia. Agora não mais escrevia com essa pretensão, e podeis vê-lo mesmo em minhas reflexões sobre a influência das Artes, o coração e o cérebro.[143] Evitei o mundo e as personalidades; jamais volvamos ao passado; olhemos o futuro. Cabe aos homens julgar e discutir as nossas obras; a nós compete dar outras, emanando todas desta ideia fundamental: Espiritismo. Mas para nós: adeus ao mundo!

LAMENNAIS

## *FANTASIA* – POR GÉRARD DE NERVAL

(Médium: Sr. A. Didier)

NOTA – Lembramos que Buffon, falando dos autores contemporâneos, disse que *"Gérard de Nerval*, de cores estranhas, de estilo espalhafatoso e incoerente, fazia *fantasia* com sua vida, como o fez com sua pena". Em vez de discutir, Gérard de Nerval respondeu a esse ataque ditando espontaneamente o trecho seguinte, ao qual ele próprio deu o título de *Fantasia*. Escreveu em duas sessões, e foi no intervalo que ocorreu a resposta do visconde de Launay a Buffon; eis por que disse ele não saber se esse caprichoso Espírito o acabaria, dando a sua provável conclusão.

Não o pusemos em ordem cronológica, a fim de não interromper a série de ataques e réplicas, considerando-se que Gérard de Nerval não se envolveu nos debates senão por esta alegoria filosófica:

---

[143] Nota de Allan Kardec: Alusão a uma série de comunicações ditadas por Lamennais, sob o título de *Meditações filosóficas e religiosas*, que publicaremos no próximo número.

"Um dia, numa de minhas *fantasias*, não sei como, cheguei perto do mar, num pequeno porto pouco conhecido; que importa! Por algumas horas eu havia abandonado meus companheiros de viagem e pude entregar-me à mais tempestuosa *fantasia*, que é o termo consagrado às minhas evoluções cerebrais. Todavia, não se deve crer que a *Fantasia* seja sempre uma menina louca, entregue às excentricidades do pensamento. Muitas vezes a pobre mocinha ri para não chorar e sonha para não cair. Frequentemente seu coração está ébrio de amor e de curiosidade, enquanto sua cabeça se perde nas nuvens; talvez seja porque muito ama, essa pobre imaginação. Deixai-a, pois, vaguear, pois ama e admira.

Assim, eu estava com ela um dia, a contemplar o mar, cujo horizonte é o céu, quando, em meio à minha solidão a dois avistei — palavra de honra! um velhinho condecorado. Tivera tempo de o ser, felizmente, pois estava muito abatido, mas seu ar era tão positivo, tão regulares os movimentos, que essa sabedoria e essa harmonia, em sua aparência, substituíam os nervos e os músculos entorpecidos. Sentou-se, examinou bem o terreno e assegurou-se de que não seria picado por um desses bichinhos que pululam na areia da praia; depois deixou de lado sua bengala de castão dourado; mas imaginai o meu espanto quando ele colocou os óculos. Óculos! para ver a imensidade! *Fantasia* deu um salto terrível e quis atirar-se sobre ele. Consegui acalmá-la com muita dificuldade; aproximei-me, oculto por uma rocha e apurei os ouvidos para melhor escutar: 'Eis, então, a imagem de nossa vida! Eis o grande todo! Profunda verdade! Eis, pois, nossas existências, elevadas e baixas, profundas e mesquinhas, revoltadas e calmas! Ó vagas! vagas! Grande flutuação universal!' Depois o velhinho só falou para si mesmo. Até então *Fantasia* mantivera-se calma e ouvia religiosamente; porém, não se contendo mais, soltou uma longa gargalhada. Só tive tempo de tomá-la nos braços e abandonamos o velhinho. 'Na verdade' — dizia *Fantasia* — 'ele deve ser membro de alguma sociedade erudita.' Depois de ter corrido durante algum tempo, percebemos uma tela de pintor, representando uma falésia a mergulhar no mar. Olhei, ou antes, olhamos a tela. Provavelmente o pintor procurava outro sítio nas redondezas. Após olhar a tela, fitei a natureza e assim alternativamente. *Fantasia* quis rasgar a tela; só à custa de muito esforço pude contê-la. 'Como!' — disse-me ela — 'são sete horas da manhã e vejo nesta tela um efeito que não tem nome!" Compreendi perfeitamente o que *Fantasia* me explicava. Realmente essa menina maluca tem senso, dizia a mim mesmo, querendo afastar-me. Ah! escondido, o artista tinha seguido as menores nuances de minha expressão; quando seus olhos encontraram os meus, foi um choque terrível, um choque elétrico. Lançou-me um desses olhares soberbos, que parecem dizer: 'Vermezinho!' Dessa vez *Fantasia* ficou aterrada por tanta insolência e o viu retomar a paleta com estupefação. 'Tu não tens a paleta da Lorena', disse-lhe ela, sorrindo.

Depois, voltando-se para mim: 'Já vimos o verdadeiro e o belo' — falou-me ela — 'procuremos, então, um pouco o bem.' Após ter escalado as falésias, avistei um menino, um filho de pescador, que bem poderia ter 13 ou 14 anos; brincava com um cachorro e corriam um atrás do outro, este a latir, aquele a bradar. De repente, ouvi gritos no ar, que pareciam vir de baixo da falésia; imediatamente o menino atirou-se, de um salto só, por um atalho que levava ao mar. Apesar de todo o seu ardor, *Fantasia* teve dificuldade em segui-lo. Quando cheguei na parte inferior da falésia, vi um espetáculo terrível: o menino lutava contra as vagas e trazia para a costa um infeliz que se debatia contra ele, seu salvador. Eu quis atirar-me, mas o garoto gritou que nada fizesse; e, ao cabo de alguns instantes, magoado, deprimido e trêmulo, aproximava-se com o homem que havia salvado. Era, ao que tudo indica, um banhista que se tinha aventurado muito longe e caíra numa corrente.

Continuarei de outra vez."

GÉRARD DE NERVAL

NOTA – Foi nesse intervalo que ocorreu a comunicação do visconde de Launay, reportada acima.

CONTINUAÇÃO

"Depois de alguns instantes o afogado, pouco a pouco, voltava à vida, mas apenas para dizer: 'É incrível; logo eu, que nado tão bem!' Viu perfeitamente quem o havia salvado, mas, olhando-me, acrescentou: 'Ufa! escapei por pouco! Como sabeis, há certos momentos em que perdemos a cabeça; não são as forças que nos traem, mas... mas...' Vendo que não podia continuar, apressei-me em lhe dizer: 'Enfim, graças a este bravo rapaz, eis-vos salvo.' Ele olhou o garoto, que o examinava com o ar mais indiferente do mundo, mãos na cintura. O senhor pôs-se a sorrir: 'Contudo é verdade', disse, saudando-me em seguida. *Fantasia* quis correr atrás dele. 'Deixa pra lá!', disse ela, mudando de ideia, 'de fato é muito natural.' O rapazola o viu afastar-se, depois voltou ao seu cão. Desta vez *Fantasia* chorou."

GÉRARD DE NERVAL

Tendo um membro da Sociedade observado que faltava a conclusão, Gérard acrescentou estas palavras:

"Encontro-me à vossa disposição, de todo o coração, para dar outro ditado, mas, quanto a este, *Fantasia* me diz que pare aqui. Talvez esteja errada; ela é tão caprichosa!"

A conclusão havia sido dada antecipadamente pelo visconde de Launay.

## CONCLUSÃO DE ERASTO

Depois do torneio literário e filosófico ocorrido nas últimas sessões da Sociedade, ao qual assistimos com vera satisfação, julgo necessário, do ponto de vista puramente espírita, comunicar-vos algumas reflexões, que me foram suscitadas por esse interessante debate, no qual, aliás, não quero intervir de modo nenhum. Antes de mais, porém, deixai que vos diga que, se vossa reunião foi animada, esta animação nada significou em relação à que reinava entre os grupos numerosos de Espíritos eminentes, que essas sessões, quase acadêmicas, tinham atraído. Ah! certamente se vos tivésseis tornado vidente instantaneamente, teríeis ficado surpreso e confuso perante esse areópago superior. Mas não é minha intenção desvendar-vos hoje o que se passou entre nós; meu objetivo é unicamente fazer que entendais algumas palavras sobre o proveito que deveis tirar dessa discussão, no que respeita à vossa instrução espírita.

      Conheceis Lamennais há muito tempo e, certamente, apreciastes o quanto esse filósofo continuou apaixonado pela ideia abstrata; sem dúvida notastes o quanto ele acompanha com persistência, e com talento — devo dizê-lo — suas teorias filosóficas e religiosas. Logicamente deveis deduzir que o *ser* pessoal pensante prossegue, mesmo depois da tumba, seus estudos e trabalhos e que, por meio dessa lucidez que é o apanágio particular dos Espíritos, comparando seu *pensamento espiritual* com o seu *pensamento humano*, deve eliminar tudo quanto o obscurecia materialmente. Muito bem! o que é verdadeiro para Lamennais, o é igualmente para os outros, e cada um, no vasto país da erraticidade, conserva suas aptidões e sua originalidade.

      Buffon, Gérard de Nerval, o visconde de Launay, Bernardin de Saint-Pierre conservam, como Lamennais, os gostos e a forma literária que observáveis neles, quando vivos. Creio útil chamar vossa atenção sobre essa condição de ser do nosso mundo de Além-Túmulo, para que não venhais a crer que abandonamos instantaneamente nossas inclinações, costumes e paixões quando despimos as vestes humanas. Na Terra, os Espíritos são como prisioneiros, que a morte deve libertar; no entanto, assim como aquele que está sob grades tem as mesmas propensões, conserva a mesma individualidade quando em liberdade, os Espíritos conservam suas tendências, originalidade e aptidões, ao chegarem entre nós. Contudo, à exceção dos que passaram, não por uma vida de trabalho e de provas, mas por uma vida de expiação, como os idiotas, os cretinos e os loucos, suas qualidades inteligentes, mantidas em estado latente, não despertam senão à saída da prisão terrestre. Como pensais, isto deve entender-se do mundo espírita inferior ou médio, e não dos Espíritos elevados libertos da influência corporal.

Ides tomar as vossas férias, senhores associados. Permiti que vos dirija algumas palavras amigas, antes de nos separarmos por algum tempo. Creio que a doutrina consoladora que vos viemos ensinar só conta, entre vós, com adeptos fervorosos. Eis por que, como é essencial que cada um se submeta à lei do progresso, julgo dever aconselhar-vos a examinar, perante vós, que proveito haveis tirado pessoalmente de nossos trabalhos espíritas, e que progresso moral disso resultou em vossos meios recíprocos. Porque — bem o sabeis — não basta dizer: *Sou espírita*, e encerrar essa crença no seu íntimo; o que vos é indispensável saber é se vossos atos estão de acordo com as prescrições de vossa nova fé, que, nunca seria demais repetir, é *Amor e caridade*. Que Deus seja convosco!

Erasto

# Conversas familiares de Além-Túmulo

## A PENA DE TALIÃO[144]

(Sociedade, 9 de agosto de 1861. Médium: Sr. d'Ambel)

Um correspondente da Sociedade lhe transmite a seguinte nota:

"O Sr. Antonio B..., um de meus parentes, escritor de mérito, estimado por seus concidadãos, tendo desempenhado com distinção e integridade funções públicas na Lombardia, caiu, há cerca de seis anos, em consequência de um ataque de apoplexia, num estado de morte aparente que, infelizmente, como algumas vezes sucede em casos tais, a sua morte foi considerada real, concorrendo ainda mais para o engano os vestígios da decomposição assinalados no corpo. Quinze dias depois do enterro, uma circunstância fortuita levou a família a determinar a exumação. Tratava-se de um medalhão, por acaso esquecido no caixão. Qual não foi, porém, o espanto dos assistentes,

---

[144] N.T.: *Vide O céu e o inferno*, Segunda parte, cap. VIII: *Antonio B...* (Enterrado vivo – A pena de talião.)

quando, ao abrir aquele, notaram que o corpo havia mudado de posição, voltando-se de bruços e — coisa horrível — que uma das mãos havia sido comida em parte pelo defunto. Ficou, então, patente que o infeliz Antonio B... fora enterrado vivo, e deveria ter sucumbido sob a ação do desespero e da fome. Seja como for, desse triste acontecimento e de suas consequências morais não seria interessante, do ponto de vista espírita e psicológico, fazer um inquérito no mundo dos Espíritos?"

1. *Evocação* de Antonio B...

*Resp.* – Que quereis de mim?

2. A pedido de um vosso parente, nós vos evocamos com prazer e seremos felizes se quiserdes responder-nos.

*Resp.* – Sim, desejo fazê-lo.

3. Lembrai-vos dos incidentes da vossa morte?

*Resp.* – Ah! Certamente que me lembro, mas por que avivar essa lembrança do castigo?

4. Efetivamente fostes enterrado por descuido?

*Resp.* – Assim deveria ser, visto revestir-se a morte aparente de todos os caracteres da morte real: eu estava quase exangue. Não se deve, porém, imputar a ninguém um acontecimento que me estava predestinado desde que nasci.

5. Incomodam-vos estas perguntas? Será mister lhes demos fim?

*Resp.* – Não. Podeis continuar.

6. Porque deixastes a reputação de um homem de bem, esperamos fôsseis feliz.

*Resp.* – Eu vos agradeço, pois sei que haveis de interceder por mim. Vou fazer o possível para vos responder, e, se não puder fazê-lo, fá-lo-á um dos vossos guias por mim.

7. Podeis descrever-nos as vossas sensações daquele momento?

*Resp.* – Que dolorosa provação sentir-me encerrado entre quatro tábuas, tolhido, absolutamente tolhido! Gritar? Impossível! A voz, por falta de ar, não tinha eco! Ah! que tortura a do infeliz que em vão se esforça para respirar num ambiente limitado! Eu era qual condenado à boca de um forno, abstração feita ao calor. A ninguém desejo um fim rematado por semelhantes torturas. Não, não desejo a ninguém tal fim! Oh! cruel punição de cruel e feroz existência! Não saberia dizer no que então pensava; apenas revendo o passado, vagamente entrevia o futuro.

8. Dissestes: cruel punição de feroz existência... Como se pode conciliar esta afirmativa com a vossa reputação ilibada?

*Resp.* – Que vale uma existência diante da eternidade?! Certo, procurei ser honesto e bom na minha última encarnação, mas eu aceitara tal epílogo previamente, isto é, antes de encarnar. Ah!... Por que interrogar-me sobre esse passado doloroso, que só eu e os Espíritos bons enviados do Senhor conhecíamos? Mas visto que assim é preciso, dir-vos-ei que numa existência anterior eu emparedara uma mulher — a minha, viva num sepulcro subterrâneo. A pena de talião devia ser-me aplicada. Olho por olho, dente por dente.

9. Agradecemos essas respostas e pedimos a Deus vos perdoe o passado, em atenção ao mérito da vossa última encarnação.

*Resp.* – Voltarei mais tarde, mas, não obstante, o Espírito Erasto completará esta minha comunicação.

### Reflexões de Lamennais sobre esta evocação

Deus é bom! Mas, para chegar ao aperfeiçoamento, deve o homem sofrer as provas mais cruéis. Este infeliz viveu vários séculos durante sua desesperada agonia, e embora sua última existência tenha sido honrada, esta prova deveria realizar-se, pois a tinha escolhido.

## Reflexões de Erasto

Por essa comunicação podeis inferir a correlatividade e dependência imediata das vossas existências entre si; as tribulações, as vicissitudes, as dificuldades e dores humanas são sempre as consequências de uma vida anterior, culposa ou mal aproveitada. Devo, todavia, dizer-vos que desfechos como este de Antonio B... são raros, visto como, se de tal modo terminou uma existência correta, foi por tê-lo solicitado ele próprio, com o fito de abreviar a sua erraticidade e atingir mais rápido as esferas superiores. Efetivamente, depois de um período de perturbação e sofrimento moral, inerente à expiação do hediondo crime, ser-lhe-á perdoado este, e ele se alçará a um mundo melhor, onde o espera a vítima que há muito lho perdoou. Aproveitai este exemplo cruel, queridos espíritas, a fim de suportardes, com paciência, os sofrimentos morais e físicos, todas as pequenas misérias da Terra.

P. – Que proveito pode a humanidade auferir de semelhantes punições?

*Resp.* – As penas não existem para desenvolver a humanidade, porém para punição dos que erram. De fato, a humanidade não pode ter nenhum interesse no sofrimento de um dos seus membros. Neste caso, a punição foi apropriada à falta. Por que há loucos, idiotas, paralíticos? Por que morrem estes queimados, enquanto aqueles padecem as torturas de longa agonia entre a vida e a morte? Ah! crede-me; respeitai a soberana vontade, e não procureis sondar a razão dos decretos da Providência! Deus é justo e só faz o bem.

Erasto

Observação – Este fato não encerra um ensinamento terrível? Às vezes tardia, nem por isso a Justiça de Deus deixa de atingir o culpado, prosseguindo em seu aviso. É altamente moralizador o saber-se que, se grandes culpados acabam, pacificamente, na abundância de bens terrenos, nem por isso deixará de soar cedo ou tarde, para eles, a hora da expiação. Penas tais são compreensíveis, não só por estarem mais ou menos ao alcance das nossas vistas, como por serem lógicas. Ora, perguntamos se esse quadro, que o Espiritismo desdobra a cada instante diante de nós, não é mais apropriado a impressionar, para reter à beira do abismo, do que o medo das chamas eternas, em que já não acreditamos? Se apenas relermos as evocações publicadas nesta *Revista*, veremos que não há um vício que não determine o seu castigo, nem uma virtude que não suscite a sua recompensa, proporcionados ao mérito ou ao grau de culpabilidade, porquanto Deus leva em conta todas as circunstâncias que possam atenuar o mal ou aumentar o prêmio do bem.

## Correspondência

### Carta do Sr. Mathieu sobre a mediunidade das aves

(Paris, 11 de agosto de 1861)

"Senhor,

Quem ainda vos escreve sou eu e, se o permitis, para prestar uma nova homenagem à verdade.

Somente hoje pude ler, no último número da *Revista*, vossas excelentes observações sobre a pretensa faculdade mediúnica das aves e me apresso em vo-lo agradecer com mais um serviço prestado à causa que ambos defendemos.

Várias exibições de aves *maravilhosas* têm ocorrido nestes últimos anos. Como eu conhecia o *truque* principal das habilidades executadas por esses interessantes galináceos, ouvia com muita pena e pesar certos espiritualistas, ou espíritas, atribuírem essas façanhas a uma ação mediúnica, o que devia fazer sorrir *in petto*, se assim me posso exprimir, os proprietários dessas aves. Mas o que eles não pareciam apressados em desmentir, venho desmentir por eles, já que me forneceis a ocasião, não para prejudicar a sua indústria, o que me desgostaria, mas para impedir uma deplorável confusão entre os fatos que uma engenhosa paciência e certa habilidade de mãos produzem só neles e que a intervenção dos Espíritos produz em nós.

Estais coberto de razão quando dizeis: 'Essas aves fazem coisas que nem o mais inteligente dos homens, nem mesmo o sonâmbulo mais lúcido poderiam fazer, levando-se a concluir que seriam dotadas de faculdades intelectuais superiores às do homem e assim contrariando as leis da natureza.' Esta consideração deveria atingir em cheio as pessoas excessivamente entusiastas, que não temem recorrer à faculdade mediúnica para explicar experiências que, à primeira vista, não compreendem. Infelizmente, os observadores frios e judiciosos são ainda muito raros e, entre os homens distintos que acompanham os nossos estudos, há os que nem sempre sabem defender-se contra a exaltação da imaginação e os perigos da ilusão.

Ora, quereis que vos diga o que me foi comunicado a respeito dessas aves *maravilhosas*, das quais, se vos lembrais, admiramos, juntos, uma amostra, certa noite? Um de meus amigos, amante de todas as curiosidades possíveis, mostrou-me um dia uma comprida estante de madeira, na qual estavam colocados, em grande número, pequenos cartões, dispostos uns ao lado dos outros. Nesses cartões estavam impressos palavras, números, estampas de baralho etc. 'Comprei-a' — disse-me ele — 'de um homem que exibia aves sábias.' A venda incluía, também, a maneira de usá-la.

Então o meu amigo, retirando da estante, vários desses cartões, fez-me notar que as bordas superiores e inferiores eram: uma completa, outra formada por duas folhas, separadas por uma fenda quase imperceptível e, sobretudo, invisível a distância. Explicou-me em seguida que esses cartões deviam ser colocados na estante, ora com a fenda dirigida para baixo, ora para o alto, conforme se quisesse que a ave os tirasse da estante com o bico, ou não os tocasse. A ave estava previamente adestrada para atrair a si todos os cartões em que percebesse uma fenda. Parece que essa instrução preliminar era-lhe dada por meio de grãos de alpiste, ou de qualquer outra guloseima, colocados na fenda em questão; ela acabava por adquirir o hábito de bicar e, assim, por tirar da estante todos os cartões fendidos que aí encontrasse, andando de costas.

Tal é, senhor, o engenhoso ardil que meu amigo deu-me a conhecer. Tudo me leva a crer seja isto comum a todas as pessoas que exploram a indústria das aves inteligentes. Resta a tais pessoas o mérito de treiná-las para esse manejo com muita paciência e, talvez, um pouco de jejum — para as aves, bem entendido. Resta-lhes, também, com a maior habilidade possível, o mérito de salvar as aparências, quer pela conivência, que por hábil prestidigitação no manejo dos cartões, como no dos acessórios que figuram em suas experiências.

Lamento assim revelar o mais importante de seus segredos. Por um lado, o público não verá com menos prazer aves tão bem adestradas, mesmo correndo o risco de tornar-se testemunha de coisas *impossíveis*; por outro lado, não me era possível deixar por mais tempo que uma opinião fosse aceita, quando a sua propagação não conduz senão à profanação de nossos estudos. Na presença de um interesse tão sagrado, creio que um silêncio complacente seria um escrúpulo exagerado. Se for também a vossa opinião, senhor, estais livre para comunicar esta notícia aos vossos leitores.

Aceitai etc."

MATHIEU

Certamente concordamos com o Sr. Mathieu e estamos felizes por nos termos encontrado com ele sobre esta questão. Agradecemos-lhe os detalhes que houve por bem nos transmitir, que, sem dúvida, agradarão aos nossos leitores. O Espiritismo é bastante rico em fatos notáveis, autênticos, sem admitir os que se referem ao maravilhoso e ao impossível. Somente um estudo sério e aprofundado da ciência espírita pode pôr em guarda as pessoas muito crédulas, considerando-se que tal estudo, ao dar a chave dos fenômenos, ensina-lhes os limites nos quais eles podem produzir-se.

Dissemos que se as aves operassem seus prodígios com conhecimento de causa e pelo esforço da inteligência, fariam o que não pode fazer nem o mais inteligente dos homens, nem o sonâmbulo mais lúcido. Isto nos lembra o sucessor do célebre *Munito*, que vimos, há vinte e cinco ou trinta anos, ganhar invariavelmente de seu parceiro o jogo de cartas, e dar o total de uma soma antes que pudéssemos fazer o cálculo. Ora, sem vaidade, nós nos julgamos um pouco mais forte no cálculo do que aquele cão. Sem a menor dúvida, havia ali cartas marcadas, como no caso das aves. Quanto aos sonâmbulos, alguns há, incontestavelmente, que são bastante lúcidos para fazerem coisas tão surpreendentes quanto fazem esses interessantes animais, o que não impede que nossa proposição seja verdadeira. Sabe-se que a lucidez sonambúlica, mesmo a mais desenvolvida, é, por natureza, essencialmente variável e intermitente; que está subordinada a uma multidão de circunstâncias e, acima de tudo, à influência do meio ambiente; que raramente o sonâmbulo vê de modo instantâneo; que muitas vezes não pode ver em dado instante ou que verá uma hora mais tarde, ou no dia seguinte; que o que vê com uma pessoa, não o verá com outra. Supondo haja nos animais sábios uma faculdade análoga, seria preciso admitir que eles não sofressem nenhuma influência susceptível de a perturbar; que a tivessem sempre à sua disposição, a qualquer hora, vinte vezes por dia, se preciso for, e sem nenhuma alteração. É sobretudo no tocante a esse aspecto que dizemos fazerem eles o que o mais lúcido sonâmbulo é incapaz de fazer. O que caracteriza os truques de prestidigitação é a precisão, a pontualidade, a instantaneidade, a repetição facultativa, coisas todas contrárias à essência dos fenômenos puramente morais do sonambulismo e do Espiritismo, cujos efeitos se deve sempre aguardar e só raramente podem ser provocados.

Ainda que os efeitos de que acabamos de falar fossem devidos a processos artificiais, nada provariam contra a mediunidade dos animais em geral.

Assim, a questão seria saber se neles há ou não a possibilidade de servirem de intermediários entre os Espíritos e os homens. Ora, a incompatibilidade de sua natureza, a esse respeito, está demonstrada pela dissertação de *Erasto*, publicada em nosso número de agosto, e a do mesmo Espírito sobre *o papel dos médiuns nas comunicações*, inserida no do mês de julho.

## Carta do Sr. Jobard sobre os espíritas de Metz

Bruxelas, 18 de agosto de 1861

"Meu caro mestre,

Acabo de visitar os espíritas de Metz, como visitastes os de Lyon o ano passado. Mas, em vez de pobres operários, simples e iletrados, são condes, barões, coronéis, oficiais engenheiros, antigos alunos da Escola Politécnica, sábios conhecidos por obras de grande mérito. Eles também me ofereceram um banquete, mas um banquete de pagão, que nada tinha de comum com os modestos ágapes dos primeiros cristãos. O Espírito Lamennais os admoestou nestes termos:

'Pobre humanidade! Juntai sempre os detritos do meio em que viveis; materializais tudo, prova de que a lama ainda macula o vosso ser. Não vos censuro, apenas faço uma mera observação. Sendo o vosso objetivo adornado de excelentes intenções, os caminhos que a ele conduz não são condenáveis. Se, ao lado de uma satisfação quase animal, pondes o desejo de santificá-la, de enobrecê-la, certamente a pureza de vossos prazeres a centuplicará. Fora as boas palavras que vão estreitar vossa amizade, ao lado da lembrança dessa boa jornada, na qual o Espiritismo tem larga participação, não deixeis a mesa sem ter pensado que os Espíritos bons, que são os professores de vossas reuniões, fazem jus a um pensamento de reconhecimento.'

Que isto sirva de lição aos Lucullus, aos Trimalcions parisienses, que devoram num jantar o alimento de cem famílias, pretendendo que Deus lhes deu os bens da Terra para desfrutá-los. Para desfrutar, seja; mas não para abusar, a ponto de alterar a saúde do corpo e do Espírito. Para que servem, pergunto, esses duplos, triplos e quádruplos serviços; essa crescente superfluidade dos mais delicados vinhos, aos quais parece Deus haver tirado o sabor por um milagre inverso ao das bodas de Caná e que transmuta em veneno para os que perdem a razão, a ponto de se tornarem insensíveis às advertências de seu instinto animal? Ainda que o Espiritismo, propalado nas classes elevadas da sociedade, não tivesse por efeito senão colocar um freio à glutonaria e às orgias da mesa dos ricos, estaria prestando à sociedade um imenso serviço, que a Medicina oficial não pôde dispensar, já que os próprios médicos partilham com muito gosto desses excessos, que lhes fornecem mais doentes, mais estômagos a desobstruir, mais baços a desopilar, mais gotosos a consolar, porque não sabem curá-los.

Dir-vos-ei, caro mestre, que encontrei em Metz casas da antiga nobreza, muito religiosas, cujas avós, mães, filhas e netos e até seus dirigentes eclesiásticos obtêm pela tiptologia ditados magníficos, embora de ordem inferior à dos sábios médiuns da Sociedade de que vos falo.

Tendo perguntado a alguns Espíritos o que pensavam de certo livro, um nos disse que o tinha lido e meditado, fazendo-lhe o maior elogio; o outro confessou que não o havia lido, mas que tinha ouvido falar muito bem a respeito; outro, ainda, o achava bom, mas lhe censurava certa obscuridade. Exatamente como se julga na Terra.

Outro Espírito nos expôs uma das mais sedutoras cosmogonias, a nós oferecida como pura verdade; e como adentrasse nos segredos de Deus sobre o futuro, perguntei-lhe se ele não seria o próprio Deus e se sua teoria não passava de uma bela hipótese de sua parte. Balbuciou e reconheceu que tinha ido muito longe, mas que, para ele, tratava-se de uma convicção. Ainda bem!

Em poucos dias recebereis a primeira publicação dos espíritas de Metz, da qual fui o padrinho, a pedido e por gentileza de sua parte. Ficareis contente, pois está boa. Ali encontrareis dois discursos de Lamennais sobre a prece, que um padre leu durante o sermão, declarando que não podia ser obra de um homem. A Sra. de Girardin os visita, como vós, e reconhecereis seu espírito, seu sentimento e seu estilo.

O círculo de Metz pediu-me que o pusesse em contato com o círculo belga, composto apenas por dois médiuns, dos quais um francês e outro inglês. Os belgas são infinitamente mais razoáveis; lamentam de todo coração que um homem de inteligência tão vasta quanto a minha, sobretudo nas Ciências e matérias ligadas à indústria, dê-se a essa loucura de acreditar na existência da alma e, como se não bastasse, na sua imortalidade. Desviam-se de mim com piedade, dizendo: 'O que será de nós?!' Foi o que me aconteceu ontem à noite, ao ler-lhes a nossa *Revista*, que eu pensava dever interessar-lhes, e que tomam como uma coletânea de notícias falsas para divertir os..."

JOBARD

OBSERVAÇÃO – Há muito sabíamos que a cidade de Metz marcha a largos passos na senda do progresso espírita e que os senhores oficiais não são os últimos a segui-la. Sentimo-nos felizes por ter a confirmação disto, por meio de nosso distinto colega Sr. Jobard. Assim, teremos prazer em prestar informações sobre o trabalho desse círculo, que se estabelece sobre bases verdadeiramente sérias. Não deixará de exercer uma grande influência pela posição social de seus membros. Em breve falaremos do de Bordeaux, que se funda sob os auspícios da Sociedade de Paris, já com numerosos elementos e em condições que lhe permitirão ocupar o primeiro lugar.

Conhecemos bastante os princípios do Sr. Jobard para estarmos certos de que, ao enumerar os títulos e qualidades dos espíritas de Metz, ao lado dos modestos operários que visitamos em Lyon, o ano passado, não quis fazer nenhuma comparação injuriosa; seu objetivo foi unicamente constatar que o Espiritismo conta adeptos em todas as camadas sociais. É fato bem conhecido que, por um desígnio providencial, primeiro os recrutou nas classes esclarecidas, a fim de provar aos adversários que não é privilégio dos tolos e ignorantes e, ainda, para não chegar às massas senão depois de ter sido depurado e eximido de toda ideia supersticiosa. Só há pouco o Espiritismo penetrou entre os trabalhadores, mas aí, também, fez rápidos progressos, pois traz supremas consolações aos sofrimentos materiais, que ensina a suportar com resignação e coragem.

Engana-se o Sr. Jobard se pensa que em Lyon só encontramos espíritas entre os operários; a alta indústria, o grande comércio, as Artes e Ciências, lá como alhures, fornecem seu contingente. É verdade que naquela cidade os operários são maioria, por circunstâncias peculiares ao local. Se esses operários são pobres, como diz o Sr. Jobard, é uma razão a mais para lhes estendermos a mão. Mas são cheios de sentimentos, de zelo e de devotamento; se só tiverem um pedaço de pão, sabem dividi-lo com os irmãos; são simples, também é verdade, isto é, não têm orgulho nem a presunção do saber. São iletrados? Sim, relativamente, mas não em sentido absoluto. Em falta de ciência, têm bastante raciocínio e bom senso para apreciarem o que é justo e distinguirem, naquilo que se lhes ensina, o que é racional do que é absurdo. Eis o que pudemos julgar por nós mesmos. Por isso aproveitamos a ocasião para lhes fazer justiça. A carta que publicamos a seguir, pela qual nos convidam a visitá-los ainda este ano, testemunha a feliz influência exercida pelas ideias espíritas e os resultados que devem ser esperados, quando se generalizarem.

(Lyon, 20 de agosto de 1861)

"Meu bom senhor Allan Kardec,

Se fiquei tanto tempo sem vos escrever, não creiais ter havido indiferença de minha parte. É que, sabendo da volumosa correspondência que recebeis, só vos escrevo quando tenho alguma coisa importante a relatar. Venho, pois, dizer que contamos convosco este ano e pedir informeis a época, tão precisa quanto possível, de vossa chegada, assim como o lugar onde descereis, pois aumentou bastante, este ano, o número de espíritas, sobretudo nas classes operárias. Todos vos querem ver, ouvir, e, embora sabendo perfeitamente que foram os Espíritos que ditaram vossas obras, desejam ver o homem escolhido por Deus para esta bela missão. Querem dizer-vos o quanto se sentem felizes em vos ler e vos fazer juiz do progresso moral que tiraram de vossas instruções, pois se esforçam por se tornarem brandos, pacientes e resignados em sua miséria, que é tão grande em Lyon, principalmente na indústria e comércio da seda.

Os que murmuram, os que ainda se queixam são os principiantes. Os mais instruídos lhes dizem: Coragem! Nossas penas e sofrimentos são provas, ou a consequência de nossas vidas anteriores; Deus, que é bom e justo, nos tornará mais felizes e nos recompensará em novas reencarnações. Allan Kardec no-lo disse e o prova em seus escritos.

Escolhemos um local maior que o da última vez, porque seremos mais de cem. Nosso banquete será modesto, pois as contribuições serão pequenas; será antes o prazer da reunião. Faço de modo que haja espíritas de todas as classes e condições, a fim de lhes fazer compreender que são todos irmãos. O Sr. Déjou se ocupa disso com zelo e trará todo o seu grupo, que é numeroso.

Vosso devotado e dedicado,"

C. Rey

Um convite igualmente lisonjeiro nos foi enviado de Bordeaux:

(Bordeaux, 7 de agosto de 1861)

"Meu caro senhor Kardec,

O último número de vossa *Revista* anuncia que a Sociedade Espírita de Paris toma suas férias de 15 de agosto a 1º de outubro. Podemos esperar que, nesse intervalo, honrareis os espíritas bordeleses com vossa presença? Ficaríamos todos muito felizes. Os mais fervorosos adeptos da Doutrina, cujo número aumenta diariamente, desejam organizar uma Sociedade, que dependeria da de Paris, para o controle dos trabalhos. Redigimos um documento, calcado no modelo da Sociedade Parisiense e o submetemos à vossa apreciação. Além da Sociedade principal, haverá grupos de dez a doze pessoas em diversos pontos da cidade, destinados principalmente aos operários, onde, vez por outra, comparecerão membros da Sociedade para dar os conselhos necessários. Todos os nossos guias espirituais estão de acordo neste ponto, isto é, que Bordeaux deve ter uma sociedade de estudos, pois a cidade será o centro da propagação do Espiritismo em todo o Sul.

Nós vos esperamos confiantes e felizes para o dia memorável da inauguração, julgando que ficareis contente com o nosso zelo e maneira de trabalhar. Estamos prontos a submeter-nos aos sábios conselhos de vossa experiência. Vinde, pois, ver-nos à obra: pela obra se conhece o obreiro.

Vosso bem dedicado servidor,"

A. Sabò

## Dissertações e ensinos espíritas

### Um Espírito israelita a seus correligionários

Nossos leitores se recordam da bela comunicação publicada no número de março último, sobre *a lei de Moisés e a lei do Cristo*, assinada por *Mardochée* e recebida pelo Sr. R..., de Mulhouse. Esse senhor recebeu outras, igualmente notáveis, do mesmo Espírito, e que publicaremos. A que damos a seguir é de outro parente, falecido há alguns meses. Foi ditada em três ocasiões diferentes.

A todos que conheci

I

Meus amigos,

Sede espíritas, eu vos conjuro a todos. O Espiritismo é a Lei de Deus; é a lei de Moisés aplicada à época atual. Quando Moisés deu a lei aos filhos de Israel, fê-la tal qual Deus lha dera, e Deus a apropriou aos homens daquele tempo. Mas depois os homens progrediram; melhoraram em todos os sentidos; fizeram progressos em ciência e moralidade; hoje, cada um sabe conduzir-se; cada um sabe o que deve ao Criador, ao próximo, a si mesmo. Hoje, pois, é preciso alargar as bases do ensino; o que a lei de Moisés vos ensinou já não basta para fazer avançar a humanidade e Deus não quer que fiqueis sempre no mesmo ponto, porquanto, o que era bom há cinco mil anos já não o é hoje. Quando quereis que vossos filhos progridam e desejais dar-lhes uma educação um tanto mais esmerada, sempre os enviais à mesma escola, onde não aprenderiam senão as mesmas coisas? Não; vós os mandais a uma escola superior. Pois bem! São chegados os tempos, meus amigos, em que Deus quer ampliar o quadro dos vossos conhecimentos. O próprio Cristo, embora tenha feito a lei mosaica avançar um passo, não disse tudo, pois não teria sido compreendido, mas lançou sementes que deveriam ser recolhidas e aproveitadas pelas gerações futuras. Deus, em sua infinita bondade, vos envia hoje o Espiritismo, cujas bases estão, inteiras, na lei bíblica e na lei evangélica, para vos elevar e ensinar a vos amardes uns aos outros. Sim, meus amigos: a missão do Espiritismo é extinguir todos os ódios, de homem a homem, de nação a nação; é a aurora da fraternidade universal que se levanta; somente com o Espiritismo podeis chegar a uma paz geral e durável.

Levantai-vos, pois, ó povos! ficai de pé, porque Deus, o Criador de todas as coisas, envia os Espíritos de vossos parentes para vos abrirem um novo caminho, maior e mais amplo do que aquele que ainda seguis. Ó meus amigos, não sejais os últimos a vos render à evidência, porquanto a mão de Deus pesará sobre os incrédulos, fazendo desapareçam da face da Terra os endurecidos, a fim de não perturbarem o reino do bem, que se prepara. Crede nas advertências daquele que foi e será sempre vosso parente e vosso amigo.

Que os israelitas tomem a dianteira! Que ostentem rapidamente e sem tardança a bandeira que Deus envia aos homens, para os congregar numa só família. Armai-vos de coragem e de resolução; não hesiteis; não vos detenhais diante dos retardatários que vos queiram reter os passos, falando-vos de sacrilégios. Não, meus amigos, não há sacrilégio; lamentai os que tentarem retardar a vossa marcha com semelhantes pretextos. Não vos diz a razão que neste mundo nada há de imutável? Só Deus é imutável, mas tudo quanto Ele criou deve seguir, e segue, uma marcha progressiva, que nada pode deter, porque está nos desígnios do Criador. Assim, não cuideis de impedir que a Terra gire!

      As instituições, magníficas há cinco mil anos, hoje estão velhas; o objetivo a que se destinavam está superado; elas já não bastam à sociedade atual, assim como o antigo regime francês já não serviria à França dos nossos dias. Novo progresso se prepara, sem o qual todos os outros melhoramentos sociais ficam desprovidos de bases sólidas: o progresso da fraternidade universal, cujas sementes foram lançadas pelo Cristo e que germinam no Espiritismo. Seríeis, então, os últimos a entrar nessa via? Não vedes que o mundo velho está num trabalho de parto para se renovar? Lançai os olhos sobre o mapa, não digo da Europa, mas do mundo, e vede de que maneira, uma a uma, caem todas as instituições antiquadas, para jamais se levantarem. Por quê? É a aurora da liberdade que se ergue, banindo os despotismos de toda espécie, como os primeiros raios do sol expulsam as trevas da noite. Os povos estão cansados de terem sido inimigos; compreendem que sua felicidade está na fraternidade e querem ser livres, porque não poderão melhorar e tornar-se irmãos enquanto não forem livres. Não reconheceis à frente de um grande povo um homem eminente, que desempenha uma missão assinalada por Deus e prepara os caminhos? Não ouvis o sombrio retumbar do Velho Mundo, que se desmorona para dar lugar a uma nova era? Logo vereis surgir na Cátedra de São Pedro um pontífice que proclamará os novos princípios, e esta crença, que será a de todos os povos, reunirá as seitas dissidentes numa só e mesma família. Estai prontos; içai a bandeira desse ensinamento tão grande e tão santo, para não serdes os últimos.

      Israelitas de Bordeaux e de Bayonne, vós que marchastes à frente do progresso, erguei-vos; aclamai o Espiritismo, porque é a lei do Senhor, e bendizei-o, por vos trazer os meios de chegar mais prontamente à felicidade eterna, que está destinada aos seus eleitos.

## II

Meus amigos,

Não vos surpreendais ao lerdes esta comunicação. Ela vem de mim, Edouard Pereyre, vosso parente, vosso amigo, vosso compatriota. Fui eu mesmo que a ditei ao meu sobrinho Rodolfo, cuja mão seguro para fazê-lo escrever com minha letra. Dou-me a esse trabalho, fatigante tanto a mim quanto ao médium, a fim de melhor vos convencer, pois o medianeiro deve seguir um movimento contrário ao que lhe é habitual.

Sim, meus amigos, o Espiritismo é uma Nova Revelação; compreendei o alcance desta palavra em toda a sua acepção. É uma revelação porque vos desvenda uma nova força da natureza, da qual não suspeitáveis e, contudo, é tão antiga quanto o mundo. Era conhecida na época de Moisés, pelos homens superiores de nossa história religiosa, e foi por ela que recebestes os primeiros ensinamentos sobre os deveres do homem para com o seu Criador; mas ela não deu senão o que era compatível com os homens daquela época.

Hoje, que o progresso está feito; que a luz se espalha nas massas; que a estupidez e a ignorância dos primeiros tempos começam a dar lugar à razão e ao senso moral; hoje que a ideia de Deus é por todos compreendida ou, pelo menos, pela maioria, dá-se uma Nova Revelação, que se produz simultaneamente entre todos os povos instruídos, revelação que todavia se modifica conforme o grau de adiantamento desses povos. Tal revelação vos diz que o homem não morre, que a alma sobrevive ao corpo e habita o espaço; está entre vós, ao vosso lado.

Sim, meus amigos; consolai-vos quando perderdes um ser que vos é caro, desde que só perdeis o seu corpo material; seu Espírito vive no meio de vós, para vos guiar, instruir e inspirar. Enxugai vossas lágrimas, sobretudo se ele for bom, caridoso e sem orgulho, porque, então, ele é feliz nesse novo mundo, onde todas as religiões se confundem numa só e mesma adoração, banindo os ódios e os ciúmes de seitas. Nós também somos felizes, quando podemos inspirar esses mesmos sentimentos aos homens, a quem estamos encarregados de instruir, e a nossa maior felicidade é vos ver entrar no bom caminho, porque, então, abris a porta pela qual vos juntareis a nós. Perguntai ao médium quais os sublimes ensinamentos que ele recebe de seu avô Mardochée; se segue o caminho que lhe é traçado, prepara para si um futuro de felicidade, mas se falta aos seus deveres após tal ensino, arcará com toda a responsabilidade e terá de recomeçar até haver cumprido de modo aceitável a sua tarefa.

Sim, meus amigos; já vivemos corporalmente e viveremos ainda. A felicidade que desfrutamos é apenas relativa; há estados muito superiores àquele em que estamos e aos quais não se chega senão por encarnações sucessivas e progressivas em outros mundos. Não julgueis, portanto, que de todos os globos do universo seja a Terra o único habitado. Pobre orgulho humano, que pensa ter Deus criado todos os astros apenas para deleitar a sua vista! Sabei, então, que todos os mundos são habitados e, entre eles, se soubésseis a posição que ocupa a Terra, não teríeis razão para vos glorificardes! Se não fosse para cumprir a missão que nos é dada, de vos inspirar e instruir, quantos de nós teríamos preferido visitar esses mundos e nos instruirmos nós mesmos! Mas nossos deveres e nossas afeições ainda nos ligam à Terra. Mais tarde, quando cedermos o lugar aos que chegarem por último, iremos tomar outras existências em mundos melhores, purificando-nos gradualmente até chegar a Deus, nosso Criador.

Eis o Espiritismo. Eis o que ele ensina, e isto é a verdade que hoje podeis compreender e que deve auxiliar a vos regenerardes.

Compreendei bem que todos os homens são irmãos, quer sejam negros ou brancos, ricos ou pobres, muçulmanos, judeus ou cristãos. Como, para progredir, devem renascer várias vezes, conforme a revelação feita pelo Cristo, permite Deus que aqueles que foram unidos em vidas anteriores pelos laços do sangue ou da amizade, se encontrem novamente na Terra, sem se conhecerem, mas em condições relativas às expiações que devem suportar por suas faltas passadas, de sorte que aquele que é o vosso servo pode ter sido vosso senhor em outra existência. O infeliz a quem recusais assistência talvez seja um dos vossos antepassados, do qual vos orgulhais, ou um amigo que vos foi caro. Compreendeis agora o alcance do mandamento do Decálogo: "Amarás a teu próximo como a ti mesmo"?[145] Eis, meus amigos, a revelação que vos deve conduzir à fraternidade universal, quando for compreendida por todos. Eis por que não deveis permanecer imutáveis em vossos princípios, mas seguir a marcha do progresso traçado por Deus, sem jamais vos deterdes. Eis por que vos exortei a empunhar a bandeira do Espiritismo. Sim, sede espíritas, pois é a Lei de Deus, e lembrai-vos de que neste caminho está a felicidade, porque é ela que conduz à perfeição. Eu vos sustentarei, eu e todos aqueles que conhecestes, os quais, como eu, agem no mesmo sentido.

Que em cada família se estude o Espiritismo; que em cada família se formem médiuns, a fim de multiplicar os intérpretes da vontade de Deus. Não vos deixeis desencorajar pelos entraves das primeiras provas; muitas vezes elas são cercadas de dificuldades e nem sempre isentas de perigo, pois não haverá recompensa onde não houver um pouco de esforço. Todos podeis adquirir essa faculdade, mas estudai antes de tentar obtê-la, a fim de vos premunirdes contra os obstáculos. Purificai-vos de vossas máculas; emendai o coração e os pensamentos para afastar de vós os Espíritos maus; orai, sobretudo, pelos que procuram vos obsidiar, porquanto é a prece que os converte e deles vos liberta. Que a experiência de vossos antecessores vos seja proveitosa e vos impeça de cairdes nas mesmas faltas!

Continuarei minhas instruções.

## III

A religião israelita foi a primeira que formulou, aos olhos dos homens, a ideia de um *Deus espiritual*. Até então os homens

---

[145] N.E.: Levítico, 19:18.

adoravam: uns, o Sol; outros, a Lua; aqui, o fogo; ali, os animais. Mas em parte alguma a ideia de Deus era representada em sua essência espiritual e imaterial.

    Chegou Moisés; trazia uma lei nova, que derrubava todas as ideias até então recebidas. Tinha de lutar contra os sacerdotes egípcios, que mantinham os povos na mais absoluta ignorância, na mais abjeta escravidão, e contra esses sacerdotes, que desse estado de coisas tiravam um poder ilimitado, não podendo ver sem pavor a propagação de uma ideia nova, que vinha destruir os fundamentos de seu poder e ameaçava derrubá-los. Essa fé trazia consigo a luz, a inteligência e a liberdade de pensar; era uma revolução social e moral. Assim, os adeptos dessa fé, recrutados entre todas as classes do Egito, e não só entre os descendentes de Jacó, como erroneamente tem sido dito, eram perseguidos, acossados, submetidos aos mais duros vexames e, por fim, expulsos do país, porque infestavam a população com ideias subversivas e antissociais. É sempre assim, toda vez que um progresso surge no horizonte e resplandece sobre a humanidade. As mesmas perseguições e os mesmos tratamentos acompanham os inovadores que lançam sobre o solo da nova geração os germes fecundos do progresso e da moral. É que toda inovação progressiva, ao levar à destruição de certos abusos, tem, necessariamente, por inimigos todos quantos estão interessados na manutenção desses abusos.

    Mas Deus Todo-Poderoso, que conduz com infinita sabedoria os acontecimentos de onde deve surgir o progresso, inspirou Moisés; deu-lhe um poder que homem algum havia tido e, pela irradiação desse poder, cujos efeitos feriam os olhos dos mais incrédulos, Moisés adquiriu uma imensa influência sobre uma população que, confiando cegamente em seu destino, realizou um desses milagres, cuja impressão deveria perpetuar-se de geração em geração, como lembrança imperecível do poder de Deus e de seu profeta.

    A passagem do Mar Vermelho foi o primeiro ato da libertação desse povo. Mas sua educação estava por fazer; era preciso domá-lo pela força do raciocínio e por milagres muitas vezes repetidos; era preciso inculcar-lhes a fé e a moral, ensinando-lhes a pôr a força e a confiança num Deus criador, ser imaterial, infinitamente bom e justo. Os quarenta anos de provações passados no deserto, em meio de privações, sofrimentos e vicissitudes de toda ordem, e os exemplos de insubordinação tão severamente reprimidos por uma justiça providencial, tudo contribuiu para desenvolver nele a fé nesse ser Todo-Poderoso, cuja mão, ora benfeitora, ora severa, punia quem o desafiasse.

No monte Sinai ocorreu esta primeira revelação, este notável mistério, que surpreendeu o mundo, o subjugou e espalhou sobre a Terra os primeiros benefícios de uma moral que libertaria o Espírito das garras da carne e de um despotismo embrutecedor; que colocou o homem acima da esfera dos animais, dele fazendo um ser superior, capaz de elevar-se, pelo progresso, à suprema inteligência.

Os primeiros passos desse povo, que havia confiado seu destino ao *homem de Deus*, foram entravados por guerras, cujo efeito devia ser o germe fecundo de uma renovação social entre as populações que o combatiam. O judaísmo tornava-se o foco da luz, da inteligência e da liberdade, e irradiava um brilho extraordinário sobre todas as nações vizinhas, provocando ódio e hostilidade. Este resultado imediato estava nos desígnios de Deus; sem isso, o progresso teria sido muito lento. E, ao mesmo tempo que essas guerras fecundavam os germes do progresso, eram uma lição para os judeus, cuja fé reavivavam.

Esse povo, liberto de outro e confiando irrefletidamente na conduta de um homem, que o surpreendera em virtude de um poder miraculoso, tinha uma missão; era um povo predestinado.

Não é sem razão que foi dito: cumpria uma missão de que não se dava conta, nem ele, nem os outros povos; ia às cegas, executando sem compreender os desígnios da Providência. Essa árida missão foi cheia de fel e de amargura; seus apóstolos sofreram todas as humilhações possíveis, foram perseguidos, oprimidos, lapidados e dispersos, embora trouxessem consigo essa fé viva e inteligente, essa confiança em seu Deus, cujo poder haviam medido, cuja bondade haviam experimentado e cujas provas aceitavam, sobretudo as que deviam trazer à humanidade os benefícios da civilização.

Eis os vossos apóstolos obscuros, ridicularizados, desprezados; eis os primeiros pioneiros da liberdade. Terão sofrido bastante, da sua saída do Egito até os nossos dias?

A hora da reabilitação não tardará a soar para eles, e não está longe o dia que haverá de saudar esses primeiros soldados da civilização moderna, com reconhecimento e veneração; far-se-á justiça aos descendentes dessas antigas famílias que, inabaláveis em sua fé, a levaram como dote a todas as nações nas quais Deus permitiu que fossem dispersados.

Quando Jesus Cristo apareceu, era ainda um enviado de Deus; como Moisés, era um novo astro que surgia na Terra, retomando sua missão para dar-lhe continuidade, desenvolvê-la e adaptá-la ao progresso realizado. O próprio Cristo estava destinado a sofrer essa morte ignominiosa, cujas vias os judeus haviam preparado, desencadeando as suas circunstâncias, e cujo crime foi cometido pelos romanos. Deixai, porém, de considerar a história dos povos e dos homens como a haveis considerado até hoje. Em vosso orgulho, imaginais que foram eles que provocaram os acontecimentos que mudaram a face do mundo e esqueceis que há um Deus no universo, regendo essa harmonia admirável, cujas leis suportais, imaginando que a impondes vós mesmos. Olhai, assim, de um ponto mais elevado a História da humanidade; abarcai um horizonte mais vasto e notai que tudo segue um sistema único; a lei do progresso em cada século, e não em cada dia, vos leva a dar um passo.

Jesus Cristo foi, pois, a segunda fase, a segunda revelação, e seus ensinamentos levaram dezoito séculos para se espalharem e se vulgarizarem. Por aí julgai quanto é lento o progresso e o que deveriam ser os homens quando Moisés trouxe ao mundo admirado a ideia de um Deus Todo-Poderoso, infinito e imaterial, cujo poder se tornava visível para esse povo, para quem sua missão trouxe tantos espinhos e tantas perturbações. O progresso não se realiza sem dificuldade; é à sua custa, é por seus sofrimentos e cruéis vicissitudes que a humanidade toma consciência do objetivo do seu destino e do poder daquele a quem deve a existência.

Portanto, o Cristianismo foi o resultado da segunda revelação. Mas essa doutrina, cuja sublime moral o Cristo havia trazido e desenvolvido, tem sido compreendida em sua admirável simplicidade? De que modo é praticada pela maior parte dos que a professam? Nunca a desviaram de seu objetivo? Jamais abusaram dela, para que servisse de instrumento ao despotismo, à ambição e à cupidez? Numa palavra, todos os que se dizem cristãos o são conforme o seu fundador? Não! Eis por que eles também deviam passar pelo alambique da infelicidade, que tudo purifica. A História do Cristianismo é por demais moderna para contar todas as suas peripécias, mas, enfim, o objetivo está perto de ser alcançado, a nova aurora vai despontar e, por meios diferentes, vai fazer com que marcheis a passo mais rápido neste caminho, onde levastes seis mil anos para chegar.

O Espiritismo é o advento de uma era que verá realizar-se esta revolução nas ideias dos povos, uma vez que haverá de destruir essas prevenções incompreensíveis, esses preconceitos imotivados, que acompanharam e seguem os judeus em sua longa e penosa peregrinação. Compreender-se-á que sofressem um destino providencial, do qual eram os instrumentos, assim como aqueles que os perseguiam com seu ódio o faziam impelidos pelo mesmo poder, cujos secretos desígnios deviam realizar-se por caminhos misteriosos e ignorados.

Sim, o Espiritismo é a Terceira Revelação. Revela-se a uma geração de homens mais adiantados, portadores das mais nobres aspirações, generosas e humanitárias, que devem concorrer para a fraternidade universal. Eis o novo destino assinalado por Deus para os vossos esforços; mas esse resultado, da mesma forma que os já atingidos até hoje, não será obtido sem dores e sem sofrimento. Que se ergam os que se sintam com coragem de ser seus apóstolos; que levantem a voz, falem alto e claro e exponham suas doutrinas; que ataquem os abusos e mostrem o seu objetivo. Esse objetivo não é a brilhante miragem que em vão perseguis; é real e o atingireis na época fixada por Deus. Talvez esteja distante, mas lá está determinada. Não temais; ide, apóstolos do progresso, marchai corajosamente, a fronte erguida e o coração resignado. Tendes por sustentáculo uma Doutrina completamente isenta de mistérios, que faz apelo às mais belas virtudes da alma e oferece essa certeza consoladora de que a alma não morre nunca, sobrevivendo à morte e aos suplícios.

Eis, meus amigos, o objetivo desvendado. Perguntareis: Quais os apóstolos? Como os reconheceremos? Deus se encarrega de vo-los tornar conhecidos, por missões que lhes serão confiadas e que haverão de realizar. Reconhecê-los-ei por suas obras, e não pelas qualidades que se atribuam. Os que recebem missões do Alto as cumprem, mas não se glorificam, porque Deus escolhe os humildes para difundir a sua palavra, e não os ambiciosos e orgulhosos. Por estes sinais reconhecereis os falsos profetas.

Edouard Pereyre

## Variedades

### Notícia falsa

Um jornal, não sabemos de que país, publicou há algum tempo e, ao que parece, outros o repetiram, que deveria realizar-se uma conferência solene sobre o Espiritismo, entre os Srs. Home, Marcillet, Squire, Delaage, Sardou,[146] Allan Kardec etc. etc. Àqueles dos nossos leitores que porventura tenham ouvido falar do assunto, informamos que nem tudo quanto se imprime é palavra do Evange-

---

[146] N.E.: Victorien Sardou (1831–1908), escritor dramático francês, conhecido pelas suas comédias.

lho, mesmo que saia num jornal. Trata-se simplesmente de notícia falsa, condimentada pela malícia. É uma pena que se tenham esquecido de pôr espírito no tempero. Aliás, não nos surpreenderíamos se um dia víssemos publicadas as decisões desse congresso e mesmo citadas palavras que ali teriam sido pronunciadas. Isto não custará nada e, em falta de coisa melhor, encherá as colunas do jornal.

Allan Kardec

# Revista Espírita
Jornal de Estudos Psicológicos
ANO IV    OUTUBRO DE 1861    Nº 10

## O Espiritismo em Lyon

Atendendo aos reiterados convites que nos fizeram os espíritas de Lyon, fomos este ano novamente a essa cidade. Embora conhecêssemos, pela correspondência, os progressos ali realizados pelo Espiritismo, o resultado da visita ultrapassou de muito a nossa expectativa. Certamente os leitores nos agradecerão por lhes darmos algumas informações a respeito; nelas verão um indício da marcha irresistível da Doutrina e uma prova patente de suas consequências morais.

Antes, porém, de falar dos espíritas de Lyon, não devemos esquecer os de Sens e de Mâcon, que visitamos de passagem, e agradecer-lhes a simpática acolhida. Lá, também, pudemos constatar um notável progresso, quer no número de adeptos, quer na opinião que se faz do Espiritismo em geral. Por toda parte os zombadores se esclarecem e mesmo aqueles que ainda não creem observam uma prudente reserva, ditada pelo caráter e pela posição social de quantos, hoje, não temem mais confessar-se publicamente partidários e propagadores das novas ideias. Em face da opinião que se pronuncia e se generaliza, os incrédulos dizem que talvez exista algo, mas, em suma, que cada um é livre em suas crenças. Pelo menos antes de falar, querem saber do que se trata, contrariamente ao que ocorria. Ora, não se pode negar que, para muita gente, isso não seja um verdadeiro progresso. Mais tarde voltaremos a esses dois centros, ainda novos, numericamente falando, quando Lyon já atingiu todo o seu vigor.

Com efeito, não é mais por centenas que ali se contam os espíritas, como no ano passado, mas por milhares; dito de outra forma, não se os conta mais, calculando-se que, se seguirem a mesma progressão, em um ou dois anos serão mais de trinta mil. O Espiritismo os recruta em todas as classes, mas é sobretudo nas classes operárias que se propagou mais rapidamente, o que não é de admirar; sendo esta a classe que mais sofre, volta-se para o lado onde encontra mais consolações. Vós, que bradais contra o Espiritismo, que lhe deis outro tanto! A classe operária se voltaria para vós, mas, em vez disto, quereis tirar-lhe aquilo que a ajuda a carregar o seu fardo de misérias. É o meio mais seguro de vos subtrairdes à sua simpatia e engrossar as fileiras que se vos opõem. O que vimos pessoalmente é de tal modo característico e encerra tão grande ensinamento, que julgamos um dever consagrar aos trabalhadores a maior parte do nosso relato.

No ano passado só havia um único centro de reunião, o de Brotteaux, dirigido pelo Sr. Dijoud, chefe de oficina, e sua mulher; outros se formaram depois, em diferentes pontos da cidade, em Guillotière, em Perrache, em Croix-Rousse, em Vaise, em Saint-Just etc., sem contar um grande número de reuniões particulares. No todo havia apenas dois ou três médiuns, muito inexperientes, ao passo que hoje os há em todos os grupos, e vários de primeira categoria; só num grupo vimos cinco, escrevendo simultaneamente. Vimos também uma jovem, excelente médium vidente, na qual pudemos constatar a faculdade desenvolvida em alto grau.

Trouxemos uma coletânea de desenhos extremamente notáveis, de um médium desenhista que não sabe desenhar. Pela execução e pela complexidade, rivalizam com os desenhos de Júpiter, embora de outro gênero. Não devemos esquecer um médium curador, tão recomendável por seu devotamento quanto pela potência de sua faculdade.

Com certeza os adeptos se multiplicam, mas o que ainda vale mais do que o número é a qualidade. Pois bem! declaramos alto e bom som que não vimos, em parte alguma, reuniões espíritas mais edificantes que a dos operários lioneses, quanto à ordem, ao recolhimento e à atenção com que se devotam às instruções de seus guias espirituais. Ali há homens, velhos, senhoras, moços, até crianças, cuja postura, respeitosa e recolhida, contrasta com sua idade; jamais perturbaram, fosse por um instante, o silêncio de nossas reuniões, geralmente muito longas; pareciam quase tão ávidas quanto seus pais em recolher nossas palavras. Isto não é tudo; o número das metamorfoses morais, nos operários, é quase tão grande quanto o dos adeptos: hábitos viciosos reformados, paixões acalmadas, ódios apaziguados, índoles pacificadas, em suma, desenvolvidas as virtudes mais cristãs e isto pela confiança, doravante inabalável, que as comunicações espíritas lhes dão de um futuro em que não acreditavam. Para eles é uma felicidade assistir a essas instruções, de onde saem reconfortados contra a adversidade; também se veem alguns que andam mais de uma légua com qualquer tempo, inverno ou verão, enfrentando tudo para não perderem a sessão; é que neles não há uma fé vulgar, mas fé baseada em convicção profunda, raciocinada, e não cega.

Os Espíritos que os instruem sabem pôr-se admiravelmente ao alcance de seus ouvintes. Seus ditados não são manifestações de eloquência, mas boas instruções familiares, despretensiosas, e que, por isto mesmo, dirigem-se ao coração. As conversas com os parentes e amigos mortos ali representam um grande papel, de onde saem quase sempre úteis lições. Muitas vezes uma família inteira se reúne e a noite passa em suave expansão com os que se foram; querem ter notícias dos tios, tias, primos e primas; saber se são felizes. Ninguém é esquecido; cada um quer que o avô lhe diga algo, e a cada um ele dá um conselho. — E eu, vovô — perguntava um dia um adolescente —, não me dizeis nada? — Sim, meu filho, a ti eu te direi alguma coisa: não estou contente contigo; outro dia discutiste em caminho por uma tolice, em vez de ir direto ao trabalho; isto não é bom. — Como sabeis disto, vovô? — Sem dúvida eu sei. Será que nós, Espíritos, não vemos tudo o que fazeis, considerando-se que estamos ao vosso lado? — Perdão, vovô; prometo não fazer mais isto.

Não haverá algo de tocante nesta comunicação dos mortos com os vivos? Aí está a vida futura, palpitante aos seus olhos; não mais a morte, não mais a eterna separação, não mais o nada; o Céu está mais perto da Terra e se o compreende melhor. Se isto é uma superstição, praza a Deus que jamais tivesse havido outras!

Um fato digno de nota, e que constatamos, é a facilidade com que esses homens, quase sempre iletrados e endurecidos nos mais rudes trabalhos, compreendem o alcance da doutrina; pode-se dizer que só lhe veem o lado sério. Nas instruções que demos nos diferentes grupos, em vão procuramos excitar-lhes a curiosidade pelo relato das manifestações físicas, embora nem um só deles tenha visto uma mesa mover-se; no entanto, tudo quanto tocava as apreciações morais cativava seu interesse no mais alto grau.

A alocução seguinte nos foi dirigida quando de nossa visita ao grupo de Saint-Just; publicamo-la, não para dar satisfação a uma tola e pueril vaidade, mas como prova dos sentimentos que dominam as oficinas de trabalho, onde penetrou o Espiritismo, e porque sabemos ser agradável aos que nos quiseram dar esse testemunho de simpatia. Transcrevemo-la textualmente, pois teríamos escrúpulo de lhe acrescentar uma só palavra; só a ortografia foi emendada.

"Senhor Allan Kardec, discípulo de Jesus, intérprete do Espírito de Verdade, sois nosso irmão em Deus. Estamos reunidos todos com o mesmo coração, sob a proteção de João Batista, protetor da humanidade e precursor do grande Mestre Jesus, nosso Salvador.

"Nós vos rogamos, caro mestre, que mergulheis vosso olhar no recesso de nossos corações, a fim de que possais vos dar conta das simpatias que temos por vós. Somos pobres trabalhadores, sem artifícios; uma espessa cortina, desde a nossa infância, foi estendida sobre nós, para abafar a nossa inteligência, mas vós, caro mestre, pela vontade do Todo-Poderoso, rasgais a cortina. Essa cortina, que julgavam impenetrável, não pôde resistir à vossa digna coragem. Oh! sim, nosso irmão, tomastes o pesado enxadão para descobrir a semente do Espiritismo, que haviam enterrado em granítico terreno, e a semeais aos quatro cantos do globo, até mesmo nos pobres quarteirões de ignorantes, que começam a saborear o pão da vida.

"Todos o dizemos do fundo do coração; estamos animados do mesmo fogo e repetimos todos: Glória a Allan Kardec e aos Espíritos bons que o inspiraram! E vós, bons irmãos, Sr. e Sra. Dijoud, os abençoados por Deus, Jesus e Maria, estais gravados em nossos corações para jamais sair, porque por nós sacrificastes os vossos interesses e os vossos prazeres materiais. Deus o sabe; nós lhe agradecemos por vos ter escolhido para esta missão, agradecendo também ao nosso protetor superior, João Batista.

"Obrigado, Sr. Allan Kardec; mil vezes obrigado, em nome do grupo de Saint-Just, por terdes vindo entre nós, simples operários e ainda muito imperfeitos em Espiritismo; vossa presença nos causa uma grande alegria em meio a nossas tribulações, que são grandes neste momento de crise comercial; vós nos trazeis o bálsamo benfazejo que se chama esperança, que acalma os ódios e reacende no coração do homem o amor e a caridade. Nós nos aplicaremos, caro mestre, em seguir vossos bons conselhos, bem assim os dos Espíritos superiores que tiverem a bondade de nos ajudar e instruir, a fim de nos tornarmos, todos, verdadeiros e bons espíritas. Caro mestre, tende certeza de que levais convosco a simpatia de nossos corações para a eternidade; nós o prometemos. Somos e seremos sempre vossos adeptos sinceros e submissos. Permiti, a mim e ao médium, que vos demos o ósculo do amor fraterno, em nome de todos os irmãos e irmãs aqui presentes. Ficaríamos muito felizes também se quisésseis brindar conosco."

Vínhamos de longe e tínhamos subido às alturas de Saint-Just com um calor sufocante. Alguns refrescos tinham sido preparados, em meio dos instrumentos do trabalho: pão, queijo, algumas frutas, um copo de vinho, verdadeiro ágape oferecido com a simplicidade antiga e um coração sincero. Um copo de vinho! ah! em nossa intenção, porque essa boa gente não bebe todos os dias, mas era uma boa festa para eles: ia-se falar de Espiritismo. Oh! Foi com um prazer imenso que brindamos com eles, e seu lanche modesto, aos nossos olhos, tinha cem vezes mais valor que os mais esplêndidos banquetes. Que tenham eles aqui a certeza disto.

Alguém nos dizia em Lyon: "O Espiritismo infiltra-se nos operários pelo raciocínio; não seria tempo de fazer que penetrasse pelo coração?" Certamente esta pessoa não conhece os operários; seria desejável que se encontrasse tanto coração em todo o mundo. Se tal linguagem não for inspirada pelo coração; se o coração nada significa para quem, no Espiritismo, encontra a força de vencer suas más inclinações, de lutar com resignação contra a miséria, de sufocar seus rancores e animosidades; para quem partilha seu pedaço de pão com um mais infeliz, confessamos não saber onde está o coração.

## Banquete oferecido ao Sr. Allan Kardec

Pelos vários grupos de espíritas lioneses, em 19 de setembro de 1861

Mais um banquete reuniu este ano certo número de espíritas em Lyon, com a diferença de que no ano passado havia uma trintena de convivas, ao passo que agora alcançavam 160, representando os diferentes grupos que se consideram todos como membros de uma mesma família, e entre os quais não há sombra de ciúme nem de rivalidade, o que nos deixava muito à vontade. A maioria dos presentes era composta de operários e todos notavam a perfeita ordem que não deixou de reinar um só instante. É que os verdadeiros espíritas põem a sua satisfação nas alegrias do coração, e não nos prazeres escandalosos. Foram pronunciados vários discursos. Vamos relatá-los, pois resumem a situação e caracterizam uma das fases da marcha do Espiritismo; além disso, dão a conhecer o verdadeiro espírito dessa população, outrora encarada com certo temor, porque a haviam julgado mal e, talvez, mal dirigida moralmente. Infelizmente, um dos principais discursos não será publicado e o lamentamos sinceramente: é o do Sr. Renaud, notável por suas apreciações e no qual encontramos muitos elogios à nossa pessoa. Um tanto longa, a cópia desse discurso não nos foi entregue antes de nossa partida, privando-nos de sua publicação; no entanto, nem por isso somos menos reconhecidos ao autor, pelos testemunhos de simpatia que houve por bem nos dar.

Notou-se que, por uma coincidência não premeditada, porque subordinada à nossa chegada, o banquete deste ano ocorreu em 19 de setembro, mesma data daquele do ano passado.

Alocução do Sr. Dijoud, chefe de oficina, presidente do *Groupe Spirite des Brotteaux*, agradecendo a assistência dos Espíritos bons

"Meus bons amigos,

"Venho, em nome de todos, agradecer aos Espíritos bons por nos haverem reunido e iniciado, por suas manifestações, nas Leis divinas, às quais estamos todos submetidos; satisfação imensa para nós, pelas doces consolações que eles nos dão, pois nos fazem suportar com paciência e resignação as provas e sofrimentos desta vida passageira e porque agora não mais ignoramos o fim de nossas encarnações de rude labor e a recompensa que espera o nosso Espírito, caso as suportemos com coragem e submissão.

"Com eles também aprendemos que se ouvirmos seus conselhos e se praticarmos sua moral sublime, nós mesmos é que traremos o reino de felicidade que Deus nos prometeu por seu Filho; então o egoísmo, a calúnia e a malícia desaparecerão do nosso meio, pois somos todos irmãos e devemos amar-nos, ajudar-nos e nos perdoarmos como irmãos.

"É, por conseguinte, ao apelo invisível dos Espíritos superiores que respondemos, vindo aqui testemunhar-lhes, com o coração unânime, o nosso reconhecimento. Roguemos-lhes que nos conservem sua proteção e seu amor e continuem suas instruções tão suaves, tão consoladoras, tão vivificantes, que nos têm feito tanto bem, desde que tivemos a felicidade de receber suas comunicações.

"Ó meus amigos! Como é belo o dia em que Deus nos convocou! Tomemos todos a resolução de ser bons e sinceros espíritas e de jamais esquecer esta Doutrina, que fará a felicidade da humanidade inteira, conduzindo os homens ao bem. Obrigado aos Espíritos bons que nos assistem e nos iluminam e obrigado a Deus por no-los haver enviado."

## **Brinde do Sr. Courtet, negociante**

Senhores,

Membro do *Groupe Spirite des Brotteaux*, venho, em seu nome, propor um brinde em honra do Sr. e da Sra. Dijoud.

Senhora, cumpro um dever muito agradável, servindo de intérprete de toda a nossa Sociedade, que vos agradece por tudo quanto fizestes em nosso favor! Quantas consolações fizestes brotar entre nós! Quantas lágrimas de ternura e de alegria nos fizestes derramar! Vosso coração, tão bom e tão modesto, não se orgulhou com os vossos sucessos, fazendo aumentar a vossa caridade.

Bem sabemos, senhora, que sois apenas a intérprete dos Espíritos superiores que vos estão ligados, como sabemos, também, com que devotamento vos desobrigais dessa tarefa. Por vosso intermédio fomos iniciados nestas altas questões de moral e de filosofia, cuja solução deve trazer o reino de Deus e, por conseguinte, a felicidade dos homens na Terra.

Também vos agradecemos, senhora, a assistência que dais aos nossos doentes; vossa fé e vosso zelo são recompensados pela satisfação que experimentais em fazer o bem e aliviar o sofrimento.

Não vos pedimos a continuação dos vossos bons ofícios; ficai certa de toda a nossa gratidão e do nosso eterno reconhecimento.

Sr. Dijoud, nós vos agradecemos a inteligência, a firmeza e a complacência que trazeis às nossas reuniões. Contamos convosco para continuar esta grande obra, com o concurso dos Espíritos bons.

## Brinde do Sr. Bouillant, professor

Tenho a honra de fazer um brinde ao Sr. Allan Kardec, um brinde de gratidão e reconhecimento, em nome dos seus adeptos e de seus apóstolos aqui presentes.

Ah! como somos felizes, nós, os voluntários da *grande obra*, da obra fecunda e regeneradora, por vermos entre nós nosso valente, nosso chefe bem-amado!

Se experimentamos essa felicidade — é preciso reconhecê-lo — é que o favor especial, que hoje nos é concedido, é daqueles que não se esquecem, que jamais são esquecidos. Oh! Qual é o soldado, por exemplo, que não se recordaria com o mais vivo ardor de que seu general quis unir-se a ele para partir o *mesmo* pão, à *mesma* mesa?

Pois bem! Nós também, caro mestre, somos vossos soldados, vossos voluntários e, por mais alto tenhais plantado o vosso estandarte, não nos compete defendê-lo, pois que ele não o necessita, mas sim fazê-lo triunfar, por uma prudente e fervorosa propagação. Esta causa, na verdade, é tão bela, tão justa, tão consoladora! Vós no-lo provastes tão bem em vossas obras, tão cheias de erudição, de saber, de eloquência! Ah! nós todos o reconhecemos, lá estão páginas do homem inspirado pelos Espíritos puros, pois cada um de nós compreendeu, ao beber na fonte do vosso consciencioso trabalho, que todos os vossos pensamentos eram outras tantas emanações do Altíssimo! Depois, caro mestre, se acrescentarmos que vossa missão aqui é santa e sagrada é porque sentimos, pelo socorro de vossas luzes, a centelha fluídica que liga os mundos visíveis e invisíveis que gravitam na imensidade! Assim, nossos corações batem em uníssono, com um mesmo amor para convosco; recebei aqui a sua expressão viva, sincera e profunda. A vós, de todo o coração; a vós, de toda a nossa alma!

## Discurso do Sr. Allan Kardec

Senhoras e senhores, todos vós, meus caros e bons irmãos no Espiritismo:

Se há circunstâncias em que se pode lamentar a insuficiência de nossa pobre linguagem humana, é sem dúvida quando se trata de exprimir certos sentimentos; tal é no momento a minha posição. O que experimento é, ao mesmo tempo, uma surpresa muito agradável, quando vejo o terreno imenso que a Doutrina Espírita conquistou entre vós no último ano, o que me faz admirar a Providência; uma alegria indizível à vista do bem que ela aqui produz, das consolações que espalha sobre tantas dores, ostensivas ou ocultas, podendo deduzir o futuro que a aguarda; é uma felicidade inexprimível encontrar-me em meio a esta família, que em pouco tempo se tornou tão numerosa e cresce a cada dia; é, enfim e acima de tudo, uma profunda e sincera gratidão pelos comoventes testemunhos de simpatia que recebo de vós todos.

Esta reunião tem um caráter particular. Graças a Deus, aqui somos todos muito bons espíritas, penso eu, para não vermos senão o prazer de nos acharmos juntos, e não o de nos encontrarmos à mesa. E, diga-se de passagem, creio mesmo que um festim de espíritas seria uma contradição. Presumo, também, que me convidando tão graciosamente e com tanto empenho para vir ao vosso meio, não imaginastes que a questão do banquete fosse para mim motivo de atração. Foi o que me apressei a escrever aos meus bons amigos Rey e Dijoud, quando se desculparam pela simplicidade da recepção. Ficai bem certos: o que mais me honra nesta circunstância, aquilo de que posso, com razão, estar orgulhoso, é a cordialidade e a sinceridade do acolhimento, o que raramente se encontra nas recepções aparatosas, pois aqui os rostos não estão mascarados.

Se uma coisa pudesse diminuir a felicidade que tenho de me achar entre vós, seria não poder ficar aqui senão por pouco tempo. Ter-me-ia sido muito agradável prolongar minha estada num dos centros mais numerosos e mais zelosos do Espiritismo; desde, porém, que desejastes receber algumas instruções, havereis de permitir que eu utilize todos os instantes, saia um pouco das banalidades muito comuns em semelhantes circunstâncias, e que minha alocução assuma certa gravidade, a mesma gravidade, aliás, do motivo que nos reúne. Certamente, se estivéssemos num jantar de bodas ou de batizado, seria inoportuno falar de almas, da morte e da vida futura, mas, repito, aqui estamos para nos instruir, e não para comer; em qualquer caso, jamais para nos divertirmos.

Não imagineis, senhores, que esta espontaneidade que vos levou a vos reunirdes aqui seja um fato puramente pessoal. Não duvideis de que esta reunião tem um caráter especial e providencial; uma vontade superior a provocou; mãos invisíveis vos impeliram, mau grado vosso, e talvez um dia ela seja assinalada nos fastos do Espiritismo. Possam os nossos irmãos do futuro lembrar este dia memorável, em que os espíritas lioneses, dando exemplo de união e concórdia, plantaram nesses ágapes a primeira baliza da aliança que deve reinar entre os espíritas de todos os países do mundo; porque o Espiritismo, restituindo ao Espírito o seu verdadeiro papel na Criação, constatando a superioridade da inteligência sobre a matéria, faz com que desapareçam, naturalmente, todas as distinções estabelecidas entre os homens, conforme as vantagens corporais e mundanas, sobre as quais só o orgulho fundou as castas e os estúpidos preconceitos de cor. Ampliando o círculo da família pela pluralidade das existências, o Espiritismo estabelece entre os homens uma fraternidade mais racional que aquela que não tem por base senão os frágeis laços da matéria, porquanto esses laços são perecíveis, ao passo que os do Espírito são eternos. Uma vez bem compreendidos, esses laços influirão, pela própria força das coisas, nas relações sociais e, mais tarde, na legislação social, que tomará por base as leis imutáveis do amor e da caridade. Ver-se-á então desaparecerem essas anomalias que chocam os homens de bom senso, como as leis da Idade Média chocam os homens de hoje. Mas isto é obra do tempo. Deixemos a Deus o cuidado de fazer com que cada coisa venha a seu tempo; esperemos tudo de sua sabedoria e lhe agradeçamos tão somente por nos haver permitido assistir à aurora que se levanta para a humanidade e por nos ter escolhido como os pioneiros da grande obra que se prepara. Que Ele se digne de espargir a sua bênção sobre esta assembleia, a primeira em que os adeptos do Espiritismo estão reunidos em tão grande número, com o sentimento de verdadeira confraternidade.

Digo de verdadeira confraternidade porque tenho a íntima convicção de que todos vós, aqui presentes, não trazem outra. Mas não duvideis que numerosas coortes de Espíritos estejam entre nós; de que nos ouvem neste momento, espreitam todas as nossas ações e nos sondam os pensamentos, perscrutando sua força ou sua fraqueza moral. Os sentimentos que os animam são muito diversos; se uns estão felizes nesta união, crede que outros padecem de terrível inveja. Saindo daqui, vão tentar semear a discórdia e a desunião; cabe a vós, bons e sinceros espíritas, provar-lhes que perdem o tempo e se equivocam, julgando encontrar aqui corações acessíveis às suas pérfidas sugestões. Invocai, pois, com fervor a assistência dos vossos anjos da guarda, a fim de que afastem de vós todo pensamento que não seja para o bem. Ora, como o mal não pode ter sua fonte no bem, diz o simples bom senso que todo pensamento mau não pode vir de um Espírito bom; e um pensamento é necessariamente mau quando contraria a lei de amor e de caridade; quando tem por móvel a inveja ou o ciúme, o orgulho ferido, ou mesmo uma pueril suscetibilidade do amor-próprio ultrajado, irmão gêmeo do orgulho, que levaria a olhar seus irmãos com desdém. *Amor e caridade para com todos*, diz o Espiritismo; *Amarás o próximo como a ti mesmo*, disse o Cristo; não são sinônimos?

Meus amigos, eu vos felicitei pelos progressos que o Espiritismo fez entre vós, e não poderia me sentir mais feliz em constatá-lo. Felicitai-vos, por vosso lado, porque esse progresso é o mesmo em toda parte. Sim, este último ano viu o Espiritismo crescer em todos os países, numa proporção que ultrapassou todas as expectativas; está no ar, nas aspirações de todos, e por toda parte encontra ecos, bocas que repetem: Eis o que eu esperava, o que uma voz secreta me fazia pressentir. Mas o progresso se manifesta ainda sob uma nova fase: é a coragem de opinião, que há bem pouco ainda não existia. Só se falava do Espiritismo em segredo, de maneira disfarçada; hoje a gente se confessa espírita com tanta altivez quanto se confessa católico, judeu ou protestante. Afronta-se a zombaria, e tal ousadia se impõe aos gracejadores, os quais se comportam como esses cachorrinhos de madame: correm atrás dos que fogem, mas se acovardam quando perseguidos. A zombaria dá coragem aos tímidos e em muitas localidades revela numerosos espíritas que se desconheciam mutuamente. Tal movimento pode estacionar? Poderão detê--lo? Digo com toda clareza: Não! Para isto, lançaram mão de todos os meios: sarcasmos, deboches, ciência, anátemas; ele tudo superou, sem diminuir sua marcha um segundo. Cego, pois, quem nisto não visse o dedo de Deus. Poderão entravá-lo; detê-lo, jamais, porquanto, se não escapar pela direita, fugirá pela esquerda.

  Vendo os benefícios morais que proporciona, as consolações que prodigaliza e os próprios crimes que já impediu, somos naturalmente levados a perguntar: quem poderia ter interesse em combatê-lo? Primeiramente tem contra si os incrédulos, que o ridicularizam: estes não são para temer, pois viram suas setas afiadas quebrar-se contra a própria couraça; em segundo lugar, os ignorantes, que o combatem sem conhecê-lo: constituem maioria, mas, combatida pela ignorância, a verdade jamais teve algo a temer, já que os ignorantes se refutam por si mesmos e sem o querer, conforme testemunho do Sr. Louis Figuier, na sua *Histoire du merveilleux* *[História do maravilhoso]*. A terceira categoria de adversários é mais perigosa, porque tenaz e pérfida; compõe-se de todos aqueles cujos interesses materiais podem ser contrariados; combatem na sombra, e os dardos envenenados da calúnia não lhes faltam. Eis os verdadeiros inimigos do Espiritismo, como em todos os tempos o têm sido de todas as ideias do progresso; são encontrados em todas as fileiras, em todas as classes da sociedade. Levarão a melhor? Não, desde que não é dado ao homem opor-se à marcha da natureza e o Espiritismo está na ordem das coisas naturais. Mais cedo ou mais tarde terão de tomar-lhe o partido e aceitar o que for aceito por todos. Não! Não o vencerão: eles é que serão vencidos.

Um novo elemento vem juntar-se à legião dos espíritas: o das classes laboriosas. Notai nisto a sabedoria da Providência. O Espiritismo propagou-se primeiro nas classes esclarecidas, nas sumidades sociais. Tal era necessário: a princípio, para lhe dar mais crédito; depois, para que fosse elaborado e expurgado das ideias supersticiosas que a falta de instrução nele poderia introduzir, e com as quais o teriam confundido. Apenas constituído, se assim se pode falar de uma ciência tão nova, sensibilizou as classes operárias e entre elas se propaga com rapidez. Ah! é que nele há tantas consolações a dar, tanta coragem moral a levantar, tantas lágrimas a enxugar, tanta resignação a inspirar que foi acolhido como uma âncora de salvação, como um escudo contra as terríveis tentações da necessidade. Por toda parte onde o vi penetrar nas casas de trabalho, nelas percebi que ele havia produzido seus efeitos benfazejos e moralizadores. Regozijai-vos, pois, operários lioneses que me ouvis, porque tendes em outras cidades, como Sens, Lille, Bordeaux, irmãos espíritas que, como vós, abjuraram as censuráveis esperanças da desordem e os criminosos desejos da vingança. Continuai, pelo exemplo, a provar os benéficos resultados desta Doutrina. Aos que perguntarem para que pode ela servir, respondei: Em meu desespero eu queria me matar; o Espiritismo me deteve, porque agora sei o que custa abreviar voluntariamente as provas que Deus houve por bem mandar aos homens. Para me atordoar, embriagava-me; compreendi o quanto era desprezível por me tirar voluntariamente a razão, privando-me assim de ganhar o meu pão e o de meus filhos. Havia-me divorciado de todos os sentimentos religiosos: hoje rogo a Deus e deponho as esperanças na sua misericórdia. Só acreditava no nada, como supremo remédio para as minhas misérias; meu pai comunicou-se comigo e me disse: "Filho, coragem! Deus te vê; mais um esforço e estarás salvo!" Ajoelhei-me perante Deus e lhe pedi perdão. Vendo ricos e pobres, gente que tem tudo e outros que nada têm, acusava a Providência; hoje sei que Deus tudo pesa na balança da justiça e espero o seu julgamento; se estiver em seus decretos que eu deva sucumbir no sofrimento, então sucumbirei, mas com a consciência pura e sem levar o remorso de haver roubado um óbolo a quem me podia salvar a vida. Dizei-lhes: Eis para que serve o Espiritismo, esta loucura, esta quimera, como o chamais. Sim, meus amigos, continuai a pregar pelo exemplo; fazei com que entendam o Espiritismo com suas consequências salutares, pois quando for compreendido não mais se aterrorizarão; muito mais: será acolhido como garantia da ordem social, e os próprios incrédulos serão forçados a falar dele com mais respeito.

Falei dos progressos do Espiritismo. É que, com efeito, não há exemplo de uma doutrina, seja qual for, que tenha marchado com tanta rapidez, sem excetuar o próprio Cristianismo. Isto significa que lhe seja superior, que o deva suplantar? Não, mas é aqui o lugar de fixar o seu verdadeiro caráter, a fim de destruir uma prevenção por demais espalhada entre os que não o conhecem.

Em sua origem, o Cristianismo teve de lutar contra uma potência perigosa: o paganismo, então universalmente disseminado. Entre eles não havia nenhuma aliança possível, como não há entre a luz e as trevas; numa palavra, não poderia propagar-se senão destruindo o que havia. Assim, a luta foi longa e terrível, de que as perseguições são a prova. O Espiritismo, ao contrário, nada vem destruir, porque assenta suas bases no próprio Cristianismo; sobre o Evangelho, do qual não é mais que a aplicação. Concebeis a vantagem, não de sua superioridade, mas de sua posição. Não é, pois, como o pretendem alguns, quase sempre porque não o conhecem, uma religião nova, uma seita que se forma à custa das mais antigas; é uma Doutrina puramente moral, que absolutamente não se ocupa dos dogmas e deixa a cada um inteira liberdade de suas crenças, pois não impõe nenhuma. E a prova disto é que tem aderentes em todas, entre os mais fervorosos católicos, como entre os protestantes, os judeus e os muçulmanos. O Espiritismo repousa sobre a possibilidade de comunicação com o mundo invisível, isto é, com as almas. Ora, como os judeus, os protestantes e os muçulmanos têm almas como nós, o que significa que podem comunicar-se tanto com eles quanto conosco, e que, conseguintemente, eles podem ser espíritas como nós.

Não é uma seita política, como não se trata de uma seita religiosa; é a constatação de um fato que não pertence mais a um partido do que a eletricidade e as estradas de ferro; é, insisto, uma Doutrina moral, e a moral está em todas as religiões, em todos os partidos.

É boa ou má a moral que ensina? É subversiva? Eis toda a questão. Que o estudem e saberão em que ela se baseia. Ora, desde que é a moral do Evangelho desenvolvida e aplicada, condená-la seria condenar o Evangelho.

O Espiritismo tem feito o bem ou o mal? Estudai-o ainda, e vereis. Que tem feito? Tem impedido inumeráveis suicídios; restaurou a paz e a concórdia num grande número de famílias; tornou mansos e pacientes homens violentos e coléricos; deu resignação aos que não a tinham e consolações aos aflitos; reconduziu a Deus os que não o conheciam, destruindo-lhes as ideias materialistas, verdadeira chaga social que aniquila a responsabilidade moral do homem. Eis o que tem feito e faz todos os dias, o que fará cada vez mais, à medida que se espalhar. Será isto o resultado de uma doutrina má? Não sei de ninguém que tenha atacado a moral do Espiritismo; apenas dizem que a religião pode produzir tudo isso. Concordo perfeitamente, mas, então, porque não o produz sempre? É porque nem todos a compreendem. Ora, ao tornar claro e inteligível para todos aquilo que não o é, e evidente o que é duvidoso, o Espiritismo conduz à aplicação, ao passo que jamais se sente necessidade daquilo que se não compreende. O Espiritismo, portanto, longe de ser o antagonista da religião, é o seu auxiliar; e a prova é que conduz às ideias religiosas os que as haviam repelido. Em resumo, jamais o Espiritismo aconselhou a mudança de religião, nem o sacrifício de suas crenças; não pertence particularmente a nenhuma religião, ou, melhor dizendo, está em todas elas.

Por favor, senhores, algumas palavras ainda, sobre uma questão muito prática. O crescente número de espíritas em Lyon mostra a utilidade do conselho que vos dei o ano passado, relativamente à formação dos grupos. Reunir todos os adeptos numa única Sociedade, hoje, já seria uma coisa materialmente impossível, e o será mais ainda dentro de algum tempo. Além do número, as distâncias a percorrer em vista da extensão da cidade, e as diferenças de hábitos, conforme as posições sociais, aumentam essa impossibilidade. Por esses motivos e por muitos outros, que seria longo aqui desenvolver, uma sociedade única é uma quimera impraticável. Multiplicai os grupos o mais possível; que haja dez, que haja cem, se preciso for, e ficai certos de que chegareis mais depressa e com mais segurança.

Haveria aqui coisas muito importantes a dizer, sobre a questão da unidade de princípios e sobre a divergência que poderia existir entre eles quanto a alguns pontos. Mas me detenho, para não abusar de vossa paciência em me ouvir, paciência que já pus a uma prova muito longa. Se desejardes, farei disto objeto de uma instrução especial, que vos enviarei brevemente.

Termino esta alocução, senhores, a que me deixei arrastar pela própria raridade das ocasiões que tenho a felicidade de estar em vosso meio. Ficai certos de que levarei da vossa benévola acolhida uma lembrança que jamais se apagará.

Ainda uma vez, meus amigos, obrigado do fundo do coração pelas demonstrações de simpatia com que me distinguis; obrigado pelas bondosas palavras que me dirigistes por vossos intérpretes, das quais só aceito o dever que elas me impõem quanto ao que me resta fazer, e não os elogios. Possa esta solenidade ser o penhor da união que deve existir entre todos os verdadeiros espíritas!

Levanto um brinde aos espíritas lioneses e a todos os que se distinguem por seu zelo, seu devotamento, sua abnegação e que vós mesmos nomeais, sem que eu precise fazê-lo.

Aos espíritas lioneses, sem distinção de opinião, estejam ou não presentes!

Senhores, os Espíritos também querem participar desta festa de família e dizer algumas palavras. Erasto, que conheceis pelas notáveis dissertações publicadas na *Revista*, ditou espontaneamente, antes da minha partida e em vossa intenção, a epístola seguinte, que me encarregou de ler em seu nome. É com prazer que me desobrigo desse encargo. Tereis assim a prova de que os Espíritos comunicantes não são os únicos a se ocuparem convosco e daquilo que vos diz respeito. Esta certeza não pode senão reforçar vossa fé e vossa confiança, vendo que o olhar vigilante dos Espíritos superiores se estende sobre todos e que, seguramente, também sois objeto de sua solicitude.

## Epístola de Erasto aos espíritas lioneses

Lida no banquete de 19 de setembro de 1861

Não é sem a mais grata emoção que venho entreter-me convosco, caros espíritas do grupo lionês. Sinto-me tomado de simpatia e de ternura num meio como o vosso, onde todas as condições sociais se dão as mãos, e feliz por vos poder anunciar que nós todos, os iniciadores do Espiritismo na França, assistiremos com a mais viva alegria os vossos ágapes fraternais, aos quais fomos convidados por *João* e *Irineu*,[147] vossos eminentes guias espirituais. Ah! esses ágapes despertam em meu coração a lembrança daqueles em que todos nos reuníamos, mil e oitocentos anos atrás, quando combatíamos os costumes dissolutos do *paganismo romano* e já comentávamos os ensinos e parábolas do Filho do Homem, morto pela propagação de uma ideia santa, sobre o lenho da infâmia! Se o Altíssimo,

---

[147] N.E.: Santo Irineu (130–202), bispo grego, teólogo e escritor cristão.

meus amigos, por efeito de sua infinita misericórdia, permitisse que a lembrança do passado pudesse resplandecer um instante em vossas memórias entorpecidas, recordar-vos-íeis dessa época, ilustrada pelos santos mártires da plêiade lionesa: *Sanctus, Alexandre, Attale, Episode*; a doce e corajosa *Blandina*;[148] *Irineu*, o intrépido bispo, dos quais muitos de entre vós então formáveis cortejo, aplaudindo-lhes o heroísmo e entoando louvores ao Senhor; também vos lembraríeis de que vários dos que me escutam regaram com o seu sangue a terra lionesa, esta terra fecunda que Eucherius[149] e Gregório de Tours[150] chamaram a pátria dos mártires. Não os mencionarei, mas podeis considerar os que, em vossos grupos, desempenham uma missão, um apostolado, como já tendo sido mártires da propagação da ideia igualitária, ensinada do alto do Gólgota por nosso Cristo bem-amado! Hoje, caros discípulos, aquele que foi sagrado por Paulo vem dizer-vos que vossa missão é sempre a mesma, porquanto o *paganismo romano*, sempre de pé, sempre vivaz, ainda enlaça o mundo, como a hera enleia o carvalho. Deveis, pois, espalhar entre os vossos irmãos infelizes, escravos de suas paixões ou das paixões alheias, a sã e consoladora Doutrina que meus amigos e eu viemos vos revelar, por nossos médiuns de todos os países. Apesar disso, constatamos que os tempos progrediram, os costumes já não são os mesmos e a humanidade cresceu; porque hoje, se fôsseis alvo de perseguição, esta não mais emanaria de um poder tirânico e invejoso, como no tempo da Igreja primitiva, mas de interesses coligados contra a ideia e contra vós, os apóstolos da ideia.

Acabo de pronunciar a palavra igualitária. Julgo útil deter-me um pouco nela, porque absolutamente não vimos pregar, em vosso meio, utopias impraticáveis, e também porque, ao contrário, repelimos com energia tudo quanto pareça ligar-se às prescrições de um comunismo antissocial; antes de tudo, somos essencialmente propagandistas da liberdade individual, indispensável ao desenvolvimento

---

[148] N.E.: Santa Blandina (–177), mártir lionesa. Uma carta dos cristãos de Lyon descreve seu martírio.
[149] N.E.: São Eucherius d'Orléans (695-743), monge beneditino e bispo de Orléans.
[150] N.E.: São Gregório de Tours (538–594), bispo e historiador francês.

dos encarnados; por conseguinte, inimigos declarados de tudo quanto se aproxime dessas legislações conventuais, que aniquilam brutalmente os indivíduos. Embora eu me dirija a um auditório, em parte composto de artífices e proletários, sei que suas consciências, esclarecidas pelas irradiações da verdade espírita, já repeliram toda comunhão com as teorias antissociais dadas em apoio da palavra *igualdade*. Seja como for, devo restituir a ela sua significação cristã, tal como a explicara aquele que disse: "Dai a César o que é de César." Pois bem, espíritas! A igualdade proclamada pelo Cristo, e que nós mesmos professamos nos vossos grupos amados, é a igualdade perante a Justiça de Deus, isto é, nosso direito, conforme nosso dever cumprido, de subir na hierarquia dos Espíritos e um dia atingir os mundos avançados, onde reina a perfeita felicidade. Para isto não são levados em conta nem o nascimento, nem a fortuna; o pobre e o fraco a alcançam, como o rico e o poderoso, porque uns não levam materialmente mais que os outros; e como lá ninguém compra seu lugar e seu perdão com dinheiro, os direitos são iguais para todos. Igualdade diante de Deus: eis a verdadeira igualdade. Não vos será perguntado o que possuístes, mas o uso que fizestes do que possuístes. Ora, quanto mais possuirdes, mais demoradas e mais difíceis serão as contas que tereis de prestar da vossa gestão. Assim, pois, conforme as vossas existências de missões, de provas ou de castigos nas paragens terrenas, cada um de vós, consoante as boas ou más obras, progredirá na escala dos seres ou recomeçará, mais cedo ou mais tarde, a sua existência, caso se tenha desviado. Em consequência, repito, ao proclamar o dogma sagrado da igualdade, não vimos ensinar que aqui na Terra deveis ser todos iguais em riqueza, saber e felicidade, mas sim que todos chegareis, quando soar a hora e conforme os vossos méritos, à felicidade dos eleitos, partilha das almas de escol, que cumpriram seus deveres. Meus caros espíritas, eis a igualdade à qual todos tendes direito, a que vos conduzirá o Espiritismo emancipador, a que vos convido com todas as minhas forças. Para alcançá-la, que deveis fazer? Obedecer a estas duas palavras sublimes: amor e caridade, que resumem admiravelmente a lei e os profetas. Amor e caridade! Ah! aquele que, segundo sua consciência, cumprir as prescrições desta máxima divina estará certo de subir, de transpor rapidamente os degraus da escada de Jacó e de logo atingir as esferas elevadas, de onde poderá adorar, contemplar e compreender a majestade do Eterno.

Não podeis acreditar quanto nos é doce e agradável presidir ao vosso banquete, onde o rico e o artesão se acotovelam, brindando à fraternidade; onde o judeu, o católico e o protestante podem sentar-se à mesma comunhão pascal. Não podeis imaginar quanto me sinto orgulhoso de distribuir a cada um de vós os elogios e o encorajamento que o *Espírito de Verdade*, nosso bem-amado Mestre,[151] ordenou-me conferisse às vossas piedosas coortes. A ti, Dijoud, e à tua digna companheira; e a vós todos, devotados missionários, que espalhais os benefícios do Espiritismo, obrigado por vosso concurso e por vosso zelo, mas a nobreza obriga, meus irmãos, sobretudo a do coração, e seríeis muito culpados, muito criminosos se faltásseis, no futuro, às vossas santas missões. Não falhareis; tenho como garantia o bem que realizastes e o que vos resta fazer. Mas é a vós, meus bem-amados irmãos do labor cotidiano, que reservo minhas mais sinceras felicitações, porque, bem o sei, subis penosamente o vosso Gólgota, levando, como o Cristo, a vossa cruz dolorosa. O que vos poderia dizer de mais elogioso que lembrar a coragem e a resignação com que suportais os desastres inauditos que a luta fratricida,[152] mas necessária, das duas Américas engendra em vosso meio? Ah! ninguém pode negar já se faça sentir a benéfica influência do Espiritismo; ela penetrou, com a esperança e a fé, no ambiente das oficinas; e quando nos lembramos dos tempos do último reinado, em que, desde que faltava o trabalho, os operários desciam da *Croix-Rousse* para os *Terreaux*,[153] em grupos tumultuosos, fazendo pressagiar motins, cuja repressão era terrível, devemos agradecer a Deus a Nova Revelação. Com efeito, segundo esta imagem vulgar, de que se servem em sua linguagem pitoresca, muitas vezes é preciso *dançar diante do bufê*;[154] então dizem, apertando o cinto: Ah! comeremos amanhã!!! Bem sei que a

---

[151] N.T.: Para algumas pessoas, este testemunho de Erasto vem reforçar a opinião, vez por outra defendida, de que o Espírito de Verdade *seria* o próprio Cristo.

[152] N.T.: Erasto faz alusão à guerra da Secessão, nos Estados Unidos, iniciada em 1861.

[153] N.T.: Grifos nossos.

[154] N.T.: No original: *danser devant le buffet* – imagem vulgar que significa: *não ter o que comer, passar por dificuldades, estar na miséria.*

caridade pública e particular se movimenta e faz o que é possível, mas não é nisso que está o verdadeiro remédio. A humanidade precisa de algo melhor, razão por que, se o Cristianismo preconizou a igualdade e as leis igualitárias, o Espiritismo encerra em seus flancos a fraternidade e as suas leis, obra grandiosa e durável que os séculos futuros haverão de abençoar. Lembrai-vos, meus amigos, de que o Cristo escolheu seus Apóstolos entre os últimos dos homens, e estes, mais fortes que os césares, conquistaram o mundo para a ideia cristã. A vós, pois, incumbe a obra santa de esclarecer os vossos companheiros de oficina e propagar a nossa sublime Doutrina, que torna os homens tão fortes na adversidade, a fim de que o Espírito do mal e da revolta não venha suscitar o ódio e a vingança no coração de vossos irmãos ainda não tocados pela graça espírita. Esta obra vos pertence por inteiro, meus caros amigos; sei que a realizareis com o mesmo zelo e o mesmo ardor ditados pela consciência de um dever a cumprir. Um dia a História, reconhecida, escreverá em seus anais que os operários de Lyon, iluminados pelo Espiritismo, muito mereceram da pátria em 1861 e 1862, pela coragem e resignação com que suportaram as tristes consequências das lutas escravagistas entre os *Estados desunidos* da América. Que importa! Esses tempos de lutas e de provas, meus filhos, são abençoados por Deus, enviados para desenvolver a coragem, a paciência e a energia; para apressar a elevação e o aperfeiçoamento do orbe terrestre e dos Espíritos aprisionados nos laços carnais da matéria. Ide agora; a trincheira está aberta no Velho Mundo; sobre as suas ruínas aclamareis a era espírita da fraternidade, que vos mostra o objetivo e o fim das misérias humanas, consolando e fortalecendo vossos corações contra a luta e a adversidade; confundireis os incrédulos e os ímpios, e agradecereis a Deus o quinhão de vossos infortúnios e de vossas provas, porque estas vos aproximam da felicidade eterna.

Resta-me ainda vos dar alguns conselhos — embora os vossos guias muitas vezes já vos tenham dado — mas que minha posição pessoal e a atual circunstância me aconselham a vos lembrar novamente. Meus amigos, aqui me dirijo a todos os espíritas, a todos os grupos, a fim de que nenhuma cisão, nenhuma dissidência, nenhum cisma venha surgir entre vós, mas, ao contrário, que uma crença solidária vos anime e vos reúna a todos, pois isto é necessário ao desenvolvimento de nossa doutrina benfazeja. Sinto uma espécie de vontade que me constrange a vos pregar a concórdia e a união, pois nisto, como em tudo, a união faz a força e tendes necessidade de ser fortaleza e união, a fim de que possais enfrentar as tempestades que se aproximam. E não só tendes necessidade de união entre vós, mas ainda com os vossos irmãos de todos os países. Eis por que vos concito a seguir o exemplo que vos deram os espíritas de Bordeaux, cujos grupos particulares formam, todos, os satélites de um grupo central; foi esse grupo central que pediu para entrar em comunhão com a Sociedade iniciadora de Paris, a primeira a receber os elementos de um corpo de doutrina e lançar as bases sérias para o estudo do Espiritismo, que todos nós, espíritas, professamos no mundo inteiro.

Sei que aquilo que vos digo aqui não será perdido; aliás, estou me referindo inteiramente aos conselhos que já recebestes, e ainda recebereis, dos vossos excelentes guias espirituais, que vos dirigirão nesta via salutar, pois é necessário que a luz se irradie do centro para a periferia e desta para o centro, a fim de que todos aproveitem e se beneficiem dos trabalhos de cada um. Aliás, é incontestável que, submetendo ao crisol da razão e da lógica todos os dados e todas as comunicações dos Espíritos, será fácil repelir o absurdo e o erro. Um médium pode ser fascinado, um grupo enganado; todavia, o controle severo dos outros grupos, a ciência adquirida e a autoridade moral dos chefes de grupos, bem assim as comunicações dos principais médiuns, que recebem um cunho de lógica e de autenticidade de nossos melhores Espíritos, rapidamente farão justiça aos ditados falsificados e astuciosos, emanados de uma turba de Espíritos enganadores, imperfeitos ou maus. Repeli-os impiedosamente, e a todos esses Espíritos que aconselham com exclusividade, pregando a divisão e o isolamento. Quase sempre são Espíritos vaidosos e medíocres, que tendem a se impor aos homens fracos e crédulos, prodigalizando-lhes louvores exagerados, a fim de os fascinar e os manter sob domínio. Geralmente são Espíritos sedentos de poder, que, déspotas públicos ou privados quando vivos, ainda querem ter vítimas para tiranizar após a morte. Meus amigos, desconfiai, em geral, das comunicações que trazem um caráter de misticismo ou de estranheza, ou que prescrevem cerimônias e atos bizarros; então há sempre um motivo de legítima suspeita. Por outro lado, ficai certos de que uma verdade, quando deve ser revelada à humanidade, é, por assim dizer, instantaneamente comunicada em todos os grupos sérios, que possuem médiuns sérios.

Enfim, creio ser bom repetir que ninguém é médium perfeito se estiver obsidiado; a obsessão é um dos maiores escolhos, e há manifesta obsessão quando um médium não está apto a receber comunicações senão de um Espírito especial, por mais alto que este procure colocar-se. Em consequência, todo médium, todo grupo que se julguem privilegiados por comunicações que só eles podem receber, ou que estejam sujeitos a práticas que beiram a superstição, encontram-se indubitavelmente sob o império de uma obsessão muito bem caracterizada. Digo tudo isto, meus amigos, porque existem no mundo médiuns fascinados por pérfidos Espíritos. Desmascarai impiedosamente esses Espíritos, se ousarem ainda profanar nomes venerados, dos quais se apoderam como ladrões e se enfeitam orgulhosamente, como fazem os lacaios com as roupas dos patrões; pregai-os no pelourinho sem piedade, caso persistam em desviar do bom caminho os cristãos honestos, os espíritas zelosos, cuja boa-fé iludiram. Numa palavra, deixai-me repetir o que já aconselhei aos espíritas parisienses: é melhor repelir dez verdades por algum tempo, do que admitir uma única mentira, uma só teoria errônea, porque poderíeis, sobre essa teoria e essa mentira, edificar todo um sistema, que desmoronaria ao primeiro sopro da verdade, qual se fora um monumento edificado sobre areia movediça, ao passo que se hoje rejeitardes certas verdades, certos princípios, porque não vos são demonstrados com clareza, logo um fato brutal ou uma demonstração irrefutável virá firmar a sua autenticidade.

A João, a Irineu, a Blandina, bem como a todos os vossos Espíritos protetores incumbe a tarefa de vos prevenir doravante contra os falsos profetas da erraticidade. O grande Espírito emancipador que preside aos nossos trabalhos, sob o olhar do Todo-Poderoso, proverá a isso, podeis crer-me. Quanto a mim, embora esteja mais particularmente ligado aos grupos parisienses, virei algumas vezes entreter-me convosco e acompanharei sempre com interesse os vossos trabalhos particulares.

Esperamos muito da província lionesa, e sabemos que não faltareis, nem uns nem outros, às vossas respectivas missões. Lembrai-vos de que o Cristianismo, trazido pelas legiões cesaristas, lançou, há quase dois mil anos, as primeiras sementes da renovação cristã em Vienne[155] e Lyon, de onde se propagaram rapidamente à Gália do Norte. Hoje o progresso deve realizar-se numa radiação nova, isto é, do Norte ao Sul. À obra, pois, lioneses! É preciso que a verdade triunfe, e não é sem uma legítima impaciência que esperamos a hora em que soará a trombeta de prata, a nos anunciar o vosso primeiro combate e a vossa primeira vitória.

Permiti agora agradecer o recolhimento com que me ouvistes e a simpática acolhida que me concedestes. Que Deus Todo-Poderoso, Senhor de todos nós, vos conceda a sua benevolência, espalhando sobre vós e sobre o seu servo muito humilde os tesouros de sua infinita misericórdia. Adeus! Lioneses, eu vos bendigo!

ERASTO

# Conversas familiares de Além-Túmulo

## EUGÈNE SCRIBE

(Sociedade Espírita de Paris)

Quando da discussão que se estabeleceu entre vários Espíritos sobre o aforismo de Buffon: *O estilo é o homem*, relatado em nosso número anterior, foi citado o nome do Sr. Scribe, o que

---

[155] N.T.: Erasto não se refere a Viena, capital da Áustria, mas à cidade francesa do mesmo nome, plantada às margens do Ródano (Rhône), rica em vestígios da época da dominação romana.

sem dúvida lhe deu motivo para vir, embora não tivesse sido chamado. Sem participar do debate, ditou espontaneamente a dissertação seguinte, ensejando a conversa que a acompanha:

"Seria desejável que o teatro, onde os grandes e pequenos vão haurir ensinamentos, se preocupasse um pouco menos em lisonjear o gosto pelos costumes fáceis e em exaltar os aspectos veniais de uma juventude ardente, mas que o progresso social fosse perseguido por peças elevadas e morais, onde a fina anedota substituísse o sal grosso de cozinha, de que hoje se servem os autores de comédias leves. Mas não; conforme o teatro, conforme o público, lisonjeiam-se as paixões humanas. Aqui, preconizam o avental, em detrimento da casaca, transformada em bode expiatório de todas as iniquidades sociais; ali, é o avental que é difamado e conspurcado, porque, ao que dizem, sempre oculta um tratante ou um assassino. Mentira de ambos os lados.

Alguns autores até começam a agarrar o touro pelos chifres e, como Émile Augier,[156] a pregar os especuladores no pelourinho da opinião pública. Ah! que importa! Nem por isso o público deixa de se arrastar para os teatros, onde uma plástica descarada e sem pudor faz todas as despesas do espetáculo. Ah! Já é tempo de as ideias espíritas serem propagadas em todas as camadas sociais, porque, então, o teatro será moralizado por si mesmo e, às exibições femininas, sucederão peças conscienciosas, representadas conscienciosamente por artistas de talento. Todos ganharão com isto. Esperemos que logo surja um autor dramático capaz de expulsar do teatro e do entusiasmo do público todos esses intrujões, proxenetas imorais das damas das camélias de toda espécie. Trabalhai, pois, em espalhar o Espiritismo, que deve produzir tão louvável resultado."

E. Scribe

---

[156] N.E.: Émile Augier (1820–1889), autor dramático francês. Membro da Academia Francesa de Letras.

P. – Numa comunicação que ditastes há pouco tempo à Srta. J..., e lida na Sociedade, dissestes que o que fez a vossa reputação na Terra não a fez no Céu e que poderíeis ter empregado melhor os bens que recebestes de Deus. Teríeis a gentileza de desenvolver este pensamento e dizer em que vossas obras são repreensíveis? Parece-nos que têm um lado moral e, de certo modo, abriram caminho ao progresso.

*Resp.* – Tudo é relativo. No mundo elevado onde hoje me encontro não vejo mais com os olhos terrenos e penso que, com os dons que havia recebido do Todo-Poderoso, deveria ter feito coisa melhor para a humanidade. Foi por isso que disse não haver trabalhado para o Céu. Mas não posso exprimir em poucas palavras o que vos queria dizer acima, porque, com bem o sabeis, eu era um tanto verboso.

P. – Dissestes ainda que gostaríeis de compor uma obra mais útil e mais séria, mas que tal alegria vos foi recusada. É como Espírito que queríeis fazer essa obra e, neste caso, como teríeis feito para que os homens a aproveitassem?

*Resp.* – Meu Deus! da maneira mais simples empregada pelos Espíritos, inspirando os escritores que, muitas vezes, imaginam tirar de seu próprio imo, ah! por vezes tão vazio.

P. – Pode-se saber qual o assunto que ofereceríeis para tratar?

*Resp.* – Eu não tinha um objetivo determinado, mas, como sabeis, a gente gosta um pouco de fazer o que nunca fez. Gostaria de cuidar de Filosofia e de Espiritualismo, já que me ocupei mais que devia do realismo. Não tomeis a palavra realismo como hoje a entendem; apenas quis dizer que me ocupei mais especialmente daquilo que divertia os olhos e o ouvido dos espíritos frívolos da Terra, e não do que poderia satisfazer os espíritos sérios e filosóficos.

P. – Dissestes à Srta. J... que não éreis feliz. Podeis não ter a sorte dos bem-aventurados, mas há pouco, no comitê, contaram uma porção de boas ações que praticastes e que, por certo, devem ter sido levadas em consideração.

*Resp.* – Não; não sou feliz porque, infelizmente, ainda tenho ambição e, tendo sido acadêmico na Terra, queria fazer parte, também, da assembleia dos eleitos.

P. – Parece-nos que, em falta da obra que ainda não podeis fazer, poderíeis alcançar o mesmo objetivo, para vós e para os outros, se aqui viésseis fazer uma série de dissertações.

*Resp.* – Não pediria nada melhor; virei com prazer, se me permitirem, o que ignoro, pois ainda não tenho posição bem definida no mundo espiritual. Tudo é tão novo para mim — eu que passei a vida a casar oficiais subalternos com ricas herdeiras — que ainda não tive tempo de conhecer e admirar este mundo etéreo, de que me havia esquecido durante a encarnação. Voltarei, pois, se os Grandes Espíritos o permitirem.

P. – No mundo em que estais, já revistes a Sra. de Girardin que, em vida, ocupava-se muito de Espíritos e evocações?

*Resp.* – Ela teve a bondade de vir esperar-me no limiar da verdadeira vida, com os Espíritos da plêiade à qual pertencemos.

P. – Ela é mais feliz que vós?

*Resp.* – Seu Espírito é mais feliz do que eu, porque contribuiu para as obras de educação da infância, compostas por Sophie Gay, sua mãe.

OBSERVAÇÃO DE ERASTO – Não; foi porque lutou, ao passo que Scribe deixou-se arrastar na torrente da vida fácil.

P. – Ides às vezes assistir à representação de vossas obras, assim como a Sra. de Girardin ou Casimir Delavigne?[157]

---

[157] N.E.: (1793–1843), escritor francês, autor de tragédias e de elegias patrióticas.

*Resp.* – Como quereis que não fôssemos ver esses filhos queridos, que deixamos na Terra? Ainda é um dos nossos prazeres mais puros.

Observação – A morte, pois, não separa os que se conheceram na Terra; eles se reencontram, reúnem-se e se interessam pelo que era objeto de suas preocupações. Dirão, sem dúvida, que se eles se lembram do que lhes dava alegria, haverão de lembrar-se, também, daquilo que lhes causava dor, e isso lhes deve alterar a felicidade. Tal lembrança produz um efeito inteiramente contrário, porque a satisfação de estar liberto dos males terrestres é um prazer tanto mais suave, quanto maior for o contraste. Apreciamos melhor os benefícios da saúde após uma doença, a calma após a tempestade. Voltando ao lar, o guerreiro não se compraz em contar os perigos que correu, as fadigas que experimentou. Do mesmo modo, para os Espíritos a lembrança das lutas terrestres é uma satisfação, quando delas saíram vitoriosos. Mas essa lembrança se perde ao longo do tempo ou, pelo menos, diminui de importância aos seus olhos, à medida que se libertam dos fluidos materiais dos mundos inferiores e se aproximam da perfeição. Para eles, tais lembranças são sonhos longínquos, como no homem feito as recordações da primeira infância.

# Ensinamentos e dissertações espíritas

## Os cretinos

(Sociedade Espírita de Paris – Médium: Sra. Costel)

Nossa companheira, Sra. Costel, tendo feito uma excursão na região dos Alpes em que o cretinismo parece ter estabelecido um de seus principais focos, ali recebeu, de um de seus Espíritos habituais, a seguinte comunicação:

"Os cretinos são seres punidos na Terra pelo mau uso que fizeram de poderosas faculdades. Sua alma está aprisionada num corpo, cujos órgãos impotentes não podem exprimir seu pensamento. Esse mutismo moral e físico é uma das mais cruéis punições terrestres, muitas vezes escolhidas pelos Espíritos arrependidos que querem resgatar suas faltas. Tal prova não é estéril, porque o Espírito não fica estacionário na sua prisão de carne: os olhos hebetados veem, o cérebro deprimido compreende, mas nada pode ser traduzido, nem pela palavra, nem pelo olhar e, salvo o movimento, estão moralmente no estado dos letárgicos e dos catalépticos, que veem e ouvem o que se passa ao seu redor sem poderem exprimi-lo. Quando, em sonho, tendes esses terríveis pesadelos, nos quais quereis fugir de um perigo, quando gritais para pedir socorro, enquanto a língua fica presa à abóbada palatina e os pés ao solo, experimentais por alguns instantes o que o cretino experimenta sempre: paralisia do corpo ligada à vida do Espírito.

Quase todas as enfermidades têm, assim, sua razão de ser; nada se faz sem causa, e o que chamais injustiça da sorte é a aplicação da mais alta justiça. A loucura também é uma punição pelo abuso de altas faculdades; o louco tem duas personalidades: a delirante e a que retém a consciência de seus atos, sem os poder dirigir. Quanto aos cretinos, a vida contemplativa e isolada de suas almas, sem as distrações do corpo, também pode ser tão agitada quanto as existências mais complicadas pelos acontecimentos; alguns se revoltam contra seu suplício voluntário; lamentam tê-lo escolhido e sentem um desejo furioso de voltar a outra vida, desejo que lhes faz esquecer a resignação na vida presente e o remorso da vida passada, que albergam na consciência, porquanto os cretinos e os loucos sabem mais que vós, e na sua incapacidade física oculta-se uma força moral da qual não fazeis a menor ideia. Os atos de furor ou de imbecilidade a que seus corpos se entregam são julgados pelo ser interior, que sofre e se envergonha. Assim, ridicularizá-los, injuriá-los, mesmo maltratá-los, como às vezes se faz com eles, é aumentar-lhes os sofrimentos, porque os faz sentir mais duramente sua fraqueza e sua abjeção; se pudessem, acusariam de covardia os que assim agem, pois sabem que suas vítimas não podem se defender.

O cretinismo não é uma Lei de Deus e a Ciência pode fazê-lo desaparecer, porquanto é o resultado material da ignorância, da miséria e da imundície. Os novos meios de higiene, que a Ciência, tornada mais prática, pôs ao alcance de todos, tendem a destruí-lo. Sendo o progresso condição expressa da humanidade, as provas impostas se modificarão e seguirão a marcha dos séculos; tornar-se-ão todas morais; e quando a vossa Terra, ainda jovem, tiver realizado todas as fases de sua existência, tornar-se-á uma morada de felicidade, como outros planetas mais adiantados."

PIERRE JOUTY
(Pai do médium)

OBSERVAÇÃO – Houve um tempo em que se havia posto em dúvida a alma dos cretinos e se perguntava se eles, realmente, pertenciam à espécie humana. A maneira por que o Espiritismo os encara não é de alta moralidade e de grande ensinamento? Não há matéria para sérias reflexões, ao pensar que esses corpos desgraçados encerram almas que talvez tenham brilhado no mundo, que são tão lúcidas e tão pensantes quanto as nossas, sob o espesso envoltório que lhes sufoca as manifestações e que, um dia, o mesmo pode acontecer conosco, se abusarmos das faculdades que nos concedeu a Providência?

De outro modo, como poderíamos explicar o cretinismo? Como fazê-lo concordar com a Justiça e a bondade de Deus, sem admitir a pluralidade das existências, isto é, a reencarnação? Se a alma ainda não viveu, é que foi criada ao mesmo tempo que o corpo. Nesta hipótese, como justificar a criação de almas tão deserdadas quanto a dos cretinos, por parte de um Deus justo e bom? Porque aqui não se trata absolutamente de um desses acidentes — a loucura, por exemplo — que se pode prevenir ou curar. Esses seres nascem e morrem no mesmo estado. Não possuindo nenhuma noção do bem e do mal, qual a sua sorte na eternidade? Serão felizes como os homens inteligentes e trabalhadores? Mas por que este favor, pois que nada fizeram de bom? Estarão naquilo a que chamam limbo, isto é, num estado misto, que nem é felicidade nem infelicidade? Mas por que esta inferioridade eterna? É sua culpa se Deus os criou cretinos? Desafiamos todos os que repelem a doutrina da reencarnação a saírem desse impasse. Com a reencarnação, ao contrário, o que parece uma injustiça torna-se admirável justiça; o que é inexplicável explica-se da maneira mais racional. Aliás, não sabemos se os que repelem esta doutrina a tenham combatido com argumentos mais peremptórios que o de sua repugnância pessoal em voltar à Terra. Estariam, assim, muito seguros de possuir bastante virtude para ganhar o Céu com tanta facilidade? Desejamos-lhes boa sorte. Mas... e os cretinos? E as crianças que morrem em tenra idade? Que títulos possuirão para fazer valer?

## SE FOSSE UM HOMEM DE BEM, TERIA MORRIDO[158]

(Sociedade Espírita de Sens)

Muitas vezes dizeis, ao falar de um homem mau que escapa de um perigo: *Se fosse um homem bom, teria morrido.* Pois bem, assim falando, enunciais uma verdade, pois realmente acontece, e com muita frequência, que Deus dê a um Espírito, ainda jovem na senda do progresso, uma prova mais longa do que a um bom, que receberá por recompensa do seu mérito, a graça de sua aprovação ser tão curta quanto possível. Por conseguinte, quando vos utilizais daquele axioma, não suspeitais de que proferis uma blasfêmia.

Se morre um homem de bem, vizinho de um malvado logo dizeis: *Antes fosse este.* Cometeis um grande erro, porque aquele que parte concluiu a sua tarefa e o que fica talvez não haja começado a sua. Por que, então, quereríeis que ao mau não tivesse tempo para terminá-la e que o outro permanecesse preso à gleba terrestre? Que diríeis se um prisioneiro que tivesse cumprido sua pena, e que fosse retido na prisão, enquanto se restituísse a liberdade um que não tinha esse direito? Ficai sabendo pois, que a verdadeira liberdade, para o Espírito, consiste no rompimento dos laços que o prendem ao corpo e que, enquanto vos achardes na Terra, estareis em cativeiro.

---

[158] N.T.: *Vide O evangelho segundo o espiritismo*, cap. V, it. 22.

Habituai-vos a não censurar o que não podeis compreender e crede que Deus é justo em todas as coisas. Muitas vezes, o que vos parece um mal é um bem. Vossas faculdades, no entanto, são tão limitadas que o conjunto do grande todo escapa aos vossos sentidos obtusos. Esforçai-vos por sair, pelo pensamento, da vossa acanhada esfera e, à medida que vos elevardes, diminuirá para vós a importância da vida material. Esta, então, vos aparecerá como simples incidente, no curso infinito da vossa existência espiritual, única existência verdadeira.

Fénelon

## Os pobres e os ricos

(Sociedade Espírita de Lyon)

Nota – Embora os espíritas de Lyon estejam divididos em vários grupos, que se reúnem separadamente, nós os consideramos como formando uma única sociedade, que designaremos sob o nome geral de *Sociedade Espírita de Lyon*. As duas seguintes comunicações foram recebidas em nossa presença:

"O ciúme é o companheiro do orgulho e da inveja. Ele vos leva a desejar tudo quanto os outros possuem, sem que percebais que, invejando sua posição, não estareis pedindo senão o presente de uma víbora, que acalentaríeis ao seio. Sempre invejais e tendes ciúme dos ricos; vossa ambição e vosso egoísmo vos levam a ter sede do ouro alheio. 'Se eu fosse rico' — dizeis — 'faria dos meus bens um uso muito diverso do que vejo fazendo este ou aquele.' E sabeis se, tendo esse ouro, não faríeis um uso ainda pior? A isto respondeis: 'Aquele que está ao abrigo das necessidades cotidianas da vida sofre muito pouco, em comparação comigo.' Que sabeis a respeito? Aprendei que o rico nada mais é que um intendente de Deus; se usar mal a sua fortuna, ser-lhe-ão pedidas contas severas. Esta fortuna que Deus lhe dá e da qual aproveita na Terra, é a sua punição, é a sua prova, a sua expiação. Quantos tormentos o rico se permite para conservar esse ouro, a que tanto se prende! E quando chega a sua hora derradeira, quando deve prestar contas e compreende, nessa hora suprema, que quase sempre lhe revela toda a conduta que deveria ter tido, como treme! como tem medo! É que começa a compreender que falhou em sua missão, que foi um mandatário infiel e que suas contas vão ser desordenadas. Os pobres trabalhadores, ao contrário, que sofreram toda a vida, ligados à bigorna ou à charrua, veem chegar a morte, esta libertação de todos os males, com reconhecimento, sobretudo se suportaram suas misérias com resignação e sem murmurar. Crede, meus amigos, se vos fosse dado ver o rude pelourinho ao qual a fortuna liga os ricos, vós, cujo coração é bom, porque passastes por todas as peneiras da desgraça, diríeis com o Cristo, quando vosso amor-próprio fosse ferido pelo luxo dos opulentos da Terra: 'Perdoai-lhes, Senhor, pois não sabem o que fazem'; e adormeceríeis no vosso rude travesseiro, acrescentando: 'Meu Deus, abençoai-me, e que seja feita a vossa vontade!'"

O Espírito protetor do médium

## Diferentes maneiras de fazer a caridade[159]

(Sociedade Espírita de Lyon)

Nota – A comunicação seguinte foi recebida em nossa presença no grupo de Perrache:

"Sim, meus amigos, virei sempre ao vosso meio, sempre que for chamado. Ontem me senti muito feliz por vossa causa, quando ouvi o autor dos livros que vos abriram os olhos testemunhar o desejo de vos ver reunidos para vos dirigir palavras de benevolência. É um grande ensinamento para todos vós e, ao mesmo tempo, poderosa lembrança. Apenas notei, quando vos falou do amor e da caridade, que vários de vós se perguntavam: Como fazer a caridade? Muitas vezes não tenho sequer o necessário.

A caridade, meus amigos, se faz de muitas maneiras. Podeis fazê-la por pensamentos, por palavras e por ações. Por

---

[159] N.T.: *Vide O evangelho segundo o espiritismo*, cap. XIII, it. 10.

pensamentos, orando pelos pobres abandonados, que morreram sem sequer terem visto a luz. Uma prece feita de coração os alivia. Por palavras, dirigindo aos vossos companheiros de todos os dias alguns bons conselhos, dizei aos que o desespero, as privações azedaram o ânimo e levaram a blasfemar do nome do Altíssimo: 'Eu era como vós; sofria, era infeliz, mas acreditei no Espiritismo e, vede, agora sou feliz.' Aos velhos que vos disserem: 'É inútil; estou no fim da minha jornada; morrerei como vivi', dizei: 'A Justiça de Deus é a mesma para todos nós; lembrai-vos dos trabalhadores da última hora'. Às crianças, já viciadas pelas más companhias e que vagam pelo mundo, prestes a sucumbir às más tentações, dizei: 'Deus vos vê, meus caros pequenos', e não temais lhes repetir essas brandas palavras. Elas acabarão por lhes germinar nas inteligências infantis e, em vez de vagabundos, fareis deles homens. Isso também é caridade.

Muitos dentre vós também dizeis: 'Ora! somos tão numerosos na Terra que Deus não nos pode ver a todos.' Escutai bem isto, meus amigos: Quando estais no cume da montanha não abrangeis com o olhar os bilhões de grãos de areia que a cobrem? Pois bem! Deus vos vê do mesmo modo. Ele vos deixa usar do vosso livre-arbítrio, como vós deixais que esses grãos de areia se movam ao sabor do vento que os dispersa. Apenas, Deus, em sua infinita misericórdia, vos pôs no fundo do coração uma sentinela vigilante, que se chama *consciência*. Escutai-a; ela só vos dará bons conselhos. Às vezes, conseguis entorpecê-la, opondo-lhe o espírito do mal. Ela, então, se cala. Mas ficai certos de que a pobre escorraçada se fará ouvir, logo que lhe deixardes aperceber-se da sombra do remorso. Ouvi-a, interrogai-a, e com frequência vos achareis consolados com o conselho que dela houverdes recebido.

Meus amigos, a cada regimento novo o general entrega um estandarte. Eu vos dou por divisa esta máxima do Cristo: 'Amai-vos uns aos outros.' Praticai essa máxima, reuni-vos todos em torno dessa bandeira e tereis ventura e consolação."

VOSSO ESPÍRITO PROTETOR

# ROMA

(Enviada pelo Sr. Sabò, de Bordeaux)

Cidade de Rômulo, cidade dos Césares, berço do Cristianismo, tumba dos Apóstolos, tu és a cidade eterna, e Deus quer que a longa letargia em que caíste cesse finalmente. Vai soar a hora de teu retorno; sacode o entorpecimento de teus membros; levanta-te, forte e valente, para obedecer aos destinos que te esperam, pois há longos séculos não passas de uma cidade deserta. As ruínas numerosas de tuas vastas arenas, que dificilmente continham as ondas de ávidos espectadores, mal são visitadas pelos raros estrangeiros que, de vez em quando, passam por tuas ruas solitárias. Tuas catacumbas, onde repousam os despojos de tantos soldados valentes, mortos pela fé, apenas os tiram de sua indiferença. Mas a crise que sofres será a última e irás sair desse penoso e doloroso trabalho, grande, forte, poderosa, transformada pela vontade de Deus e, do alto de tua velha basílica, a voz do sucessor de Pedro estenderá sobre ti as mãos que trarão as bênçãos do Céu, e ele chamará ao seu supremo conselho os Espíritos do Senhor; submeter-se-á às suas lições e dará o sinal do progresso, empunhando francamente a bandeira do Espiritismo. Então, submetido a seus ensinos, o universo católico acorrerá em massa para se colocar ao redor do cajado de seu primeiro pastor e, dado esse impulso, todos os corações se voltarão para ti. Serás o farol luminoso que deve iluminar o mundo, e teus habitantes, alegres e felizes por te ver dar às nações o exemplo do melhoramento e do progresso, repetirão em seu canto: Sim, Roma é a cidade eterna.

MASSILLON

## O COLISEU

(Enviada pelo conde X..., de Roma. Traduzida do italiano)

Que sentimento faz nascer em vós a visão do Coliseu? O produzido pelo aspecto de toda ruína: tristeza. Suas vastas e belas proporções lembram todo um mundo de grandeza, mas sua decrepitude invariavelmente leva o pensamento para a fragilidade das coisas humanas. Tudo passa; e os monumentos, que pareciam desafiar o tempo, se desmoronam, como para provar que só as obras de Deus são duráveis. E quando os escombros, semeados por toda parte, protestam contra a eternidade das obras do homem, ousais chamar eterna uma cidade juncada de ruínas do passado!

Onde estás, Babilônia? Onde estás, Nínive? Onde vossos imensos e esplêndidos palácios? Viajante, em vão os procura sob as areias do deserto; não vês que Deus os apagou da face da Terra? Roma! Esperas, pois, afrontar as leis da natureza? Sou cristã, dizes, e Babilônia era pagã. Sim, mas, como ela, és de pedra, e um sopro de Deus pode dispersar essas pedras amontoadas. O solo que treme à tua volta não está a te advertir que teu berço, que se acha sob teus pés, pode tornar-se o teu túmulo? Sou cristã, dizes, e Deus me protege! Mas ousas comparar-te a esses primeiros cristãos, que morriam pela fé, e cujos pensamentos já eram deste mundo, tu que vives de prazeres, luxo e indolência? Lança os olhos sobre estas arenas, diante das quais passas com tanta indiferença; interroga estas pedras, ainda de pé, e elas te falarão, e a sombra dos mártires te aparecerá para dizer: Que fizeste da simplicidade, de que nosso divino Mestre fez uma lei, de humildade e de caridade, cujo exemplo nos deu? Tinham palácios? Vestiam-se de ouro e seda esses primeiros propagadores do Evangelho? Suas mesas esbanjavam o supérfluo? Tinham coortes de servos inúteis para lhes adular o orgulho? Que há de comum entre ti e eles? Eles não buscavam senão os tesouros do Céu, e tu buscas os tesouros da Terra! Ó homens que vos dizeis cristãos, vendo o vosso apego aos bens perecíveis deste mundo, dir-se-ia realmente que não contais com os da eternidade. Roma! que te dizes imortal, possam os séculos futuros não buscar o teu lugar, como hoje é procurado o da Babilônia!

DANTE

OBSERVAÇÃO – Por singular coincidência, estas duas últimas comunicações nos chegaram no mesmo dia. Embora tratando do mesmo assunto, vê-se que os Espíritos o encaram cada um do seu ponto de vista pessoal. O primeiro vê a Roma religiosa e, em sua opinião, eterna, porque será sempre a capital do mundo cristão; o segundo vê a Roma material e diz que nada do que os homens edificam é eterno. Aliás, sabe-se que os Espíritos têm suas opiniões e que podem divergir entre si na maneira de ver, quando ainda imbuídos das ideias terrestres; só os Espíritos mais puros estão isentos de preconceitos. Mas pondo de lado a opinião, que pode ser controversa, não se poderá recusar a estas duas comunicações uma grande elevação de estilo e de pensamento e cremos que não seriam desabonadas pelos autores que levam seus nomes.

## A Terra Prometida

(Enviada pelo Sr. Rodolfo, de Mulhouse)

O Espiritismo se levanta e logo sua luz fecunda vai alumiar o mundo; seu brilho magnífico protestará contra os ataques dos interessados em conservar os abusos e contra a incredulidade do materialismo. Os que duvidam sentir-se-ão felizes por encontrar nesta Doutrina nova, tão bela, tão pura, o bálsamo consolador que os curará do ceticismo e os tornará aptos a melhorar e progredir, como todas as demais criaturas. Privilegiados serão os que, renunciando às impurezas da matéria, se lançarem em voo rápido até o topo das ideias mais puras e buscarem desmaterializar-se completamente.

Povos! erguei-vos para assistir à aurora desta vida nova, que vem para a vossa regeneração; que, enviada por Deus, vem para vos unir numa santa comunhão fraterna. Oh! como serão felizes os que, ouvindo esta voz abençoada do Espiritismo, seguirem sua bandeira e cumprirem o apostolado, que deve reconduzir os irmãos extraviados pela dúvida e pela ignorância, ou embrutecidos pelo vício!

Voltai, ovelhas desgarradas, voltai ao aprisco; levantai a cabeça, contemplai o vosso Criador e rendereis homenagem ao seu amor por vós. Retirai prontamente o véu que vos ocultava o Espírito da

Divindade; admirai-o em toda a sua bondade; prostrai a face contra a terra e arrependei-vos. O arrependimento vos abrirá as portas da felicidade: as de um mundo melhor, onde reinam o amor mais puro, a fraternidade mais estreita, onde cada um sente alegria na alegria do próximo.

Não sentis que se aproxima o momento em que vão surgir coisas novas? Não sentis que a Terra está em trabalho de parto? Que querem esses povos que se remexem, que se agitam, que se aprestam para a luta? Por que vão combater? Para romper as cadeias que estancam o progresso de sua inteligência, absorvem a sua seiva, semeiam a desconfiança e a discórdia, armam o filho contra o pai, o irmão contra o irmão, corrompem as nobres aspirações e matam o gênio. Ó liberdade! Ó independência! Nobres atributos dos filhos de Deus, que alargais o coração e elevais a alma, é por vós que os homens se tornam bons, grandes e generosos; por vós, nossas aspirações se voltam para o bem, a injustiça desaparece, os ódios se extinguem e a discórdia, envergonhada, foge e apaga seu facho, temendo irradiar seus sinistros clarões. Irmãos! escutai a voz que vos diz: Marchai! marchai para esse brilhante objetivo que vedes despontar mais além! Marchai para esse brilhante raio de luz que está à vossa frente, como a coluna luminosa adiante do povo de Israel; ele vos conduzirá à verdadeira *Terra Prometida*, onde reina a eterna felicidade, reservada aos Espíritos puros. Armai-vos de virtudes; purificai-vos das impurezas e, então a rota vos parecerá fácil e a encontrareis coberta de flores; percorrê-la-eis com um inefável sentimento de alegria, porque, a cada passo, compreendereis que vos aproximais do alvo onde podeis conquistar as palmas eternas.

MARDOCHÉE

## EGOÍSMO E ORGULHO[160]

(Sociedade Espírita de Sens)

Se os homens se amassem com mútuo amor, mais bem praticada seria a caridade, mas, para isso, seria preciso que vos

---

[160] N.T.: *Vide O evangelho segundo o espiritismo*, cap. XI, it. 12.

esforçásseis por largar essa couraça que cobre os vossos corações, a fim de se tornarem eles mais sensíveis aos sofrimentos alheios. A rigidez mata os bons sentimentos; o Cristo não se escusava; não repelia aquele que o buscasse, fosse quem fosse: socorria tanto a mulher adúltera, como o criminoso; nunca temeu que a sua reputação sofresse por isso. Quando, pois, o tomareis por modelo de todas as vossas ações? *Se a caridade reinasse na Terra, o mau não imperaria nela; fugiria envergonhado; ocultar-se-ia, visto que em toda parte se acharia deslocado.* O mal então desapareceria, ficai bem certos.

Começai vós mesmos por dar o exemplo; sede caridosos para com todos indistintamente; esforçai-vos por não atentar nos que vos olham com desdém; crede sempre que eles merecem vossa simpatia e deixai a Deus o encargo de fazer toda a justiça, porque a cada dia, em seu reino, Ele separa no seu reino, o joio do trigo.

O egoísmo é a negação da caridade. Ora, sem a caridade não haverá descanso para sociedade humana. Digo mais, não haverá segurança. Com o egoísmo e o orgulho, que andam de mãos dadas, a vida será sempre uma carreira em que vencerá o mais esperto, uma luta de interesses, em que as mais santas afeições serão espezinhadas, em que nem os sagrados laços da família serão respeitados.

Pascal

## Sociedade Espírita de Metz

Ao retornar de nossa viagem encontramos uma carta do honrado presidente da Sociedade Espírita de Metz, bem como a primeira publicação dessa Sociedade. Daremos notícias dela no próximo número, pois este já está composto e pronto para ser impresso. Só nos resta espaço e tempo para enviar nossas sinceras felicitações àquela Sociedade e ao seu digno presidente.

Allan Kardec

# Revista Espírita
Jornal de Estudos Psicológicos
ANO IV    NOVEMBRO DE 1861    Nº 11

## Resquícios da Idade Média

### Auto de fé das obras espíritas em Barcelona

Nada informamos aos leitores sobre esse fato, que já não o saibam por meio da imprensa. O que é de admirar é que certos jornais, que geralmente passam por bem informados, o tenham posto em dúvida. A dúvida não nos surpreende, mas o fato em si mesmo parece tão estranho ao tempo em que vivemos, está de tal modo longe de nossos costumes que, por maior cegueira reconheçamos no fanatismo, pensamos sonhar ao ouvir dizer que as fogueiras da Inquisição ainda se acendem em 1861, às portas da França. Nestas circunstâncias a dúvida é uma homenagem prestada à civilização europeia e ao próprio clero católico. Hoje, em presença de uma realidade incontestável, o que mais deve surpreender é que um jornal sério, que diariamente cai sem dó nem piedade sobre os abusos e usurpações do poder sacerdotal, não tenha encontrado, para registrar esse fato, senão algumas palavras zombeteiras, acrescentando: "Em todo o caso, não seríamos nós que nos divertiríamos neste momento em fazer girar as mesas na Espanha." (*Siècle* de 14 de outubro de 1861). Então o *Siècle* ainda vê o Espiritismo nas mesas girantes? Estará tão enceguecido pelo ceticismo para ignorar que toda uma doutrina filosófica, eminentemente *progressiva*, saiu dessas mesas, das quais tanto zombaram? Não sabe que esta ideia fermenta em toda parte? Que nas grandes cidades, como nas pequenas localidades, de alto a baixo da escala social, tanto na França quanto no estrangeiro, esta ideia se espalha com inaudita rapidez? Que por toda parte agita as massas, que nela saúdam a aurora de uma renovação social? O golpe com que imaginaram feri-lo não é um indício de sua importância? Porque ninguém se atira assim contra uma infantilidade sem consequência, e Dom Quixote não voltou à Espanha para se debater contra moinhos de vento.

O que não é menos exorbitante, o que causa admiração por não se ver nenhum protesto enérgico, é a estranha pretensão que se arroga o bispo de Barcelona, de policiar a França. Ao se pedir a reexportação das obras, ele respondeu com uma recusa assim justificada: *A Igreja católica é universal; e sendo estes livros contrários à fé católica, o governo não pode consentir que venham perverter a moral e a religião de outros países.* Eis, assim, um bispo estrangeiro que se institui juiz do que convém ou não convém à França! Então a sentença foi mantida e executada, sem mesmo isentar o destinatário das taxas alfandegárias, cujo pagamento lhe foi exigido.

Eis o relato que nos foi dirigido pessoalmente:

"Hoje, 9 de outubro de 1861, às 10h30 da manhã, na esplanada da cidade de Barcelona, lugar onde são executados os criminosos condenados ao último suplício, e por ordem do bispo desta cidade, foram queimados trezentos volumes e brochuras sobre o Espiritismo, a saber:

A *Revista Espírita*, diretor Allan Kardec;

A *Revista espiritualista*, diretor Piérard;

*O livro dos espíritos*, por Allan Kardec;

*O livro dos médiuns*, pelo mesmo;

*O que é o espiritismo*, pelo mesmo;

*Fragmentos de sonata ditada pelo Espírito Mozart;*

*Carta de um católico sobre o espiritismo,* pelo Dr. Grand;

*A história de Joana d'Arc,* ditada por ela mesma à Srta. Ermance Dufau;[161]

*A realidade dos espíritos demonstrada pela escrita direta,* pelo barão de Guldenstubbè.[162]

Assistiram ao auto de fé:

Um sacerdote com os hábitos sacerdotais, empunhando a cruz numa mão e uma tocha na outra;

Um escrivão encarregado de redigir a Ata do auto de fé;

Um ajudante do escrivão;

Um empregado superior da administração das alfândegas;

Três serventes da alfândega, encarregados de alimentar o fogo;

Um agente da alfândega representando o proprietário das obras condenadas pelo bispo.

Uma multidão incalculável enchia as calçadas e cobria a imensa esplanada onde se erguia a fogueira.

Quando o fogo consumiu os trezentos volumes ou brochuras espíritas, o sacerdote e seus ajudantes se retiraram, cobertos pelas vaias e maldições de numerosos assistentes, que gritavam: Abaixo a Inquisição!

---

[161] N.T.: *Dufau,* no original. O correto é *Dufaux* (Ermance Dufaux).
[162] N.E.: Médium pneumatógrafo sueco.

Em seguida, várias pessoas se aproximaram da fogueira e recolheram as suas cinzas."

Uma parte das cinzas nos foi enviada. Ali se encontra um fragmento de *O livro dos espíritos*, consumido pela metade. Nós o conservamos preciosamente, como autêntico testemunho desse ato de insensatez.

À parte qualquer opinião, este caso levanta grave questão de direito internacional. Reconhecemos ao governo espanhol o direito de interditar, em seu território, a entrada de obras que não lhe convenham, como a de todas as mercadorias proibidas. Se as obras tivessem sido introduzidas clandestina e fraudulentamente, nada haveria a objetar, mas foram expedidas ostensivamente e apresentadas à alfândega; havia, pois, uma permissão legalmente solicitada. A alfândega julga dever reportar-se à autoridade episcopal que, sem qualquer formalidade processual, condena as obras a serem queimadas pelas mãos do carrasco. Então o destinatário pede que sejam reexportadas para o lugar de sua procedência e, por fim, lhe é respondido que não as receberá, conforme relatado acima. Perguntamos se em tais circunstâncias a destruição dessa propriedade não é um ato arbitrário e contra o direito comum.

Examinando o caso do ponto de vista de suas consequências, diremos, inicialmente, não haver dúvida de que nada poderia ter sido mais benéfico ao Espiritismo. A perseguição sempre foi proveitosa à ideia que quiseram proscrever: exalta a sua importância, chama a sua atenção e a torna conhecida por quantos a ignoravam. Graças a esse zelo imprudente, todo o mundo na Espanha vai ouvir falar do Espiritismo e quererá saber o que é ele; é tudo quanto desejamos. Podem queimar-se livros, mas não se queimam ideias; as chamas das fogueiras as superexcitam, em vez de abafar. Aliás, as ideias estão no ar, e não há Pireneus[163] bastante altos para as deter. Quando uma ideia é grande e generosa encontra milhares de pulmões prestes

---

[163] N.E.: Cordilheira no sudoeste da Europa cujos montes formam uma fronteira natural entre a França e a Espanha.

a aspirá-la. Façam o que quiserem, o Espiritismo já tem numerosas e profundas raízes na Espanha; as cinzas da fogueira vão fazê-la frutificar. Mas não é somente na Espanha que se produzirá tal resultado: o mundo inteiro sentirá o contragolpe. Vários jornais da Espanha estigmatizaram esse ato retrógrado, como bem o merece. Entre outros, *Las Novedades* de Madri, de 19 de outubro, contém notável artigo a respeito. Será reproduzido em nosso próximo número.

Espíritas de todos os países! Não esqueçais esta data: 9 de outubro de 1861; será marcada nos fastos do Espiritismo. Que ela seja para vós um dia de festa, e não de luto, porque é a garantia de vosso próximo triunfo!

Entre as numerosas comunicações que os Espíritos ditaram a respeito, citaremos apenas as duas seguintes, dadas espontaneamente na Sociedade de Paris. Elas resumem as causas e todas as suas consequências.

Sobre o auto de fé de Barcelona:

"O amor da verdade deve sempre fazer-se ouvir: ela rompe o véu e brilha ao mesmo tempo por toda parte. O Espiritismo tornou-se conhecido de todos; logo será julgado e posto em prática. Quanto mais perseguições houver, tanto mais depressa esta sublime Doutrina alcançará o apogeu. Seus mais cruéis inimigos, os inimigos do Cristo e do progresso, atuam de maneira que ninguém possa ignorar a permissão de Deus, dada àqueles que deixaram esta Terra de exílio, de voltarem aos que amaram.

Ficai certos: as fogueiras apagar-se-ão por si mesmas; e se os livros são lançados ao fogo, o pensamento imortal lhes sobrevive."

DOLLET

NOTA – Este Espírito, tendo se manifestado espontaneamente, disse ser o de um antigo livreiro do século XVI.

Outra:

"Era necessário que algo ferisse violentamente certos Espíritos encarnados, a fim de que se decidissem a ocupar-se desta grande Doutrina que vai regenerar o mundo. Nada é feito inutilmente em vossa Terra. Nós, que inspiramos o auto de fé de Barcelona, sabíamos perfeitamente que assim agindo daríamos um grande passo à frente. Esse fato brutal, inacreditável nos tempos atuais, foi consumado com vistas a chamar a atenção dos jornalistas que se mantinham indiferentes diante da profunda agitação que tomava conta das cidades e dos centros espíritas. Eles deixavam dizer e fazer, mas, obstinados, faziam ouvidos de mercador, respondendo pelo mutismo ao desejo de propaganda dos adeptos do Espiritismo. Queiram ou não, é preciso que hoje falem; uns, constatando o histórico do caso de Barcelona, outros o desmentindo, ensejaram uma polêmica que fará a volta ao mundo e da qual só o Espiritismo aproveitará. Eis por que hoje a retaguarda da Inquisição praticou o seu último auto de fé, porque assim o quisemos."

São Domingos

## Opinião de um jornalista sobre *O livro dos espíritos*

Como se sabe, a imprensa não morre de amores por nós, o que não impede o Espiritismo de avançar rapidamente, prova evidente de que é bastante forte para marchar sozinho. Se a imprensa é muda ou hostil, seria erro acreditarmos tenha ele contra si todos os seus representantes. Muitos, ao contrário, são-lhes muito simpáticos, mas tolhidos por considerações pessoais, porque todos querem dar o exemplo. Neste tempo a opinião pública se pronuncia cada vez mais. A ideia se generaliza e, quando tiver invadido as massas, a imprensa *progressista* será mesmo forçada a segui-la, sob pena de ficar com os que jamais avançam. Fá-lo-á sobretudo quando compreender que o Espiritismo é o mais poderoso elemento de propagação para todas as ideias grandiosas, generosas e humanitárias, que não cessa de pregar; sem dúvida suas palavras não ficam perdidas, mas quantos golpes de picareta não devem ser dados na rocha dos preconceitos antes de a encetar! O Espiritismo lhes abre um terreno fecundo e aplana as últimas barreiras que lhe detinham a marcha. Eis o que compreenderão os que se derem ao trabalho de o estudar a fundo, medir-lhe o alcance e ver suas consequências, que já se manifestam por resultados positivos; para isto, porém, precisamos de observadores sérios, e não superficiais, homens que não escrevam por escrever, mas que façam de seus princípios uma religião. Eles serão encontrados, não duvidemos disso; e, mais cedo do que se pensa, ver-se-á à cabeça da propagação das ideias espíritas alguns desses nomes que, por si sós, são autoridades e cuja memória o futuro guardará, como havendo concorrido para a verdadeira emancipação da humanidade.

O artigo a seguir, publicado pelo *Akhbar*, jornal de Argel, de 15 de outubro de 1861 é, nesse sentido, um primeiro passo, que por certo terá imitadores. Sob o modesto pseudônimo de Ariel, nossos leitores talvez reconheçam a pena exercitada de um dos nossos eminentes jornalistas.

> A imprensa da Europa tem se ocupado bastante com esta obra. Depois de a ter lido, compreende-se o porquê, seja qual for a opinião que se tenha da colaboração das inteligências ultramundanas, que o autor diz ter obtido. Com efeito, suprimindo algumas páginas de introdução que expõem as vias e os meios da dita colaboração — a parte contestável para os profanos — resta um livro de alta filosofia, de uma moral eminentemente pura e, principalmente, de um efeito muito consolador para a alma humana, assediada entre os sofrimentos do presente e o medo do futuro. Assim, mais de um leitor deve ter dito a si mesmo, ao chegar à ultima página: "Não sei se tudo isto é verdade, mas bem que gostaria que fosse!"
>
> Quem não ouviu falar, desde alguns anos, das estranhas comunicações de que certos privilegiados eram intérpretes entre o nosso mundo material e o mundo invisível? Cada um tomou partido na

questão e, como sói acontecer habitualmente, a maioria dos que se colocaram sob a bandeira dos crentes, ou que se entrincheiraram no campo dos incrédulos, não se deu ao trabalho de verificar os fatos, cuja realidade era admitida por uns e negada por outros.

Mas estes não são assuntos para serem discutidos num jornal da natureza do nosso. Assim, sem contestar nem atestar a autenticidade das assinaturas póstumas de Platão, Sócrates, Santo Agostinho, Júlio César, Carlos Magno, São Luís, Napoleão etc., que se acham na parte inferior de vários parágrafos do livro do Sr. Allan Kardec, concluímos que se esses grandes homens voltassem ao mundo para nos dar explicações sobre os problemas mais interessantes da humanidade, não se exprimiriam com mais lucidez, com um senso moral mais profundo, mais delicado, com maior elevação de vistas e de linguagem do que o fazem na excêntrica obra, da qual tentaremos dar uma ideia. São coisas que não se leem sem emoção e não são daquelas que logo se esquece depois de as haver lido. Neste sentido, *O livro dos espíritos* não passará, como tantos outros, em meio à indiferença do século: terá ardentes detratores, zombadores impiedosos, mas não nos surpreenderíamos se, em compensação, também tivesse partidários sinceros e entusiastas.

Não podendo, em consciência, por falta de uma verificação prévia, colocar-nos entre uns e outros, ficamos no humilde ofício de relator e dizemos: Lede esta obra, pois ela sai completamente dos atalhos repisados da banalidade contemporânea. Se não estiverdes seduzido, subjugado, talvez vos irriteis, mas, com toda a certeza, nem ficareis frio nem indiferente.

Recomendamos, sobretudo, a passagem relativa à morte. Eis um tema sobre o qual ninguém gosta de fixar a atenção, mesmo aquele que se julga espírito forte e intrépido. Pois bem! depois de ter lido e meditado, a gente se sente muito admirado por não mais encontrar essa crise suprema tão aterradora; sobre o assunto, chega-se ao ponto mais desejável, aquele em que não temos nem desejamos a morte. Outros problemas de não menor importância têm soluções igualmente consoladoras e inesperadas. Em suma, o tempo que se consagra à leitura desse livro será bem empregado para a curiosidade intelectual e não será perdido para o melhoramento moral.

Ariel

# O Espiritismo em Bordeaux

Se Lyon fez o que se poderia chamar o seu *pronunciamento* no que respeita ao Espiritismo, Bordeaux não ficou atrás, porque também quer ocupar um dos primeiros lugares na grande família. Pode-se julgar pelo relato que damos da visita que acabamos de fazer aos espíritas dessa cidade, a convite deles mesmos. Não foi em alguns anos, mas em alguns meses, que a Doutrina ali tomou proporções grandiosas em todas as classes da sociedade. Para começar, constatamos um fato capital: é que lá, como em Lyon e em muitas outras cidades que visitamos, vimos a Doutrina encarada do mais sério ponto de vista e nas suas aplicações morais; ali, como alhures, vimos inumeráveis transformações, verdadeiras metamorfoses; caracteres que não são mais reconhecíveis; pessoas que em nada acreditavam, trazidas às ideias religiosas pela certeza do porvir, agora palpável para elas. Isto dá a medida do espírito que impera nas reuniões espíritas, já muito multiplicadas. Em todas as que assistimos, constatamos o mais edificante recolhimento, um ar de mútua benevolência entre os assistentes; nós nos sentimos em meio simpático, que inspira confiança.

Os operários de Bordeaux nada ficam a dever aos de Lyon; ali eles contam numerosos e fervorosos adeptos, cujo número aumenta diariamente. Sentimo-nos feliz em dizer que saímos de suas reuniões edificados pelo piedoso sentimento que as preside e pelo tato com o qual sabem guardar-se contra a intrusão dos Espíritos enganadores. Um fato que constatamos com prazer é que certos homens, muitas vezes em eminente posição social, se misturam aos grupos plebeus com a mais fraterna cordialidade, deixando os títulos à porta, como se fossem simples trabalhadores, acolhidos com igual benevolência nos grupos de uma e outra ordem. Por toda parte o rico e o artesão se apertam as mãos cordialmente. Disseram-nos que essa aproximação das duas extremidades da escala social entrou nos costumes da região e nos felicitamos por isto. Mas reconhecemos que o Espiritismo veio dar a esse estado de coisas uma razão de ser e uma sanção moral, ao mostrar em que consiste a verdadeira fraternidade.

Encontramos em Bordeaux numerosos e excelentes médiuns em todas as classes, de todos os sexos e idades. Muitos escrevem com grande facilidade e obtêm comunicações de elevado alcance, o que, aliás, os Espíritos nos haviam prevenido antes de nossa partida. Além disso, não se pode senão louvá-los pela solicitude com que prestam seu concurso nas reuniões. Mas o que é ainda melhor é a abnegação de todo o amor-próprio a respeito das comunicações; ninguém se julga privilegiado e intérprete *exclusivo* da verdade; ninguém procura impor-se, nem impor os Espíritos que os assistem; todos submetem com simplicidade o que obtêm ao julgamento da assembleia e ninguém se ofende, nem se melindra com a crítica; aquele que recebe falsas comunicações consola-se aproveitando as boas que outros obtêm e dos quais não têm ciúmes. Acontece a mesma coisa em toda parte? Ignoramos. Constatamos o que vimos; constatamos, também, que se compenetraram do princípio de que todo médium orgulhoso, ciumento e suscetível não pode ser assistido por Espíritos bons e que nele essas imperfeições são motivo de suspeita. Longe, pois, de procurar tais médiuns, a despeito da eminência de suas faculdades, porquanto se fossem encontrados seriam repelidos por todos os grupos sérios que, antes de tudo, querem ter comunicações sérias, e não visar os efeitos.

Entre os médiuns que vimos, um há que merece menção especial. É uma moça de 19 anos que, à faculdade de escrever, reúne a de médium desenhista e músico. Ela anotou *mecanicamente*, sob o ditado de um Espírito, que disse ser Mozart, um trecho de música que este não desautorizaria. Assinou-o, e várias pessoas, que viram os seus autógrafos, atestaram a perfeita identidade da assinatura. Mas o trabalho mais notável é, sem contradita, o desenho; trata-se de um quadro planetário de 4m² de superfície, de um efeito tão original e tão singular que nos seria impossível dar uma ideia pela sua descrição. É trabalhado em lápis negro, em pastel de diversas cores e em esfuminho. Esse quadro, começado há alguns meses, ainda não está terminado; é destinado pelo Espírito à Sociedade Espírita de Paris. Vimos a médium à obra e tanto ficamos maravilhados com a rapidez, quanto com a precisão do trabalho. Inicialmente, e à guisa de treino, o Espírito a fez traçar, com mão levantada e de um jato, círculos e espirais de cerca de 1m de diâmetro e de tal regularidade, que se encontrou o centro geométrico perfeitamente exato. Nada podemos dizer ainda quanto ao valor científico do quadro, mas, admitindo seja uma fantasia, não deixa de ser, como execução mediúnica, um trabalho deveras notável. Devendo o original ser enviado a Paris, o Espírito aconselhou que o fotografassem para se tirar várias cópias.

Um fato que devemos mencionar é que o pai da médium é pintor. Como artista achava que o Espírito obrava contrariamente às regras da arte e pretendia dar conselhos. Por isso o Espírito o proibiu de assistir ao trabalho, a fim de que a médium não lhe sofresse a influência.

Até pouco tempo a médium não havia lido nossas obras. O Espírito lhe ditou, para nos ser entregue à nossa chegada, que ainda não estava anunciada, um pequeno tratado de Espiritismo, em todos os pontos de acordo com *O livro dos espíritos*.

Seria muita presunção de nossa parte relatar os testemunhos de simpatia que recebemos, das atenções e cortesias de que fomos objeto; por certo teriam inflamado o nosso orgulho, se não tivéssemos pensado que era uma homenagem antes tributada à Doutrina do que à nossa pessoa. Pelo mesmo motivo tínhamos hesitado em publicar alguns discursos que foram pronunciados e que realmente nos deixaram confuso. Tendo submetido nossos escrúpulos a alguns amigos e a vários membros da Sociedade, foi-nos dito que tais discursos eram uma indicação do estado da Doutrina e que, sob esse ponto de vista, era instrutivo que todos os espíritas os conhecessem; que, por outro lado, sendo as palavras a expressão de um sentimento sincero, os que as tinham pronunciado lamentariam que, por excesso de modéstia, nos abstivéssemos de reproduzi-las; poderiam ver nisto indiferença de nossa parte. Foi sobretudo esta última consideração que nos determinou. Esperamos que os leitores nos julguem um espírita assaz bom para não mentir aos princípios que professamos, fazendo deste relato uma questão de amor-próprio.

Uma vez que nos reportamos a esses diversos discursos, não queremos omitir, como traço característico, a pequena alocução que nos foi recitada com graça encantadora e ingênua solicitude por um menino de 5 anos e meio, filho do Sr. Sabò, quando da nossa chegada ao seio dessa família verdadeiramente patriarcal, e sobre a qual o Espiritismo derramou a mancheias suas benfazejas consolações. Se toda geração que surge estivesse imbuída de tais sentimentos, seria permitido entrever como muito próxima a mudança que deve operar-se nos costumes sociais, mudança que de todos os lados é anunciada pelos Espíritos. Não penseis que aquela criança tenha recitado sua pequena saudação como um papagaio. Não; captou-lhe muito bem o sentido. O Espiritismo, no qual, por assim dizer, foi embalada, já é para a sua jovem inteligência um freio, que compreende perfeitamente e que sua razão, ao se desenvolver, não rechaçará.

Eis o pequeno discurso do nosso jovenzinho Joseph Sabò, que ficaria muito desgostoso se não o publicássemos:

"Sr. Allan Kardec, permiti à mais jovem de vossas crianças espíritas vir hoje, dia para sempre gravado em nossos corações, vos exprimir a alegria causada por vossa estada entre nós. Ainda estou na infância, mas meu pai já me ensinou que são os Espíritos que se manifestam a nós; a docilidade com que devemos seguir seus conselhos; as penas e recompensas que nos estão destinadas. E, em alguns anos, se Deus o julgar conveniente, também quero, sob os vossos auspícios, tornar-me um digno e fervoroso apóstolo do Espiritismo, sempre submisso ao vosso saber e à vossa experiência. Em recompensa por estas breves palavras, ditadas por meu coraçãozinho, conceder-me-íeis um beijo, que não ouso vos pedir?"

## Reunião geral dos espíritas bordeleses

(14 de outubro de 1861)

### Discurso do Sr. Sabò

Senhoras, senhores,

Rendamos a Deus a sincera homenagem do nosso reconhecimento, por haver lançado sobre nós um olhar paternal e benevolente, concedendo-nos o precioso favor de receber os ensinamentos dos Espíritos bons que, por sua ordem, vêm diariamente ajudar-nos a discernir a verdade do erro, dar-nos a certeza de uma felicidade futura, mostrar-nos que a punição é proporcional à ofensa, mas não eterna, e fazer-nos compreender esta justa e equitativa lei da reencarnação, pedra angular do edifício espírita, que serve para a nossa purificação e para nos fazer progredir em direção ao bem.

Eu disse reencarnação! Mas para tornar essa palavra mais compreensível, cedemos um instante a palavra a um dos nossos guias espirituais, que se prontificou, para nossa instrução espírita, a desenvolver em algumas palavras este tão grave e interessante assunto para a nossa pobre humanidade.

Diz ele: "A reencarnação é o inferno; a reencarnação é o purgatório; a reencarnação é a expiação; a reencarnação é o progresso. É, enfim, a santa escada, pela qual devem subir todos os homens; seus degraus são as fases das diversas existências a percorrer para atingir o topo, pois Deus disse: 'Para chegar a Ele é preciso nascer, morrer e renascer até que se tenha alcançado os limites da perfeição', e ninguém chega a Ele sem ter sido purificado pela reencarnação."

Ainda neófito na ciência espírita, só dispúnhamos do zelo e da boa vontade para divulgá-la. Deus se contentou com isto e abençoou nossos frágeis esforços, fazendo germinar no coração de alguns de nossos irmãos de Bordeaux a semente da palavra divina.

Com efeito, desde o mês de janeiro nos ocupamos da *ciência prática* e vimos ligar-se a nós certo número de irmãos que dela se ocupavam isoladamente; outros que ouviram falar pela voz da imprensa ou pela fama, essa trombeta retumbante que se encarregou de anunciar, em todos os pontos da nossa cidade, o aparecimento desta fé consoladora, testemunha irrecusável da bondade de Deus para com os seus filhos.

Não obstante as dificuldades encontradas no caminho, fortalecidos pela pureza e retidão de nossas convicções, sustentados pelos conselhos de nosso amado e venerado chefe Sr. Allan Kardec, tivemos a grata satisfação, após nove meses de apostolado, com o auxílio de alguns dos nossos irmãos, de poder reunir-nos hoje, sob suas vistas, para a inauguração desta Sociedade que, assim o espero, continuará a dar frutos em abundância e se espalhará como orvalho benfazejo sobre os corações dessecados pelo materialismo, endurecidos pelo egoísmo, intumescidos pelo orgulho, e levará o bálsamo da resignação aos aflitos e sofredores, aos pobres e aos deserdados dos bens terrestres, dizendo-lhes: "Confiança e coragem; as provas terrenas são curtas, comparativamente à eterna felicidade que Deus vos reserva, em recompensa de vossas lutas e sofrimento aqui embaixo."

Sim, confesso em alto e bom som, estou feliz por ser o intérprete de um grande número de membros da Sociedade Espírita de Bordeaux, protestando nossa fidelidade em seguir a rota traçada pelo nosso caro missionário, aqui presente, pois compreendemos que, para ser seguro, o progresso não se faz senão gradativamente, e que, combatendo fortemente certas ideias recebidas há séculos, adiaríamos o momento de nossa emancipação espiritual. É possível que haja entre nós opiniões divergentes a este respeito; nós as respeitamos. Por nós, marchemos pouco a pouco, seguindo esta máxima da sabedoria das nações: *que va piano va sano.*[164] Talvez cheguemos mais tarde, mas chegaremos mais seguros, porque não teremos rompido com a fé de nossos ancestrais, sempre sagrada para nós, seja ela qual for. Sirvamo-nos da luz do Espiritismo, não para abater, mas para nos melhorarmos, para progredirmos. Suportando com coragem e resignação as vicissitudes desta vida, onde estamos de passagem, mereceremos o favor de sermos conduzidos ao fim de nossas provas, pelos Espíritos do Senhor, para desfrutar da imortalidade para a qual fomos criados.

Permiti, caro mestre, que em nome dos membros desta Sociedade, que vos cercam, eu vos agradeça a honra que lhes destes, vindo pessoalmente inaugurar esta reunião familiar, que é uma festa para todos nós, e que sem dúvida marcará ponto nos fastos do Espiritismo. Recebei, igualmente, neste dia que ficará gravado em nossos corações e de maneira muito particular, a expressão muito sincera do nosso vivo reconhecimento pela bondade paternal com que encorajastes os nossos frágeis trabalhos. Fostes vós que nos traçastes a rota e nos sentimos felizes por vos seguir, previamente convencidos de que vossa missão é fazer marchar o progresso espiritual em nossa bela França, a qual, por sua vez, impulsionará as demais nações da Terra de modo a permitir, pelo progresso intelectual e moral, que elas cheguem pouco a pouco à felicidade.

## ALGUMAS CONSIDERAÇÕES SOBRE O ESPIRITISMO

Lidas na sessão geral, quando da passagem do Sr. Allan Kardec em Bordeaux

Pelo Dr. Bouché de Vitray

(14 de outubro de 1861)

Há certas épocas em que a ideia governa o mundo, precedendo esses grandes cataclismos que transformam os homens e os povos. Tanto ou mais que aquela que preside os interesses

---

[164] N.T.: A frase ficará perfeita se substituirmos o vocábulo *que* (francês) por *chi* (italiano).

temporários, a ideia religiosa também contribui para o grande movimento social.

  Absorvida frequentemente pelas preocupações materiais, ela se desprende de repente, ou insensivelmente. Ora é o raio que escapa das nuvens, ora o vulcão, que mina secretamente a montanha, antes de transpor a cratera. Hoje afeta outro gênero de manifestação: após se haver mostrado como ponto imperceptível no horizonte do pensamento, acabou por invadir a atmosfera. O ar está impregnado; ela atravessa o espaço, fecunda as inteligências, mantém emocionado o mundo inteiro. E não penseis que me sirvo de metáfora para expressar a realidade. Não; é um fenômeno do qual se tem consciência e que dificilmente a palavra traduz. É como um fluido que nos comprime por todos os lados, é alguma coisa vaga e indeterminada, cuja influência todos sentem, de que o cérebro está impregnado e que dele se desprende frequentemente como que por intuição, raramente como um pensamento formulado explicitamente. A ideia religiosa — digamos espírita — tem seu lugar no balcão do negociante, no consultório do médico, no gabinete do advogado e do procurador, na oficina do operário, nos campos e nas casernas. O nome do nosso grande, do nosso caro missionário espírita está em todas as bocas, como sua imagem se acha em todos os nossos corações, e todos os olhos estão fixados neste ponto culminante, digno intérprete dos ministros do Senhor. Esta ideia que percorre a imensidade, que superexcita todos os cérebros humanos, que existe mesmo instintivamente nos Espíritos encarnados mais recalcitrantes, não seria obra dessa multidão de inteligências que nos envolvem, precedendo e facilitando os nossos trabalhos apostólicos?

  Sabemos que o testemunho da autenticidade de nossa Doutrina remonta à noite dos tempos; que os livros sagrados, base fundamental do Cristianismo, as relatam; que vários padres da Igreja, entre os quais Tertuliano e Santo Agostinho, afirmam a sua realidade; até mesmo as obras contemporâneas lhe fazem menção e não posso resistir ao desejo de citar a passagem de um opúsculo publicado em 1843, que parece expor analiticamente toda a quintessência do Espiritismo:

> Algumas pessoas põem em dúvida a existência de inteligências superiores, incorpóreas, isto é, gênios que presidem à administração do mundo, e entretêm um comércio íntimo com alguns seres privilegiados. É para elas que escrevo as linhas que se seguem, esperando que lhes deem convicção:
>
> Em todos os reinos da natureza existe uma lei que escalona as espécies, desde os infinitamente pequenos até os infinitamente grandes. É por graus imperceptíveis que se passa do inseto ao elefante, dos minúsculos grãos de areia ao maior dos globos celestes. Esta gradação regular é evidente em todas as obras sensíveis do Criador; deve, pois, achar-se nas suas obras-primas, a fim de que a escala seja contínua, para subir até Ele! A distância prodigiosa que existe entre a matéria inerte e o homem dotado de razão parece ser preenchida pelos seres orgânicos, mas privados desta nobre prerrogativa. Na distância infinita entre o homem e seu autor, *encontra-se o lugar dos Espíritos puros*. Sua existência é indispensável para que a Criação seja acabada em todos os sentidos.
>
> Assim, há também o mundo dos Espíritos, cuja variedade é tão grande quanto o das estrelas que brilham no firmamento; há também o universo das inteligências que, pela sutileza, prontidão e vastidão de sua penetração, se aproximam cada vez mais da Inteligência soberana. Seu desígnio, já manifesto na organização do mundo visível, continua até a perfeita consumação no mundo invisível. Todas as religiões proclamam a existência desses seres imateriais; todas os representam como se imiscuindo nos assuntos humanos, como agentes secundários. Não admitir a sua intromissão nas peripécias humanas é negar, consequentemente, os fatos sobre os quais repousam as crenças de todos os povos, de todos os filósofos e de todos os sábios, remontando até a mais alta Antiguidade.

Com toda a certeza, aquele que traçou este quadro era espírita nos mais íntimos refolhos da alma. A este esboço incompleto falta o dogma essencial da reencarnação, bem como as consequências morais que o ensino dos Espíritos impõe aos adeptos do Espiritismo. A Doutrina existia no estado de intuição, tanto nas inteligências quanto nos corações. Vós aparecestes, senhor, como eleito de Deus; o Todo-Poderoso apoiou-se numa vasta erudição, num Espírito elevado, numa retidão completa e numa mediunidade privilegiada. Todos os elementos das verdades eternas estavam disseminados no espaço; era preciso fixar a ciência, levar a convicção às consciências ainda indecisas e reunir todas as inspirações emanadas do Altíssimo num corpo substancial de doutrina. A obra caminhou e o pólen escapado dessa antera intelectual produziu a fecundação. Vosso nome é a bandeira sob a qual nos colocamos à vontade. Hoje vindes em auxílio destes neófitos do Espiritismo, que ainda não fazem senão balbuciar os rudimentos da ciência, mas que um grande número de Espíritos, atenciosos e benevolentes, não desdenha favorecer em suas celestes inspirações. Já — e nos felicitamos por isto — em meio a este congresso de inteligências dos dois mundos, as paixões más se amotinam em torno da obra regeneradora; já o falso saber, o orgulho, o egoísmo e os interesses humanos se erguem contra o Espiritismo, em testemunho de seu poder, enquanto o grande motor desse progresso ascensional para as regiões celestes — Deus — oculto atrás dessa nuvem de teorias odientas e quiméricas, permanece calmo e prossegue a sua obra.

Realizada a obra, formam-se centros espíritas em todos os pontos do globo. Os moços abandonam as ilusões da primeira idade, que lhes preparam tantas decepções na maturidade; homens maduros aprendem a levar a vida a sério; velhos, que gastaram as ilusões no conflito da vida, enchem o vazio imenso com prazeres mais reais que aqueles que os abandonam, e de todos esses elementos heterogêneos formam-se agregados que irradiam ao infinito.

Nossa bela cidade não foi a última a participar desse movimento intelectual. Um desses homens de coração reto, de julgamento são, tomou a iniciativa. Seu apelo foi ouvido por inteligências que se harmonizavam com a sua. Em torno desse foco luminoso gravitava um grande número de círculos espíritas.

## Novembro de 1861

De toda parte surgem comunicações variadas trazendo a marca de seu autor: é a mãe que, de sua esfera gloriosa, com a perfeição do detalhe e sua infinita ternura, comunica-se com o filho muito amado; é o pai ou o avô, que alia ao amor paternal a severidade da forma; é Fénelon, que dá à linguagem da caridade o cunho da beleza antiga e a melodia de sua prosa; é o espetáculo tocante de um filho, tornado Espírito bem-aventurado, homenageando aquela que o trouxe ao seio com o eco de seus ilustres ensinos; é o de uma mãe que se revela ao filho e que, com a cabeça coroada de estrelas, o conduz, de prova em prova, ao lugar que ele deve ocupar junto dela, no seio de Deus, por todas as eternidades (*sic*); é o arcebispo de Utrecht, soprando ao seu protegido suas eloquentes inspirações e as submetendo ao freio da ortodoxia; é um anjo Gabriel, comovente homônimo do grande arcanjo, tomando espontaneamente, e com a permissão de Deus, a missão de guiar seu irmão, segui-lo passo a passo, assim aliando, Espírito superior que é, o amor fraternal ao amor divino; são os Espíritos puros, os santos, os arcanjos que revestem suas sublimes instruções com o selo da divindade; são, enfim, manifestações físicas, após as quais a dúvida não passa de um absurdo, para não dizer uma profanação.

Depois de ter elevado os vossos olhares até os degraus superiores da escala dos seres, consenti, caros colegas, em baixá-los aos degraus ínfimos, e os infinitamente pequenos ainda vos fornecerão ensinamentos.

Há uns bons dez anos que as claridades do Espiritismo luziram aos meus olhos, mas era o Espiritismo em estado rudimentar, despido de seus principais documentos e de sua tecnologia característica; era um reflexo, alguns jatos de fina radiação, mas ainda não era a luz.

Em vez de tomar a pena ou o lápis e obter, por esse meio assim simplificado, comunicações rápidas, recorria-se à mesa pela tiptologia ou escrita mediata. A mesa não passava de um apêndice da mão, mas esse modo de comunicação, em geral repugnante para os Espíritos superiores, frequentemente os mantinha a distância. Assim, só obtive mistificações, respostas triviais ou obscenas; eu mesmo me afastei desses mistérios de Além-Túmulo, que se traduziam de maneira tão pouco conforme a minha expectativa, ou antes, que se apresentavam sob um aspecto que me assustava. Várias experimentações haviam sido tentadas, conduzindo a resultados análogos.

E, no entanto, essas decepções aparentes mais não eram que provas temporárias, que deviam ter como consequência definitiva o aprofundamento de minhas convicções.

Mau grado meu, o positivismo de meus estudos tinha arrefecido as minhas crenças filosóficas, mas eu era cético, e não obstinado; duvidava, para grande pesar meu, e fazia vãos esforços para expulsar o materialismo que, de surpresa, havia invadido minha alma e meu coração. Como são impenetráveis os decretos de Deus! Essa disposição moral serviu precisamente para a minha transformação. Eu tinha sob os olhos a imortalidade da alma, revestindo o aspecto de uma realidade material e, para assentar esta fé tão nova, o que me importava, afinal de contas, se as manifestações viessem de um Espírito superior ou inferior, desde que fosse um Espírito! Eu já não sabia perfeitamente que um corpo inerte, tal qual uma mesa, pode ser instrumento, mas não a causa de uma manifestação inteligente, manifestação que não entrava absolutamente na esfera de minhas ideias, e que todas as teorias fluídicas são impotentes para as explicar?

Assim, eu tinha sacudido essas tendências materialistas, contra as quais lutava sem sucesso, com uma energia desesperada, e teria explorado francamente essas regiões intelectuais, que apenas entrevia, não fosse a demoniofobia do Sr. de Mirville e a profunda impressão que ela havia lançado em minha alma. Como contrapartida de seu livro, surgiu esse tratado tão luminoso, tão substancial, tão cheio de verdades consoladoras, ditado por inteligências celestes a um Espírito de escol — posto que encarnado — ao qual, desde aquele dia, foi revelada sua missão na Terra.

## Novembro de 1861

  Hoje, o reconhecimento me obriga a inscrever nesta página o nome de um de meus bons amigos, que me abriu os olhos à luz, o do Sr. Roustaing, advogado distinto e, sobretudo, consciencioso, destinado a representar um papel marcante nos fastos do Espiritismo. Devo esta homenagem passageira ao reconhecimento e à amizade.

  Se nesta solenidade eu não temesse abusar do tempo, por certo teria citado numerosas comunicações de incontestável interesse; contudo, em meio a esta atividade puramente intelectual, acima de nossas incessantes relações com o mundo dos Espíritos, sobrelevam dois fatos que me parecem, por exceção, protestar contra o mutismo absoluto. O primeiro é caracterizado pelos detalhes íntimos e tocantes que nos comoveram até as lágrimas; o segundo, pela estranheza do fenômeno, diz respeito à mediunidade de vidência e constitui uma prova tão palpável que não nos restaria senão negar a boa-fé dos médiuns, caso quiséssemos negar a realidade do fato.

  Alguns espíritas fervorosos reúnem-se comigo semanalmente para estudarmos em comum, e com mais proveito, a Doutrina dos Espíritos. Uma fé plena e total, a analogia para a maior parte dos estudos e da educação, fizeram brotar uma recíproca simpatia e uma comunhão de ideias e de pensamentos; disposição intelectual e moral, sem sombra de dúvida a mais favorável às comunicações sérias.

  Nessa modesta reunião, um de nós, dotado de elevado grau de mediunidade, quis evocar o Espírito de uma garota que havia conhecido, vitimada pelo crupe, ao que suponho, aos 6 anos. Ele fazia o papel de médium e eu, o de evocador. Mal terminara a evocação, uma percussão muito sensível num dos móveis da sala de espera excitou a nossa atenção e nos levou a averiguar se esse ruído insólito provinha de uma causa natural ou resultava de um fato espírita. São — responderam os guias — as companheiras de Estelle (era o nome da criança durante a sua vida terrena), que vêm à frente de sua amiguinha. E, pelo pensamento, seguimos esse gracioso cortejo a planar no espaço! Entre elas designaram-nos Antônia, jovem que mal passara pela Terra e apenas completara sua quarta primavera quando tombou sob os golpes de uma foice assassina. Prevendo que elas iam concluir suas provas em uma nova existência, roguei ao meu anjo da guarda, essa boa mãe, cuja ternura jamais me faltou, que as tomasse sob os seus cuidados e lhes mostrasse claramente a sua celeste protetora. A adesão não se fez esperar, mas Deus só lhe permitiu aparecer a uma delas, e ela escolheu Antônia: "Que vês, minha amiguinha?", exclamei evocando esta última. — Oh, a bela senhora! Está resplandecente de luzes! — E que te diz essa bela senhora? — Ela me diz: "Vem a mim, minha filha, eu te amo!" Por isso retratei aquela terna mãe com a cabeça coroada de estrelas.

Se esta comovente historieta, pertencente ao mundo espírita, só se vos assemelha a um capítulo de novela, então há que renunciar a toda comunicação.

O outro fato pode resumir-se em duas palavras: Eu estava com um dos meus colegas espíritas; a noite nos surpreendera em meio a preces a Deus pelos Espíritos sofredores, quando vislumbrei, vagamente, uma sombra saindo de um canto do meu consultório e descrevendo uma linha diagonal, que se prolongou até a minha cama, situada na peça vizinha. Ao terminar seu percurso, ouvimos um estalido muito distinto e a sombra se dirigiu para a biblioteca, formando um ângulo agudo com a primeira direção.

Fui tomado pela emoção, mas, numa hora daquelas — 23h30 — bastante propícia às emoções e ao mistério, julguei a princípio que se tratasse de alucinação, de ilusão de óptica, e tomei a íntima resolução de guardar silêncio quanto a essa fantástica aparição; foi quando o meu companheiro de constantes estudos voltou-se para mim e perguntou-me se nada vira. Eu estava perturbado; esperei um pouco para me refazer e limitei-me a indagar os motivos da pergunta. Então ele me descreveu o estranho fenômeno, que igualmente testemunhara, com tamanha exatidão que me foi impossível duvidar ou deixar de confirmar a realidade da aparição.

Dois dias depois, nosso médium por excelência estava presente. Consultados, os guias confirmaram a verdade, acrescentando que aquela aparição espontânea era a de um Espírito, conhecido na vida terrena sob o nome de Maria de los Ângeles. Foi-nos permitido evocá-la e o resultado de nossas perguntas foi que havia nascido na Espanha; tinha tomado o hábito; por muito tempo sua vida estivera isenta de censuras, mas uma falta grave, à qual a morte não deixou tempo para a expiação, era a causa de seus sofrimentos no mundo dos Espíritos.

Alguns dias depois o acaso, ou antes, a vontade de Deus, nos permitiu um segundo controle desse estranho fenômeno. Um espírita, jovem mecânico, de inteligência extraordinária, tinha passado comigo a última parte da noite. Enquanto me entretinha com ele, notei que seu olhar tomava singular imobilidade. Ele não esperou a pergunta para explicar a circunstância: "No mesmo instante em que me olháveis, vi distintamente a silhueta de uma mulher que, da janela, avançou até a poltrona vizinha, diante da qual ajoelhou-se. Tinha o aspecto de uma pessoa de 25 anos; estava vestida de negro; uma espécie de xale recobria a parte superior do busto; tinha à cabeça algo parecido com um lenço ou uma touca."

A descrição concordava perfeitamente com a ideia que eu fizera da religiosa espanhola, e o lugar em que ela se prosternou é mais ou menos aquele onde, ajoelhado como ela, faço habitualmente as minhas orações pelos mortos. Para mim era Maria dos Anjos.

Certamente, os incrédulos e os falsos espíritas sorrirão de minha certeza, e no fato narrado verão três visionários, em vez de um. Quanto aos espíritas sinceros, estes acreditarão em mim, principalmente quando o afirmo sob palavra de honra. A ninguém reconheço o direito de pôr em dúvida semelhante testemunho.

Os trabalhos do Espiritismo em Bordeaux, por maiores sejam a modéstia e a reserva, nem por isso deixam de ser objeto da curiosidade pública, não se passando um dia em que eu não seja interrogado a respeito. Todo profano, toda criatura maravilhada com os fenômenos espíritas reclama com insistência o favor de uma experiência; sua alma flutua entre a própria dúvida e a convicção dos adeptos.

Introduzi-o numa reunião séria, numa assembleia de espíritas que supomos profundamente recolhidos, isto é, trazendo uma disposição conveniente à gravidade da situação. Que se passará nele? Transcrevendo para o papel as inspirações de um Espírito superior, o médium escrevente fará que as aceite como tais? Passei por uma experiência desagradável: se a comunicação tiver o cunho da inspiração celeste, ele atribuirá o mérito ao talento do médium; se o pensamento do mensageiro de Deus tomar a coloração do meio onde passa, certamente lhe parecerá de concepção inteiramente humana. Nesta circunstância, eis a minha regra de conduta: Ela é previamente traçada pelo homem da Providência, por esse missionário do pensamento, que possuímos momentaneamente e que, de seu centro habitual de atividade, continuará a fazer irradiar sobre nós os tesouros celestes, de que uma graça especial o fez dispensador. Aos curiosos que vêm inquirir da realidade dos fatos ou solicitar uma audiência, quer como distração, quer como uma emoção que atravessa o coração sem se deter, limito-me a expor a gravidade do assunto; ao Espírito encarnado pseudossábio, que me retrata perfeitamente neste globo o da 8ª classe e da 3ª ordem do mundo espírita, respondo com evasivas, mas àquele que, embora obcecado pela dúvida, possui a verdade em estado de germe, começando pela boa-fé para chegar à fé, aconselho os estudos teóricos, aos quais não tarda a suceder o estudo prático ou a experimentação. Assim, à medida que um fato novo se desprende de uma ideia nova, ele o registra ao lado do fato; então a ciência espírita é infundida gota a gota no coração e no cérebro, com suas consequências morais, fazendo-nos ver, ao cabo desta longa sucessão de reveses, trabalhos e provas se alternando nas duas existências, uma eternidade radiosa que se escoa do seio de Deus, fonte de felicidade e de vida!

Bouché de Vitray, médico

Novembro de 1861

## Discurso do Sr. Allan Kardec

Senhoras e senhores,

Foi com felicidade que atendi ao vosso apelo, e o simpático acolhimento com que sou recebido é uma dessas satisfações morais que deixam no coração uma impressão profunda e indestrutível. Se me sinto feliz com esta cordial recepção, é que nela vejo uma homenagem prestada à Doutrina que professamos e aos Espíritos bons que no-la ensinam, muito mais que a mim pessoalmente, que não passo de um instrumento nas mãos da Providência. Convencido da verdade desta Doutrina, e do bem que ela está chamada a produzir, tratei de lhe coordenar os elementos; esforcei-me por torná-la clara e inteligível para todos. É tudo quanto me cabe e, assim, jamais me considerei seu criador: a honra pertence inteiramente aos Espíritos. É, pois, somente a eles que se devem dirigir os testemunhos de vossa gratidão, e não aceito os elogios que me dirigis senão como um estímulo para continuar minha tarefa com perseverança.

Nos trabalhos que tenho feito para alcançar o objetivo a que me propunha, sem dúvida fui ajudado pelos Espíritos, como eles próprios já me disseram várias vezes, mas sem o menor sinal exterior de mediunidade. Assim, não sou médium, no sentido vulgar da palavra, e hoje compreendo que é uma felicidade que assim o seja. Por uma mediunidade efetiva, eu só teria escrito sob uma mesma influência; teria sido levado a não aceitar como verdade senão o que me tivesse sido dado, e talvez injustamente, ao passo que, na minha posição, convinha que eu desfrutasse de uma liberdade absoluta para captar o bom, onde quer que se encontrasse e de onde viesse. Foi possível, assim, fazer uma seleção dos diversos ensinamentos, sem prevenção e com total imparcialidade. Vi muito, estudei muito e observei bastante, mas sempre com o olhar impassível; nada ambiciono, senão ver a experiência que adquiri posta em proveito dos outros. É por eles que me sinto feliz, por poder evitar os escolhos inseparáveis de todo noviciado.

Se trabalhei muito e se trabalho todos os dias, estou largamente recompensado pela marcha tão rápida da Doutrina, cujos progressos ultrapassam tudo quanto seria permitido esperar, pelos resultados morais que ela produz. Sinto-me feliz por ver que a cidade de Bordeaux não apenas não fica na retaguarda deste movimento, mas se dispõe a marchar na vanguarda, pelo número e pela qualidade dos adeptos. Se se considerar que o Espiritismo deve a sua propagação às suas próprias forças, sem contar com o apoio de nenhum dos meios auxiliares que, em geral, fazem tanto sucesso, e malgrado os esforços de uma oposição sistemática ou, antes, em virtude mesmo desses esforços, não podemos deixar de ver nisto o dedo de Deus. Se seus inimigos, embora poderosos, não lhe puderam paralisar o avanço, forçoso é convir que o Espiritismo é mais poderoso que eles e, tal como a serpente da fábula, em vão empregam os dentes contra uma lima de aço.

Se dissermos que o segredo de seu poder está na vontade de Deus, os que não creem em Deus escarnecerão. Há também pessoas que não negam a Deus, mas se julgam mais fortes que Ele; esses não riem: opõem barreiras, que imaginam intransponíveis e, contudo, o Espiritismo as ultrapassa todos os dias e sob suas vistas. É que, efetivamente, ele tira da sua natureza, de sua própria essência, uma força irresistível. Qual, então, o segredo dessa força? Teremos que ocultá-la, receando que, uma vez conhecida e a exemplo de Sansão,[165] seus inimigos aproveitem para derrubá-lo? De modo algum. No Espiritismo não há mistérios; tudo se faz às claras; podemos revelá-lo sem temor, altivamente. Embora já o tenha dito, talvez não seja fora de propósito repeti-lo aqui, a fim de que se saiba que se entregamos aos adversários o segredo de nossas forças é porque também lhes conhecemos o lado fraco.

A força do Espiritismo tem duas causas preponderantes: a primeira é tornar felizes os que o conhecem, o compreendem e

---

[165] N.E.: Referência aos cabelos de Sansão, responsáveis pela sua força descomunal. Após cortá-lo, Sansão perdeu as forças e seus inimigos o subjugaram. O relato integral da história encontra-se em Juízes, 16.

o praticam. Ora, como há pessoas infelizes, ele recruta um exército inumerável entre os que sofrem. Querem lhe tirar esse elemento de propagação? Que tornem os homens de tal modo felizes, moral e materialmente, que nada mais tenham a desejar, nem neste, nem no outro mundo. Não pedimos mais, desde que o objetivo seja atingido. A segunda é que o Espiritismo não se assenta na cabeça de nenhum homem, sujeitando-se, assim, a ser derrubado; não tem um foco único, que possa ser extinto; seu foco está em toda parte, porque em toda parte há médiuns que podem comunicar-se com os Espíritos; não há família que não os possua em seu seio e que não realizem estas palavras do Cristo: *Vossos filhos e filhas profetizarão, e terão visões*;[166] porque, enfim, o Espiritismo é uma ideia e não há barreiras impenetráveis à ideia, nem bastante altas que estas não possam transpor. Mataram o Cristo, mataram seus Apóstolos e discípulos. Mas o Cristo tinha lançado ao mundo a ideia cristã, e esta ideia triunfou da perseguição dos Césares onipotentes. Por que, então, o Espiritismo, que não é senão o desenvolvimento e a aplicação da ideia cristã, não triunfaria de alguns zombeteiros e de antagonistas que, até o presente, malgrado seus esforços, só lhe puderam opor uma negação estéril? Haveria nisto uma pretensão quimérica? Um sonho de reformador? Aí estão os fatos para responder: o Espiritismo penetra em toda parte, a despeito de tudo e contra tudo; como o pólen fecundante das flores, é levado pelos ventos e finca raízes nos quatro cantos do mundo, porque em todo lugar encontra uma terra fecunda em sofrimentos, sobre a qual derrama o bálsamo consolador. Suponde, então, o estado mais absoluto que a imaginação possa sonhar, recrutando toda a gente de seus esbirros para deter a ideia ao passar: poderão impedir que os Espíritos entrem nela e se manifestem espontaneamente? Impedirão que os médiuns se formem na intimidade das famílias? Suponhamo-la bastante forte para impedir de escrever, para proibir a leitura dos livros; poderão impedir de ouvir, desde que há médiuns auditivos? Impedirão o pai de receber consolações do filho que perdeu? Vedes, pois, que é impossível, e que eu tinha razão em dizer que o Espiritismo pode, sem receio, entregar aos inimigos o segredo de suas forças.

---

[166] N.E.: Atos, 2:17.

Seja, dirão. Quando uma coisa é inevitável, é preciso aceitá-la. Mas se for uma ideia falsa ou má, não se tem razão para lhe opor obstáculos? Primeiramente, seria preciso provar que é falsa. Ora, até o presente o que opõem os seus adversários? Zombarias e negações que, em boa lógica, jamais passaram por argumentos. Mas uma refutação séria, sólida; uma demonstração categórica, evidente, onde a encontrareis? Em parte alguma; nem nas críticas da Ciência, nem alhures. Por outro lado, quando uma ideia se propaga com a rapidez do relâmpago; quando encontra inumeráveis ecos nas classes mais esclarecidas da sociedade; quando tem suas raízes em todos os povos, desde que há homens na Terra; quando os maiores filósofos sagrados e profanos a proclamaram, é ilógico supor que não repouse senão na mentira e na ilusão. Todo homem sensato, que a paixão ou o interesse pessoal não cegaram, dirá que deve haver algo de verdadeiro; no mínimo o homem sensato suspenderá o seu julgamento antes de negar.

A ideia é má? Se é verdadeira, se não passa de uma aplicação das leis da natureza, parece difícil que possa ser má, a menos que se admita que Deus fez mal aquilo que fez. Como seria má uma Doutrina que torna melhores os que a praticam; consola os aflitos; dá resignação na infelicidade; restabelece a paz nas famílias; acalma a efervescência das paixões e impede o suicídio? Dizem alguns que ela é contrária à religião. Eis a grande palavra com que tentam amedrontar os tímidos e os que não a conhecem. Como uma Doutrina que torna melhor, que ensina a moral evangélica, que só prega a caridade, o esquecimento das ofensas, a submissão à vontade de Deus seria contrária à religião? Seria um contrassenso. Afirmar semelhante coisa é atacar a própria religião. Eis por que digo que não a conhecem os que assim falam. Se tal fosse o resultado, por que conduzi-la-ia às ideias religiosas os que em nada creem? Por que faria orar aqueles que se haviam esquecido de o fazer desde a infância?

Aliás, há outra resposta, igualmente peremptória: o Espiritismo é estranho a toda questão dogmática. Aos materialistas prova a existência da alma; aos que só creem no nada, prova a vida eterna; aos que julgam que Deus não se ocupa das ações dos homens, prova as penas e recompensas futuras; destruindo o materialismo, destrói a maior chaga da sociedade. Eis o seu objetivo. Quanto às crenças especiais, delas não se ocupa, deixando a cada um inteira liberdade. O materialismo é o maior inimigo da religião; trazendo-o ao espiritualismo, o Espiritismo lhe faz marchar três quartas parte do caminho para voltar ao seio da Igreja. Cabe à Igreja fazer o resto. Mas se a comunhão para a qual ele tenderia a se ligar o repele, seria de temer que se voltasse para outra.

Dizendo isto, senhores, ensino padre-nosso a vigário, pois já o sabeis tanto quanto eu. Mas há outro ponto, sobre o qual é útil dizer algumas palavras.

Se os inimigos externos nada podem contra o Espiritismo, o mesmo não acontece com os de dentro. Refiro-me aos que são mais espíritas de nome que de fato, sem falar dos que do Espiritismo apenas têm a máscara. O mais belo lado do Espiritismo é o lado moral. É por suas consequências morais que triunfará, pois aí está a sua força, por aí é invulnerável. Ele inscreve em sua bandeira: *Amor e caridade*; e diante desse paládio, mais poderoso que o de Minerva, porque vem do Cristo, a própria incredulidade se inclina. Que se pode opor a uma Doutrina que leva os homens a se amarem como irmãos? Se não se admitir a causa, pelo menos se respeitará o efeito. Ora, o melhor meio de provar a realidade do efeito é fazer sua aplicação a si mesmo; é mostrar aos inimigos da Doutrina, pelo próprio exemplo, que ela realmente torna melhor. Mas como fazer crer que um instrumento possa produzir harmonia se emite sons discordantes? Do mesmo modo, como persuadir que o Espiritismo deve conduzir à concórdia, se os que o professam, ou supostamente o praticam — o que para os adversários dá no mesmo — se atiram pedras? Se basta uma simples suscetibilidade do amor-próprio para dividi-los? Não é o meio de rejeitar seu próprio argumento? Os mais perigosos inimigos do Espiritismo são, pois, os que o fazem mentir a si mesmos, não praticando a lei que proclamam. Seria pueril criar dissidência pelas nuanças de opinião; haveria evidente malevolência, esquecimento do primeiro dever do verdadeiro espírita, em separar-se por uma questão pessoal, porquanto o sentimento de personalidade é fruto do orgulho e do egoísmo.

Não devemos esquecer, senhores, de que os inimigos do Espiritismo são de duas ordens: de um lado, tendes os zombadores e os incrédulos. Estes recebem diariamente o desmentido pelos fatos; não os temeis e tendes razão. Sem o querer, servem à nossa causa e, por isso, lhes devemos agradecer. Do outro lado estão as pessoas interessadas em combater a Doutrina; não espereis trazê-las pela persuasão, pois não buscam a luz. Em vão exibireis aos seus olhos a evidência do sol: são cegos porque não querem ver. Não vos atacam porque estejais no erro, mas porque estais com a verdade e, com ou sem razão, creem que o Espiritismo seja prejudicial aos seus interesses materiais. Se estivessem convencidos de que é uma quimera, o deixariam em paz. Assim, sua fúria cresce na razão do progresso da Doutrina, de tal sorte que se pode medir sua importância pela violência dos ataques. Enquanto não viram no Espiritismo senão uma brincadeira de mesas girantes, nada disseram, confiando tratar-se de um capricho da moda, mas, hoje, que a despeito de sua má vontade, veem a insuficiência da zombaria, empregam outros meios. Sejam estes quais forem, já demonstramos a sua impotência. Contudo, se não podem abafar essa voz que se eleva em todas as partes do mundo; se não podem deter essa torrente que os invade por todos os lados, tudo farão para criar entraves e, se puderem fazer recuar o progresso por um só dia, dirão ainda que é um dia ganho.

Esperai, portanto, que o terreno seja disputado palmo a palmo, pois o interesse material é, de todos, o mais tenaz; para ele, os mais sagrados direitos da humanidade nada são; tendes a prova na luta americana. "Pereça a união que fazia nossa glória, antes que os nossos interesses!", dizem os escravagistas. Assim falam os adversários do Espiritismo, pois a questão humanitária é a menor de suas preocupações. Que lhes opor? Uma bandeira que os faça empalidecer, pois sabem que ela traz palavras saídas da boca do Cristo: *Amor e caridade*, e que estas palavras são a sua sentença. Em torno desta bandeira, que todos os verdadeiros espíritas se congreguem, e serão fortes, porquanto a união faz a força. Reconhecei, pois, os verdadeiros defensores de vossa causa, não pelas palavras vãs, que nada custam, mas pela prática da lei de amor e caridade, pela abnegação da personalidade; o melhor soldado não é o que ergue o sabre mais alto, mas o que sacrifica corajosamente a própria vida. Encarai, pois, como fazendo causa comum com vossos inimigos todos os que tendem a lançar entre vós o fermento da discórdia, porque, voluntária ou involuntariamente, fornecem armas contra vós. Em todo o caso, não conteis mais com eles do que com esses maus soldados, que fogem ao primeiro tiro de fuzil.

Entretanto — perguntareis —, se as opiniões estão divididas sobre alguns pontos da doutrina, como reconhecer de que lado está a verdade? É a coisa mais fácil. Primeiro, tendes por peso o vosso julgamento e por medida a lógica, sã e inflexível. Depois, tereis o assentimento da maioria, porque, acreditai bem, o número crescente ou decrescente dos partidários de uma ideia dá a medida de seu valor; se ela é falsa, não conquistará mais voto que a verdade: Deus não o permitiria; Ele pode deixar o erro à vista aqui e ali, para nos mostrar suas características e nos ensinar a reconhecê-lo. Sem isto, onde estaria o nosso mérito, se não tivéssemos escolha a fazer? Quereis outro critério da verdade? Eis um, infalível. Desde que a divisa do Espiritismo é *amor e caridade*, reconhecereis a verdade pela prática desta máxima, e tereis como certo que aquele que atira a pedra em outro não pode estar com a verdade absoluta. Quanto a mim, senhores, ouvistes a minha profissão de fé. Se — que Deus não o permita! — surgissem dissidências entre vós, digo-o com pesar, eu me separaria abertamente dos que desertassem da bandeira da fraternidade, porque, aos meus olhos, não poderiam ser encarados como verdadeiros espíritas.

Aconteça o que acontecer, não vos inquieteis absolutamente com algumas dissidências passageiras; logo tereis a prova de que elas não têm consequências graves. São testes para a vossa fé e para o vosso julgamento; muitas vezes, também, são meios permitidos por Deus e pelos Espíritos bons para dar a medida da sinceridade e tornar conhecidos aqueles com os quais realmente podemos contar, caso necessário, evitando, assim, que os coloquemos em evidência. São pequenas pedras semeadas em vosso caminho, a fim de vos habituar a ver em que vos apoiais.

Resta-me falar ainda, senhores, da organização da Sociedade. Desde que quereis pedir-me conselho, dir-vos-ei o que disse o ano passado em Lyon. Os mesmos motivos me levam a vos dissuadir, com todas as minhas forças, do projeto de formar uma Sociedade única, abrangendo todos os espíritas da cidade, o que seria de todo impraticável, em razão do número crescente dos adeptos. Não tardaríeis a serdes paralisados pelos obstáculos materiais e pelas dificuldades morais, ainda maiores, que vos mostrariam a sua impossibilidade. É preferível, pois, não empreenderdes uma coisa a que seríeis obrigados a renunciar. Todas as considerações em apoio a esta opinião estão completamente desenvolvidas na nova edição de *O livro dos médiuns*, à qual convido a vos reportardes. Não acrescentarei senão algumas palavras.

O que é difícil de se obter numa reunião numerosa é bem mais fácil de conseguir nos grupos particulares. Estes se formam por afinidade de gostos, de sentimentos e de hábitos. Dois grupos separados podem ter uma diferente maneira de ver sobre alguns detalhes e nem por isso deixam de marchar de acordo, ao passo que se estivessem reunidos, as divergências de opiniões trariam inevitáveis perturbações.

O sistema da multiplicação dos grupos ainda tem como resultado interromper bruscamente as rivalidades de supremacia e de direção. Cada grupo, naturalmente, é presidido pelo dono da casa ou pelo que for designado, e tudo se passa em família. Se a alta direção do Espiritismo, numa cidade, pertence a alguém, este será convocado pela força das coisas, e um consentimento tácito o designará muito naturalmente, em virtude de seu mérito pessoal, de suas qualidades conciliadoras, do zelo e do devotamento de que tiver dado provas, dos reais serviços que houver prestado à causa. Desse modo, terá adquirido, sem a buscar, uma força moral que ninguém pensará em lhe contestar, porque todos a reconhecerão, ao passo que aquele que, por sua autoridade privada, procurasse impor-se, ou fosse conduzido por uma camarilha, encontraria oposição da parte de todos quantos não lhe reconhecessem as qualidades morais necessárias. Daí uma causa inevitável de divisões.

É uma coisa séria confiar a alguém a suprema direção da Doutrina. Antes de fazê-lo, é preciso estar bem seguro desse indivíduo sob todos os pontos de vista, porque, com ideias errôneas, poderia arrastar a Sociedade por uma ladeira deplorável e, talvez, à sua ruína. Nos grupos particulares, cada um pode dar prova de habilidade e ser designado, mais tarde, pelos sufrágios dos colegas, se for o caso. Mas ninguém pode pretender ser general antes de ser soldado. Assim como reconhecemos o bom general por sua coragem e por seus talentos, o verdadeiro espírita é reconhecido por suas qualidades. Ora, a primeira de que deve dar provas é a abnegação da personalidade; é, pois, por seus atos que o reconhecemos, mais que pelas palavras. O que é necessário para tal direção é um verdadeiro espírita, e o espírita verdadeiro não se deixa mover pela ambição, nem pelo amor-próprio. A respeito, senhores, chamo a vossa atenção para as diversas categorias de espíritas, cujos caracteres distintivos estão claramente definidos em *O livro dos médiuns* (it. 28).[167]

Quanto ao mais, seja qual for a natureza da reunião, numerosa ou não, as condições que deve satisfazer para atingir o seu objetivo são as mesmas. É para isto que devemos concentrar todos os nossos cuidados e os que os satisfizerem serão fortes, porque terão, necessariamente, o apoio dos Espíritos bons. Tais condições estão traçadas em *O livro dos médiuns* (it. 341).

Um erro muito frequente entre alguns neófitos é o de se julgarem mestres após alguns meses de estudo. Como sabeis, o Espiritismo é uma ciência imensa, cuja experiência não pode ser

---

[167] N.E.: Ver Primeira parte, cap. III.

adquirida senão com o tempo, como, aliás, em todas as coisas. Há nessa pretensão de não mais necessitar de conselhos e de se julgar acima de todos uma prova de incompetência, pois não atende a um dos primeiros preceitos da Doutrina: a modéstia e a humildade. Quando os Espíritos maléficos encontram semelhantes disposições num indivíduo, não deixam de o superexcitar e de o entreter, persuadindo-o de que só ele possui a verdade. É um dos escolhos que podem ser encontrados, e contra o qual julguei dever vos prevenir, acrescentando que não basta dizer-se espírita, como não basta dizer-se cristão: é preciso prová-lo pela prática.

Se, pela formação dos grupos, evitamos a rivalidade dos indivíduos, essa rivalidade não poderia existir entre os próprios grupos que, marchando por vias um pouco divergentes, poderiam produzir cismas, enquanto uma Sociedade única manteria a unidade de princípios? A isto respondo que o inconveniente assinalado não seria evitado, considerando-se que aqueles que não adotassem os princípios da Sociedade dela se separariam e nada os impediria de formarem um grupo à parte. Os grupos são outras tantas pequenas Sociedades, que marcharão necessariamente no mesmo caminho se todas adotarem a mesma bandeira e as bases da ciência, consagradas pela experiência. A respeito, chamo igualmente a vossa atenção para o it. 348 de *O livro dos médiuns*. Nada impede, aliás, que um grupo central seja formado por delegados dos diversos grupos particulares, que, assim, teriam um ponto de reunião e um correspondente direto com a Sociedade de Paris. Depois, anualmente, uma assembleia geral poderia reunir todos os adeptos e tornar-se, assim, uma verdadeira festa do Espiritismo. Aliás, preparei uma instrução detalhada sobre esses diversos pontos, que terei a honra de vos transmitir posteriormente, tanto sobre a organização, quanto sobre a ordem dos trabalhos. Os que a seguirem manter-se-ão naturalmente na unidade de princípios.

Tais são, senhores, os conselhos que julguei por bem vos dar, já que vos quisestes conformar com a minha opinião. Sinto-me feliz por acrescentar que em Bordeaux encontrei elementos excelentes e um progresso muito maior do que esperava. Aqui me deparei com um grande número de espíritas sinceros e verdadeiros e levo da visita a fundada esperança de que a Doutrina se desenvolverá sobre as mais largas bases e em excelentes condições. Crede que meu concurso jamais faltará, naquilo que estiver ao meu alcance fazer, para secundar os esforços dos que são sincera e conscienciosamente devotados de coração a esta nobre causa, que é a da humanidade.

Senhores, o Espírito Erasto, que já conheceis pelas notáveis dissertações que dele lestes, também quer trazer-vos o tributo de seus conselhos. Antes de minha partida de Paris, ele ditou, por seu médium habitual, a comunicação seguinte, cuja leitura terei a honra de fazer.

## Primeira epístola aos espíritas de Bordeaux

*Por Erasto, humilde servo de Deus*

Que a paz do Senhor esteja convosco, meus bons amigos, a fim de que nada venha perturbar a boa harmonia que deve reinar num centro de espíritas sinceros! Sei quão profunda é a vossa fé em Deus e quanto sois fervorosos adeptos da Nova Revelação. Eis por que vos digo, com toda a efusão de minha ternura, que todos nós ficaríamos desolados — nós que somos, sob a direção do *Espírito de Verdade*, os iniciadores do Espiritismo na França — se a concórdia, de que até hoje destes provas brilhantes, viesse a desaparecer do vosso meio; se não tivésseis dado o exemplo de uma sólida fraternidade; se, enfim, não fôsseis um centro sério e importante da grande comunhão espírita francesa, eu teria deixado esta questão na sombra. Mas se a levantei é que tenho razões plausíveis para vos convidar a manter a união, a paz e a unidade de doutrina entre os vossos diversos grupos. Sim, meus caros discípulos, aproveito diligentemente esta ocasião, que nós mesmos preparamos, para vos mostrar quanto seria funesta ao desenvolvimento do Espiritismo e que escândalo causaria entre vossos irmãos de outras terras a notícia de uma cisão no centro que nos encantou mencionar até agora, por seu Espírito de fraternidade, a todos os outros grupos, formados ou em formação. Não ignoro, como não deveis ignorar, que recorrerão a todos os meios para semear a divisão entre vós; que vos armarão ciladas; que semearão emboscadas de toda sorte em vosso caminho; que vos oporão uns aos outros, a fim de fomentar a divisão e levar a uma ruptura, sob todos os aspectos lamentável. Mas podereis evitar tudo isto, praticando os sublimes preceitos da lei de amor e de caridade, em primeiro lugar diante de vós próprios e, a seguir, diante de todos. Não; estou convencido de que não dareis aos inimigos de nossa santa causa a satisfação de dizer: "Vede esses espíritas de Bordeaux, que nos mostravam como marchando na vanguarda dos novos crentes. Nem sequer sabem estar de acordo entre si!" Eis, meus caros amigos, onde vos esperam e onde nos esperam a todos. Vossos excelentes guias já vos disseram: Tereis de lutar não só contra os orgulhosos, os egoístas, os materialistas e todos esses infelizes que se acham imbuídos do espírito do século, mas, ainda e principalmente, contra a turba dos Espíritos enganadores que, encontrando em vosso meio uma rara reunião de médiuns, pois a tal respeito sois os mais favorecidos, logo virão assaltar-vos: uns, com dissertações sabiamente combinadas, nas quais, graças a algumas tiradas piedosas, insinuarão a heresia ou algum princípio subversivo; outros, com comunicações abertamente hostis aos ensinos dados pelos verdadeiros missionários do Espírito de Verdade. Ah! crede-me, não temais desmascarar os velhacos que, novos Tartufos, se introduziriam entre vós sob a máscara da religião; sede igualmente impiedosos para com os lobos devoradores, que se ocultariam sob peles de cordeiro. Com a ajuda de Deus, que jamais invocais em vão, e com a assistência dos Espíritos bons que vos protegem, ficareis inquebrantáveis em vossa fé; os Espíritos maus vos acharão invulneráveis e, quando virem suas flechas tornar-se menos afiadas contra o amor e a caridade que vos animam o coração, retirar-se-ão confusos de uma campanha onde não terão colhido senão a impotência e a vergonha. Encarando como subversiva toda doutrina contrária à moral do Evangelho e às prescrições gerais do Decálogo, que se resumem nesta concisa lei: *Amai a Deus acima de todas as coisas e ao próximo como a vós mesmos*,[168] ficareis invariavelmente unidos. Aliás, em tudo é preciso saber submeter-se à

---

[168] N.E.: Lucas, 10:27.

lei comum: a ninguém cabe subtrair-se ou querer impor sua opinião e seu sentimento, quando estes não forem aceitos pelos outros membros de uma mesma família espírita; e nisto eu vos convido encarecidamente a vos modelardes pelos usos e regulamentos da Sociedade de Estudos Espíritas de Paris, onde ninguém, seja qual for a sua posição, idade, serviços prestados ou autoridade adquirida, pode substituir, por sua iniciativa pessoal, a da Sociedade de que faz parte e, *a fortiori*, engajá-la no que quer que seja, por expedientes que ela não aprovou. Dito isto, é incontestável que os adeptos de um mesmo grupo devem ter uma justa deferência para com a sabedoria e a experiência adquiridas. A experiência não é atributo do mais velho, nem do mais sábio, mas do que se ocupou com mais tempo e com mais proveito para todos, de nossa consoladora filosofia. Quanto à sabedoria, cabe a vós examinar aqueles que, entre vós, seguem e praticam melhor os preceitos e as leis. Entretanto, meus amigos, antes de seguir vossas próprias inspirações, não esqueçais de que tendes os vossos conselhos e vossos consultores etéreos a consultar, e estes jamais vos faltarão, quando solicitardes com fervor e com um objetivo de interesse geral. Para isso, necessitais de bons médiuns e aqui os vejo excelentes, no meio dos quais não tendes senão que escolher. Por certo sei perfeitamente que a Sra. e a Srta. Cazemajoux e alguns outros possuem qualidades mediúnicas no mais alto grau e nenhuma região, eu vo-lo repito aqui, é mais bem favorecida a esse respeito do que Bordeaux.

Eu tive de vos fazer ouvir uma voz um tanto mais severa, meus bem-amados, quanto o Espírito de Verdade, Mestre de todos nós, mais espera de vós. Lembrai-vos de que fazeis parte da vanguarda espírita e que, assim como o estado-maior, a vanguarda deve a todos o exemplo de uma submissão absoluta à disciplina estabelecida. Ah! vossa tarefa não é fácil, pois é a vós que incumbe o trabalho de levar, com mão vigorosa, o machado às sombrias florestas do materialismo e perseguir até as suas últimas trincheiras os interesses materiais coligados. Novos Jasons, marchai à conquista do verdadeiro tosão de ouro, isto é, dessas ideias novas e fecundas que devem regenerar o mundo; então, já não marchais no vosso próprio interesse, nem mesmo no interesse da geração atual, mas sobretudo no interesse das gerações futuras, para as quais preparais os caminhos. Há nesta obra um sinal de abnegação e de grandeza que ferirá de admiração e de reconhecimento os séculos futuros, de que Deus, crede-me, saberá vos levar em conta. Tive de falar como falei porque me dirijo a criaturas que escutam a razão; a homens que perseguem seriamente um fim eminentemente útil: a melhoria e a emancipação da raça humana; enfim, a espíritas que ensinam e pregam pelo exemplo, que o melhor meio para lá chegar está na prática das verdadeiras virtudes cristãs. Tive de vos falar assim porque era preciso vos prevenir contra um perigo, que era meu dever assinalar; venho cumpri-lo. Assim, agora, posso encarar o futuro sem inquietação, porque estou convencido de que minhas palavras aproveitarão a todos e a cada um; e que o egoísmo, o amor-próprio e a vaidade não terão, doravante, nenhum poder sobre corações onde, sem qualquer limite, reine a verdadeira fraternidade.

Vós vos lembrareis, espíritas de Bordeaux, que a vossa união é o verdadeiro encaminhamento para a união e a fraternidade universal. A esse respeito sinto-me feliz, muito feliz, de poder constatar claramente que o Espiritismo vos fez dar um passo à frente. Recebei, pois, nossos cumprimentos, pois aqui falo em nome de todos os Espíritos que presidem à grande obra da regeneração humana, por terdes, por vossa iniciativa, aberto um novo campo de exploração e uma nova causa de certeza aos estudos dos fenômenos de Além-Túmulo, por vosso pedido de filiação, não mais como indivíduos isolados, mas como grupo compacto, à Sociedade iniciadora de Paris. Pela importância dessa iniciativa, reconheço a alta sabedoria de vossos guias principais e agradeço ao meigo Fénelon e seus fiéis auxiliares Georges e Marius, que com ele presidem às vossas piedosas reuniões de estudo. Aproveito esta circunstância para igualmente dar um testemunho brilhante aos Espíritos Ferdinand e Félicia, que todos conheceis. Embora esses dignos colaboradores tenham apenas feito o bem pelo bem, é bom que saibais que é a esses modestos pioneiros, secundados pelo humilde Marcelin, que nossa santa Doutrina deve ter prosperado tão rapidamente em Bordeaux e no sudoeste da França.

Sim, meus crentes fiéis, vossa admirável iniciativa será seguida, bem o sei, por todos os grupos espíritas formados com seriedade. É, pois, um passo imenso à frente. Compreendestes, e todos os vossos irmãos compreenderão como vós, que vantagens, que progressos, que propaganda resultarão da adoção de um programa uniforme para os trabalhos e estudos da Doutrina que vos revelamos. Fique bem entendido, apesar disso, que cada grupo conservará sua originalidade e sua iniciativa particular, mas, fora de seus trabalhos particulares, terá de se ocupar com diversas questões de interesse geral, submetidas a seu exame pela Sociedade central, e resolver várias dificuldades cuja solução, até hoje, não pôde ser obtida dos Espíritos, por razões que seria inútil desenvolver aqui. Recearia vos ofender se ressaltasse aos vossos olhos as consequências que advirão dos trabalhos simultâneos; quem ousará, então, contestar uma verdade, quando esta for confirmada pela unanimidade ou pela maioria das respostas mediúnicas, obtidas simultaneamente em Lyon, Bordeaux, Constantinopla, Metz, Bruxelas, Sens, México, Carlsruhe, Marselha, Toulouse, Mâcon, Sétif, Argel, Oran, Cracóvia, Moscou, São Petersburgo, como em Paris?

Eu vos entretive com a rude franqueza de que me sirvo para falar aos vossos irmãos de Paris. No entanto, não vos deixarei sem testemunhar minhas simpatias, justamente conquistadas, a esta família patriarcal, em que excelentes Espíritos, incumbidos de vossa direção espiritual, começaram a fazer ouvir suas eloquentes palavras. Mencionei a família *Sabò*, que, com uma constância e uma piedade inalterável, soube atravessar as dolorosas provas com que Deus a afligiu, com o fito de elevá-la e torná-la apta para a sua missão atual. Também não devo esquecer o concurso devotado de todos quantos, em suas respectivas esferas, contribuíram para a propagação de nossa consoladora Doutrina. Continuai todos, meus amigos, a marchar resolutamente no caminho aberto; Ele vos conduzirá seguramente às esferas etéreas da perfeita felicidade, onde vos marcarei encontro. Em nome do *Espírito de Verdade*, que vos ama, eu vos abençoo, espíritas de Bordeaux!

ERASTO

# Banquete oferecido a Allan Kardec pelos espíritas bordeleses

## Discurso e brinde do Sr. Lacoste, negociante

Senhores,

Rogo principalmente à juventude, que me ouve, a bondade de prestar atenção às poucas palavras de fraterna afeição, escritas especialmente para ela. A falta de experiência, a conformidade de nossas idades e a comunhão de nossas ideias me asseguram a sua indulgência.

Nenhum de nós, senhores, acolheu com indiferença a revelação desta santa Doutrina, cujos elementos novos foram recolhidos por nosso venerado mestre num livro sábio. Em tempo algum campo mais vasto foi aberto às nossas imaginações; jamais horizonte mais grandioso foi desvendado às nossas inteligências. É com o ardor da mocidade, é sem olhar para trás que nos tornamos adeptos da fé no futuro e pioneiros da civilização futura. Não permita Deus que eu venha proferir palavras de desânimo! Vossas crenças me são muito conhecidas, senhores, e as sei muito sólidas para crer que a zombaria ou o falso raciocínio de alguns adversários as venham abalar. A juventude é rica em privilégios, fácil às nobres emoções e ardente no empreendimento; possui ainda o entusiasmo da fé, essa alavanca moral que levanta os mundos. Mas se sua imaginação a empurra além dos obstáculos, ela lhe faz muitas vezes ultrapassar o objetivo. É contra esses desvios que vos exorto a vos acautelardes. Entregues a vós mesmos, atraídos pelo encanto da novidade, levantando a cada passo a ponta do véu que vos ocultava o desconhecido, quase que tocando o dedo na solução do eterno problema das causas primeiras, guardai-vos de vos deixar inebriar pelas alegrias do triunfo. Poucos caminhos estão isentos de precipícios; a maior confiança segue sempre caminhos fáceis, e nada é mais difícil de obter dos jovens soldados, como das inteligências jovens, do que a moderação na vitória. Aí está o mal que temo para vós, como receio para mim.

Felizmente o remédio está perto do mal. Há entre nós, aqui reunidos, alguns que, à maturidade da idade e do talento, aliam a feliz vantagem de terem sido, em nossa cidade, propagadores esclarecidos do ensino espírita. É a esses Espíritos mais calmos e mais refletidos que deveis submeter a direção dos vossos estudos e, graças a essa deferência de todos os dias, graças a essa subordinação moral, ser-vos-á dado trazer à construção do edifício comum uma pedra que não oscilará.

Saibamos, pois, senhores, vencer as questões pueris do amor-próprio. Nossa parte à nossa juventude, não é tão bela? Efetivamente, a nós pertence o futuro; a nós que poderemos assistir, cheios de vida e de fé, quando nossos pais em Espiritismo reviverem num mundo melhor, à esplêndida radiação desta verdade, da qual eles não terão entrevisto na Terra senão a misteriosa aurora.

Deixai-me, pois, esperar, senhores, que possais dizer comigo, e do fundo do coração:

A todos os nossos decanos de idade; a todos os que, conhecidos ou não, sob a casaca do rico ou o avental do operário, fizeram-se adeptos e propagadores da Doutrina Espírita, em Bordeaux! À prosperidade da Sociedade Espírita de Paris, dessa Sociedade que empunha tão alto e com tanta firmeza o estandarte sob o qual aspiramos a nos colocar! Que o Sr. Allan Kardec, nosso mestre comum, receba por nossos irmãos de Paris o penhor de uma profunda simpatia; que ele lhes diga que os nossos jovens corações batem em uníssono e que, embora com passo menos seguro, nem por isso deixamos de concorrer para a regeneração universal, estimulados por seus exemplos e sucessos!

## BRINDE DO SR. SABÒ

Mais uma vez, senhores, os Espíritos querem nos assegurar de que podemos conquistar a sua simpatia unindo os seus aos nossos desejos para a prosperidade desta santa Doutrina, que é a sua obra. O Espírito Ferdinand, um de nossos guias protetores, ditou espontaneamente o seguinte ensinamento, que me deixa feliz em vo-lo transmitir:

"A grande família espírita, da qual fazeis parte, vê aumentar diariamente o número de seus filhos e, em breve, não haverá mais em vossa bela pátria, nem cidades, nem povoados onde não se tenha estabelecido a tenda dos membros desta tribo abençoada por Deus.

Já nos seria impossível assinalar os numerosos centros que gravitam em torno do foco luminoso cuja sede é Paris, porque os centros das grandes cidades só por nós são conhecidos. Entre estes se distingue, pelo saber, inteligência e união fraternal, a Sociedade dos Espíritas de Metz; está destinada a dar frutos em abundância e, se buscardes com eles estabelecer relações amigáveis, baseadas numa estima recíproca, enchereis de doce alegria o coração paternal de vosso chefe aqui presente.

O eminente Espírito Erasto vos disse ontem: 'Sede unidos; a união faz a força.' Envidai, pois, todos os esforços para o conseguir, a fim de que, em pouco tempo, todos os centros espíritas franceses, unidos entre si pelos laços da fraternidade, possam marchar a passos de gigante pela via traçada."

Ferdinand
(Guia espiritual do médium)

Finalmente, e como fiel intérprete dos sentimentos expressos por esse Espírito bom, proponho um brinde aos nossos irmãos de Metz, em particular, e a todos os espíritas franceses, em geral.

Senhores,

Convencido de que as calorosas palavras, pronunciadas ontem em vosso meio pelo nosso honrado chefe espírita, não caíram sobre pedras e espinheiros, mas nos vossos corações, agora dispostos a apertar os laços da fraternidade, venho propor um brinde aos nossos irmãos espíritas de Lyon. Eles começaram suas tarefas antes de nós e, para se organizarem, tiveram de passar pelas mesmas dificuldades que outrora tanto nos fizeram sofrer. Mas, graças ao impulso que o nosso bem-amado chefe lhes proporcionou no ano passado, deram um passo imenso na estrada abençoada em que os Espíritos bons estão fazendo entrar a humanidade. Imitemo-los, senhores. Que uma louvável emulação una aos de Bordeaux os espíritas de Lyon, a fim de que a comunhão de pensamentos e sentimentos, de que todos estiverem animados, deles faça dizer: bordeleses e lioneses são irmãos.

Proponho um brinde à união dos irmãos de Bordeaux e Lyon.

## Discurso do Sr. Desqueyroux, mecânico

Em nome do grupo de operários

Senhor Allan Kardec, nosso caro mestre,

Em nome de todos os operários espíritas de Bordeaux, meus amigos e irmãos, permito-me erguer um brinde à vossa prosperidade. Embora já chegado a uma alta perfeição, que Deus vos faça crescer ainda nos bons sentimentos que vos têm animado até hoje e, sobretudo, vos faça crescer aos olhos do universo e no coração dos que, seguindo vossa Doutrina, se aproximam de Deus. Nós, que somos do número dos que a professam, vos bendizemos do fundo do coração e rogamos ao nosso Criador para que vos deixe ainda muito tempo entre nós, a fim de que, quando vossa missão estiver terminada, já estejamos bastante firmes na fé para nos conduzirmos sozinhos, sem nos afastar do bom caminho.

Para nós é uma felicidade inefável ter nascido numa época em que podemos ser esclarecidos pelo Espiritismo. Mas não basta conhecer e desfrutar essa felicidade; com a Doutrina, contraímos compromissos que consistem em quatro deveres diferentes: dever de submissão, que nos faça ouvir com docilidade; dever de afeição, que nos faça amar com ternura; dever de zelo, para atender seus interesses com ardor; dever de prática, que nos faça honrá-la por nossas obras.

Estamos no seio do Espiritismo e o Espiritismo é para nós uma firme consolação em nossas penas. Não podemos negar que há momentos na vida em que a razão talvez pudesse nos sustentar, mas outros há em que se tem necessidade de toda fé que dá o Espiritismo, para não sucumbir. Em vão os filósofos vêm pregar uma firmeza estoica, enunciar suas pomposas máximas, dizer-nos que nada os perturba, que o homem é feito para se possuir a si mesmo e dominar os acontecimentos da vida. Tristes consolações! Longe de suavizar a dor, eles a tornam mais amarga; em todas as suas palavras só encontramos o vazio e a esterilidade. Mas o Espiritismo nos vem em socorro, provando que nossa própria aflição pode contribuir para a nossa felicidade.

Sim, caro mestre, continuai vossa augusta missão. Continuai a nos mostrar esta ciência, que vos é ditada pela bondade divina, nosso consolo durante a vida e pensamento inabalável que nos sustentará por ocasião da morte.

Recebei, caro mestre, estas poucas palavras, brotadas do coração de vossos filhos, porquanto sois o pai de todos nós; pai da classe laboriosa e dos aflitos. Como bem o sabeis, progresso e sofrimento marcham juntos, mas, quando o desespero oprimia os nossos corações, viestes trazer-nos força e coragem. Sim, ao nos mostrardes o Espiritismo, dissestes: "Irmãos, coragem! Suportai corajosamente as provas que vos são enviadas, e Deus vos bendirá." Sabei, pois, que somos apóstolos devotados e que neste século, como nos que se seguirão, vosso nome será abençoado pelos nossos filhos e pelos nossos amigos operários.

## Discurso e brinde do Sr. Allan Kardec

Meus caros irmãos no Espiritismo,

Faltam-me expressões para externar o que sinto por vossa acolhida tão simpática e benevolente. Permiti-me, pois, dizer em algumas palavras, e não em longas frases, que não acrescentariam mais, que incluirei minha primeira estada em Bordeaux entre os mais felizes momentos de minha vida, e dela guardarei eterna lembrança. Mas também não esquecerei, senhores, que esta acolhida me impõe uma grande responsabilidade — a de justificá-la — o que espero fazer com a ajuda de Deus e dos Espíritos bons. Além disso, ela me impõe grandes obrigações, não só para convosco, mas ainda para com os espíritas de todos os países, dos quais sois representantes como membros da grande família; para com o Espiritismo em geral, que acabais de aclamar nestas duas reuniões solenes e que, não tenhais dúvida, colherá no entusiasmo de vossa importante cidade uma força nova para lutar contra os obstáculos que quererão lançar em vosso caminho.

Em minha alocução de ontem, falei de sua força irresistível, de que sois a prova evidente. Não é um fato característico a inauguração de uma sociedade espírita que, como a vossa, se inicia pela reunião espontânea de quase trezentas pessoas, atraídas, não por uma vã curiosidade, mas pela convicção e pelo só desejo de se agrupar num único feixe? Sim, senhores, este fato não somente é característico, como providencial. Eis, a respeito, o que ainda ontem me dizia, antes da sessão, o Espírito de Verdade — meu guia espiritual:

"Deus marcou com o selo de sua imutável vontade a hora da regeneração dos filhos desta grande cidade. À obra, pois, com confiança e coragem. Esta noite os destinos de seus habitantes vão começar a sair da rotina das paixões, que sua riqueza e seu luxo faziam germinar, como o joio em meio ao trigo, para alcançar, pelo progresso moral que lhe vai imprimir o Espiritismo, à altura dos destinos eternos. Como vês, Bordeaux é uma cidade amada pelos Espíritos, pois multiplica intramuros, sob todas as formas, as mais sublimes devoções da caridade. Por isso eles estavam aflitos por vê-la na retaguarda do movimento progressivo que o Espiritismo vem impor à humanidade. Mas os progressos hão de ser tão rápidos que os Espíritos bendirão o Senhor por te haver inspirado o desejo de vir ajudá-los a entrar nesta via sagrada."

Vedes, pois, senhores, que o impulso que vos anima vem do Alto, e bem temerário seria quem o quisesse deter, porquanto seria abatido como os anjos rebeldes, que quiseram lutar contra o poder de Deus. Assim, não temais a oposição de alguns adversários interessados, que se pavoneiam na sua incredulidade materialista. O materialismo vê chegada a sua última hora, e é o Espiritismo que vem anunciá-la, por ser a aurora que dissipa as trevas da noite. E, coisa providencial, o próprio materialismo, sem o querer, serve de auxiliar à propagação do Espiritismo, porque, por seus ataques, chama a si a atenção dos indiferentes. Querem ver o que é; como o encontram bem, adotam-no. Tendes a prova disto aos vossos olhos: sem os artigos de um dos jornais da vossa cidade, os espíritas bordeleses talvez não passassem da metade do que hoje são. Tal artigo naturalmente despertou a curiosidade. Como se diz geralmente, onde há fumaça, há fogo; mediram a importância do fogo pela extensão do artigo. Perguntaram: É bom? É mau? É verdadeiro? É falso? Vejamos para crer. Viram, e sabeis o resultado. Longe, pois, de atacar o autor do artigo, devemos agradecer-lhe pela propaganda gratuita; e, caso esteja aqui algum de seus amigos, pedimos a este que o aconselhe a recomeçar, a fim de que, se ontem éramos trezentos, sejamos seiscentos no próximo ano. Sobre isto eu vos poderia citar fatos curiosos de propaganda semelhante, feita em certas cidades, por sermões furibundos contra o Espiritismo.

Como Lyon, Bordeaux vem, pois, plantar orgulhosamente a bandeira do Espiritismo, e o que vejo me garante que não será arrancada. Bordeaux e Lyon! Duas das maiores cidades da França; focos de luz! E ainda dizem que todos os espíritas são loucos! Honra aos loucos desta espécie! Não esqueçamos Metz, que também acaba de fundar sua Sociedade, onde figuram em grande número oficiais de todos os graus, e que reclama sua admissão na grande família. Espero que em breve Toulouse, Marselha e outras cidades, onde já fermenta a nova semente, se juntem às suas irmãs mais velhas, dando o sinal da regeneração em suas respectivas regiões.

Senhores, em nome da Sociedade Parisiense de Estudos Espíritas, levanto um brinde aos espíritas de Bordeaux; à sua união fraterna para resistir ao inimigo que os queria dividir, a fim de ter mais facilmente razão.

A este brinde associo, do imo do meu coração, e com a mais viva simpatia, o Grupo Espírita dos operários de Bordeaux que, como os de Lyon, dão admirável exemplo de zelo, devotamento, abnegação e reforma moral. Estou feliz, muito feliz, vos asseguro, de ver vossos delegados reunidos fraternamente nesta mesa, com a elite da sociedade, provando, por esta associação, a influência do Espiritismo sobre os preconceitos sociais. Não poderia ser de outro modo, quando ele nos ensina que o mais alto colocado no mundo pode ter sido humilde proletário e que, ao apertar a mão do último serviçal, talvez aperte a de um irmão, de um pai ou de um amigo.

Em nome dos espíritas de Metz e de Lyon, dos quais me faço intérprete, eu vos agradeço por os terdes compreendido na expressão de vossos sentimentos fraternos.

Aos espíritas bordeleses!

Senhores, os espíritas não devem ser ingratos. Creio ser dever de reconhecimento não esquecer os que, mesmo sem o querer, servem à nossa causa. Assim, proponho um brinde ao autor do artigo do *Courrier de la Gironde*, pelo serviço que nos prestou, fazendo votos para que ele repita, de vez em quando, seus espirituosos artigos. E, se Deus quiser, logo ele será o único homem sensato de Bordeaux.

# Poesias do momento

Ditadas pelo Sr. Dombre (de Marmande), vindo a Bordeaux para esta solenidade

## Os camponeses e o carvalho

Fábula

Ao Sr. Allan Kardec

Os abusos têm campeões ocultos mais perigosos que os adversários declarados, e a prova disto é a dificuldade que se tem de os arrancar.

Allan Kardec (*O que é o espiritismo*)

Um dia honestos camponeses
De pé ante um carvalho enorme, fronde imensa,
O mensuravam muitas vezes.
— É em vão — um deles diz —, que tal semente intensa
Germine em sulcos tais virados e adubados.
Não cresce nada; adubo e seiva consumados
São pela ramaria, essa espessa folhagem.
Fazer gostos assim é bem triste bobagem.
Esta árvore deixar que torne pobre o chão,
Que nos consuma o suor e esterilize o grão.
Irmãos, se me quiserdes crer
Nós livraremos nosso campo
Da incômoda presença... e isso... num tranco!
— À obra! — Gritam com prazer.
Estavam todos muito ardentes;
Uma corda é amarrada em cima no carvalho,
Formando uma cadeia em forte galho
Cujos anéis uniam-se potentes.
A folhagem treme e farfalha,
Mas é tudo... Eles vão se agitar, se estafar
A fim da tortuosa e robusta ramalha,

Que enfim não se deixa abalar.
Alguém sensato da região,
Um bom velho lhes diz ao passar: — Meus meninos,
A vossa messe é perdida, então,
Dos ramos em proveito e desses grãos franzinos,
Destruí-os... é bom... Posso entender;
Mas a árvore abater coisa fácil não é;
Para dobrar tal carvalhaço
Em força é fraco o vosso braço;
A idade enrija o corpo e não se faz render.
Fazei menos ruidoso o assalto e mais terrível
A esse colosso vigoroso;
Séculos já se vão por seu cascão nodoso;
Empregai dias a miná-lo, isso é possível.
Descobri-lhe a raiz, sugadora, felina
E levareis a morte ao ramalhal confuso.
Não podendo de um golpe extinguir um abuso
Busca em seu fundamento a oportuna ruína.

C. Dombre

## O OURIÇO, O COELHO E A PEGA

Fábula

Aos membros da Sociedade Espírita de Bordeaux

> A caridade, meus amigos, se faz de muitas maneiras. Podeis fazê-la por pensamentos, por palavras e por ações...
>
> (O Espírito protetor da Sociedade Espírita de Lyon – *Revista Espírita* de 10 de outubro de 1861.)

Um pobre ouriço ao ser posto fora da toca,
Rolava pelo campo em meio aos espinheiros,
De algum petiz aos golpes mais certeiros,
Que em sangue o abandona e quase que o sufoca.

Ele eriça, tremendo, a armadura espinhenta,
Espicha-se, lançando em volta oculto olhar,
E sem perigo já, lamenta
Numa voz débil, a chorar:
— Para onde vou?... Fugir?... Voltar ao velho abrigo
Acima está do meu querer.
Já nem posso prever qual o perigo
Pior que me ameaça... É forçoso morrer?...
Preciso de um refúgio e um pouco de repouso
Para sarar minhas feridas;
Mas aonde achar quaisquer guaridas?
Quem de meus males é piedoso?
Num coelho que habitava entre lascas de rocha
E para quem a caridade,
Não sendo um termo vão, sensível desabrocha
E lhe diz: — Meu amigo, aceitai a metade
De meu modesto abrigo; estou bem nesse asilo,
Nele estareis seguro; é difícil, já vi,
De achar o vosso rastro, com maldade.
Podeis aqui estar tranquilo:
Atenção junto a mim sempre tereis, ali.
Ante essa oferta tão graciosa,
O ouriço segue a passo lento,
Quando uma pega obsequiosa,
Faz um sinal ao coelho: — Esperai um momento,
Eu peço... uma palavra... é um breve caso...
E depois ao ouriço: — É um pequeno segredo...
Perdoai-me, quando nada pelo atraso!
E o bom coelho, todo quedo,
As orelhas a erguer pede a ela fale baixo.
— Como! Levardes vós a casa tal gente!...
Sede prudente mais no trato com os debaixo!
Nunca eu faria tal tolice tão patente!
Eu... Mas não receais de vos arrepender?
Uma vez com saúde e forças redobradas,
Quem sabe sejais vós o primeiro a sofrer

Com o seu mau coração e as farpas aceradas;
E a que meios, então, tereis a recorrer?
O coelho respondeu: — Nenhuma inquietação
Não nos deve afastar de impulsos benfeitores;
Vale bem mais expor-se a uma ingratidão,
Do que faltar aos sofredores!

C. Dombre

# Bibliografia

## O livro dos médiuns

2ª edição[169]

A primeira edição de *O livro dos médiuns*, publicada no início do ano, esgotou-se em poucos meses, o que vem a ser um dos traços mais característicos do progresso das ideias espíritas. Nós mesmos pudemos constatar, em nossas excursões, a influência salutar que esta obra exerceu sobre a direção dos estudos espíritas práticos; assim, as decepções e mistificações são muito menos numerosas do que outrora, porque ela ensinou os meios de frustrar as artimanhas dos Espíritos enganadores. Esta segunda edição é muito mais completa que a precedente; encerra numerosas e importantes instruções e vários capítulos novos. Toda a parte que concerne mais especialmente aos médiuns, à identidade dos Espíritos, à obsessão, às questões que podem ser dirigidas aos Espíritos, às contradições, aos meios de discernir os Espíritos bons dos maus, à formação de reuniões espíritas, às fraudes em matéria de Espiritismo, recebeu notáveis desenvolvimentos, frutos da experiência. No capítulo das dissertações espíritas adicionamos várias comunicações *apócrifas*, acompanhadas de observações pertinentes, de modo a facultar os meios de descobrir o embuste dos Espíritos enganadores, que se apresentam com falsos nomes.

---

[169] Nota de Allan Kardec: 1 vol. in-12, preço 3 fr. 50 c.; pelo Correio, 4 fr.

Devemos acrescentar que os Espíritos reviram a obra inteiramente e trouxeram numerosas observações do mais alto interesse, de sorte que se pode dizer que é obra deles, tanto quanto nossa.

Recomendamos com insistência esta nova edição, como o guia mais completo, seja para os médiuns, seja para os simples observadores. Podemos afirmar que, seguindo-a pontualmente, evitar-se-ão os escolhos tão numerosos, contra os quais se vão chocar principiantes inexperientes. Depois de a ter lido e meditado atentamente, os que forem enganados ou mistificados certamente não poderão culpar-se senão deles mesmos, porque tiveram todos os meios para se esclarecerem.

## O Espiritismo ou Espiritualismo em Metz

Primeira série das publicações da Sociedade Espírita de Metz[170]

Em nosso último número anunciamos esta publicação apenas de memória, propondo-nos a voltar à matéria. Lemo-la com atenção e só podemos felicitar a Sociedade dos espíritas de Metz por seus resultados. Ela conta em seu seio um grande número de homens esclarecidos que, esperamos, saberão mantê-la em guarda contra as ciladas dos Espíritos maus, que não deixarão de tentar desviá-la do bom caminho em que se colocou.

Esta publicação não é periódica; a Sociedade de Metz tem o propósito de fazer outras semelhantes de vez em quando, em datas indeterminadas, e nelas inserir as melhores comunicações que tiver obtido. Esse método tem a vantagem de não obrigar a assunção de nenhum compromisso com assinantes, aos quais se deve servir apesar de tudo, e porque os gastos são sempre proporcionais.

---

[170] Nota de Allan Kardec: Brochura in-8; preço 1 fr. Em Paris: *Didier & Cia.*, Quai des Augustins, 35; *Ledoyen*, Palais-Royal, galeria d'Orléans, 31. Em Metz: *Verronais*, rue des Jardins, 14; *Warrion*, rue du Palais, 8.

Novembro de 1861

Todas as comunicações contidas nesta primeira brochura trazem um sinete eminentemente sério e uma moralidade irrepreensível. Nada notamos que não fosse o que se poderia chamar de ortodoxo, do ponto de vista da Ciência e de acordo com o ensino de *O livro dos espíritos*. Se os senhores espíritas de Metz nos permitem um conselho, nós os estimularíamos a que continuem guardando, em suas publicações subsequentes, a prudente reserva que notamos nesta; que se convençam de que as publicações intempestivas podem ser mais prejudiciais que úteis à propagação do Espiritismo. Contamos com a sabedoria e a sagacidade dos que as dirigem, para não cederem ao entusiasmo de adeptos mais zelosos que sensatos; que se lembrem bem desta máxima: *Não adianta correr; tudo tem sua hora*.

As duas comunicações seguintes, extraídas deste primeiro número, podem dar uma ideia do espírito no qual são feitas.

## O fluido universal

(29 de setembro de 1860)

O fluido universal liga entre si todos os mundos; e, conforme os movimentos que lhe são impressos pela vontade do Criador, origina todos os fenômenos da Criação. Ele é a própria vida, ligando as diferentes matérias de nosso globo; é ele que, por propriedades subordinadas a leis, regula as diferentes coisas tão misteriosas para vós, as afinidades físicas e morais; é ele que vos faz ver o passado, o presente e o futuro, principalmente quando a matéria que obstrui vossa alma é anulada ou enfraquecida por uma causa qualquer; então essa dupla vista (embora menos desenvolvida do que após a morte), vê, sente e toca tudo, nesse meio fluídico que é o seu elemento e o reflexo exato do que foi, é e será; porque somente as partes mais grosseiras desse fluido estão sujeitas a modificações sensíveis de composição.

Henry
(Antigo magnetizador)

## Efeitos da prece

(15 de outubro de 1860)

A prece é uma aspiração sublime, à qual Deus concedeu um poder tão mágico que os Espíritos a reclamam para si constantemente. Suave orvalho, é um refrigério para o pobre exilado na Terra e um arranjo (*sic*) frutuoso para a alma em prova. A prece age diretamente sobre o Espírito a quem é dirigida; não transforma espinhos em rosas, mas modifica sua vida de sofrimentos; não tem poder sobre a vontade imutável de Deus, mas imprime esse impulso de vontade que levanta a sua coragem, ao dar-lhe força para lutar contra as provas e as dominar. Por esse meio é abreviado o caminho que conduz a Deus e, como efeito maravilhoso, nada pode ser comparado à prece.

Aquele que blasfema contra a prece não passa de Espírito inferior, de tal modo terreno e atrasado que nem mesmo compreende que deve se agarrar a essa tábua de salvação para se salvar.

Orar: palavra descida do Céu, é a gota de orvalho no cálice de uma flor, é o sustentáculo do caniço durante a tormenta, é a tábua do pobre náufrago durante a tempestade, é o abrigo do mendigo e do órfão, é o berço para a criança dormir. Emanação divina, a prece nos liga a Deus pela linguagem, fazendo-o interessar-se por nós; orar a Ele é amá-lo; suplicar-lhe por um irmão é um ato de amor dos mais meritórios. Vinda do coração, a prece contém a chave dos tesouros da graça; é o ecônomo que dispensa benefícios em nome da infinita misericórdia. A alma, elevada para Deus por um desses impulsos sublimes da prece, desprendida de seu envoltório grosseiro, apresenta-se cheia de confiança diante dele, segura de obter o que pede com humildade. Orai, oh! orai! fazei um reservatório de vossas santas aspirações, que será despejado no dia da justiça. Preparai o celeiro da abundância, tão precioso durante a escassez; escondei o tesouro de vossas preces até o dia escolhido por Deus para distribuir o rico depósito. Acumulai para vós e para os vossos irmãos, o que diminuirá as vossas angústias e vos fará transpor mais rapidamente o espaço que vos separa de Deus. Refleti em vossa miserável natureza, contai vossas decepções, vossos perigos, sondai o abismo tão profundo aonde vos podem arrastar as paixões, olhai em torno de vós os que caem e sentireis a imperiosa necessidade de recorrer à prece. A oração é a âncora de salvação que impedirá a destruição do vosso navio, tão agitado pelas desordens do mundo.

Teu Espírito familiar

## O Espiritismo na América

Fragmentos traduzidos do inglês pela Srta. Clémence Guérin.[171]

O Espiritismo conta na América homens eminentes que, desde o princípio, lhe avaliaram o alcance e nele viram algo mais do que simples manifestações. Nesse número está o juiz *Edmonds*, de Nova Iorque, cujos escritos sobre esse importante assunto são bastante apreciados, mas muito pouco conhecidos na Europa, onde ainda não foram traduzidos. Devemos ser gratos à Srta. Guérin por nos dar uma ideia deles por meio de alguns fragmentos publicados em sua brochura. Apenas lamentamos não tenha ela acabado sua obra por uma tradução completa. Ela junta alguns extratos não menos notáveis do *Dr. Hare*, de Filadélfia, que, também ele, teve a ousadia de ser um dos primeiros a afirmar sua fé nas novas revelações.

A Srta. Guérin, que residiu muito tempo na América, onde viu se produzirem e se desenvolverem as primeiras manifestações, é uma dessas espíritas sinceras, conscienciosas, que tudo julgam com calma, sangue-frio e sem entusiasmo. Temos a honra de conhecê-la pessoalmente e nos sentimos felizes por lhe dar aqui um testemunho merecido de nossa profunda estima. Pelo seguinte trecho de sua introdução, pode-se ver que nossa opinião é justamente motivada.

---

[171] Nota de Allan Kardec: Brochura grande in-18, preço 1 fr. Dentu, Palais Royal, galeria d'Orléans.

"Como os americanos, temos a Fé profunda, a esperança radiosa de que esta Doutrina, tão eminentemente baseada na caridade — não esmola, mas amor — seja bem aquela que deve regenerar e pacificar o mundo. Jamais a solidariedade fraternal foi demonstrada de maneira mais clara, nem de modo mais sedutor. Vindo consolar-nos, ajudar-nos, instruir-nos, indicar-nos, enfim, o melhor uso a ser feito de nossas faculdades, tendo em vista o futuro, os Espíritos são de tal modo desinteressados que o homem não os pode ouvir muito tempo sem experimentar o desejo de os imitar, sem procurar ao seu redor alguém para participar dos benefícios que lhe dispensaram tão generosamente. Ele o faz com tanto mais boa vontade quanto compreende que seu próprio progresso tem esse preço e que, no grande livro de Deus, não são levados a seu favor senão os atos praticados em vista do bem-estar material ou moral de seus irmãos. O que os Espíritos fazem com sucesso neste momento foi tentado muitas vezes na Terra por nobres corações, por almas corajosas, que foram e ainda são desconhecidos e ridicularizados. Suspeitam de seu devotamento e não é senão quando desaparecem que têm chance de ser julgados com imparcialidade. Eis por que Deus lhes permite continuar a obra após aquilo a que chamamos morte.

Não é o caso de repetir com Davis: 'Nada temais, irmãos; sendo mortal, o erro não pode viver; sendo imortal, a verdade não pode morrer!'"

CLÉMENCE GUÉRIN

A passagem seguinte, do juiz *Edmonds*, mostrará com que precisão ele entrevira as consequências do Espiritismo. Não se deve esquecer que escrevia em 1854, época em que o Espiritismo na América, como na Europa, ainda era novo.

"Falsas ou verdadeiras, outros julgarão as minhas deduções. Meu objetivo será atingido se, falando do efeito produzido em meu espírito por essas revelações, eu tiver feito brotar em alguns o desejo de também pesquisar e assim levar novas luzes ao estudo desses fenômenos. Até aqui, os mais impetuosos adversários, os que, na sua indignação, gritam contra a impostura, são também os mais obstinados na sua recusa de nada ver ou ouvir sobre isto, os mais decididos a permanecer na completa ignorância da natureza dos fatos. Homens com reputação de saber, senão de Ciência, não temem comprometê-la dando explicações que não satisfazem a ninguém, baseadas em observações superficiais, feitas com tal leviandade que faria corar um estudante.

Entretanto, não é uma coisa indiferente esse novo poder inerente ao homem (*connected with man*), e que, sem a menor dúvida, terá sobre o seu destino uma influência considerável, para o bem ou para o mal.

E já podemos ver que, desde a origem, apenas há cinco anos, a ideia espiritualista se propagou com uma rapidez que a Igreja cristã não havia igualado em cem anos. Ela não procura os lugares isolados, não se envolve em mistérios, mas vem abertamente aos homens, provocando minucioso exame de sua parte, não exigindo uma fé cega, mas recomendando, em todas as circunstâncias, o exercício da razão e da livre apreciação.

Vimos que as zombarias dos filósofos não conseguiram desviar um só crente; que os sarcasmos da imprensa, os anátemas do púlpito são igualmente impotentes para deter o progresso e, sobretudo, já podemos constatar sua influência moralizadora. O *verdadeiro* crente torna-se sempre mais prudente e melhor (*a wiser and a better man*), porque lhe foi demonstrado que a sobrevivência do homem após a morte do corpo está positivamente provada. Todos quantos, seriamente e com sinceridade, conduziram suas investigações sobre o assunto, tiveram suas provas irrefutáveis. Como poderia ser de outro modo? Eis uma inteligência que nos fala todos os dias; é um amigo. (Em geral os americanos começam conversando com parentes ou amigos.) Ele prova a sua identidade por mil circunstâncias que não podem deixar a menor dúvida, pelas numerosas recordações que só ele pode conhecer. Fala-nos das consequências da vida terrena e nos pinta a vida futura em cores tão racionais que nós *sentimos* que diz a verdade, tanto se conforma com a ideia íntima que fazíamos da Divindade e dos deveres que ela nos impõe.

A morte não nos separa daqueles a quem amamos. Muitas vezes eles estão junto de nós, ajudam-nos e nos consolam pela esperança de uma reunião *certa*. Quantas vezes os vi para mim e para os outros! Quantas pessoas desoladas vi acalmadas pela doce certeza de que o ser querido, 'trazido pelos laços do amor, adeja em torno delas, murmura-lhes ao ouvido, contempla a sua alma, conversa com seu Espírito!'

Assim, a morte se acha despojada do cortejo de terrores misteriosos e indefinidos com que foi cercada por aqueles que confiam mais na degradante paixão do medo que no nobre sentimento do amor.

Notemos, por alto que, sejam quais forem os matizes no ensino da nova filosofia, todos os seus discípulos se entendem sobre este ponto: a morte não é um espantalho, mas um fenômeno natural, de passagem a uma existência em que, livre de mil males da vida material e dos entraves que o confinam num mesmo planeta, o Espírito pode percorrer a imensidade dos mundos, levantar voo para regiões onde a glória de Deus é realmente visível.

Está igualmente demonstrado (*demonstrated*) que os nossos mais secretos pensamentos são conhecidos pelos seres que nos amaram e que continuam a velar por nós. É em vão que tentaríamos nos livrar dessa inquisição, terrível por sua própria benevolência. Não é possível duvidar, como quiseram. Muitas vezes fiquei estupefato e me arrepiei ante a revelação imprevista, mas irrecusável, de que os mais íntimos refolhos da consciência podem ser revistados justamente por aqueles a quem quereríamos ocultar nossas fraquezas.

Não está aí um freio salutar contra os maus pensamentos, os atos criminosos, na maioria das vezes cometidos porque o culpado se tranquilizou por estas palavras: 'Ninguém ficará sabendo...' Se algo pode confirmar esta verdade tão terrificante para alguns, é a lembrança do que cada um experimenta após uma boa ação, mesmo quando ficou secreta: um contentamento íntimo incomparável. Esses o sabem muito bem, pois a mão esquerda ignora o que dá a direita. É, pois, racional, crer que se nossos amigos nos podem felicitar, também nos podem admoestar; se veem nossos atos meritórios, igualmente percebem os nossos defeitos.

A isto não hesitamos em atribuir o fato incontestável e inconteste, de que não há *verdadeiro crente* que não se tenha tornado melhor.

De nossa conduta, de nossa submissão a este grande preceito: *Amar a Deus e ao próximo...* depende o nosso destino futuro, e não de nossa adesão a esta ou àquela seita religiosa. Não devemos postergar a nossa conversão, e sim trabalhar, nós mesmos, pela nossa salvação, *agora*, e não mais tarde, *hoje*, e não amanhã.

Que haverá de mais consolador, mais reconfortante para a alma virtuosa, por intermédio das provas e vicissitudes desta vida, do que a *certeza completa* de que sua felicidade futura depende de suas ações, que ela pode dirigir?

Por outro lado o vicioso, o mau, o cruel, o egoísta, sobretudo o egoísta, sofrerá por si e pelos outros (*self and mutual torment*) tormentos mais terríveis que os do inferno material, tal qual a imaginação mais desordenada jamais pôde conceber."

ALLAN KARDEC

# Revista Espírita
### Jornal de Estudos Psicológicos
ANO IV — DEZEMBRO DE 1861 — Nº 12

## Aviso

Os senhores assinantes que não quiserem sofrer atraso na remessa da *Revista Espírita* para o ano de 1862 (5º ano) são convidados a renovar a assinatura antes de 31 de dezembro.

Os assinantes de 1862 poderão obter a coleção dos quatro anos precedentes, em conjunto, ao preço de 30 francos, em vez de 40, de modo que, com a assinatura atual não pagarão pelos cinco anos senão 40 francos, ou seja, pelo mesmo preço terão cinco anos em vez de quatro, o que representa um desconto de 20%. Como no passado, os anos tomados isoladamente saem a dez francos cada um.

A segunda tiragem dos anos de 1858, 1859 e 1860 se esgotou. Acaba de ser feita uma terceira reimpressão.

NOTA – O número de janeiro de 1862 conterá um artigo muito desenvolvido sobre a *Interpretação da doutrina dos anjos rebeldes, dos anjos decaídos, do paraíso perdido* e sobre a *Origem e a condição moral do homem na Terra*.

# Novas obras do Sr. Allan Kardec a serem publicadas brevemente

*O Espiritismo na sua expressão mais simples* – Brochura destinada a popularizar os elementos da Doutrina Espírita. Será vendida a 25 centavos.

*Refutação das críticas contra o Espiritismo*, do ponto de vista do materialismo, da Ciência e da Religião. Esta última parte terá todos os desenvolvimentos necessários. Conterá a resposta à brochura do padre Marouzeau.

Várias outras obras, das quais uma de importância mais ou menos igual, como volume, a *O livro dos espíritos*, serão publicadas no correr de 1862.[172]

# Organização do Espiritismo

1. Até o presente, embora muito numerosos, os espíritas se têm disseminado por todos os países, o que não constitui uma das características menos salientes da Doutrina. Como uma semente levada pelo vento, fincou raízes em todos os pontos do globo, prova evidente de que a sua propagação não é efeito de uma camarilha, nem de uma influência local e pessoal. A princípio isolados, os adeptos hoje se surpreendem com o seu número; e como a similitude das ideias inspira o desejo de aproximação, procuram reunir-se e fundar sociedades. Assim, de todas as partes nos pedem instruções a respeito, manifestando o desejo de se unirem à Sociedade Central de Paris. É, pois, chegado o momento de nos ocuparmos do que se pode chamar a *organização do Espiritismo*. *O livro dos médiuns* (2ª edição) contém observações importantes sobre a formação das Sociedades

---

[172] N.T.: Nenhuma nova obra desse porte foi publicada em 1862. *O evangelho segundo o espiritismo* só seria lançado em 1864, *O céu e o inferno* em 1865 e *A gênese* em 1868.

espíritas, às quais remetemos os interessados, rogando-lhes que meditem cuidadosamente. Diariamente a experiência vem lhes confirmar o acerto; nós as lembraremos de modo sucinto, acrescentando instruções mais circunstanciadas.

2. Inicialmente, falemos dos adeptos ainda isolados em meio a uma população hostil ou ignorante das ideias novas. Todos os dias recebemos cartas de pessoas que estão neste caso e que perguntam o que podem fazer, na ausência de médiuns e de coparticipantes do Espiritismo. Estão na situação em que, apenas há um ano, se achavam os primeiros espíritas dos centros mais numerosos de hoje; pouco a pouco os adeptos se foram multiplicando e, se até recentemente havia cidades onde eram contados por unidades isoladas, hoje o são por centenas de milhares; em breve se dará a mesma coisa em toda parte; é uma questão de paciência. Quanto ao que devem fazer, é muito simples. Para começar, podem trabalhar por conta própria, impregnando-se da doutrina pela leitura e meditação das obras especiais; quanto mais se aprofundarem, mais verdades consoladoras descobrirão, confirmadas pela razão. Em seu isolamento, devem julgar-se felizes por terem sido os primeiros favorecidos. Mas se se limitassem a colher na Doutrina uma satisfação pessoal, seria uma espécie de egoísmo. Em razão de sua própria posição, têm uma bela e importante missão a cumprir: a de espalhar a luz em seu redor. Os que aceitarem essa missão sem se deixarem deter pelas dificuldades serão largamente recompensados pelo sucesso e pela satisfação de terem feito uma coisa útil. Sem dúvida encontrarão oposição; serão alvo das zombarias e dos sarcasmos dos incrédulos, da própria malevolência das pessoas interessadas em combater a Doutrina, mas onde estaria o mérito, se não houvesse nenhum obstáculo a vencer? Aos que fossem detidos pelo medo pueril do que os outros pensariam deles, nada temos a dizer, nenhum conselho a dar. Mas aos que têm a coragem da sua opinião, que estão acima das mesquinhas considerações mundanas, diremos que o que têm a fazer se limita a falar abertamente do Espiritismo, sem afetação, como de uma coisa muito simples e muito natural, sem a pregar e, sobretudo, sem buscar nem forçar convicções, nem fazer prosélitos a qualquer preço. *O*

*Espiritismo não deve ser imposto; vem-se a ele porque dele se necessita, e porque dá o que não dão as outras filosofias.* Convém mesmo não entrar em nenhuma explicação com os incrédulos obstinados: seria dar-lhes muita importância e levá-los a pensar que dependemos deles. Os esforços feitos para os atrair os afastam e, por amor-próprio, obstinam-se na sua oposição. Eis por que é inútil perder tempo com eles; quando a necessidade se fizer sentir, virão por si mesmos. Enquanto esperamos, é preciso deixá-los tranquilos, satisfeitos no seu ceticismo que, acreditai, muitas vezes lhes pesa mais do que dão a parecer; porque, por mais que digam, a ideia do nada após a morte tem algo de mais assustador, de mais doloroso que a própria morte.

No entanto, ao lado dos gracejadores, há pessoas que perguntarão: "O que é isto?" Apressai-vos, então, em satisfazê-las, proporcionando-lhes explicações conforme a natureza das disposições que nelas encontrardes. Quando se fala do Espiritismo em geral, é preciso considerar as palavras que se pronunciam como grãos lançados ao léu: muitos deles caem sobre pedras e nada produzem, mas, se cair um só em terra fértil, deveis julgar-vos feliz; cultivai-a e ficai certos de que essa planta, frutificando, dará origem a outras tantas. Para alguns adeptos a dificuldade é responder a certas objeções; a leitura atenta das obras lhes fornecerá os meios. Para tal efeito, poderão se servir da brochura que vamos publicar sob o título de: *Refutação das críticas contra o Espiritismo, do ponto de vista materialista, científico e religioso.*[173]

3. Falemos agora da organização do Espiritismo nos centros já numerosos. O aumento incessante dos adeptos demonstra a impossibilidade material de constituir-se numa cidade, sobretudo, numa cidade populosa, uma sociedade única. Além do número, há a dificuldade das distâncias que, para muitos, é um obstáculo. Por outro lado, é sabido que as grandes reuniões são menos favoráveis

---

[173] N.T.: Essa brochura teria sido realmente publicada? Pelo menos não aparece na relação de obras espíritas de Allan Kardec, arroladas no cap. I, v. III (p. 15 a 20), da pesquisa bibliográfica de Zêus Wantuil e Francisco Thiesen. (Allan Kardec, 2. ed. Rio [de Janeiro]: FEB, 1982.)

às belas comunicações e que as melhores são obtidas nos pequenos grupos. É, pois, na multiplicação dos grupos particulares que devemos concentrar os nossos esforços. Ora, como dissemos, vinte grupos de quinze a vinte pessoas obterão mais e farão mais pela propaganda do que uma sociedade única de quatrocentos membros. Os grupos se formam naturalmente pela afinidade de gostos, sentimentos, hábitos e posição social; todos ali se conhecem e, como são reuniões privadas, tem-se liberdade de número e de escolha dos que nela são admitidos.

     4. O sistema da multiplicação dos grupos tem ainda como resultado, conforme o dissemos em várias ocasiões, impedir os conflitos e as rivalidades de supremacia e de direção. Cada grupo naturalmente é dirigido pelo chefe da casa, ou por aquele que para isso for designado; não há, a bem dizer, dirigente oficial, porque tudo se passa em família. O dono da casa, como tal, tem toda autoridade para manter a boa ordem. Com uma sociedade propriamente dita, há necessidade de um local especial, um pessoal administrativo, um orçamento, numa palavra, uma complicação de burocracias, que a má vontade de alguns dissidentes mal-intencionados poderia comprometer.

     5. A essas considerações, longamente desenvolvidas em *O livro dos médiuns*, acrescentaremos uma, que é preponderante. O Espiritismo ainda não é visto com bons olhos por todo o mundo. Brevemente se compreenderá que é de grande interesse favorecer uma crença que torna melhores os homens e é uma garantia da ordem social. Mas até que estejam bem convencidos de sua benéfica influência sobre o espírito das massas e de seus efeitos moralizadores, os adeptos devem esperar que, seja pela ignorância do verdadeiro objetivo da Doutrina, seja em vista do interesse pessoal, suscitar-lhes-ão embaraços; não apenas os ridicularizarão, mas, quando virem enfraquecidas as armas do ridículo, os *caluniarão*. Serão acusados de loucura, de charlatanismo, de irreligião, de feitiçaria, a fim de amotinar o fanatismo contra eles. Loucura! Sublime loucura esta que faz crer em Deus e no futuro da alma. Para os que em nada creem, com

efeito, é loucura acreditar na comunicação entre mortos e vivos; loucura que faz a volta ao mundo e atinge os homens mais eminentes. Charlatanismo! Eles têm uma resposta peremptória: o desinteresse, pois o charlatanismo jamais é desinteressado. Irreligião! Logo eles, que assim que se tornam espíritas, ficam mais religiosos do que antes. Feitiçaria e comércio com o diabo! Eles, que negam a existência do diabo e só reconhecem a Deus como o único Senhor Todo-Poderoso, soberanamente justo e bom. Singulares feiticeiros estes que renegariam o seu senhor e agiriam em nome de seu antagonista! Na verdade o diabo não deveria estar muito contente com seus adeptos. Mas as boas razões não constituem a mínima preocupação dos que querem provocar discussões; quando alguém quer matar seu cão, diz que está raivoso. Felizmente a Idade Média lança seus últimos e pálidos clarões sobre o nosso século. Como o Espiritismo lhe vem dar o golpe de misericórdia, não é de admirar vê-la tentar um supremo esforço. Mas sosseguemos, a luta não será longa. Todavia, que a certeza da vitória não nos torne imprudentes, porque uma imprudência poderia, se não comprometer, pelo menos retardar o sucesso. Por esses motivos, a constituição de sociedades numerosas talvez encontrasse obstáculos em certas localidades, o que não ocorreria com as reuniões familiares.

6. Acrescentemos ainda uma consideração. As sociedades propriamente ditas estão sujeitas a numerosas vicissitudes. Mil causas, dependentes ou não de sua vontade, podem levar à dissolução. Assim, suponhamos que uma sociedade espírita tenha reunido todos os adeptos de uma mesma cidade e que, por uma circunstância qualquer, deixe de existir; eis os membros dispersos e desorientados. Agora, se em vez disto houver cinquenta grupos, caso alguns desapareçam, sempre restarão outros, e outros se formarão; são outras tantas plantas vivazes que, a despeito de tudo, continuam brotando. Não tenhais no campo somente uma grande árvore; o raio pode abatê-la. Tende cem, e o mesmo raio não atingirá a todas; quanto menores menos expostas estarão.

Assim, tudo milita em favor do sistema que propomos. Quando um primeiro grupo, fundado em qualquer parte, torna-se muito numeroso, que faça como as abelhas: que, como enxames saídos da colmeia materna fundem novas colmeias que, por sua vez, formarão outras. Serão outros tantos centros de ação irradiando em seu respectivo círculo, e mais poderosos para a propaganda do que uma sociedade única.

7. Admitida, pois, em princípio a formação dos grupos, resta o exame de várias questões importantes. A primeira de todas é a uniformidade na Doutrina. Essa uniformidade não seria mais bem garantida por uma sociedade compacta, pois os dissidentes sempre teriam facilidade de se retirar, formando grupo à parte. Quer a sociedade seja una ou fracionada, a uniformidade será a consequência natural da unidade de base que os grupos adotarem. Será completa em todos os que seguirem a linha traçada em *O livro dos espíritos* e em *O livro dos médiuns*. Um contém os princípios da filosofia da ciência; o outro, as regras da parte experimental e prática. Estas obras estão escritas com bastante clareza, de modo a não ensejar interpretações divergentes, condição essencial de toda doutrina nova.

Até o presente essas obras servem de regulador à imensa maioria dos espíritas, e por toda parte são acolhidas com inequívoca simpatia; os que dela quiseram afastar-se puderam reconhecer, por seu isolamento e pelo número decrescente de seus partidários, que não tinham a seu favor a opinião geral. Esse assentimento da maioria tem um peso considerável; é um julgamento que não poderia ser suspeito de influência pessoal, considerando-se que é espontâneo e pronunciado por milhares de pessoas que nos são completamente desconhecidas. Uma prova desse assentimento é que nos pediram para traduzi-las em diversas línguas: espanhol, inglês, português, alemão, italiano, polonês, russo e até mesmo na língua tártara. Podemos, pois, sem presunção, recomendar o seu estudo e prática às diversas reuniões espíritas, e isto com tanto mais razão quanto são as únicas, até o momento, em que a ciência é tratada de maneira completa. Todas as que foram publicadas sobre a matéria não abordaram senão alguns pontos isolados da questão. Aliás, não temos a menor pretensão de impor nossas ideias; nós as emitimos por ser um direito nosso. Aqueles a quem elas convêm as adotam; os outros as rejeitam, por ser também um direito que lhes assiste. Assim, as instruções que damos se destinam naturalmente aos que caminham conosco, para os que nos honram com o título de seu *chefe espírita*; de maneira alguma pretendemos regulamentar os que querem seguir outra via. Submetemos a doutrina que professamos à apreciação geral. Ora, temos encontrado muitos aderentes para nos dar confiança e nos consolar de algumas dissidências isoladas. O futuro, aliás, será o juiz em última instância. Com os homens atuais desaparecerão, pela força das coisas, as suscetibilidades do amor-próprio ferido, as causas de ciúme, de ambição, de esperanças materiais malsucedidas. Não considerando mais as pessoas, só se verá a doutrina e o julgamento será imparcial. Quais as ideias novas que, no seu nascedouro, não tiveram contraditores mais ou menos interessados? Quais os propagadores dessas ideias que não foram alvo das setas da inveja, sobretudo se o sucesso lhes coroou os esforços? Mas voltemos ao nosso assunto.

8. O segundo ponto é a constituição dos grupos. Uma das primeiras condições é a homogeneidade, sem a qual não haveria comunhão de pensamentos. Uma reunião não pode ser estável, nem séria, se não há simpatia entre os que a compõem; e não pode haver simpatia entre pessoas que têm ideias divergentes e que fazem oposição surda, quando não aberta. Longe de nós dizermos com isso que se deva abafar a discussão; ao contrário, recomendamos o exame escrupuloso de todas as comunicações e de todos os fenômenos. Fique, pois, bem entendido, que cada um pode e deve externar a sua opinião, mas há pessoas que discutem para impor a sua, e não para se esclarecer. É contra o espírito de oposição sistemático que nos levantamos; contra as ideias preconcebidas, que não cedem nem mesmo perante a evidência. Tais pessoas incontestavelmente são uma causa de perturbação, que é preciso evitar. A este respeito, as reuniões espíritas estão em condições excepcionais. O que elas requerem acima de tudo é o recolhimento. Ora, como estar recolhido se, a cada momento, somos distraídos por uma polêmica acrimoniosa? Se, entre os assistentes, reina um sentimento de azedume e quando sentimos à nossa volta seres que sabemos hostis e em cuja

fisionomia se lê o sarcasmo e o desdém por tudo quanto não concorde inteiramente com eles?

9. Traçamos o caráter das principais variedades de espíritas em *O livro dos médiuns*, it. 28.[174] Sendo tal distinção importante para o assunto que nos ocupa, julgamos dever lembrá-la.

Pode-se pôr em primeira linha os que creem pura e simplesmente nas manifestações. Para eles o Espiritismo é apenas uma ciência de observação, uma série de fatos mais ou menos curiosos; a filosofia e a moral são acessórios de que pouco se ocupam e de cujo alcance nem mesmo desconfiam. Nós os chamamos *espíritas experimentadores*.

Vêm a seguir os que veem no Espiritismo mais do que fatos; compreendem sua parte filosófica; admiram a moral daí decorrente, mas não a praticam; extasiam-se ante as belas comunicações, como diante de um sermão eloquente, que ouvem, mas não aproveitam. A influência da Doutrina sobre o caráter deles é insignificante ou nula; não modificam em nada seus hábitos e não se privariam de um só prazer: o avarento continua sovina, o orgulhoso se conserva cheio de si, o invejoso e o ciumento são sempre hostis. Consideram a caridade cristã apenas uma bela máxima e os bens deste mundo os arrastam na sua estima sobre os do futuro. São os *espíritas imperfeitos*.

Ao lado destes há outros, mais numerosos do que se pensa, que não se limitam a admirar a moral espírita, mas que a praticam e a aceitam em todas as suas consequências. Convencidos de que a existência terrena é uma prova passageira, tratam de aproveitar os seus breves instantes para avançar pela senda do progresso, esforçando-se por fazer o bem e reprimir seus pendores; suas relações são sempre seguras, porque a convicção que nutrem os afasta de todo pensamento do mau. Em tudo a caridade é sua regra de conduta. São os *verdadeiros espíritas*, ou, melhor, os *espíritas cristãos*.

---

[174] N.E.: Ver Primeira parte, cap. III.

10. Se bem compreendido o que precede, compreender-se-á também que um grupo formado exclusivamente por elementos desta última classe estaria em melhores condições, porque entre pessoas que praticam a lei de amor e de caridade é que se pode estabelecer uma séria ligação fraternal. Entre homens para quem a moral não passa de uma teoria, a união não seria durável; como não impõem nenhum freio ao orgulho, à ambição, à vaidade e ao egoísmo, não o imporão também às suas palavras; quererão ser os primeiros, quando deveriam humilhar-se; irritar-se-ão com as contradições e não terão nenhum escrúpulo em semear a perturbação e a discórdia. Entre verdadeiros espíritas, ao contrário, reina um sentimento de confiança e de recíproca benevolência; sentem-se à vontade nesse meio simpático, ao passo que há constrangimento e ansiedade num ambiente heterogêneo.

11. Isto faz parte da natureza das coisas e nada inventamos a respeito. Daí se segue que, na formação dos grupos, deve-se exigir a perfeição? Seria simplesmente absurdo, porque exigir o impossível e, neste ponto, ninguém poderia pretender dele fazer parte. Tendo como objetivo a melhoria dos homens, o Espiritismo não vem recrutar os que são perfeitos, mas os que se esforçam em o ser, pondo em prática o ensino dos Espíritos. O verdadeiro espírita não é o que alcançou a meta, mas o que deseja seriamente atingi-la. Sejam quais forem os seus antecedentes, será bom espírita desde que reconheça suas imperfeições e seja sincero e perseverante no propósito de emendar-se. Para ele o Espiritismo é uma verdadeira regeneração, porque rompe com o passado; indulgente para com os outros, como gostaria que fossem para consigo, de sua boca não sairá nenhuma palavra malevolente nem ofensiva contra ninguém. Aquele que, numa reunião, se afastasse das conveniências, não só provaria falta de civilidade e de urbanidade, mas falta de caridade; aquele que se melindrasse com a contradição e pretendesse impor a sua pessoa ou as suas ideias, daria prova de orgulho. Ora, nem um nem outro estariam no caminho do verdadeiro Espiritismo cristão. Aquele que pensa ter uma opinião mais justa fará que os outros a aceitem melhor pela persuasão e pela doçura; o azedume, de sua parte, seria um péssimo negócio.

12. A simples lógica demonstra, pois, a quem quer que conheça as leis do Espiritismo, quais os melhores elementos para a composição dos grupos verdadeiramente sérios, e não vacilamos em dizer que são os que exercem maior influência na propagação da Doutrina. Pela consideração que exigem, pelo exemplo que dão de suas consequências morais provam a sua gravidade e impõem silêncio à zombaria que, quando se ataca ao bem, é mais que ridícula, porque odiosa. Mas que quereis que pense um crítico incrédulo, quando assiste a experiências cujos assistentes são os primeiros a se divertirem com elas? Sai dali um pouco mais incrédulo do que entrou.

13. Acabamos de indicar a melhor composição dos grupos. Mas a perfeição não é mais possível nos grupos do que nos indivíduos. Indicamos os objetivos e dizemos que quanto mais nos aproximarmos deles, tanto mais satisfatórios serão os resultados. Às vezes nos deixamos dominar pelas circunstâncias, mas é na eliminação dos obstáculos que devemos concentrar todos os nossos cuidados. Infelizmente, quando criamos um grupo, somos muito pouco rigorosos na escolha, porque, antes de tudo, queremos formar um núcleo. Para nele ser admitido, basta, na maioria das vezes, um simples desejo ou uma adesão qualquer às ideias mais gerais do Espiritismo. Só mais tarde é que percebemos ter facilitado em demasia a admissão.

14. Num grupo sempre há elementos estáveis e flutuantes. O primeiro é composto de pessoas assíduas, que formam a base; o segundo, das que são admitidas temporária e acidentalmente. É essencial prestar escrupulosa atenção no que respeita à composição do elemento estável; neste caso, não se deve hesitar em sacrificar a quantidade pela qualidade, porque é ele que dá impulso e serve de regulador. O elemento flutuante é menos importante, porque sempre se é livre para modificá-lo à vontade. Não se deve perder de vista que as reuniões espíritas, como, aliás, todas as reuniões em geral, haurem as forças de sua vitalidade na base sobre a qual se assentam; neste particular, tudo depende do ponto de partida. Aquele que tem a intenção de organizar um grupo em boas condições deve, antes de tudo, assegurar-se do concurso de alguns adeptos sinceros, que

levem a doutrina a sério e cujo caráter, *conciliador* e benevolente, seja conhecido. Formado esse núcleo, ainda que de três ou quatro pessoas, estabelecer-se-ão regras precisas, seja para as admissões, seja para a realização das sessões e para a ordem dos trabalhos, regras às quais os recém-vindos terão de se conformar. Essas regras podem sofrer modificações conforme as circunstâncias, mas há algumas que são essenciais.

15. Sendo a unidade de princípios um dos pontos importantes, não pode existir naqueles que, não tendo estudado, não podem ter opinião formada. Assim, a primeira condição a impor, caso não queiramos ser interrompidos a cada instante por objeções ou perguntas ociosas, é o estudo prévio. A segunda é uma profissão de fé categórica e uma adesão formal à doutrina de *O livro dos espíritos*, além de outras condições especiais julgadas convenientes. Isto quanto aos membros titulares e dirigentes. Para os assistentes, que geralmente vêm para adquirir um pouco mais de conhecimento e de convicção, pode-se ser menos rigoroso; todavia, como há os que poderiam causar perturbação com observações despropositadas, é importante assegurar-se de suas disposições. Faz-se necessário, acima de tudo e sem exceção, afastar os curiosos e quem quer que seja atraído por motivo frívolo.

16. A ordem e a regularidade dos trabalhos são coisas igualmente essenciais. Consideramos de grande utilidade abrir cada sessão pela leitura de algumas passagens de *O livro dos médiuns* e de *O livro dos espíritos*. Por esse meio, ter-se-ão sempre presentes na memória os princípios da ciência e os meios de evitar os escolhos encontrados a cada passo na prática. Assim, a atenção será fixada sobre uma porção de pontos, que muitas vezes escapam numa leitura particular e poderão ensejar comentários e discussões instrutivas, das quais os próprios Espíritos poderão participar.

Não menos importante é recolher e passar a limpo todas as comunicações obtidas, por ordem de datas, com indicação do médium que serviu de intermediário. Esta última menção é útil para o estudo do gênero da faculdade de cada um. Mas muitas vezes acontece que se perde de vista estas comunicações, que assim se tornam letra morta; isto desencoraja os Espíritos que as tinham dado, com vistas à instrução dos assistentes. É necessário, pois, fazer uma coleta especial das mais instrutivas e proceder à sua releitura de vez em quando. Frequentemente essas comunicações são de interesse geral e não são dadas pelos Espíritos apenas para a instrução de alguns ou para serem relegadas aos arquivos. Assim, é útil que, para a publicidade, sejam levadas ao conhecimento de todos. Examinaremos esta questão num artigo que publicaremos em nosso próximo número, indicando o modo mais simples, mais econômico e, ao mesmo tempo, mais apropriado para alcançar o objetivo.

17. Como se vê, nossas instruções se destinam exclusivamente aos grupos formados de elementos sérios e homogêneos; aos que querem seguir a rota do Espiritismo moral, visando o progresso de cada um, fim essencial e único da Doutrina; enfim, aos que nos querem aceitar por guia e levar em conta os conselhos de nossa experiência. É incontestável que um grupo formado nas condições que indicamos funcionará com regularidade, sem entraves e de maneira proveitosa. O que um grupo pode fazer, outros também o podem. Suponhamos, então, numa cidade, um número qualquer de grupos, constituídos sobre as mesmas bases; necessariamente haverá entre eles unidade de princípios, já que seguem a mesma bandeira; união simpática, já que têm por máxima: amor e caridade. Numa palavra, são os membros de uma mesma família, entre os quais não haveria concorrência, nem rivalidade de amor-próprio, já que todos estão animados dos mesmos sentimentos para o bem.

18. Entretanto, seria útil que houvesse entre eles um ponto de ligação, um centro de ação. Segundo as circunstâncias e localidades, os diversos grupos, pondo de lado toda questão pessoal, poderiam designar para tal fim aquele que, por sua posição e importância relativa, estaria mais apto a dar ao Espiritismo um impulso salutar. Se necessário, e se fosse preciso lidar com suscetibilidades, um grupo central, formado pelos delegados de todos os grupos, tomaria

o nome de *grupo diretor*. Na impossibilidade de nos correspondermos com todos, com este teríamos relações mais diretas. Em certos casos também poderíamos designar uma pessoa, encarregada mais especialmente para nos representar.

Sem prejuízo das relações que, pela força das coisas, se estabelecerão entre os grupos de uma mesma cidade que marchassem por uma via idêntica, uma assembleia geral anual poderia reunir os espíritas dos diversos grupos numa festa familiar, que seria, ao mesmo tempo, a festa do Espiritismo. Seriam pronunciados discursos e lidas as comunicações mais notáveis, ou apropriadas à circunstância.

O que é possível entre os grupos de uma mesma cidade o é igualmente entre os grupos dirigentes de diversas cidades, desde que, entre eles, haja comunhão de vistas e de sentimentos, isto é, desde que possam estabelecer relações recíprocas. Indicaremos os meios para isto quando falarmos do modo de publicidade.

19. Como se vê, tudo isto é de execução muito simples e sem burocracia, mas tudo depende do ponto de partida, ou seja, da composição dos grupos primitivos. Se formados de bons elementos, serão outras tantas boas raízes que darão bons frutos. Se, ao contrário, forem formados de elementos heterogêneos e antipáticos, de espíritas duvidosos, mais preocupados com a forma do que com o fundo, que consideram a moral como parte acessória e secundária, há que se esperar polêmicas irritantes, que a nada levam, pretensões pessoais, atritos de suscetibilidades e, em consequência, conflitos precursores da desorganização. Entre verdadeiros espíritas, tais como os definimos, que veem o objetivo essencial do Espiritismo na moral, que é a mesma para todos, haverá sempre abnegação de personalidade, condescendência e benevolência e, por conseguinte, segurança e estabilidade nas relações. Eis por que temos insistido tanto sobre as qualidades fundamentais.

20. Talvez digam que essas restrições severas sejam um obstáculo à propagação. Isto é um equívoco. Não imagineis que,

abrindo a porta ao primeiro que surgisse, estaríeis fazendo mais prosélitos; a experiência aí está para provar o contrário. Seríeis assaltados pela multidão dos curiosos e dos indiferentes, que ali viriam como a um espetáculo. Ora, os curiosos e os indiferentes são um estorvo, e não auxiliares. Quanto aos incrédulos, seja por sistema, seja por orgulho, por mais que lho mostreis, não tratarão disso senão com zombaria, porque não o compreenderão e não querem dar-se ao trabalho de compreender. Já o dissemos, e nunca repetiríamos em demasia: a verdadeira propagação, aquela que é útil e proveitosa, é feita pelo ascendente moral das reuniões sérias. Se apenas houvesse estas, os espíritas seriam ainda mais numerosos do que o são, porque, forçoso é reconhecer, muitos foram desviados da Doutrina porque só assistiram a reuniões fúteis, sem ordem e sem gravidade. Sede, pois, sérios, em toda a acepção da palavra e as pessoas sérias virão a vós: são os melhores propagadores, porque falam com convicção e tanto pregam pelo exemplo, quanto pela palavra.

21. Do caráter essencialmente sério das reuniões não se deve inferir que se deva proscrever sistematicamente as manifestações físicas. Como dissemos em *O livro dos médiuns* (it. 326), elas são de incontestável utilidade, do ponto de vista do estudo dos fenômenos e para a convicção de certas pessoas, mas, para que se possa tirar proveito desse duplo ponto de vista, deve-se excluir todo pensamento frívolo. Uma reunião que possuísse um bom médium de efeitos físicos e que se ocupasse desse gênero de manifestações com ordem, método e gravidade, *cuja condição moral oferecesse toda garantia contra o charlatanismo e a fraude*, não só poderia obter coisas notáveis, do ponto de vista fenomênico, mas produziria muito bem. Assim, aconselhamos a não desprezarem esse gênero de experimentação, caso disponham de médiuns apropriados, organizando, para esse efeito, sessões especiais, independentes daquelas voltadas para as comunicações morais e filosóficas. Os médiuns poderosos dessa categoria são raros, mas há fenômenos que, não obstante vulgares, não são menos interessantes e concludentes, porque provam, de maneira insofismável, a independência do médium. Deste número são as comunicações pela tiptologia

alfabética que, muitas vezes, dá os mais imprevistos resultados. A teoria desses fenômenos é necessária para explicar a maneira como se operam, pois é raro que levem a uma convicção profunda os que não os compreendem. Tem, além disso, a vantagem de dar a conhecer as condições normais em que aqueles se podem produzir e, consequentemente, evitar tentativas inúteis e permitir descobrir a fraude, caso esta se insinue em alguma parte.

  Equivocaram-se imaginando que fôssemos sistematicamente contrários às manifestações físicas; preconizamos e preconizaremos sempre as comunicações inteligentes, sobretudo as que têm alcance moral e filosófico, porque só elas tendem para o objetivo essencial e definitivo do Espiritismo; quanto às outras, nunca lhes contestamos a utilidade, mas nos levantamos contra o abuso deplorável que delas fazem, ou podem fazer, contra a exploração feita pelo charlatanismo, contra as más condições em que frequentemente são realizadas, e que se prestam ao ridículo; dissemos e repetimos que as manifestações físicas são o começo da ciência, e que não se avança ficando no á-bê-cê; que, se o Espiritismo não tivesse saído das mesas girantes, não teria crescido como cresce e talvez hoje nem mais se falasse dele. Eis por que nos esforçamos por fazê-lo entrar na via filosófica, certos de que, dirigindo-se mais à inteligência do que aos olhos, tocaria o coração e não seria um capricho da moda. É com esta condição única que poderia dar a volta ao mundo e implantar-se como Doutrina. Ora, o resultado ultrapassou, e de muito, a nossa expectativa. Não atribuímos às manifestações físicas senão uma importância relativa, e não absoluta. Sob a óptica de certas pessoas, aí está o nosso erro, porquanto dela fazem uma ocupação exclusiva e nada mais veem. Se não nos ocupamos pessoalmente dos fenômenos é porque nada de novo nos ensinariam e temos coisas mais essenciais a fazer. Ao contrário, longe de censurar os que deles se ocupam, nós os encorajamos, desde que o façam em condições realmente proveitosas. Sempre que conhecermos reuniões desse gênero, merecedoras de toda a nossa confiança, seremos os primeiros a recomendá-las à atenção dos novos adeptos. Tal é, sobre o assunto, nossa profissão de fé categórica.

22. Dissemos no começo que diversos círculos espíritas pediram para se unir à Sociedade de Paris; utilizaram até mesmo a palavra *filiar-se*. A respeito, faz-se necessária uma explicação.

A Sociedade de Paris foi a primeira a ser regularizada e legalmente constituída. Por sua posição e pela natureza de seus trabalhos, teve uma grande parte no desenvolvimento do Espiritismo e, em nossa opinião, justifica o título de *Sociedade Iniciadora*, que lhe deram certos Espíritos. Sua influência moral se fez sentir longe e, embora restrita, numericamente falando, tem consciência de ter feito mais pela propaganda do que se tivesse aberto as portas ao público. Formou-se com o único objetivo de estudar e aprofundar a ciência espírita. Para isto não necessita de um auditório numeroso, nem de muitos membros, pois sabe muito bem que a verdadeira propaganda é feita pela influência dos princípios; como não é movida por nenhum interesse material, um excedente numérico ser-lhe-ia mais prejudicial do que útil. Assim, verá com prazer multiplicarem-se à sua volta reuniões particulares, formadas em boas condições, e com as quais poderia estabelecer relações de confraternidade. Ela nem seria consequente com seus princípios, nem estaria à altura de sua missão, se pudesse conceber a sombra da inveja; quem disso a julgasse capaz provaria que não a conhece.

Estas observações são suficientes para mostrar que a Sociedade de Paris não poderia ter a pretensão de absorver as demais Sociedades que se formassem, em Paris ou alhures, com os mesmos procedimentos habituais. A palavra *filiação* seria, pois, imprópria, porque suporia de sua parte uma espécie de supremacia material, à qual ela absolutamente não aspira, e que teria mesmo inconvenientes. Como Sociedade iniciadora e central, pode estabelecer com os outros grupos ou sociedades relações puramente científicas, limitando-se aí o seu papel; não exerce nenhum controle sobre essas sociedades, que em nada dependem dela e ficam inteiramente livres para se constituírem como bem o entenderem, sem ter de prestar contas a ninguém, e sem que a Sociedade de Paris tenha que se imiscuir no que for em seus negócios. Assim, as sociedades estrangeiras podem formar-se nas mesmas bases, declarar que adotam os mesmos princípios, sem depender da de Paris senão pela concentração dos estudos, dos conselhos que lhe podem pedir e que ela terá prazer em dar.

Aliás, a Sociedade de Paris não se vangloria de estar, mais que as outras, ao abrigo das vicissitudes. Se, por assim dizer, as tivesse em suas mãos e se, por uma causa qualquer, deixasse de existir, a falta de um ponto de apoio resultaria em perturbação. Os grupos ou sociedades devem buscar um ponto de apoio mais sólido que numa instituição humana, frágil por natureza; devem haurir sua vitalidade nos princípios da Doutrina, que são os mesmos para todas e que a todas sobrevivem, estejam ou não esses princípios representados por uma sociedade constituída.

23. Estando claramente definido o papel da Sociedade de Paris, para evitar qualquer equívoco ou falsa interpretação, as relações que vier a estabelecer com as sociedades estrangeiras tornam-se extremamente simplificadas; limitam-se a relações morais, científicas e de mútua benevolência, sem qualquer sujeição; permutarão o resultado de suas observações, quer por publicações, quer por correspondência. Para que a Sociedade de Paris possa estabelecer essas relações é preciso, necessariamente, que seja designada pelas sociedades estrangeiras, as quais marcharão no mesmo caminho e adotarão a mesma bandeira; ela os inscreverá na lista de seus correspondentes. Se houver vários grupos numa cidade, serão representados pelo grupo central, de que falamos no item 18.

24. Indicaremos agora alguns trabalhos aos quais poderão concorrer as diversas sociedades de maneira proveitosa. Mais tarde indicaremos outros.

Sabe-se que os Espíritos, não possuindo todos a soberana ciência, podem considerar certos princípios de seu ponto de vista pessoal e, consequentemente, nem sempre estarão de acordo. O melhor critério da verdade está naturalmente na concordância dos princípios ensinados sobre diversos pontos, por Espíritos diferentes e por meio de médiuns estranhos uns aos outros. Desse modo foi composto *O livro dos espíritos*. Mas ainda restam muitas questões importantes a serem resolvidas desta maneira, cuja solução terá mais autoridade quando obtida por grande maioria. Assim, poderá a Sociedade de Paris dirigir, ocasionalmente, perguntas dessa natureza a todos os grupos correspondentes que, por intermédio de seus médiuns, pedirão a solução a seus guias espirituais.

Outro trabalho consiste em pesquisas bibliográficas. Existe um grande número de obras antigas e modernas, nas quais se encontram testemunhos mais ou menos diretos em favor das ideias espíritas. Uma coleção desses testemunhos seria muito preciosa, mas é quase impossível ser feita por uma só pessoa. Torna-se fácil, ao contrário, se cada um colher alguns elementos em suas leituras e estudos e os transmitir à Sociedade de Paris, que os coordenará.

25. No estado atual das coisas esta é a única organização possível do Espiritismo. Mais tarde as circunstâncias poderão modificá-la, mas nada deve ser feito intempestivamente; já é muito que em tão pouco tempo os adeptos se tenham multiplicado para chegar a este resultado. Há nesta simples disposição um panorama que pode estender-se ao infinito, pela simples disposição das engrenagens. Não procuremos, pois, complicá-las, temendo encontrar obstáculos. Os que quiserem testemunhar-nos a sua confiança podem estar certos de que não os deixaremos na retaguarda e que tudo virá a seu tempo. Só a eles, como dissemos, nos dirigimos nestas instruções, sem a pretensão de nos impor aos que não marcham conosco.

Disseram, por pura maldade, que queríamos fazer escola no Espiritismo. E por que não teríamos esse direito? O Sr. de Mirville não tentou fundar uma escola demoníaca? Por que seríamos obrigados a seguir a reboque deste ou daquele? Não temos o direito de ter uma opinião, de formulá-la, publicá-la e proclamá-la? Se ela encontra tão numerosos aderentes é que, aparentemente, não a julgam desprovida de senso comum. Mas aos olhos de certa gente aí está o nosso erro, pois não nos perdoam por havermos chegado primeiro que eles e, sobretudo, por havermos triunfado. Que seja, pois, uma escola, já que assim o querem. Para nós será uma glória inscrever no frontispício: *Escola do Espiritismo Moral, Filosófico e Cristão*; e a ela convidamos todos os que têm por divisa: *amor e caridade*. Aos que aderirem a esta bandeira, todas as nossas simpatias; o nosso concurso jamais faltará.

Allan Kardec

## Necrologia

### Morte do Sr. Jobard, de Bruxelas

O Espiritismo acaba de perder um de seus adeptos mais fervorosos e esclarecidos. O Sr. Jobard, diretor do Museu Real da Indústria, de Bruxelas, oficial da Legião de Honra, membro da Academia de Dijon e da Sociedade Incentivadora de Paris, morreu em Bruxelas, de um ataque de apoplexia, em 27 de outubro de 1861, aos 69 anos. Nasceu em Baissey (Haute-Marne), em 14 de maio de 1792. Tinha sido, sucessivamente, engenheiro do cadastro, fundador do primeiro estabelecimento de litografia na Bélgica, diretor do *Industriel* e do *Courrier Belge*, redator do *Bulletin de l'Industrie Belge*, da *Presse* e, ultimamente, do *Progrès International*. A *Sociedade Parisiense de Estudos Espíritas* lhe havia conferido o título de presidente honorário. Eis a apreciação que lhe dispensou o jornal *Siècle*:

> Espírito original, fecundo, pronto para o paradoxo e para o sistema, o Sr. Jobard prestou reais serviços à tecnologia industrial e à causa, tanto tempo abandonada, da propriedade intelectual, da qual foi defensor obstinado e, talvez, excessivo; suas teorias sobre o assunto foram formuladas no seu *Maunotopole*, em 1844. Deve-se a este polígrafo infatigável uma porção de escritos e brochuras sobre todos os assuntos possíveis, desde o *psiquismo oriental* até a *utilidade dos tolos na ordem social*. Deixa ainda contos e fábulas picantes. Entre suas numerosas invenções, figura a engenhosa e

econômica *lâmpada para um*, que figurou na exposição universal de Paris, em 1855.

Nenhum jornal, pelo menos do nosso conhecimento, falou deste que tinha sido um dos caracteres mais notáveis dos últimos anos de sua vida: sua inteira adesão à Doutrina Espírita, cuja causa abraçara com ardor. É custoso aos adversários do Espiritismo confessar que homens de gênio, que não podem ser tachados de loucos sem que se duvide de sua própria razão, adotem essas ideias novas. Para eles, realmente, é um dos pontos mais embaraçosos, dos quais jamais puderam dar uma explicação satisfatória, a de que a propagação dessas ideias se faça primeiro e de preferência na classe mais esclarecida da sociedade. Assim, entrincheiram-se por trás deste axioma banal: o gênio é primo-irmão da loucura; alguns chegam mesmo a afirmar, de boa-fé e sem rir, que Sócrates, Platão e todos os filósofos e sábios que professaram ideias semelhantes não passavam de loucos, principalmente Sócrates, com seu demônio familiar. Com efeito, é possível se ter o senso comum e crer que se tenha um Espírito às suas ordens? Assim, o Sr. Jobard não podia achar graça diante desse areópago que se erige em juiz supremo da razão humana, da qual pretende ser o padrão métrico. Foi, disseram-nos, para poupar a reputação do Sr. Jobard e em respeito à sua memória que passaram em silêncio esse *pequeno defeito* de seu espírito.

A obstinação nas ideias falsas jamais foi encarada como prova de bom senso. É, além disso, pequenez, quando se deve ao orgulho, o que é o caso mais comum. O Sr. Jobard provou que era, ao mesmo tempo, homem de senso e de espírito, abjurando sem titubear suas primeiras teorias sobre o Espiritismo, quando lhe demonstraram que não estava certo.

Sabe-se que nos primeiros tempos, antes que a experiência tivesse elucidado a questão, surgiram diversos sistemas, cada um explicando à sua maneira esses fenômenos novos. O Sr. Jobard era partidário do sistema da *alma coletiva*. Segundo tal sistema, "só a alma do médium se manifesta, embora se identifique com a de vários outros seres vivos, presentes ou ausentes, de maneira a formar um todo coletivo, reunindo as aptidões, a inteligência e os conhecimentos de cada um". De todos os sistemas criados naquela época, quantos ficaram de pé até hoje? Não sabemos se este ainda conta alguns partidários, mas o que é positivo é que o Sr. Jobard, que o havia preconizado e enaltecido, foi um dos primeiros a abandoná-lo, quando apareceu *O livro dos espíritos*, a cuja doutrina se ligou francamente, como o atestam as diversas cartas que dele publicamos.

Sobretudo a doutrina da reencarnação o tinha ferido como um rasgo de luz. Dizia-nos ele um dia: "Se tanto *patinei* no labirinto dos sistemas filosóficos, é que me faltava uma bússola; só encontrava caminhos sem saída, que não levavam a nada; nenhum me dava uma solução decisiva dos mais importantes problemas; por mais quebrasse a cabeça, sentia que me faltava uma chave para chegar à verdade. Pois bem! esta chave está na reencarnação, que explica tudo de uma maneira tão lógica, tão conforme a Justiça de Deus, que nos dizemos naturalmente: Sim, é preciso que seja assim."

Depois de sua morte, terá o Sr. Jobard menosprezado certas teorias científicas, que sustentara durante a vida? Disso falaremos no próximo número, no qual publicaremos as conversas que com ele mantivemos. Digamos, por ora, que ele se mostrou prontamente desprendido e que a perturbação durou muito pouco tempo. Como todos os espíritas que o precederam, confirma em todos os pontos o que nos foi dito do mundo dos Espíritos, ali se encontrando muito melhor que na Terra, na qual, não obstante, deixa pesares sinceros em todos quantos puderam apreciar seu eminente saber, sua benevolência e sua afabilidade. Não era um desses cientistas ciumentos que barram o caminho aos novatos, cujo mérito lhes faz sombra. Todos esses, ao contrário, aos quais estendeu a mão e abriu caminho, bastariam para lhe formar um belo cortejo. Em suma, o Sr. Jobard era um homem de progresso, trabalhador infatigável e partidário de todas as ideias nobres, generosas e próprias a fazer avançar a humanidade. Se sua perda é lamentável para o Espiritismo, não o é menos para as Artes e a indústria, que inscreverão seu nome em seus anais.

# Auto de fé de Barcelona

(Vide o número de novembro de 1861)

Os jornais espanhóis não foram tão sóbrios de reflexões quanto os jornais franceses sobre esse acontecimento. Seja qual for a opinião que se professe em relação às ideias espíritas, há no fato em si algo de tão estranho para o tempo em que vivemos, que mais excita piedade do que cólera contra gente que parece ter dormido durante vários séculos e haver despertado sem consciência do caminho que a humanidade percorreu, julgando-se ainda no ponto de partida.

Eis um extrato do artigo em questão, publicado por *Las Novedades*, um dos grandes jornais de Madri:

> O auto de fé celebrado há alguns meses em La Coruña, em que foi queimado grande número de livros à porta de uma Igreja, tinha produzido no nosso e no espírito de todos os homens de ideias liberais uma impressão muito triste. Mas é com indignação ainda bem maior que foi recebida em toda a Espanha a notícia do segundo auto de fé em Barcelona, nesta capital civilizada da Catalunha, em meio a uma população essencialmente liberal, à qual sem dúvida fizeram este bárbaro insulto, porque nela reconhecem grandes qualidades.

Depois de relatar os fatos, conforme o jornal de Barcelona, acrescenta:

> Eis o repugnante espetáculo, autorizado pelos homens da união liberal, em pleno século XIX: uma fogueira em La Coruña, outra em Barcelona, e ainda muitas outras, que não faltarão, em outros lugares. É o que deve acontecer, pois é uma consequência imediata do espírito geral que domina o atual estado de coisas e que em tudo se reflete. Reação no interior, relativa aos projetos de lei apresentados; reação no exterior, apoiando todos os governos reacionários da Itália, antes e depois de sua queda, combatendo as ideias liberais em

todas as ocasiões, buscando por todos os lados o apoio da reação, obtido ao preço das mais desastradas concessões.

Seguem-se longas considerações, referentes aos sintomas e às consequências deste ato, mas que, pelo seu caráter eminentemente político, não são da competência do nosso jornal.

*El Diario* de Barcelona, jornal ultramontano, foi o primeiro a anunciar o auto de fé, dizendo: "Os títulos dos livros queimados bastavam para justificar a sua condenação; que é direito e dever da Igreja fazer respeitar a sua autoridade, tanto mais quanto se dá carta branca à liberdade de imprensa, principalmente nos países que *desfrutam* da terrível chaga da liberdade de cultos."

*La Coruña*, jornal de Barcelona, fez a respeito as seguintes reflexões:

> Esperávamos que nosso colega (*El Diario*), que tinha dado a notícia, tivesse a bondade de satisfazer a curiosidade do público, seriamente alarmado por semelhante ato, incrível nos tempos em que vivemos; mas foi em vão que esperamos as suas explicações. Desde então temos sido assaltados por perguntas sobre esse acontecimento, e somos obrigados a dizer que os amigos do governo com isso sofrem mais penas do que os que lhe fazem oposição.
>
> Com vistas a satisfazer a curiosidade tão vivamente excitada, pusemo-nos em busca da verdade; infelizmente o fato é verdadeiro. O auto de fé foi celebrado nas seguintes circunstâncias:
>
> (*Segue o relato que demos em nosso último número.*)
>
> Os expedientes empregados para chegar a esse resultado não poderiam ter sido mais diligentes nem mais eficazes. Apresentaram ao controle da Alfândega os livros supracitados. Responderam ao comissário que não podiam ser expedidos sem uma licença do senhor bispo. O senhor bispo estava ausente; quando retornou,

apresentaram-lhe um exemplar de cada obra; depois de as haver lido ou mandado ler por pessoas de sua confiança, conformando-se com o julgamento de sua consciência, ordenou que fossem lançados ao fogo, como imorais e contrários à fé católica. Reclamaram contra tal sentença e pediram ao governo, já que não permitiam a circulação de tais livros na Espanha, que pelo menos fosse permitido ao seu proprietário reexpedi-los ao lugar de procedência, mas até isto foi recusado, sob a alegação de que, *sendo contrários à moral e à fé católica, o governo não podia consentir que esses livros fossem perverter a moral e a religião de outros países.* Malgrado isto, o proprietário foi obrigado a pagar os direitos que, parece, não deveriam ser exigidos. Uma grande multidão assistiu ao auto de fé, o que não é de admirar, se se levar em conta a hora e o local da execução e, sobretudo, o inusitado do espetáculo. O efeito produzido sobre os assistentes foi de estupefação entre alguns, de riso em outros e de indignação no maior número, à medida que se davam conta do que se passava. Palavras de ódio saíram de várias bocas, vindo depois as piadas, os ditos grotescos e mordazes dos que viam com extremo prazer a cegueira de certos homens. Nisto têm razão, porque nesta reação, digna do tempo da Inquisição, entreveem o mais rápido triunfo de suas ideias; zombavam para que essa cerimônia não aumentasse o prestígio da autoridade que, com tanta complacência, se presta a exigências verdadeiramente ridículas. Quando esfriaram as cinzas dessa nova fogueira, observou-se que as pessoas presentes, ou que passavam nas cercanias, instruídas do fato, dirigiam-se para o local do auto de fé, ali recolhendo uma parte das cinzas.

Tal é o relato dos acontecimentos, que não deixam de provocar comentários entre as pessoas que se encontram. Indignam-se, lamentam, alegram-se ou se regozijam, conforme a maneira de interpretar as coisas. Os partidários sinceros da paz, do princípio de autoridade e da religião se afligem com essas demonstrações reacionárias, porque compreendem que às reações se sucedem as revoluções, e porque sabem que os que *semeiam vento só podem colher tempestades.* Os liberais sinceros se indignam que semelhantes espetáculos sejam dados ao mundo por homens que não compreendem a religião sem intolerância, querendo impô-la como Maomé impunha o *Alcorão*.

Agora, abstração feita da qualificação dada aos livros queimados, examinaremos o fato em si. Pode a jurisprudência admitir que um bispo diocesano tenha uma autoridade sem apelo e possa impedir a publicação e a circulação de um livro? Dirão que a lei de imprensa assinala o que deve ser feito neste caso. Mas diz a lei que se os livros forem maus e perniciosos, serão lançados ao fogo com tal aparato? Nela não encontramos nenhum artigo que possa justificar um ato semelhante. Além disso, os livros em questão foram publicamente declarados. Um comissário declara livros à alfândega, porque poderiam estar arrolados na categoria dos assinalados no art. 6; passam a censura diocesana, o governo poderia proibir-lhes a circulação e a coisa estava acabada. Os sacerdotes deveriam limitar-se a aconselhar aos seus fiéis a abstenção de tal ou qual leitura, caso a julgassem contrária à moral e à religião, mas não se lhes deveria conceder um poder absoluto, que os torna juízes e carrascos. Não vamos emitir nenhuma opinião sobre o valor das obras queimadas; o que visamos é o fato, suas tendências, o espírito que ele revela. Doravante, em que diocese deixariam de usar, se não de abusar, de uma faculdade que em nossa opinião o próprio governo não tem, se em Barcelona, na liberal Barcelona, o fazem? O absolutismo é muito sagaz; ensaia se pode dar um golpe de autoridade em alguma parte; se vencer, ousa mais. Esperemos, todavia, que os esforços do absolutismo sejam inúteis e que todas as concessões que lhe façam não tenham outro resultado senão desmascarar o partido que, repetindo cenas como as de quinta-feira última, se precipite cada vez mais no abismo para onde corre obstinadamente. É o que nos leva a esperar o efeito produzido pelo auto de fé em Barcelona.

# A toutinegra, o pombo e o peixinho

Fábula

À Sra. e Srta. C***, de Bordeaux

Amor e Caridade

(Espiritismo)

Bela e terna roseira um cercado adornava,
E ali a toutinegra incubara a ninhada;
Nascera, assim, feliz a alegre petizada;
Mas um desastre, ó céus, lhes reservado estava!
Entre raios do céu a tormenta troava;
E a chuva, em torrencial imenso,
Pelos campos formava um lago extenso
E pronto o cercado inundava.
Já longe da roseira o ninho se balança;
A toutinegra o cobre e se entrega ao destino;
Não tem o coração firmado na esperança;
O astro da salvação dá-lhe um riso divino.
A água escorre. Porém, junto às águas da vargem,
Forma um arroio, assim, com o ninho flutuante,
Que ante os riscos enfim encontrados na margem,
Atinge facilmente um curso navegante.
Em meio ao rio um banco de areia se eleva
Das águas acima da altura;
Um zéfiro que ajuda a uma vaga que o leva,
Impele para lá o ninho com brandura.
São justos transportes de gozo
Que prova a ave ao tocar o ninho pequenino,
No entanto, de repente algo um tanto amargoso:
Neste lugar, qual seu destino?
Seus filhotes estão já querendo alimento:
Deve ela para achar ao longe o seu sustento,

Deixar na areia o ninho exposto a um mau evento?
Se acharam salvação em uma vaga amiga
Não deviam temer uma vaga inimiga,
Ou, num funesto efeito, algum golpe do vento?
No mesmo instante, ali, um pombo bravo pousa:
"Ó pássaro possante, exculpai a quem ousa
Apelar à vossa bondade:
Trata-se de salvar uma família, enfim;
Oh! devolvei o cercado, a roseira, o jardim
A meus filhos, aqui, da cheia na impiedade.
Dignai-vos nos abrir as asas generosas:
Não é tão longe e vós, com garras vigorosas,
Jamais levastes vós fardo tão leve."
Não se fez surdo o pombo a tal voz. Em tom breve:
"O vosso infortúnio eu deploro
E lamento que um caso, então, de que me coro,
Obrigue-me a seguir desse meu voo o curso,
Negando-me o prazer de vos dar meu concurso,
Ficai, porém, sem inquietude,
E o conselho segui de uma solicitude.
Que me faz feliz de vos dar:
Sustentai-vos na fé... O gênio benfeitor
Que a vida vos salvou, não há de se indispor
Convosco e vos abandonar."
E contente de si nos ares se elevou.
Uma pequena carpa a nadar escutou
Tudo, viu tudo e compreendeu.
"Consolai-vos", disse ela, "ó mãe desesperada!
Compreendo a vossa dor imensa, amargurada,
Nem tudo ainda se perdeu.
Forças não tenho a repartir;
Quanto à margem, porém, penso vos conduzir."
E prendendo na boca uns longos filamentos
Bastos na largura do ninho,
O desenrola e faz correr em seu caminho.
A toutinegra, em pé, audazmente ajudava,

Suas asas abrindo aos ventos.
A carga se agitou e o peixe que a puxava,
Para boiar sem risco, a marcha equilibrava,
Às torrentes ambos atentos.
Perto da borda, então... Chegaram!
Alegre a toutinegra e os filhos encontraram
Relva abundante entre altos fenos;
E o peixinho lhe diz: "Ó minha cara, ao menos,
Com os grandes, amanhã, cuidado; da miséria
Não sentem seu clamor os servos da matéria:
Os seus dons sempre são conselhos, condolência;
Sempre a cordial assistência
Só achareis junto aos pequenos."

C. Dombre

## O sobrenatural

Pelo Sr. Guizot[175]

Extraímos da nova obra do Sr. Guizot: *L'Église et la société chrétienne en 1861 [A Igreja e a sociedade cristã em 1861]*, o extraordinário capítulo a respeito do *sobrenatural*. Não é, como poderiam pensar, um discurso pró ou contra o Espiritismo, porquanto não se trata da nova doutrina, mas como aos olhos de muita gente o Espiritismo é inseparável do sobrenatural, que segundo uns é uma superstição e, conforme outros, uma verdade, é interessante conhecer a opinião de um homem de valor, como o Sr. Guizot. Há nesse trabalho observações de incontestável acerto, mas, em nossa opinião, também há grandes erros, devidos aos pontos de vista em que se coloca o autor. Faremos o seu exame aprofundado em nosso próximo número.

Todos os ataques de que hoje é objeto o Cristianismo, por mais diversos que sejam na sua natureza e na sua medida, partem de um

---

[175] N.E.: François Pierre Guillaume Guizot (1787-1874), político francês, ocupou o cargo de primeiro-ministro da França de 1847 a 1848.

mesmo ponto e tendem a um mesmo fim: a negação do sobrenatural nos destinos do homem e do mundo, a abolição do elemento sobrenatural na religião cristã — e em todas as religiões — na sua história e nos seus dogmas.

Materialistas, panteístas, racionalistas, céticos, críticos, eruditos, uns altivamente, outros discretamente, todos pensam e falam sob o império da ideia de que o mundo e o homem, a natureza moral e a física, são apenas governados por leis gerais, permanentes e necessárias, cujo curso nenhuma vontade especial jamais veio ou virá suspender ou modificar.

Não penso aqui discutir plenamente esta questão, que é a questão fundamental de toda religião; quero apenas submeter aos adversários declarados ou velados do sobrenatural, duas observações ou, para dizer mais exatamente, dois fatos que, em minha opinião, a decidem.

É sobre uma fé natural ao sobrenatural, sobre um instinto inato do sobrenatural que toda religião se funda. Não me refiro a toda ideia religiosa, mas a toda religião positiva, prática, poderosa, durável, popular. Em todos os lugares, sob todos os climas, em todas as épocas da História, em todos os graus da civilização o homem traz em si esse sentimento ou, melhor, esse pressentimento, de que o mundo que vê, a ordem em cujo seio vive, os fatos que se sucedem regular e constantemente à sua volta não são tudo. Neste vasto conjunto, em vão ele faz, todos os dias, descobertas e conquistas; em vão observa e constata sabiamente as leis permanentes que a tudo presidem: seu pensamento não se encerra neste universo entregue à sua ciência; este espetáculo não basta à sua alma; ela se lança alhures; busca, entrevê outra coisa; aspira ao universo, a outros destinos e a outro senhor.

"*Para além de todos estes céus o Deus dos Céus reside*", disse Voltaire, e o Deus que está além de todos os céus não é a natureza personificada, é o sobrenatural em pessoa. É a Ele que as religiões se dirigem; é para pôr o homem em relação com Ele que elas se fundam. Sem a fé instintiva dos homens no sobrenatural, sem seu impulso espontâneo e invencível para o sobrenatural, não haveria religião.

De todos os seres da Terra, o único que ora é o homem. Entre seus instintos morais nenhum é mais natural, mais universal, mais invencível que a prece. A criança nela se conduz com uma docilidade atenciosa. O velho a ela se dobra como num refúgio contra a decadência e o isolamento. A prece sobe por si dos jovens lábios que mal balbuciam o nome de Deus, e dos lábios agonizantes que já não têm forças para o pronunciar. Em todos os povos, célebres ou obscuros, civilizados ou bárbaros, encontram-se a cada passo atos e fórmulas de invocação. Por toda parte onde vivem os homens, em certas circunstâncias, em certas horas, sob o império de certas impressões da alma, os olhos se elevam, as mãos se juntam, os joelhos se dobram para implorar ou render graças, para adorar ou apaziguar. Com enlevo ou em comoção, publicamente ou no íntimo do coração, é à prece que o homem se dirige, como derradeiro recurso, para encher o vazio de sua alma ou carregar os fardos de seu destino; é na prece que busca, quando tudo lhe é adverso, apoio para a sua fraqueza, consolação para as suas dores, esperança para a sua virtude.

Ninguém desconhece o valor moral e interior da prece, independentemente de sua eficácia, no que respeita ao seu objetivo. Pelo simples ato de orar, a alma sente-se aliviada, eleva-se, acalma-se e se fortifica. Recorrendo a Deus, experimenta esse sentimento de volta à saúde e ao repouso que toma conta do corpo, quando passa de um ambiente tempestuoso e pesado a uma atmosfera serena e pura. Deus acode aos que o imploram, antes e sem que saibam se os atenderá.

Atendê-los-á? Qual a eficácia exterior e definitiva da prece? Eis o mistério, o impenetrável mistério dos desígnios e da ação de Deus sobre cada um de nós. O que sabemos é que, quer se trate de nossa vida exterior ou interior, não somos apenas nós que dela dispomos, conforme nosso pensamento e vontade própria. Todos os nomes que dermos a esta parte do nosso destino, que não vem de nós mesmos, como acaso, fortuna, estrela, natureza e fatalidade são outros tantos véus lançados sobre nossa impiedade ignorante. Quando assim falamos, recusamos ver Deus onde Ele está. Além da acanhada esfera onde estão encerrados o poder e a ação do homem, é Deus que reina e atua. Há, no ato natural e universal da prece, uma fé natural e universal nessa ação permanente, e sempre livre, de Deus sobre o homem e seu destino. Diz Paulo: "Nós somos operários com Deus";[176] operários com Deus e na obra dos destinos gerais da humanidade, e na de nosso próprio destino, presente e futuro. Aí está o que nos faz entrever a prece, no laço que une o homem a Deus, mas aí a luz se detém para nós: "Os caminhos de Deus não são os nossos caminhos";[177] marchamos neles sem os conhecer. Crer sem ver e orar sem prever os resultados, eis a condição que Deus impôs ao homem neste mundo, para tudo quanto ultrapasse os seus limites. É na consciência e na aceitação desta ordem sobrenatural que consistem a fé e a vida religiosas.

Assim, tem razão o Sr. Edmond Scherer, quando duvida que "o racionalismo cristão seja e jamais possa ser uma religião". E por que o Sr. Jules Simon,[178] que se inclina perante Deus com um respeito tão sincero, intitulou seu livro: *La Religion naturelle* [A religião natural]? Deveria tê-lo chamado *Filosofia religiosa*. A filosofia persegue e atinge algumas das grandes ideias sobre as quais se fundamenta a religião, mas, pela natureza de seus processos e pelos limites de seu domínio, jamais fundou, nem poderia fundar uma religião. Falando mais precisamente, não há religião natural, pois desde que abolis o sobrenatural, a religião também desaparece.

Quem pensa em negar que esta fé instintiva no sobrenatural, fonte da religião, possa ser e seja, também, a fonte de uma infinidade de erros e de superstições que, por sua vez, é fonte de uma infinidade de males? Aqui, como em tudo, é da condição do homem que o

---

[176] N.E.: I CORÍNTIOS, 3:9.
[177] N.E.: ISAÍAS, 55:8.
[178] N.E.: François Jules Simon Suisse (1814–1896), filósofo e político francês. Entrou na Academia Francesa em 1875.

bem e o mal se misturem incessantemente nos seus destinos e nas suas obras, como em si mesmo, mas dessa incurável mistura não se segue que nossos grandes instintos não tenham sentido e não nos façam senão enganar, quando nos elevam. Aspirando a isto, sejam quais forem os nossos enganos, continua certo que o sobrenatural está na fé natural do homem e que é a condição *sine qua non*, o verdadeiro objetivo, a própria essência da religião.

Eis um segundo fato que, penso, merece toda a atenção dos adversários do sobrenatural.

É reconhecido e constatado pela Ciência que o nosso globo nem sempre esteve no estado em que hoje se encontra; que em épocas diversas e indeterminadas sofreu revoluções, transformações que alteraram sua face, o regime físico e a população; que o homem, em particular, nem sempre existiu e que, em vários dos estados sucessivos pelos quais este mundo passou, o homem não poderia ter existido.

Como apareceu? De que maneira e por que poder começou o gênero humano na Terra?

Para sua origem, não pode haver senão duas explicações: ou resultou do trabalho íntimo das forças naturais da matéria, ou foi obra de um poder sobrenatural, exterior e superior à matéria; geração espontânea ou criação: uma dessas duas causas se faz necessária para o aparecimento do homem na Terra.

Admitindo a geração espontânea, em que absolutamente não acredito, esse modo de produção não poderia ter produzido senão seres imaturos, na primeira hora e no primeiro estágio da vida nascente. Creio que ninguém jamais disse, nem dirá que, pela virtude de uma geração espontânea, o homem, isto é, o homem e a mulher, o par humano, tivesse podido sair, um dia, do seio da matéria, já formados e crescidos, em plena posse de sua estatura, de sua força e de todas as suas faculdades, como o paganismo grego fez sair Minerva do cérebro de Júpiter.

E, contudo, é somente sob essa condição que, aparecendo pela primeira vez na Terra, nela o homem teria podido viver, perpetuar-se e fundar o gênero humano. Imagine-se o primeiro homem, nascendo no estado de primeira infância, vivo, mas inerte, baldo de inteligência, impotente, incapaz de se bastar a si mesmo, tiritando e gemendo, sem mãe para o ouvir e amamentar! Pois é justamente esse o primeiro homem que o sistema da geração espontânea pode dar.

Evidentemente, a outra origem do gênero humano é a única admissível, a única possível. Só o fato natural da criação explica a primeira aparição do homem aqui na Terra.

Assim, os que negassem e abolissem o sobrenatural, aboliriam, no mesmo golpe, toda religião real. E é em vão que triunfam do sobrenatural, tantas vezes introduzido com erro em nosso mundo e em nossa história; são constrangidos a parar ante o berço sobrenatural da humanidade, impotentes para dele fazerem sair o homem sem a mão de Deus.

Guizot

# Meditações filosóficas e religiosas

Ditadas ao Sr. Alfred Didier, médium, pelo Espírito Lamennais

(Sociedade Espírita de Paris)

Já publicamos certo número de comunicações ditadas pelo Espírito Lamennais, cujo alcance filosófico pudemos observar. Por vezes o assunto era claramente indicado, mas também acontecia, com certa frequência, não ter um caráter bastante definido para que fosse fácil lhe dar um título. Tendo feito a observação ao Espírito, este respondeu que se propunha dar uma série de dissertações sobre assuntos variados, à qual sugeria o título genérico de *Meditações filosóficas e religiosas*, salvo a liberdade de dar um título particular aos assuntos que o comportassem. Suspendemos, então, a publicação até que tivéssemos um conjunto suscetível de ser coordenado. É essa publicação que começamos hoje e daremos continuidade nos próximos números.

Devemos fazer observar que os Espíritos chegados a um alto grau de perfeição são os únicos aptos a julgar as coisas de uma maneira completamente sã; que até lá, seja qual for o desenvolvimento de sua inteligência e mesmo de sua moralidade, podem estar mais ou menos imbuídos de suas ideias terrenas e ver as coisas de seu ponto de vista pessoal, o que explica as contradições muitas vezes encontradas em suas apreciações. Lamennais nos parece estar neste caso; sem dúvida há, em suas comunicações, muitas coisas boas e belas, como pensamento e como estilo, mas por certo há outras que podem prestar-se à crítica, cuja responsabilidade absolutamente não assumimos. Cada um é livre para aceitar o que achar bom e rejeitar o que parecer mau. Só os Espíritos perfeitos podem produzir coisas perfeitas. Ora, Lamennais que, sem a menor dúvida, é um Espírito bom e elevado, não tem a pretensão de já ser perfeito, de modo que o caráter sombrio, melancólico e místico do homem seguramente se reflete nesse Espírito e, por conseguinte, nas suas comunicações. Sob esse ponto de vista elas já seriam interessante motivo de observação.

# I

As ideias mudam, mas as ideias e os desígnios de Deus, jamais. A religião, isto é, a fé, a esperança, a caridade, uma só coisa em três, o emblema de Deus na Terra, fica inabalável em meio às lutas e preconceitos. A religião existe, antes de tudo, nos corações e, assim, não pode mudar. É no momento em que reina a incredulidade, em que as ideias se chocam e se entrechocam, sem proveito para a verdade, que aparece esta Aurora que vos diz: "Venho em nome do Deus dos vivos, e não dos mortos; só a matéria é perecível, porque é divisível, mas a alma é imortal, porque é uma e indivisível. Quando a alma do homem se enfraquece na dúvida sobre a eternidade, toma moralmente o aspecto da matéria; divide-se e, em consequência, estará sujeita às provas infelizes nas suas futuras reencarnações.

A religião, pois, é a força do homem; diariamente ela assiste às novas crucificações que inflige ao Cristo; diariamente ouve as blasfêmias que lhe são atiradas na face, mas, forte e inquebrantável como a Virgem, assiste divinamente ao sacrifício de seu filho, porque possui em si a fé, a esperança e a caridade. A Virgem desvaneceu-se ante as dores do Filho do Homem, mas não está morta.

## II

### Sansão

Após uma leitura da *Bíblia* sobre a história de Sansão, vi em pensamento um quadro análogo ao do artista influente que a França acabe de perder, Decamps.[179] Vi um homem de estatura colossal, membros musculosos, como o *Dia*, de Michelangelo.[180] Esse homem forte dormia ao lado de uma mulher que fazia queimar, à sua volta, perfumes tais como os orientais sempre souberam introduzir em seu luxo e em seus costumes delicados. Os membros desse gigante caíram em lassidão e um gatinho ora saltitava sobre ele, ora sobre a mulher junto a ele. A mulher curvou-se para ver se o gigante dormia; depois tomou uma tesourinha e se pôs a cortar a cabeleira ondulada do colosso; o resto já sabeis. — Homens armados investiram contra ele e o acorrentaram. Preso nas malhas de Dalila, o homem chamava-se Sansão, conforme mo disse um Espírito que logo vi junto a mim. Este homem representa a humanidade enfraquecida pela corrupção, isto é, pela avidez e pela hipocrisia. Quando Deus estava com a humanidade, levantou, como Sansão, as portas de Gaza; quando a humanidade teve por sustentáculo a liberdade, isto é, o Cristianismo, esmagou os seus inimigos, como sozinho o gigante esmagou o exército dos filisteus. — Assim, respondi ao Espírito: "A mulher que está junto dele..." Não me deixou concluir e disse: "É a que substituiu a Deus; pense que não quero falar da corrupção dos séculos passados, mas do vosso." Desde muito tempo

---

[179] N.E.: Alexandre-Gabriel Decamps (1803–1860), pintor francês do Romantismo.
[180] N.E.: Michelangelo di Lodovico Buonarroti Simoni (1475–1564), pintor, escultor, arquiteto e poeta italiano.

Sansão e Dalila se haviam apagado diante dos meus olhos. Eu via o anjo, sempre só, que me disse a sorrir: "A humanidade está vencida." Então seu rosto tornou-se grave e profundo, e acrescentou: "Eis os três seres que devolverão à humanidade seu vigor primitivo; eles se chamam Fé, Esperança e Caridade. Virão em alguns anos e fundarão uma nova Doutrina, que os homens chamarão Espiritismo."

## III

(Continuação)

Cada fase religiosa da humanidade possuiu a força divina materializada nas figuras de Sansão, Hércules e Rolando.[181] Um homem, armado com os argumentos da lógica, nos diria: "Eu vos adivinho, mas essa comparação me parece muito sutil e lenta." É verdade; talvez não tenha vindo ao espírito de ninguém e, contudo examinemos. Ultimamente eu vos falei de Sansão, emblema da força da fé divina nos primeiros tempos. A *Bíblia* é um poema oriental; Sansão é a figura material dessa força impetuosa que derrubou Heliodoro no átrio do templo e que reuniu as ondas do Mar Vermelho após havê-las separado. Esta grande força divina abateu exércitos e derrubou os muros de Jericó. Os gregos, bem o sabeis, vieram do Egito e do Oriente. Esta tradição de Sansão não existia mais senão no domínio da Filosofia e da História egípcia. Os gregos lapidaram os colossos de granito do Egito, armaram Hércules com uma maça e lhe deram a vida. Hércules fez seus doze trabalhos, abateu a hidra de Lerna, a hidra dos sete pecados capitais, e tornou-se, nesse mundo pagão, o símbolo da força divina encarnada na Terra; dele fizeram um deus. Mas notai, quais foram os vencedores desses dois gigantes. Como diz Lamartine, deve-se sorrir? chorar? Foram duas filhas de Eva: Dalila e Dejanira. Como vedes, a tradição de Sansão e de Hércules é a mesma que a de Dalila e

---

[181] N.E.: Na Catalunha, as lendas o descrevem como um gigante, capaz de lançar grandes pedras. Um dos acidentes geográficos mais conhecidos associados a ele é a *Brecha de Rolando*. Segundo a lenda, a abertura rochosa foi criada por Rolando com sua espada Durindana.

Dejanira. Apenas Dalila tinha mudado o penteado das filhas do Faraó pelo diadema de Vênus.

Pela noite, no famoso vale de Roncevaux, um gigante, deitado numa ravina profunda, berrava o nome de Carlos Magno em gritos desesperados. Estava semiesmagado sob enorme rochedo, que suas mãos enfraquecidas em vão tentavam remover. Pobre Rolando! tua hora chegou; os bascos te insultam do alto do rochedo e ainda fazem rolar sobre ti enormes pedras. Entre os teus inimigos se encontram mulheres; talvez Rolando tenha amado uma: sempre Dalila e Dejanira. A História não o diz, mas isto é muito provável. Sempre foi dito que Rolando morreu como Sansão e Hércules. Discuti agora se quiserdes, mas creio, senhores, que esta comparação não me parece tão sutil. Qual será, nos tempos futuros, a personificação da força do Espiritismo? Quem viver verá, diz-se na Terra. Aqui se diz: "O homem verá sempre."

LAMENNAIS
(Continua no próximo número)

ALLAN KARDEC

# Nota explicativa[182]

Hoje creem e sua fé é inabalável, porque assentada na evidência e na demonstração, e porque satisfaz à razão. [...] Tal é a fé dos espíritas, e a prova de sua força é que se esforçam por se tornarem melhores, domarem suas inclinações más e porem em prática as máximas do Cristo, olhando todos os homens como irmãos, sem acepção de raças, de castas, nem de seitas, perdoando aos seus inimigos, retribuindo o mal com o bem, a exemplo do divino modelo. (KARDEC, Allan. *Revista Espírita* de 1868. 1. ed. Rio de Janeiro: FEB, 2005. p. 28, janeiro de 1868.)

A investigação rigorosamente racional e científica de fatos que revelavam a comunicação dos homens com os Espíritos, realizada por Allan Kardec, resultou na estruturação da Doutrina Espírita, sistematizada sob os aspectos científico, filosófico e religioso.

A partir de 1854 até seu falecimento, em 1869, seu trabalho foi constituído de cinco obras básicas: *O livro dos espíritos* (1857), *O livro dos médiuns* (1861), *O evangelho segundo o espiritismo* (1864), *O céu e o inferno* (1865), *A gênese* (1868), além da obra *O que é o espiritismo* (1859), de uma série de opúsculos e 136 edições da *Revista Espírita* (de janeiro de 1858 a abril de 1869). Após sua morte, foi editado o livro *Obras póstumas* (1890).

O estudo meticuloso e isento dessas obras permite-nos extrair conclusões básicas: a) todos os seres humanos são Espíritos

---

[182] N.E.: Esta Nota explicativa, publicada de acordo com o Termo de Compromisso com o Ministério Público Federal/Procuradoria da República no Estado da Bahia, datado de 28 de setembro de 2007, tem por objetivo demonstrar a ausência de qualquer discriminação ou preconceito em alguns trechos das obras de Allan Kardec, caracterizadas, todas, pela sustentação dos princípios de fraternidade e solidariedade cristãs, contidos na Doutrina Espírita.

imortais criados por Deus em igualdade de condições, sujeitos às mesmas leis naturais de progresso que levam todos, gradativamente, à perfeição; b) o progresso ocorre através de sucessivas experiências, em inúmeras reencarnações, vivenciando necessariamente todos os segmentos sociais, única forma de o Espírito acumular o aprendizado necessário ao seu desenvolvimento; c) no período entre as reencarnações o Espírito permanece no Mundo Espiritual, podendo comunicar-se com os homens; d) o progresso obedece às leis morais ensinadas e vivenciadas por Jesus, nosso guia e modelo, referência para todos os homens que desejam desenvolver-se de forma consciente e voluntária.

Em diversos pontos de sua obra, o Codificador se refere aos Espíritos encarnados em tribos incultas e selvagens, então existentes em algumas regiões do Planeta, e que, em contato com outros polos de civilização, vinham sofrendo inúmeras transformações, muitas com evidente benefício para os seus membros, decorrentes do progresso geral ao qual estão sujeitas todas as etnias, independentemente da coloração de sua pele.

Na época de Allan Kardec, as ideias frenológicas de Gall, e as da fisiognomonia de Lavater, eram aceitas por eminentes homens de Ciência, assim como provocou enorme agitação nos meios de comunicação e junto à intelectualidade e à população em geral, a publicação, em 1859 — dois anos depois do lançamento de *O livro dos espíritos* — do livro sobre a *Evolução das Espécies*, de Charles Darwin, com as naturais incorreções e incompreensões que toda ciência nova apresenta. Ademais, a crença de que os traços da fisionomia revelam o caráter da pessoa é muito antiga, pretendendo-se haver aparentes relações entre o físico e o aspecto moral.

O Codificador não concordava com diversos aspectos apresentados por essas assim chamadas ciências. Desse modo, procurou avaliar as conclusões desses eminentes pesquisadores à luz da revelação dos Espíritos, trazendo ao debate o elemento espiritual como fator decisivo no equacionamento das questões da diversidade e desigualdade humanas.

Allan Kardec encontrou, nos princípios da Doutrina Espírita, explicações que apontam para leis sábias e supremas, razão pela qual afirmou que o Espiritismo permite "resolver os milhares de problemas históricos, arqueológicos, antropológicos, teológicos, psicológicos, morais, sociais etc." (*Revista Espírita*, 1862, p. 401). De fato, as leis universais do amor, da caridade, da imortalidade da alma, da reencarnação, da evolução constituem novos parâmetros para a compreensão do desenvolvimento dos grupos humanos, nas diversas regiões do Orbe.

Essa compreensão das Leis divinas permite a Allan Kardec afirmar que:

> O corpo deriva do corpo, mas o Espírito não procede do Espírito. Entre os descendentes das raças apenas há consanguinidade. (*O livro dos espíritos*, item 207, p. 176.)

> [...] o Espiritismo, restituindo ao Espírito o seu verdadeiro papel na Criação, constatando a superioridade da inteligência sobre a matéria, faz com que desapareçam, naturalmente, todas as distinções estabelecidas entre os homens, conforme as vantagens corporais e mundanas, sobre as quais só o orgulho fundou as castas e os estúpidos preconceitos de cor. (*Revista Espírita*, 1861, p. 432.)

> Os privilégios de raças têm sua origem na abstração que os homens geralmente fazem do princípio espiritual, para considerar apenas o ser material exterior. Da força ou da fraqueza constitucional de uns, de uma diferença de cor em outros, do nascimento na opulência ou na miséria, da filiação consanguínea nobre ou plebeia, concluíram por uma superioridade ou uma inferioridade natural. Foi sobre este dado que estabeleceram suas leis sociais e os privilégios de raças. Deste ponto de vista circunscrito, são consequentes consigo mesmos, porquanto, não considerando senão a vida material, certas classes parecem pertencer, e realmente pertencem, a raças diferentes. Mas se se tomar seu ponto de vista do ser espiritual, do ser essencial e progressivo, numa palavra, do Espírito, preexistente

e sobrevivente a tudo, cujo corpo não passa de um invólucro temporário, variando, como a roupa, de forma e de cor; se, além disso, do estudo dos seres espirituais ressalta a prova de que esses seres são de natureza e de origem idênticas, que seu destino é o mesmo, que todos partem do mesmo ponto e tendem para o mesmo objetivo; que a vida corporal não passa de um incidente, uma das fases da vida do Espírito, necessária ao seu adiantamento intelectual e moral; que em vista desse avanço o Espírito pode sucessivamente revestir envoltórios diversos, nascer em posições diferentes, chega-se à consequência capital da igualdade de natureza e, a partir daí, à igualdade dos direitos sociais de todas as criaturas humanas e à abolição dos privilégios de raças. Eis o que ensina o Espiritismo. Vós que negais a existência do Espírito para considerar apenas o homem corporal, a perpetuidade do ser inteligente para só encarar a vida presente, repudiais o único princípio sobre o qual é fundada, com razão, a igualdade de direitos que reclamais para vós mesmos e para os vossos semelhantes. (*Revista Espírita*, 1867, p. 231.)

Com a reencarnação, desaparecem os preconceitos de raças e de castas, pois o mesmo Espírito pode tornar a nascer rico ou pobre, capitalista ou proletário, chefe ou subordinado, livre ou escravo, homem ou mulher. De todos os argumentos invocados contra a injustiça da servidão e da escravidão, contra a sujeição da mulher à lei do mais forte, nenhum há que prime, em lógica, ao fato material da reencarnação. Se, pois, a reencarnação funda numa lei da Natureza o princípio da fraternidade universal, também funda na mesma lei o da igualdade dos direitos sociais e, por conseguinte, o da liberdade. (*A gênese*, cap. I, item 36, p. 42-43. *Vide* também *Revista Espírita*, 1867, p. 373.)

Na época, Allan Kardec sabia apenas o que vários autores contavam a respeito dos selvagens africanos, sempre reduzidos ao embrutecimento quase total, quando não escravizados impiedosamente.

É baseado nesses informes "científicos" da época que o Codificador repete, com outras palavras, o que os pesquisadores europeus descreviam quando de volta das viagens que faziam à África negra. Todavia, é peremptório ao abordar a questão do preconceito racial:

> Nós trabalhamos para dar a fé aos que em nada creem; para espalhar uma crença que os torna melhores uns para os outros, que lhes ensina a perdoar aos inimigos, a se olharem como irmãos, sem distinção de raça, casta, seita, cor, opinião política ou religiosa; numa palavra, uma crença que faz nascer o verdadeiro sentimento de caridade, de fraternidade e deveres sociais. (KARDEC, Allan. *Revista Espírita* de 1863 – 1. ed. Rio de Janeiro: FEB, 2005. – janeiro de 1863.)

> O homem de bem é bom, humano e benevolente para com todos, sem distinção de raças nem de crenças, porque em todos os homens vê irmãos seus. (*O evangelho segundo o espiritismo*, cap. XVII, item 3, p. 348.)

É importante compreender, também, que os textos publicados por Allan Kardec na *Revista Espírita* tinham por finalidade submeter à avaliação geral as comunicações recebidas dos Espíritos, bem como aferir a correspondência desses ensinos com teorias e sistemas de pensamento vigentes à época. Em Nota ao capítulo XI, item 43, do livro *A gênese*, o Codificador explica essa metodologia:

> Quando, na *Revista Espírita* de janeiro de 1862, publicamos um artigo sobre a "interpretação da doutrina dos anjos decaídos", apresentamos essa teoria como simples hipótese, sem outra autoridade afora a de uma opinião pessoal controversível, porque nos faltavam então elementos bastantes para uma afirmação peremptória. Expusemo-la a título de ensaio, tendo em vista provocar o exame da questão, decidido, porém, a abandoná-la ou modificá-la, se fosse preciso. Presentemente, essa teoria já passou pela prova do controle universal. Não só foi bem-aceita pela maioria dos espíritas, como a mais racional e a mais concorde com a soberana justiça de Deus, mas também foi confirmada pela generalidade das instruções que os Espíritos deram sobre o assunto. O mesmo se verificou com a que concerne à origem da raça adâmica. (*A gênese*, cap. XI, item 43, Nota, p. 292.)

Por fim, urge reconhecer que o escopo principal da Doutrina Espírita reside no aperfeiçoamento moral do ser humano, motivo pelo qual as indagações e perquirições científicas e/ou filosóficas ocupam posição secundária, conquanto importantes, haja vista o seu caráter provisório decorrente do progresso e do aperfeiçoamento geral. Nesse sentido, é justa a advertência do Codificador:

> É verdade que esta e outras questões se afastam do ponto de vista moral, que é a meta essencial do Espiritismo. Eis por que seria um equívoco fazê-las objeto de preocupações constantes. Sabemos, aliás, no que respeita ao princípio das coisas, que os Espíritos, por não saberem tudo, só dizem o que sabem ou que pensam saber. Mas como há pessoas que poderiam tirar da divergência desses sistemas uma indução contra a unidade do Espiritismo, precisamente porque são formulados pelos Espíritos, é útil poder comparar as razões pró e contra, no interesse da própria doutrina, e apoiar no assentimento da maioria o julgamento que se pode fazer do valor de certas comunicações. (*Revista Espírita*, 1862, p. 38.)

Feitas essas considerações, é lícito concluir que na Doutrina Espírita vigora o mais absoluto respeito à diversidade humana, cabendo ao Espírita o dever de cooperar para o progresso da Humanidade, exercendo a caridade no seu sentido mais abrangente ("benevolência para com todos, indulgência para as imperfeições dos outros e perdão das ofensas"), tal como a entendia Jesus, nosso Guia e Modelo, sem preconceitos de nenhuma espécie: de cor, etnia, sexo, crença ou condição econômica, social ou moral.

A Editora

**REVISTA ESPÍRITA**

| ÍNDICE GERAL - 1858-1869 | | | | |
|---|---|---|---|---|
| EDIÇÃO | IMPRESSÃO | ANO | TIRAGEM | FORMATO |
| 4 | 1 | 2019 | 1.000 | 14X21 |
| 4 | IPT* | 2023 | 100 | 14X21 |
| 4 | IPT | 2025 | 100 | 14X21 |

*Impressão Pequenas Tiragens

# O LIVRO ESPÍRITA

Cada livro edificante é porta libertadora.

O livro espírita, entretanto, emancipa a alma nos fundamentos da vida.

O livro científico livra da incultura; o livro espírita livra da crueldade, para que os louros intelectuais não se desregrem na delinquência.

O livro filosófico livra do preconceito; o livro espírita livra da divagação delirante, a fim de que a elucidação não se converta em palavras inúteis.

O livro piedoso livra do desespero; o livro espírita livra da superstição, para que a fé não se abastarde em fanatismo.

O livro jurídico livra da injustiça; o livro espírita livra da parcialidade, a fim de que o direito não se faça instrumento da opressão.

O livro técnico livra da insipiência; o livro espírita livra da vaidade, para que a especialização não seja manejada em prejuízo dos outros.

O livro de agricultura livra do primitivismo; o livro espírita livra da ambição desvairada, a fim de que o trabalho da gleba não se envileça.

O livro de regras sociais livra da rudeza de trato; o livro espírita livra da irresponsabilidade que, muitas vezes, transfigura o lar em atormentado reduto de sofrimento.

O livro de consolo livra da aflição; o livro espírita livra do êxtase inerte, para que o reconforto não se acomode em preguiça.

O livro de informações livra do atraso; o livro espírita livra do tempo perdido, a fim de que a hora vazia não nos arraste à queda em dívidas escabrosas.

Amparemos o livro respeitável, que é luz de hoje; no entanto, auxiliemos e divulguemos, quanto nos seja possível, o livro espírita, que é luz de hoje, amanhã e sempre.

O livro nobre livra da ignorância, mas o livro espírita livra da ignorância e livra do mal.

Emmanuel[*]

# LITERATURA ESPÍRITA

Em qualquer parte do mundo, é comum encontrar pessoas que se interessem por assuntos como imortalidade, comunicação com Espíritos, vida após a morte e reencarnação. A crescente popularidade desses temas pode ser avaliada com o sucesso de vários filmes, seriados, novelas e peças teatrais que incluem em seus roteiros conceitos ligados à Espiritualidade e à alma.

Cada vez mais, a imprensa evidencia a literatura espírita, cujas obras impressionam até mesmo grandes veículos de comunicação devido ao seu grande número de vendas. O principal motivo pela busca dos filmes e livros do gênero é simples: o Espiritismo consegue responder, de forma clara, perguntas que pairam sobre a Humanidade desde o princípio dos tempos. Quem somos nós? De onde viemos? Para onde vamos?

A literatura espírita apresenta argumentos fundamentados na razão, que acabam atraindo leitores de todas as idades. Os textos são trabalhados com afinco, apresentam boas histórias e informações coerentes, pois se baseiam em fatos reais.

Os ensinamentos espíritas trazem a mensagem consoladora de que existe vida após a morte, e essa é uma das melhores notícias que podemos receber quando temos entes queridos que já não habitam mais a Terra. As conquistas e os aprendizados adquiridos em vida sempre farão parte do nosso futuro e prosseguirão de forma ininterrupta por toda a jornada pessoal de cada um.

Divulgar o Espiritismo por meio da literatura é a principal missão da FEB, que, há mais de cem anos, seleciona conteúdos doutrinários de qualidade para espalhar a palavra e o ideal do Cristo por todo o mundo, rumo ao caminho da felicidade e plenitude.

# O EVANGELHO NO LAR

*Quando o ensinamento do Mestre vibra entre quatro paredes de um templo doméstico, os pequeninos sacrifícios tecem a felicidade comum.*\*

Quando entendemos a importância do estudo do Evangelho de Jesus, como diretriz ao aprimoramento moral, compreendemos que o primeiro local para esse estudo e vivência de seus ensinos é o próprio lar.

É no reduto doméstico, assim como fazia Jesus, no lar que o acolhia, a casa de Pedro, que as primeiras lições do Evangelho devem ser lidas, sentidas e vivenciadas.

O espírita compreende que sua missão no mundo principia no reduto doméstico, em sua casa, por meio do estudo do Evangelho de Jesus no Lar.

Então, como fazer?

Converse com todos que residem com você sobre a importância desse estudo, para que, em família, possam compreender melhor os ensinamentos cristãos, a partir de um momento de união fraterna, que se desenvolverá de maneira harmônica e respeitosa. Explique que as reflexões conjuntas acerca do Evangelho permitirão manter o ambiente da casa espiritualmente saneado, por meio de sentimentos e pensamentos elevados, favorecendo a presença e a influência de Mensageiros do Bem; explique, também, que esse momento facilitará, em sua residência, a recepção do amparo espiritual, já que auxilia na manutenção de elevado padrão vibratório no ambiente e em cada um que ali vive.

Convide sua família, quem mora com você, para participar. Se mora sozinho, defina para você esse momento precioso de estudo e reflexões. Lembre-se de que, espiritualmente, sempre estamos acompanhados.

Escolha, na semana, um dia e horário em que todos possam estar presentes.

O tempo médio para a realização do Evangelho no Lar costuma ser de trinta minutos.

As crianças são bem-vindas e, se houver visitantes em casa, eles também podem ser convidados a participar. Se não forem espíritas, apenas explique a eles a finalidade e importância daquele momento.

O seguinte roteiro pode ser utilizado como sugestão:

Preparação: leitura de mensagem breve, sem comentários;

Início: prece simples e espontânea;

Leitura: *O evangelho segundo o espiritismo* (um ou dois itens, por estudo, desde o prefácio);

Comentários: breves, com a participação dos presentes, evidenciando o ensino moral aplicado às situações do dia a dia;

Vibrações: pela fraternidade, paz e pelo equilíbrio entre os povos; pelos governantes; pela vivência do Evangelho de Jesus em todos os lares; pelo próprio lar...

Pedidos: por amigos, parentes, pessoas que estão necessitando de ajuda...

Encerramento: prece simples, sincera, agradecendo a Deus, a Jesus, aos amigos espirituais.

As seguintes obras podem ser utilizadas nesse momento tão especial:

*O evangelho segundo o espiritismo, como obra básica;*

*Caminho, verdade e vida; Pão nosso; Vinha de luz; Fonte viva; Agenda cristã.*

Esse momento no lar não se trata de reunião mediúnica e, portanto, qualquer ideia advinda pela via da intuição deve permanecer como comentário geral, a ser dito de maneira simples, no momento oportuno.

No estudo do Evangelho de Jesus no Lar, a fé e a perseverança são diretrizes ao aprimoramento moral de todos os envolvidos.

**FEB editora**
Livro espírita para um novo mundo
www.febeditora.com.br
@febeditoraoficial
@febeditora

Conselho Editorial:
*Carlos Roberto Campetti*
*Cirne Ferreira de Araújo*
*Evandro Noleto Bezerra*
*Geraldo Campetti Sobrinho – Coord. Editorial*
*Jorge Godinho Barreto Nery – Presidente*
*Maria de Lourdes Pereira de Oliveira*
*Miriam Lúcia Herrera Masotti Dusi*

Produção Editorial:
*Elizabete de Jesus Moreira*

Revisão:
*Elizabete de Jesus Moreira*
*Mônica dos Santos*
*Neryanne Paiva*

Capa e Projeto Gráfico:
*Tarcisio Ferreira*

Reconstrução de layout e diagramação:
*Rones José Silvano de Lima – instagram.com/bookebooks_designer*

Normalização Técnica:
*Biblioteca de Obras Raras e Documentos Patrimoniais do Livro*

Esta edição foi impressa no sistema de Impressão pequenas tiragens, em formato fechado de 140x210 mm e com mancha de 110x180 mm. Os papéis utilizados foram o Off white 80 g/m² para o miolo e o Cartão 250 g/m² para a capa. O texto principal foi composto em fonte Adobe Garamond Pro 12/14 e os títulos em Adobe Garamond Pro 32/38,4. Impresso no Brasil. *Presita en Brazilo.*